建築物理環境衛生管理技術者試験

ル管理士
テキスト

II

構造概論
給水・排水
清掃
ねずみ・昆虫等の防除

要点テキスト I 正誤表

ページ	誤	正
p48-12行	② 湿球黒球温度：湿球黒球温度WBGT(Wet・・・	② 湿球黒球温度：WBGT(Wet・・・
p74-14行	② ディスプレイを用いる場合はディスプレイ画面上における照度は500lx以下、書類およびキーボード上における照度は・・・	② ディスプレイを用いる場合の書類およびキーボード上における照度は・・・
p183-9行	(1) 3音の3要素　3音の3要素とは、大きさ、高さ、音色、をいう。	(1) 音の3要素　音の3要素とは、大きさ、高さ、音色、をいう。

要点テキスト II 正誤表

ページ	誤	正
p17-17行	(4) 柱　RC構造の柱では図4.3.5のように配筋する。	(4) 柱　RC構造の柱では図4.3.4のように配筋する。
p127-20行	$0.0143 \fallingdotseq 3600J/(W \cdot h)/\{4186J/(kg \cdot ℃) \times 1kg/L \times 60min/h\}[℃/W]$ 数値を代入して計算する。	なお、係数0.0143は以下によって求まる。 $3600J/(W \cdot h)/\{4186J/(kg \cdot ℃) \times 1kg/L/60min/h\}[℃/W] \fallingdotseq 0.0143$ $[L \cdot ℃/W \cdot min]$ 数値を代入して計算する。

市ケ谷出版社

ま え が き

　厚生労働省の国家資格である「建築物環境衛生管理技術者（通称「ビル管理士」）」は、「建築物における衛生的環境の確保に関する法律」（略称 建築物衛生法）に基づいて行われる国家試験の合格者と厚生労働大臣の登録を受けた者が行う講習会の課程を終了した者に免許が与えられます。

　ビル管理士には、建築物の衛生的な環境を確保するために、医学、建築学、生物学、化学など専門分野が互いに関連を保って建築物を維持管理する技術手段である「建築物衛生行政概論」、「建築物の環境衛生」、「空気環境の調整」、「給水及び排水の管理」、「ねずみ・昆虫等の防除」、そして「清掃・廃棄物管理等」を内包する俯瞰的知識や技術力が要求されます。

　本書は、建築物の環境衛生に係わる人が、初めて「建築物環境衛生管理技術者国家試験（ビル管理士試験）」を受験することを想定して、過去の出題傾向に基づき編修されています。

　執筆者は、建築物環境衛生管理に精通した複数分野の専門家が参加し、検討を重ねてテキストとして編修しました。

　本書は、「要点テキストⅠ」と「要点テキストⅡ」の２分冊となっています。本書は 2019 年に出版しましたが、この度、構成の見直しと内容の再チェックを行い、新版として出版するものです。

　本書には、次のような配慮がしてあります。

　　第一に、本試験の試験科目順に編修しています。大きく編・章・節に分けています。

　　第二に、試験科目ごとに、過去の出題傾向を示しています。

　　第三に、毎年のように出題される内容については、主として側注欄に「よく出る」と表記し、また本文中にアンダーラインを引いて、重点ポイントをはずさずに学習ができるようにしています。

　本書は、独学で勉強する人でも、確実に試験に合格できることを目標に編修されていますが、講習会などのテキストとしても最高水準のものです。

　本書でじっくりと学習することにより、「建築物環境衛生管理技術者」の資格を取得してください。合格を祈念いたします。

2023 年 3 月

編修委員長

長澤　泰

試験の内容と本書の構成・利用法

(1) 試験の内容

　この試験は，午前3時間と午後3時間の計6時間を1日で行います。<u>出題問題数は合計180問</u>（内訳は下表）で，合格基準は，各科目の合格基準点（各科目の満点の40%）以上であって，かつ全科目の得点が全科目の合格基準点（全科目の満点数の65%）以上であることが条件となります。

試験科目と配点・合格基準・日程

	科　　目	配点*	合格基準点（合格基準）
9時00分～9時30分　　受験上の注意			
午前試験（時間3時間）9時30分～12時30分	建築物衛生行政概論	20	8点以上（40%以上）
	建築物の環境衛生	25	10点以上（40%以上）
	空気環境の調整	45	18点以上（40%以上）
12時30分～13時15分（45分）　　休憩			
13時15分～13時30分　　受験上の注意			
午後試験（時間3時間）13時30分～16時30分	建築物の構造概論	15	6点以上（40%以上）
	給水及び排水の管理	35	14点以上（40%以上）
	清掃	25	10点以上（40%以上）
	ねずみ・昆虫等の防除	15	6点以上（40%以上）
	合計	180	117点以上（65%以上）

*配点：問題数と同じ

(2) 本書の構成

　本書は，収録内容が多岐にわたり，相当のページ数となることから，次のように，内容別に2分冊としました。ただし，巻末に載せた索引は，2分冊共通としました。

　要点テキストⅠ　第1編　建築物衛生行政概論
　　　　　　　　　第2編　建築物の環境衛生
　　　　　　　　　第3編　空気環境の調整
　　　　　　　　　資料編
　　　　　　　　　索引
　　　　　　　　　用語解説カード
　要点テキストⅡ　第4編　建築物の構造概論
　　　　　　　　　第5編　給水及び排水の管理
　　　　　　　　　第6編　清掃
　　　　　　　　　第7編　ねずみ・昆虫等の防除
　　　　　　　　　索引

⑶　試験のポイントと本書での学習の仕方

　この試験では，医学・建築学・生物学・化学などの専門分野が互いに関連を保って建築物を維持管理するための俯瞰的知識と技術力が要求されますので，きちんとした基礎学力の取得が必要です。そのためには，全科目の学習と確認が必要です（本書は出題内容科目が2分冊になっています）。

「ビル管理士要点テキスト　市ヶ谷出版」の特徴と使い方

1．学習展開

　a，科目別問題集と併用学習の効果

　　　試験の設問からの学習重要ポイント早期理解

　　　出題傾向・受験者の苦手科目・項目を知る

　　　「問題集記載の分析表から出題傾向を知る」

　　　まったく同じ問題ではなく周辺に展開するので要点テキストでの学習がこの難関試験をクリアするための学習時間は250時間から300時間として指導されています。

　b，学習時間を補う学習番外編（どうしても暗記項目がある）

　　　「ビル管理士要点テキストⅠ」に掲載されている「用語解説カード（索引に掲載されている単語から引用された語句の解説）」を本体から切り取り，「カード」として，通勤時・通学時や空いた時間に目を通すことで，学習時間の補填に充てることができます。

　　　[本体から切り取り線に沿ってカットし（切り取り），100円ショップ等で購入できるはがきホルダーに入れて持ち歩くことができます]

要点テキストの1用語解説
の頁を切り抜き4等分にする

用語解説カード

100円ショップの
はがきファイルブック

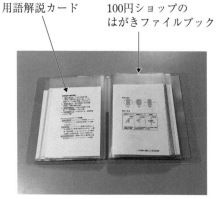

　こうした普段からの学習は資格に求められる知識となり，今後各自が担う責任の支えとなります。

⑷　試験にあたっての心構え

　試験は，問題数が180問で，試験時間が6時間ですから，平均すれば1問を2分で解くスピードと持久力が求められます。

　試験の前日までに，午前と午後のそれぞれの時間で解答する分野の順番を決めておくことが大切です。その際，

　①　得意分野から解答し，不得意分野に十分な時間を残すことが重要です。

　②　途中で解答が難しい問題と感じたら，すぐにパスして，次に進み，無駄に時間を費やすことを避けます。計算問題の出題は，時間に余裕ができたら解答しましょう。

　③　各問題2分以内に完了させ，一旦パスした問題にあてる時間を残し，パスした問題の未解答がないように見直しましょう。

（以上）

受験ガイダンス

(1) 資格の概要について

　建築物環境衛生管理技術者とは，建築物の環境衛生の維持管理に関する監督等を行う国家資格（厚生労働省）を保有する人です。通称，ビル管理技術者，ビル管理士と呼ばれます。

　この資格は，厚生労働大臣の指定を受けた日本建築衛生管理教育センターの①「建築物環境衛生管理技術者登録講習会」を受けた者，または，②「建築物環境衛生管理技術者国家試験」に合格した者，に対し免状が交付されます。

　資格の保有者は，「建築物における衛生的環境の確保に関する法律」（建築物衛生法）に基づいて，面積 3000 m² 以上（学校については 8000 m² 以上）の特定建築物において，維持保全に関して事実上の最高責任者として職務を遂行することができます。

(2) 資格者が要求される知識・能力

　建築構造，建築設備，室内環境・衛生（照明や騒音環境を含む），給排水，清掃，害虫・ねずみ防除，廃棄物などといったビル管理に関する幅広い知識が要求されます。このほかに，実務上は建築物内で生じる健康問題に関する基礎医学，生物学，化学等の自然科学全般の知識，その他管理費，人的資源の管理，クレーム対応，下請け事業者との契約・折衝，官公庁との連絡調整などといったマネジメント能力も要求されます。

(3) 国家試験の受験概要

　受験資格のある者が国家試験（上記(1)-②）に合格することによって，資格を得る方法に該当します。

●試験科目及び問題数

・午前（試験時間 3 時間）
 1. 建築物衛生行政概論（20 問）
 2. 建築物の環境衛生（25 問）
 3. 空気環境の調整（45 問）
・午後（試験時間 3 時間）
 4. 建築物の構造概論（15 問）
 5. 給水及び排水の管理（35 問）
 6. 清掃（25 問）
 7. ねずみ・昆虫等の防除（15 問）
 （注）試験は，マークシート方式による五肢択一問題を解答します。

●合格基準

・合格発表時に日本建築衛生管理教育センターより公表されます。

・各科目の合格基準点（各科目の満点の40%）以上であって，かつ全科目の得点が全科目の合格基準点（全科目の満点数の65%）以上であることが条件となります。

	科目	配点	合格基準点（合格基準）
午前試験 時間3時間	建築物衛生行政概論	20	8点以上（40%以上）
	建築物の環境衛生	25	10点以上（40%以上）
	空気環境の調整	45	18点以上（40%以上）
午後試験 時間3時間	建築物の構造概論	15	6点以上（40%以上）
	給水及び排水の管理	35	14点以上（40%以上）
	清掃	25	10点以上（40%以上）
	ねずみ・昆虫等の防除	15	6点以上（40%以上）
	合計	180	117点以上（65%以上）

●受験資格

　厚生労働省令で定められた建築物の用途部分において，同省令の定める実務に2年以上従事した者（現在，受験手続時に公表されている建築物の用途及び実務内容は次のとおりです）

実務に従事した建築物の用途

①　興行場（映画館，劇場等），百貨店，集会場（公民館，結婚式場，市民ホール等），図書館，博物館，美術館，遊技場（ボウリング場等）

②　店舗，事務所

③　学校（研修所を含む）

④　旅館，ホテル

⑤　その他の類する建築物

　　（多数の者の使用，利用に供される用途で，かつ衛生的環境も類似しているもの）（老人ホーム，保育所，病院等は特定建築物ではないが受験資格として認められています）

（注）

1　建築物における環境衛生上の維持管理に関する実務

2　空気調和設備管理

3　給水・給湯設備管理

4　排水設備管理（浄化槽法第二条第一号に規定する浄化槽の維持管理を含む）

5　ボイラー設備管理

6　電気設備管理（変電，配電等のみの業務を除く）

7　清掃，廃棄物処理

8　ねずみ・昆虫等の防除

※　修理専業，アフターサービスとしての巡回などは実務に該当しない。

　　受験資格について疑問がある場合は，次の関係機関に問い合わせて下さい。厚生労働省の窓口は医薬・生活衛生局（2015年より）。手続きに関しては日本建築衛生管理教育センターへ。

⑷　**受験手続・出願期間・試験日・試験地**

●受験手続

　受検願書等の入手方法は，次の①，②のいずれかの方法により入手できます。詳細は（公財）日本建築衛生管理教育センター国家試験課ホームページを参照（http://jahmec.or.jp/kokka/）

　①　ホームページからダウンロードして印刷する方法

　②　受験願書一式を，返信用封筒で請求する方法

●出願期間

　願書配布および受付期間は，毎年5月上旬～6月中旬

●試験日

　毎年10月上旬の日曜日

●合格発表

　毎年10月下旬

●試験地

　札幌市，仙台市，東京都，名古屋市，大阪府，福岡市の6カ所です。

　ただし，東京会場は2カ所で行われる場合もあります。

＜郵送による請求先＞

（公財）　日本建築衛生管理教育センター　国家試験課

〒100-0004　東京都千代田区大手町1丁目6-1

　　　　　　大手町ビル7階743区

　　　　　　電話番号：03-3214-4620

本書の構成

目　　次
要点テキストⅡ

※要点テキストⅠの目次は次のページにあります。

目　次
要点テキストⅠ

第4編

執筆担当　宮下真一

建築物の構造概論

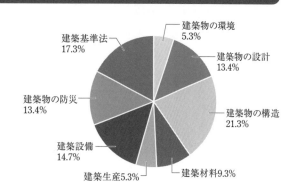

建築物の環境 5.3%
建築基準法 17.3%
建築物の設計 13.4%
建築物の防災 13.4%
建築物の構造 21.3%
建築設備 14.7%
建築生産 5.3%
建築材料 9.3%

第4編　建築物の構造概論

最近の出題傾向

　毎年15問出題されている。

　例年ほぼ出題傾向は変わっていない。建築物と環境，建築設備に関しては再確認のこと。

（内訳）

1.　建築物と環境は，毎年1～3問出題されている。
2.　建築物の設計は，毎年1～2問出題されている。
3.　建築物の構造は，毎年2～4問出題されている。
4.　建築材料は，毎年1～2問出題されている。
5.　建築生産は，毎年0～1問出題されている。
6.　建築設備は，毎年1～4問出題されている。
7.　建築物の防災は，毎年1～3問出題されている。
8.　建築基準法は，毎年2～3問出題されている。

第1章　建築物と環境

> **学習のポイント**
>
> 1. 地球環境・都市環境に関する一般的な用語を学習する。
> 2. ライフサイクルに関する一般的な考え方を学習する。
> 3. 省エネルギーに関する一般的なシステムを学習する。
> 4. 日射遮蔽に関する熱の伝わり方について学習する。

第1節　地球環境・都市環境と建築物

1.1　地球環境

　人間活動の拡大は，二酸化炭素（CO_2），メタン等多くの温室効果ガス※の大気中への人為的な大量排出をもたらし，地球温暖化の原因となってきた。特に二酸化炭素は，産業革命以降の大量生産・大量消費スタイルを支えている化石燃料の燃焼等により，膨大な量が大気中に排出され続けている。二酸化炭素排出量の削減は，地球環境を改善し，省資源，省エネルギーを実現したサスティナブル※な社会の構築に向けて不可欠である。また，COP3※における京都議定書の削減目標も義務付けられている。

1.2　都市環境

　都市部において，アスファルトやコンクリート等の人工被覆の増大や人工排熱の増加等を起因としたヒートアイランド現象※による空調用エネルギー消費量の増加も深刻な問題となっている。

　両側を高い建築物で囲まれた市街地の道路空間は，渓谷の谷間のようになる。このような空間はストリートキャニオンと呼ばれる半密閉の空間となるため，上空の風向によっては上空と比べて風速が極度に減少する。その結果，自動車や周辺の建築物から排出された汚染物質や熱がここにこもり，市街地の中でも局所的に最悪な環境が形成される危険性が高い。

　さらに，工場地帯で大気中に放出された汚染物質が上空に流れ，昼間周辺の市街地より表面温度が上昇しない緑の多い公園等にダウンドラフト※によって舞い降りて，工場の周辺だけでなく，思わぬところで大気が高濃度に汚染されるといった問題も報告されている。

　また，郊外では都市のスプロール※が進んでいる。地価の高騰によって敷地面積は細分化され，その結果，いわゆる乱開発によって，日照障害・緑の減少等，生活環境の居住性能が低下し，更には崖崩れ等のニュースが大雨のたびに報道されているように，自然災害が後を絶たない。

　環境基本法（旧公害対策基本法）で定められた典型7公害（①大気汚染，②水質汚濁，③土壌汚染，④騒音，⑤振動，⑥地盤沈下，⑦悪臭）に関する都市レベルでの環境監視は，必須である。

▷よく出る

温室効果ガス
大気圏にあって，地表から放射された赤外線の一部を吸収することにより，温室効果をもたらす気体の総称。

サスティナブル
Sustainable。一般的に「持続可能な」という意味で使用される。

▷よく出る

COP3
1997年12月に京都で開催された「気候変動枠組み条約第3回締約国会議」のこと。

ヒートアイランド現象
郊外の自然地域に比べ，都市部ほど局地的に気温が高くなる現象。

ダウンドラフト
煙突から排出される煙の吐出速度が小さい場合，煙はあまり上昇せず，風下にある建造物の後ろで生じる渦に巻き込まれて降下し，高濃度の汚染物質が建築物付近に滞留する現象。

スプロール
乱開発などによって市街地が広がること。

▷よく出る

1.3　都市に形成される環境の特徴

都市環境の悪化により生じている都市に形成される環境の特徴を郊外と比較すると以下のようになる。　▷よく出る

① 気温は郊外よりも高い。

② 相対湿度は緑地や裸地の透水面が減少することによって減少している。

③ 日射量は大気汚染によって減少している。

④ 風速は，建築物が密集し，かつ高い建築物が増えることによって市街地の凹凸の規模が大きくなるため，郊外より弱くなる。

⑤ 汚染物質（SO_2，CO_2，CO など）の濃度は郊外に比べ，5〜25 倍となっている。

第2節　建築物の管理

2.1　ライフサイクル

建築物には，建築物の企画・設計・施工という工程から建築物を竣工し，以降，建設後の管理・維持保全・運営・運用を経て耐用年数により寿命となり，解体・廃棄・滅失・除却するまでのライフサイクルがある。このライフサイクルで発生するコストをライフサイクルコスト（LCC）というが，これを最適にマネジメントしていくことをライフサイクルマネジメント（LCM）と呼んでいる。　▷よく出る

LCM は，経営活動に大きく影響することから，ファシリティマネジメント（FM）※と合わせて重要な考え方となっている。

建築物環境衛生管理技術者にとって，この建築物のライフサイクルに関する知識が全般にわたって必要である。特に竣工後の建築物では，修繕・改修・診断・維持保全計画・転用・建替え等についての検討や判断も重要な課題となる。また，初期性能より向上させる改善（良）保全も重要な課題である。

ファシリティマネジメント
企業，団体などが組織活動のために施設とその環境を総合的に企画，管理，活用する経営活動。その手法はさまざまだが，POE※による利用者満足度調査法がある。

※POE（Post Occupancy Evaluation）建築物使用者の観点による性能評価システム。

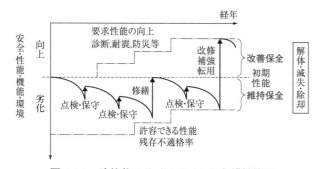

図 4.1.1　建築物のライフサイクルと維持管理

2.2　建築環境システムの構築

建築環境システムの構成過程では，設計コンセプト・建設投資額等といった技術・経済面での合理性を基盤に，主として次のようなことが実施されることが望まれる。

右欄：第4編　建築物の構造概論

① 空間の機能設定と性能の評価値の想定

② 構法や工法に対応する材料・機器等の選択

③ リフォーム・リノベーション※や用途変更等におけるフレキシビリティの検討

④ ライフサイクルの想定

⑤ 構造形式と意匠の検討

⑥ 環境機能，性能の評価システム（見える化機能）の検討

また，循環型社会をめざした3R（Reduce（発生抑制）・Reuse（再利用）・Recycle（再資源化））を原則とした材料の選択や設計もある。

リノベーション
建築物の大幅な改修のこと。いわゆる，原状回復ではなく，新しい付加価値をつけるために行われるもの。

2.3　省エネルギー化を配慮したシステム

下記に示す省エネルギー化を配慮したシステムの構築も，建築物の計画と設計には必要である。

① 建築物で使用されるエネルギー消費量の削減

② 室内の空気調和負荷の削減を図るための外壁計画

③ 風や太陽等の自然エネルギーの利用

④ コージェネレーション※

⑤ 雨水の再利用

⑥ 環境負荷軽減のための資源の再利用

ヒートアイランド現象を低減するために，建築物の省エネルギー化とともに，屋上緑化※や風の通り道等，周辺環境を良くするための建築計画・設計・施工・維持管理等も求められている。

▷よく出る

コージェネレーション
発電により生ずる排熱を利用して冷暖房や給湯等を同時に行うシステム。排熱を有効利用するので，エネルギー利用の効率化，コストの低減等を図ることができる。

屋上緑化
建築物の屋上部分において樹木，多年草等を植栽すること。

第3節　日射遮蔽

3.1　日射遮蔽の考え方

日射遮蔽というときの日射は，単に直達日射のみならず，天空散乱日射や，それらの地面や周辺地物からの照り返し※も対象としてとらえ，徹底的に遮蔽する必要がある。また，特に日射遮蔽の原則は，開口部や壁，屋根のいずれにおいても建築物の外側で遮ることであり，この場合には大きな日射遮蔽効果が期待できる。南庭の落葉樹，外付ルーバ，そして，ツタや芝生等の植栽利用もその例である。

▷よく出る

照り返し
日射の反射と熱放射に分けられる。

3.2　方位別日射受熱量

開口部における日射遮蔽は，第一に直達日射を遮蔽することが基本になるために，時々刻々と変化する太陽の位置を正確に把握する必要がある。図4.1.2は，東京の夏至と冬至における方位別日射受熱量を示したものである。夏至では太陽高度が高いために，水平面が正午に受ける日射受熱量が最も多い。壁面

▷よく出る

の方位では，朝方の東面と夕方の西面が，ほぼ真正面から日射を受けることになるため次に多い。冬季と異なり，南面の日射受熱量は正午になると太陽高度が高くなるために非常に少ない。また，夏至では，北面も早朝と夕方に直達日射が当たる。

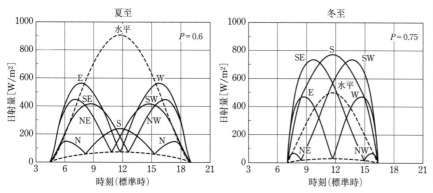

図 4.1.2　晴天日における方位別日射受熱量（東京）

更に，一日を通じて，方位ごとに鉛直面が受ける日積算日射量を示したのが図 4.1.3 である。東京の南面では，冬至の時が最大となり，夏至のときが最小となる。また，夏至の日の日積算日射量は，南向き鉛直壁面よりも東・西向き鉛直壁面の方が多い。

▷よく出る

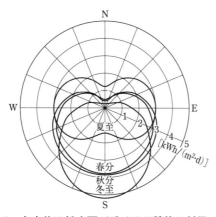

図 4.1.3　各方位の鉛直面が受ける日積算日射量（東京）

3.3　内付けブラインドと外付けブラインドの日射遮蔽効果の比較

図 4.1.4 は，6 mm ガラスにブラインドを内付けした窓と外付けした窓の日射遮蔽効果を比較したものである。内付けにするより外付けにした方が日射により熱取得が小さい。ガラスだけのときには，80 % 近くの日射が室内に入射する。ブラインドを窓に内付けした場合，ガラスを透過した日射がブラインドに吸収され，ブラインドの温度が上昇し，吸収された日射熱が室内の空気との対流と熱放射によって室内に放散され，その結果 50 % 程度の日射遮蔽効果しか望めない。これらに対し，ブラインドを窓に外付けすると，80 % 近くの日

▷よく出る

射を遮蔽することができることがわかる。

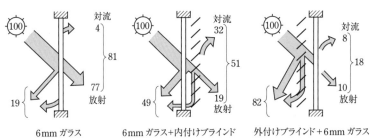

6mmガラス　　　6mmガラス+内付けブラインド　　　外付けブラインド＋6mmガラス

図4.1.4　内付けブラインドと外付けブラインドの日射遮蔽効果の比較

((一社) 日本建築学会編「建築設計資料集成」)

3.4　伝熱

　伝熱（熱の伝わり方）には，伝導，対流（伝達），放射の3つの形態がある。

　壁や床材のような固体中は，伝導により熱が伝わる。壁から外部空間に対しては，対流（伝達），放射により熱が伝わる。建築物のすき間においては，すき間風を通じて，主として対流により熱が伝わる。

　熱容量の相異なる材料に同一熱量をそれぞれ与えた場合，同じ容積なら，熱容量の大きい方が温まりにくい。

　熱容量の大きい材料は，日射熱を蓄熱しやすい。

ライトシェルフ

部屋の奥まで光を導くよう直射日光を反射させる庇。日射制御と昼光利用を両立できる。

放射空調

遠赤外線を介して，放射源と対象（人間など）との間で直接エネルギーを授受することから，対流空調に比べ室内の温度むらが少なく，省エネ性の高い空調方式。

▷よく出る

第2章　建築物の設計

学習のポイント

1. 建築物の設計に関する一般的な考え方を学習する。
2. 設計図書の主なものを学習する。
3. 意匠設計図面の主な記号を学習する。
4. 事務所建築物の計画について一般的な考え方を学習する。

第1節　建築物の計画と設計の概要

1.1　建築物の計画

建築物の計画は，建設の目的に対して関係する諸条件を整理し，空間形態をまとめるための方針を明確にすることである。

1.2　建築物の設計

建築物の設計※とは，与条件に適合する空間をイメージし，具体化し，形態を作り，これを図面化し，施工できるようにまとめることである。実際には，設計者は建築主（施主）の依頼発注を受けて作業を開始する。これらの作業は，小規模な建築物では1人の設計者が全体を設計することもあるが，一般には共同作業となる。通常は，意匠，構造，設備の分担作業となる。

意匠は諸条件を検討し，空間をイメージし，図面化して，全体をまとめる役割である。構造は，建築物の安全性を確保するための構造計画，構造計算，構造図を作成する。設備は，利用者の健康や快適性を確保するための空気調和・給排水等の設備の設計を行う。

設計者は，施工の段階でも設計図どおり施工されているかチェックし，工事監理※者として現場で指導することが多い。

1.3　設計者の選定

設計者の選定方式は，①特命，②選定委員会方式，③ヒアリング（面接）とプロポーザル（提案），④コンペティション（設計競技）等がある。

1.4　設計のプロセス

設計のプロセスは，建築の企画から竣工までの間，企画・構想，基本計画，基本設計，実施設計（図面の作成），工事監理の段階に沿って実施される。

▷よく出る

建築物の設計
「設計」とは，「その者の責任において設計図書を作成することをいう」と建築士法第2条第6項に規定されており，その定義が建築基準法第2条第10号で引用されている。

工事監理
建築主や設計者が施工段階において行う監理行為。建築士法には「工事監理とは，その者の責任において，工事を設計図書と照合し，それが設計図書のとおりに実施されているかいないかを確認すること」と定義している。

▷よく出る

第4編　建築物の構造概論

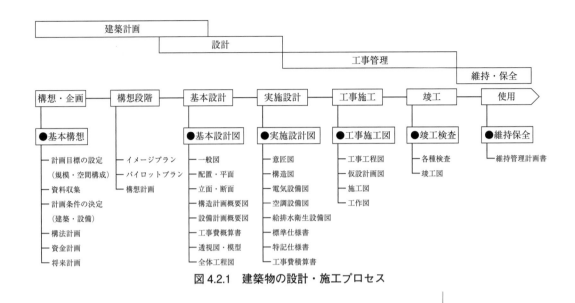

図 4.2.1　建築物の設計・施工プロセス

第2節　企画調査

　建築物の計画，設計に際して，企画調査が必要である。以下に，主な企画調査項目を示す。

(1)　経済的条件

　建設コスト（総工事費），資金計画（自己資金，借入金額，担保物件，金融機関等），発注形式（指名入札，コンペティション等の検討），支払条件，保険，損害補償，税金等。

(2)　建設条件

　設計期間，工期，賃貸ビルの場合のテナント募集，マーケティング等。

(3)　建設後の運用検討

　借入金の返済計画，維持管理費，修繕計画，改修計画等のランニングコストの検討等。

(4)　敷地調査

　敷地付近の地勢，気象状況，地域の人口動態，周辺の環境や衛生，施設の状況等の調査，地盤調査，また工場跡地等では土壌汚染調査等。

(5)　法的規制調査

　用途地域指定，地区指定等（建築基準法，都市計画法，条例等の関連法規と照合した検討）。

第3節　基本計画と基本設計

3.1　構想段階

　構想段階では，企画調査からの情報収集，整理された設計条件での全体的な構想計画を立案する。情報の整理，発注者の要求，敷地に関すること，建設費，工期等様々な項目を検討し，イメージや構想をまとめ，基本計画へ移る。

3.2　基本計画

　基本計画は，意匠計画・構造計画・設備計画に大きく分けられる。また，建築物本体以外の外構計画，室内のインテリア計画等，種々の計画がある。更に，維持管理計画，環境管理計画，環境経営計画，ライフサイクルマネジメント（LCM）計画，耐用年数等も考慮する必要がある。近年では，屋上緑化や太陽光発電等を取り入れた環境配慮設計やCASBEE※等の建築物の評価システムの導入も検討されるようになってきた。

▷よく出る

CASBEE
Comprehensive Assessment System for Built Environmental Efficiency（建築環境総合性能評価システム）の略。省エネルギー，環境負荷削減，室内の快適性，景観への配慮等の指標で建築物の環境性能を総合的に評価するシステム。

第4編　建築物の構造概論

3.3　基本設計

　基本計画の概略が決定すると基本設計に入る。意匠設計以外に，構造や設備，環境等に関する技術的な問題を検討し，設計図面が作成される。また，模型や完成予想図等に基づき，見積・積算を行い，建築主に概算工事費を提示し，合意と承認を受けることにより基本設計が終了する。設計業務で最も重要である基本的なコンセプトは，この段階で決定される。この後，実施設計に入る。

第4節　実施設計と設計図面

4.1　実施設計

　基本設計に基づき，実施設計が行われる。設計図面（設計図書）は，建築物を施工する工事で必要なものであると同時に，建築主との請負契約や見積・積算に必要なものであり，実施設計業務に基づき作成される。また，図面以外にも仕様書※等も用いる。

仕様書
工事に対する設計者の指示のうち，図面では表すことができない点を文章や数値等で表現するもので，品質・成分・性能・精度・製造・施工の方法・部品や材料のメーカー・施工業者等を指定するもの。

▷よく出る

ファサード
街路や広場などに面する建築物の正面となす外観。

4.2　設計図面

　設計図面の主なものとして，以下のようなものがある。また，設計図面の表示記号として，図4.2.2に建具の例を示す。

仕様書　　工法や使用材料の種別・等級・方法・メーカー等を指示した文書。

配置図　　敷地内の建築物の位置を示した図で，外構計画等を記入する。

平面図　　部屋の配置を平面的に示した図で，家具や棚等を記入することがある。

立面図　　建築物の外観（ファサード※）を示した図。東西南北の4面を示す。

断面図	建築物の垂直断面を投影した図で，一般に2面以上作成する。
矩計図	建築物の基礎を含む主要な外壁部分の各部寸法を示した垂直断面詳細。
詳細図	出入口，窓，階段，便所，その他主要部分の平面・断面・展開等の詳細な収まりを示したもの。
展開図	各室の内部壁面の詳細を北から時計回りに描いた図。
天井伏図	天井面の仕上げ材，割付，照明の位置等が記入された図。
透視図	空間の構成で雰囲気がわかりやすいように，透視図法を用いて立体的に表現した図。
日影図	直達日射によって生じる建築物の影の形状を1日の時間ごとに描いた図。
構造図	伏図，軸組図，断面リスト，詳細図など。
構造計算書	構造図の根拠となるもの。強度等の計算。
設備図	電気設備図，給排水衛生設備図，空気調和設備図など。

▷よく出る

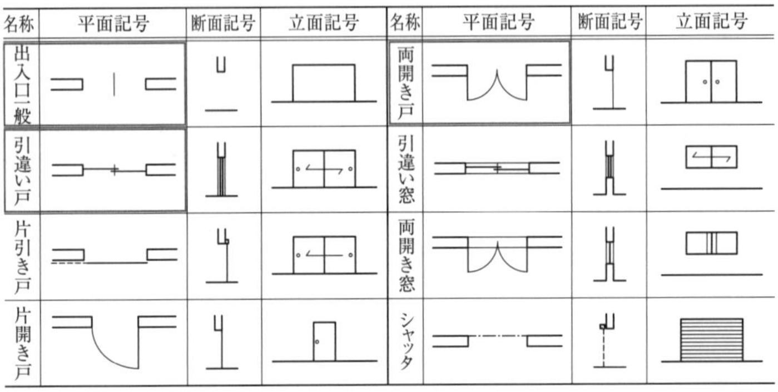

名称	平面記号	断面記号	立面記号	名称	平面記号	断面記号	立面記号
出入口一般				両開き戸			
引違い戸				引違い窓			
片引き戸				両開き窓			
片開き戸				シャッタ			

図 4.2.2 建具の表示記号

第5節 設計者と工事監理者の業務内容と資格

5.1 業務内容（建築士法）

▷よく出る

(1) 設計図書

　建築物の建築工事の実施のために必要な図面（現寸図その他これに類するものを除く。）及び仕様書のこと。

(2) 設計

　その者の責任において設計図書を作成すること。

(3) 工事監理

　その者の責任において，工事を設計図書と照合し，それが設計図書のとおりに実施されているかいないかを確認すること。

5.2　資格（建築士法）

資格としては，表 4.2.1 に示すものがある。

表 4.2.1　建築士法による資格　▷よく出る

資格	内容
1 級建築士	建築士法に定められた資格であり，<u>国土交通大臣の免許</u>を受け 1 級建築士の名を用いて建築物の設計，工事監理等の業務を行う者。1 級建築士でなければ設計または工事監理できない建築物が定められている。
2 級建築士	建築士法に基づき<u>都道府県知事の免許</u>を受けて得られる資格。一定限度以下の建築物の設計，監理等を行う。
木造建築士	建築士法で定められた資格。1・2 級建築士に限られる建築物以外の 100 m² を超える木造建築物を新築する場合の設計と工事監理をすることができる。
建築設備士	建築設備の設計と工事監理について建築士に助言できる。
構造設計 1 級建築士	高度な専門能力が必要とする一定の建築物について，法適合チェックが義務付けられている建築物への関与。
設備設計 1 級建築士	

第
4
編 建築物の構造概論

第 6 節　事務所建築物の計画

6.1　敷地に関する法的規制の検討

事務所建築物の計画では，まず容積率，建ぺい率，高さ制限等，敷地に関する法的規制の検討が必要である。

6.2　基本計画

▷よく出る

平面計画，配置計画，コアタイプ※の検討，駐車場計画等の計画がなされ，更に，構造計画，設備計画，管理計画等がなされる。

構造計画では柱の位置，構造形式等が決定され，設備計画では設備機器配置計画や電気配線の計画等が検討される。

コアタイプ
建築物において便所・エレベーター・階段等の共用スペース，設備スペース，<u>構造用耐力壁等を集約した区画</u>。配置形式として，片寄コア・外コア・センタコア・複数コアなどがある。

6.3　レンタブル比

▷よく出る

貸事務所は収益部分と非収益部分に分けられ，収益を上げるための指標としてレンタブル比（賃貸面積比）がある。

$$レンタブル比 = \frac{収益部分の床面積}{延べ面積} \times 100 \ [\%]$$

一般に，レンタブル比は 65～75% が必要とされている。

6.4　高層で規模の大きい事務所建築の場合

高層で規模の大きい事務所建築の場合は，ビル風・日照問題・電波障害等，周辺環境に与える影響も大きい。局所的に高まる環境負荷を軽減するための環境管理計画や長寿命建築物を実現するための維持管理計画は，特に留意して策定すべきである。

第3章　建築物の構造

学習のポイント

1．構造計画と構造設計の一般的な考え方を学習する。
2．構造形式の主なものを学習する。
3．基礎と地盤に関する一般的な用語を学習する。
4．鉄筋コンクリート構造に関する一般的な用語を学習する。
5．鉄骨構造に関する一般的な用語を学習する。
6．荷重に関する一般的な用語を学習する。
7．構造力学に関する一般的な考え方を学習する。

第1節　構造計画と構造設計

1.1　構造計画

　建築物の構造計画とは，建築物の規模や用途に応じて，荷重に対して力学的に安全かつ経済的な構造形式，材料等を計画し，選定することである。

(1)　鉛直荷重に対する計画

　上部構造の鉛直荷重を地盤まで伝えるには，地盤の良否を考慮した上で，鉛直方向の力の流れをバランスよくする必要がある。

　すなわち，鉛直荷重を受ける部分は，荷重がなるべく均等に分布するようにし，各階の柱・耐力壁は，上下階がなるべく同一位置になるよう配置する。また，基礎にかかる力の不均衡によって生じる不同沈下に対する注意も必要である。さらに，積雪荷重に対して雪塊の落下や風の影響等による雪の吹き溜まり※荷重，偏心荷重への配慮等も必要である。

(2)　水平荷重に対する計画

　水平荷重に対しては，骨組・耐力壁・筋かい※等，垂直構面で主として抵抗させる。これらの各耐力要素をバランスよく抵抗させるには，建築物の床面・屋根面のような面は，水平ブレース※により一体化し，バランスのよい平面・立面計画を立てることが必要である。

　また，建築物の骨組・耐力壁・筋かい等をバランスよく配置することが重要である。耐力要素が偏在すると，水平荷重が作用したときにねじれが生じるおそれがある。ねじれを防ぐために，平面的なバランスに対する偏心率※，立面的なバランスに対する剛性率※の規定がある。

　さらに，扉・窓等の非構造部材に対する計画では，変形を制限する層間変形角※の規定がある。

1.2　構造設計と構造計算

　建築物の安全性確保のために行われるのが構造設計である。建築物の設計に当たっては，安全性確保のための構造計算を行う。

吹き溜まり
積雪地帯において，雪と風を伴う吹雪や積雪が風に吹かれて生じる局所的な積雪。

筋かい
ブレースともいう。骨組の壁面の垂直構面に入れる斜材。構面の変形を防ぎ，剛性を高めるとともに地震力や風圧力に抵抗する。

水平ブレース
床面や屋根面のような水平構面に入れる斜材。構面の変形を防ぎ，剛性を高めるとともに地震力や風圧力に抵抗する。

偏心率
平面的なバランスに対する規定。建物には重量の中心（重心）と，剛性の中心（剛心）がある。重心に地震力が作用する。重心と剛心が離れるほど偏心率が大きくなり，構造部材には余計な負担が発生する。

剛性率
立面的なバランスに対する規定。地震荷重に対して求められる層間変形角の逆数を，各階の層間変形角の逆数の全階にわたる平均値で除した率。

　構造計算に関しては，建築基準法施行令第 3 章第 8 節に規定されており，その中で保有水平耐力※計算，限界耐力計算，許容応力度※等計算がそれぞれ規定されている。

　保有水平耐力計算は，昭和 56 年，耐震設計に関する法令が改正された際に導入された計算法である。さらに，平成 10〜12 年にかけて大きく建築基準法が改正された際に，限界耐力計算が導入された。

▷よく出る

層間変形角
各階の層間変位をその層の高さで除した値。

保有水平耐力
建築物が水平力に対して持つ強さ。

許容応力度
建築物の荷重に対する安全性を確保するために定められた，部材に許容できる応力度の限界値。

第 2 節　構造形式

2.1　ラーメン構造

　部材が剛に接合されている構造である。矩形ラーメンのほかに，山形ラーメン・異形ラーメン・変断面ラーメン等がある。部材に生じる応力※は，曲げモーメント※・せん断力※・軸方向力※である。

2.2　トラス構造

　部材をピン※接合とし，基本単位として三角形を構成する構造である。平面トラス・立体トラス等がある。部材に生じる応力は軸方向力のみである。

2.3　アーチ構造

　全体をアーチ状に構成する構造である。放物線アーチ・半円アーチ・偏平アーチ等の種類がある。部材に生じる応力は，曲げモーメント・せん断力・軸方向力である。

2.4　シェル構造

　卵の殻や貝殻等のように薄い曲板により，力学特性を生かして，種々の曲板形状により構成された構造である。ほとんどの応力を面内力として伝達させる構造である。大スパン※に適している。

2.5　壁式構造

　構造体の外力に対する主要な抵抗要素が板状の部材で構成される構造である。壁体や床板等の構造要素の組合せによって構成される。組積式（れんが造・補強れんがブロック造・補強コンクリートブロック造）・組立式（石材壁構造・壁式プレキャスト鉄筋コンクリート造）・一体式（壁式鉄筋コンクリート構造）がある。壁式鉄筋コンクリート構造は集合住宅によく用いられる。

応力
外力が作用する物体内に単位面積の任意に仮想面を考えたとき，そこに作用する断面力。内力ともいう。

▷よく出る

曲げモーメント
部材内の任意の面に作用して，部材を湾曲させるように作用する力である。

せん断力
部材内の任意の面に作用して，面をずれさせるように作用する力である。

軸方向力
部材内の任意の面に作用して，部材軸方向に伸び縮みさせるように作用する力である。

ピン
上下左右には動かず，自由に回転できるような機構。

スパン
隣接する支持点間の距離。柱間隔や梁の長さ等に使われる。

▷よく出る

第 4 編　建築物の構造概論

2.6　その他の構造

空気膜構造・吊り構造（サスペンション構造）・折板構造等がある。

構造形式	特徴	図	構造形式	特徴	図
ラーメン構造	柱とはりが剛で接合された骨組。剛節骨組みとも呼ぶ。ドイツ語のRahmenからラーメン構造と呼ばれる。	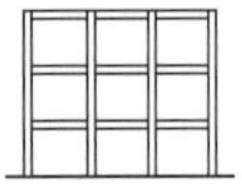	壁式構造	構造体の外力に対する主要抵抗要素が板状の部材で構成されている構造物。壁はりは必要であるが柱,はり型がない壁の構造。	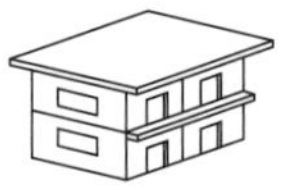
トラス構造	部材を三角形状にピン接合した単位を組み合わせて得られる構造体骨組。接点に作用する荷重を部材軸方向の力に分散して支持する。大スパン空間に適応する。	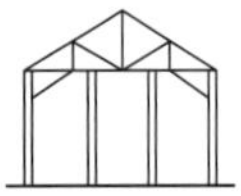	空気膜構造	構造体の内部と外部の空気圧の差により,膜面に張力,剛性を与え形状を得る構造形式。	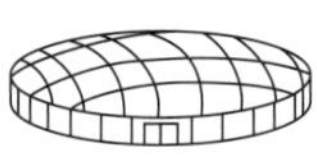
アーチ構造	アーチ状で構成される構造。	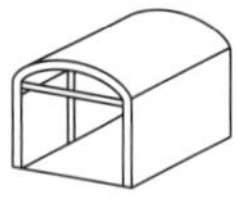	吊り構造	構造物の主な部分を支点から吊すことにより引張力となるような応力状態を作り出す形式。	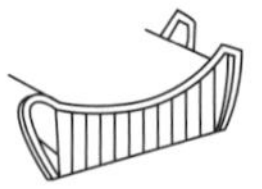
シェル構造	非常に薄い材料で作られる曲面板状の構造。局部的には曲げ応力も作用するが,ほとんどの力を面内力として伝達させる特徴を持つ。	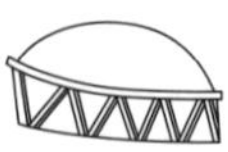	折板構造	平面板の組み合わせにより,筒状あるいは多面体状の架橋を形成し,主として面内力によって外力に抵抗する構造。	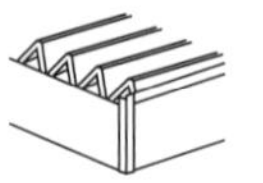

図 4.3.1　構造形式による分類

第3節　基礎と地盤

3.1　基礎構造

　基礎構造は建築物の上部構造を支え，荷重を地盤に伝える下部構造である。一般には地業が含まれる。

　地業は，基礎スラブより下に設けた割ぐり石，捨てコンクリート※等の部分をいう。直接地業には割ぐり地業・玉石地業・砂地業が，間接地業には杭地業・ピア※地業等がある。

　基礎の形式による主な構造には，次のようなものがある（図 4.3.3）。なお異種の基礎形式の併用は一般に，避けるべきである。

(1)　独立フーチング※基礎

　各種構造に用いられる形式で，形状は正方形・長方形が多い。

(2)　連続フーチンク基礎（布基礎）

　柱間隔の小さいものや木造等の軽微なものに多い。

(3)　複合フーチンク基礎

　(1)と(2)を複合したもの。

(4)　べた基礎

　建築物の底面全体がフーチングとなった基礎。地耐力が弱い地盤に用いられることが多い。

(5)　杭基礎

　地盤への応力伝達形式により支持杭と摩擦杭に分類される。

　支持杭：杭の先端を支持地盤に到達させる杭。

　摩擦杭：杭の周面摩擦力に期待する杭。

▷よく出る

捨てコンクリート
地盤の上に底面を平らにする目的で敷きならしたコンクリート。

ピア
独立した断面の大きな柱。場所打ちコンクリート杭の径 80 cm 以上のものをいう。

フーチング
柱または壁を支える無筋または鉄筋コンクリートの基礎の広がり部分。

▷よく出る

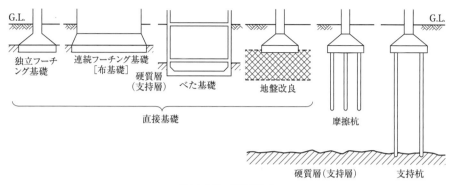

図 4.3.2 基礎形式

3.2 地盤

地盤の状態は，地層の層の順序・力学的性質・地下水等の影響を受ける。ボーリング等による調査や過去の調査データを比較検討し，推定する場合もある。

地層は，その生成年代により，沖積層・洪積層・第3紀層等に分けられる。沖積層は新しい堆積層で，一般に軟弱である。特に埋め立て等で人工的に造成された地盤は，軟弱で耐力が小さく，地盤沈下・地震時の液状化現象※等が起きやすい。洪積層は，主に台地・丘陵の最上部および沖積層の下部に分布しており，地耐力が良好な地層である。第3紀層の地層は大きな地耐力を持っており，土丹層とも呼ばれる。地盤調査には標準貫入試験※・平板載荷試験※等がある。

粘土質地盤に圧力がかかると水分が徐々に逸出し，その結果，地盤は圧縮される。これを圧密といい，それによって地盤が沈下することを圧密沈下という。この現象は，地下水を大量に汲み上げることによって加速されやすく，不同沈下の原因となる。

平成15年に土壌汚染対策法が施行され，土壌汚染の調査も必要となった。人体への健康にかかわる被害防止の観点からの規定であり，調査のみならず，汚染の除去，処理対策も重要課題である。

3.3 地耐力

地盤が荷重を支え，耐えることができる力を地耐力という。地盤の許容地耐力は，地盤の許容支持力と許容沈下量を考慮し，決定する。

建築基準法施行令第93条で許容地耐力が規定されている（表4.3.1）。

▷よく出る

液状化現象
中粒砂のゆるい地盤が地震力によって振動を受けると流動化し，地耐力を失ってしまう現象。

標準貫入試験
重錘を所定の高さから自由落下させたエネルギーでサンプラを地盤に貫入させて，地盤の強度や変形等の情報を得る試験。

▷よく出る

平板載荷試験
土を掘り，基礎の深さに設置した小さな載荷板に実際の建物荷重に見合う荷重を載荷して沈下量を測り，地盤が安全に支持する力の大きさを判定する試験。

▷よく出る

建築物の構造概論 第4編

表4.3.1　許容地耐力

地盤	長期に生ずる力に対する許容応力度〔kN/m²〕	短期に生ずる力に対する許容応力度〔kN/m²〕
岩盤	1,000	長期に生ずる力に対する許容応力度のそれぞれの数値の2倍とする。
固結した砂	500	
土丹盤	300	
密実な礫層	300	
密実な砂質地盤	200	
砂質地盤（地震時に液状化のおそれのないものに限る）	50	
堅い粘土質地盤	100	
粘土質地盤	20	
堅いローム層	100	
ローム層	50	

第4節　各種構造

4.1　鉄筋コンクリート構造

(1)　概要

　鉄筋コンクリート構造は，RC※構造とも呼ばれている。コンクリートは，圧縮強度が大きく，耐火性・耐久性に富んでいるが，引張強度が小さい。鉄筋は，引張強度は大きいが，圧縮強度が小さく座屈※しやすい。このコンクリートと鉄筋の長所を活かし，短所を補って，一体とした構造がRC構造である。鉄筋とコンクリートの線膨張係数※はほぼ等しく，相互の付着性もよい。RC構造の長所・短所を以下に示す。

　＜長所＞
・耐火性・耐久性に富んでいる。
・自由な形態が得やすい。
・比較的安価である。
　＜短所＞
・自重が大きいため，地震力による影響を受けやすい。
・施工の状況（材料の管理や養生※）が強度に影響しやすい。
・容易に取り壊しができない。
・工期が長くなる。
・部材の粘りと耐震壁の配置等の検討が必要。

　近年では，高強度のコンクリートや鉄筋により，高層のRC構造建築物が可能となっている。また，プレキャスト※（PCa）化することにより，工期の短縮が図られるようになってきている。

▷よく出る
RC
Reinforced Concrete（補強されたコンクリート）の略。
座屈
圧縮力を受ける部材あるいは構造物が圧縮力に直交する方向にふくらむ現象。
線膨張係数　▷よく出る
長さ（ℓ）の棒の温度上昇（Δt）に伴う伸び（Δℓ）が生じたときの関係式の係数（α）をいう。
$$\alpha = \frac{1}{\ell} \times \frac{\Delta \ell}{\Delta t}$$
養生
良好な性質を発揮させるため，セメントの水和反応に必要な水分を確保し，適切な温度条件に保つこと。

▷よく出る
プレキャスト
工場や現場構内で製造した鉄筋コンクリート部材。

(2)　鉄筋

　鉄筋コンクリート用の鉄筋は，JIS 規格に適合するものを用いる。普通棒鋼と異形棒鋼に大別され，例えば，SR235 や SD295 等がある。記号の SR は普通棒鋼，SD は異形棒鋼を示し，数値は降伏強度※を示している。異形棒鋼は付着性能が優れている。建築物に用いられる鉄筋は，通常 10，13，16，19，22，25 mm 径のものである。柱・梁材には 19〜25 mm 径，床・壁等には 10〜16 mm 径が用いられる。引張強度は炭素含有量に比例して高くなる。

(3)　梁

　RC 構造の梁では，骨組に生じる応力に合わせて図 4.3.4 のように鉄筋を配筋する。主筋は曲げモーメントに対して配筋され，複筋梁とする。あばら筋※は，せん断力に対して配筋される。梁には設備配管のための開孔が設けられることが多く，一般に孔の径は，梁せいの 3 分の 1 以下として，応力の大きい部分にはなるべく設けないようにする。開孔の補強には十分な開孔補強筋が必要であり，各種の開孔補強法がある。また，建設後に設備配管を設ける場合は，主筋等の配筋を損なうことなく行う必要がある。

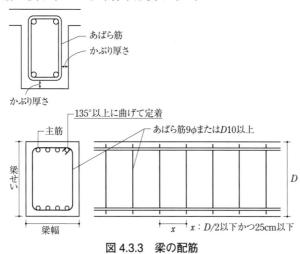

図 4.3.3　梁の配筋

(4)　柱

　RC 構造の柱では図 4.3.5 のように配筋する。主筋は 4 本以上とし，主筋に直角となるように帯筋※により配筋される。帯筋の間隔は 10 cm 以下であり，耐震性を確保する上で重要である。

(5)　床

　床のことを通常，スラブまたは床スラブと呼んでいる。一般的な床の厚さは 13〜20 cm 程度である。

(6)　壁

　RC 構造の壁は，構造上大きな役割を持つ耐震壁と，間仕切り等の一般壁がある。耐震壁は 20〜25 cm 程度の厚さである。一般壁は 10〜15 cm 程度である。壁板の厚さが 20 cm 以上ある場合は，複筋配置とする。

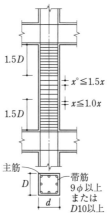

図 4.3.4　柱の配筋

▷よく出る

降伏強度

金属材料の引張試験において，ある応力に達したときにひずみは大きくなるのに応力は下降する。この現象を降伏といい，そのときの応力を降伏強度という。応力とひずみの関係が比例関係でなくなる点，塑性変形が始まる点。

▷よく出る

あばら筋

スターラップともいう。梁に入れるせん断補強筋で，せん断力に抵抗して建築物に粘りを持たせる。

▷よく出る

帯筋

フープともいう。柱に入れる，せん断補強筋である。せん断力に抵抗して建築物に粘りを持たせる。

柱の小径

構造耐力上主要な支点間の 1/15 以上とする。

(7)　かぶり厚さ

　鉄筋に対するコンクリートのかぶり厚さは，<u>コンクリート表面から鉄筋の表面までの距離をいう</u>。コンクリートのかぶり厚さは，耐火・鉄筋の防食・防錆等，耐久性上重要であり，建築基準法施行令第79条に規定されている。非耐<u>力壁または，床は2 cm 以上，耐力壁，柱，梁は3 cm 以上，直接土に接する壁，柱，床もしくは梁，または布基礎の立上り部分にあっては4 cm 以上，基礎にあっては捨てコンクリートの部分を除いて6 cm 以上としなければならない</u>。

▷よく出る

▷よく出る

4.2　鉄骨構造

(1)　概要

　鉄骨構造は，S構造とも呼ばれている。大スパン構造・高層建築物でよく用いられる。S構造の長所・短所を以下に示す。

〈長所〉

・じん性※に富み，耐震的に有利な構造にしやすい。

・解体が容易である。

・構造材料としての信頼性が高い。

・工期が短い。

＜短所＞

・耐火性に乏しく，耐火被覆※が必要である。

・耐食性に乏しいため，防錆処理が必要である。

(2)　鋼材

　S構造に用いられる鋼材には，形鋼・平鋼・鋼板・鋼管等の種類がある。材質はJIS規格で規定されている。<u>一般構造用圧延鋼材（SS400等），溶接構造用圧延鋼材（SM490A等），建築構造用圧延鋼材（SN490B等）等がある。記号中の数値は引張強度※を示している。</u>

　鋼材の性質は，<u>炭素量が増すと強度は増加するが，じん性・溶接性は低下する</u>。引張強度の大きい鋼材は高張力鋼と呼ばれている。

　<u>鋼材は，温度上昇とともに強度が低下し，1,000℃ではほとんど零となり</u>，1,400〜1,500℃で溶解する。

(3)　接合方法

　鋼材の接合方法は，高力ボルト接合※・溶接接合等がある。

　高力ボルト接合は現場での施工が容易で，技術者のレベルに左右されることが少なく一定の品質を保つことができる。

　溶接接合には，一般にアーク溶接が用いられ

じん性
粘り強さ，変形能力。

▷よく出る

耐火被覆
骨組を火災から守るための耐火性能に必要な被覆。耐火時間に応じて，鉄骨にモルタル等を定められた厚さで被覆する。

フランジ
H型やI型の断面で張り出している板部分をいう。

ウェブ
梁や桁の腹部をいい，特にI型断面の中央部を指すことが多い。主としてせん断力を伝達する機能を持つ。

引張強度
引張試験において材料に生じる最大応力。

▷よく出る

高力ボルト接合
高い強度を持つ高力ボルトで接合する工法。摩擦接合と引張接合がある。一般的には摩擦接合が用いられる。<u>摩擦接合は，材間摩擦力により力を伝達する</u>。

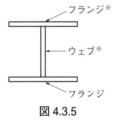

図 4.3.5
フランジとウェブ

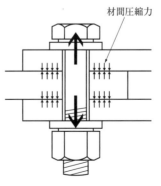

図 4.3.6　高力ボルト摩擦接合

る。溶接継手の形式には，溶接される母材の配置により，重ね継手，T継手，突合せ継手等がある（図4.3.7）。また溶接断面の形式には，突合せ溶接，すみ肉溶接，部分溶込み溶接等がある。溶接接合では資格を持った技術者が必要であり，施工の良し悪しで強度のばらつきが大きい。

　リベット接合は古くから行われてきた方法であるが，現在はあまり用いられない。

▷よく出る

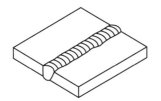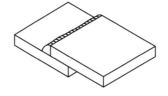

図4.3.7　溶接接合の例

（4）柱脚部

　柱脚部と基礎は，支持条件によりピン・半固定・固定を選択して設計する。

（5）床

　床には，鉄筋コンクリート床板やデッキプレート※等が用いられる。

（6）耐火被覆

　現在用いられている鋼材の耐火被覆の工法は，吹付け工法，巻付け工法，成形板張り工法等がある。近年では，新材料・新工法による方法として，先行耐火被覆工法・薄肉耐火被覆工法等がある。

　また，耐火塗料も開発されている。耐火性が強く，部位によっては，被覆が不要となる耐火鋼材等の材料も開発されている。

デッキプレート
波形に成形された広幅の薄鋼板。コンクリートスラブの型枠および床板として用いられる。

▷よく出る

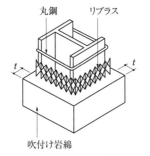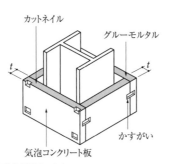

図4.3.8　耐火被覆の例

4.3　鉄骨鉄筋コンクリート構造

　鉄骨鉄筋コンクリート構造は，SRC構造とも呼ばれている。RC構造とS構造の混合構造※である。RC構造とS構造の利点を生かし，鋼材がコンクリートに被覆されていることにより，座屈耐力および耐火性が向上し，耐震性能に優れている。短所は，施工上，接合部等の配筋が密となり，コンクリートの充てん性を考えた詳細な検討が必要となる。一般に，高層建築物に用いられる。

▷よく出る
混合構造
RC構造やS構造等の異なった構造の長所を生かして組み合わせた構造。SRC構造の他，柱をRC構造，梁をS構造とするものもある。

4.4　木構造

木構造は住宅によく用いられる。軽量でじん性に富んでいる。工法として<u>在来工法・プレハブ※工法・枠組壁工法（ツーバイフォー方式）・集成材構造等</u>がある。<u>延べ面積 500 m² を超える木造建築物は，建築基準法により構造計算が義務付けられている。</u>

▷よく出る

プレハブ
プレファブリケーションの略。工場や現場構内で製造した部材で施工すること。

4.5　壁式鉄筋コンクリート構造

RC 構造の一種で，外力に対して主要抵抗要素として耐力壁で構成される構造である。間仕切りの多い集合住宅に適している。

4.6　プレストレストコンクリート構造

PC 鋼材によってプレストレス※が与えられている RC 構造である。鉄筋コンクリート断面のコンクリート部分に圧縮力を導入することにより，<u>引張力に弱いコンクリートのひび割れや，クリープ※が発生しないようにした構造</u>である。大スパンの構造が可能である。

▷よく出る

プレストレス
設計荷重による引張強度の全部または一部を打ち消すようにあらかじめ計画的に与えられる応力。

クリープ
一定の大きさの持続荷重によって，時間とともにひずみが増大する現象。

▷よく出る

スタッドボルト
鉄骨梁とコンクリートスラブとの合成効果を期待するため，梁フランジ面に適当な間隔で溶接により垂直に取り付けたボルト。

4.7　合成梁構造

<u>鉄骨梁とコンクリートスラブをスタッドボルト※等で緊結し，スラブと梁が有効に働く合成作用による梁を合成梁と呼び，合成梁による構造を合成梁構造という</u>（図 4.3.10）。

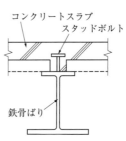

図 4.3.9　合成梁構造

4.8　免震構造

建築物の基礎部等に<u>アイソレーター※やダンパー※等の免震装置を設置して，構造体の揺れを低減する構造</u>である。

アイソレーターには，積層ゴム支承※・滑り支承・転がり支承等がある。ダンパーには金属（鋼・鉛等）の塑性※履歴を利用するものや，粘性抵抗や摩擦抵抗を利用するもの等，種々のものがある。

▷よく出る

アイソレーター（Isolator）
地盤から建築物を絶縁する部材，機構等を指す。建築物全重量を支持できる強度や剛性を有し，かつ，水平方向には十分柔らかな特性を有していることが必要である。

ダンパー（Damper）
振動エネルギーを吸収し，振動を小さくさせる装置。

積層ゴム支承
「ゴム」と「鋼板」が交互に重なっている支承。

塑性
部材等に荷重を作用させたときに生じる変形が，荷重を取り除いた後に，元の状態に完全に戻らない性質。

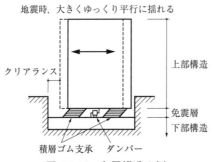

図 4.3.10　免震構造の例

4.9　制振構造

　制振構造は，制振装置※により，建物の揺れを制御，低減しようとする構造である。地震や風による揺れを対象としており，パッシブコントロールとアクティブコントロールがある。

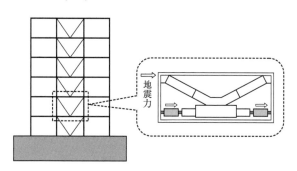

図 4.3.11　制振構造の例

第5節　荷重

5.1　概要

　荷重には鉛直荷重と水平荷重がある（表4.3.2）。鉛直荷重は固定荷重・積載荷重・積雪荷重等であり，水平荷重は風圧力・地震力等である。

表 4.3.2　荷重分類

作用方向による分類	原因による分類	作用時間による分類
鉛直荷重 （重量による力）	固定荷重	常時荷重 （長期）
	積載荷重	
	積雪荷重	
水平荷重 （風・地震等の作用による力）	風圧力	非常時荷重 （短期）
	地震力	
	土圧・水圧	常時荷重
その他	振動・衝撃・熱・強制変位	状況による

5.2　固定荷重

　固定荷重は，構造体や仕上げ材料等の建築物自体の重量のことである。建築物の固定荷重は，建築基準法施行令第84条に規定されている数値によって想定するか，あるいは建築物の実情に応じて計算する。

5.3　積載荷重

　積載荷重は，主として床・梁等に載せられる荷重のうち，人間・家具・物品等の重量をいう。その数値は平均的な重量に，衝撃性・集中性等を考慮し，表

▷よく出る

第4編　建築物の構造概論

4.3.3のように定められている。積載荷重は，構造計算をする対象（床，大梁，柱など，地震力）により異なり，その大小関係は，床＞大梁・柱など＞地震力である。

表 4.3.3　積載荷重（建築基準法施行令第 85 条）

構造計算の対象／室の種類	床の構造計算をする場合［単位 N/m²］	大ばり，柱または基礎の構造計算をする場合［単位 N/m²］	地震力を計算する場合［単位 N/m²］
住宅の居室，住宅以外の建築物における寝室または病室	1,800	1,300	600
事務室	2,900	1,800	800
教室	2,300	2,100	1,100
百貨店または店舗の売り場	2,900	2,400	1,300

5.4　積雪荷重

　積雪荷重は，積雪の単位荷重と，建築物が建設される地域の積雪量を考慮して求められる。積雪荷重は，屋根勾配に影響される。　　　　　　▷よく出る

　一般区域における積雪の単位重量は，積雪量 1 cm ごと 1 m² につき 20 N 以上として計算されるが，多雪区域では，特定行政庁が定める数値によることができる。この他，建築基準法施行令第 86 条に規定がある。

5.5　風圧力

　風圧力は時間とともに変化する動的な荷重であるが，構造計算では特殊な場合を除き，通常，静的荷重として扱い，速度圧に風力係数を乗じて計算する。　　▷よく出る
風圧力は，木造や空気膜構造のように軽い建築物や，超高層建築物に強く影響し，その力は地震力よりも大きいことがある。建築基準法施行令第 87 条に規定がある。

5.6　地震力

　地震力とは，地震により建築物が振動することで生じる慣性力である。振動は鉛直方向と水平方向があり，通常は水平方向の振動により生じる力を考える。地震力については，建築基準法施行令第 88 条により，建築物の地上部分の場合，各部分の高さに応じて，その高さの部分が支えている所に作用する全体の地震力として計算する。

5.7　その他の荷重

　地下外壁・擁壁※・水槽の壁・床等にかかる水圧や土圧，エレベーター等搬送設備の荷重，動力装置等の振動・衝撃による荷重，大きな温度変化による温度荷重等がある。また各種荷重について，（一社）日本建築学会「建築物荷重

擁壁
壁の自重や床板上部の土砂の重量等を土圧に抵抗して，盛土または切土による斜面を支える壁体構造物。

指針・同解説」により，設計用荷重の指針が定められている。

第6節　構造力学

6.1　力の釣り合い

構造力学は，建築物にかかる力に対して建築物にどの位の力（応力）が生じているか，また変形しているかを理論的に求めるものである。最も基本的なものは力の釣り合いである。

構造物が安定している条件は，どの方向にも移動しないこと，回転・転倒しないことであり，この安定条件を「力」の面からみた場合には，以下の力の釣り合い条件式で示される。

＜移動しない条件＞

$\Sigma X = 0$

$\Sigma Y = 0$

＜回転しない条件＞

$\Sigma M = 0$

ここで，X, Y　：各荷重の X, Y 方向の分力

M　：任意点に対する各荷重のモーメント

である。

6.2　外力と応力

建築物にかかる力が外力であり，その力に対して内部に働く力を応力（内力）と呼んでいる。応力には，曲げモーメント（M），せん断力（Q），軸方向力（N）の3つがある（図 4.3.11）。

曲げモーメントは，部材のある点において部材を湾曲させようとする応力である。せん断力は，部材内の任意の面に作用して，面をずれさせるように作用する力である。軸方向力は，部材を軸方向に引き伸ばそうとする力である。

▷よく出る

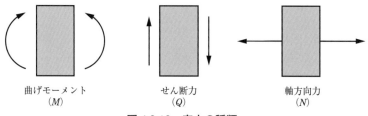

曲げモーメント　　　　せん断力　　　　　軸方向力
（M）　　　　　　　　（Q）　　　　　　（N）

図 4.3.12　応力の種類

6.3　反力と支点

建築物に荷重が作用した場合，この作用荷重に対応して支点に生じる力を反力と呼んでいる。支点には，移動端（ローラー※），回転端（ピン），固定端の3種類がある。

ローラー
上下には動かず，自由に回転できるような機構。

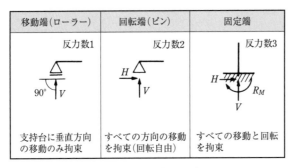

図4.3.13　支点と反力

　支持形式は，片持支持形式・単純支持形式・3ピン支持形式等がある（図4.3.14）。

　片持支持形式においては，一端を固定し他端を自由としている。単純支持形式においては，一端をピン（回転端）で支持し，他端を移動端（ローラー）としている。3ピン支持形式は，2つのピン（回転端）で支持され，その中間にもう1つのピン節点をもつ。

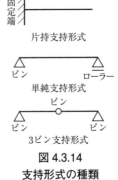

**図4.3.14
支持形式の種類**

▷よく出る

荷重図	曲げモーメント図	せん断力図
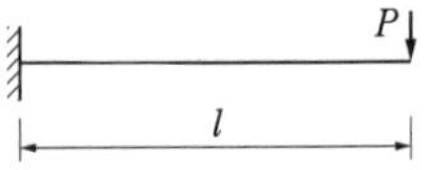 P, l	 Pl	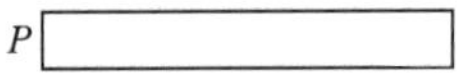 P
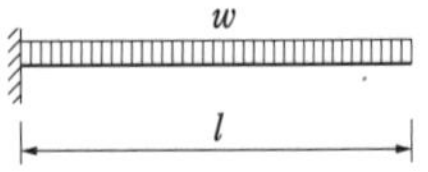 w, l	 $wl^2/2$	 wl

図4.3.15　応力図

第7節　既存建築物の劣化診断

7.1　耐用年数

　建築物の維持保全において，構造躯体や設備の耐用年数の把握が必要である。ライフサイクルコストも十分に検討されなければならない。耐用年数においては物理的耐用年数，社会的耐用年数，経済的耐用年数，法定耐用年数等がある。

　例えばRC構造の事務所の法定耐用年数は50年，木造の住宅は22年である。また，S構造の事務所の法定耐用年数は，骨格材の肉厚によって異なる

（38 年，30 年，22 年）。

　建築物の設計段階で，目標耐用年数や計画耐用年数を設定し，耐久性設計，耐用性設計がなされることもある。地球環境等の面から，長寿命化建築物に対する耐用計画は不可欠であり，その観点から，構造躯体と設備・仕上げ等を分離したスケルトンインフィル（SI）建築物※と呼ばれる建築物も開発・計画されている。

7.2　コンクリートの劣化

　構造躯体の寿命は時間の経過とともに劣化する。RC 構造におけるコンクリートの劣化・老朽化の代表的現象は，ひび割れの発生と中性化※である。
　コンクリートのひび割れは，隅角部や開口部に集中的に発生するのが特徴である。またアルカリ性のコンクリートは，経年とともに空気中の二酸化炭素や雨水の浸入等により，次第に中性化する。中性化することにより内部の鉄筋が酸化し，錆びてくる。この中性化は構造体の寿命に大きく影響を与える。

7.3　耐震診断と耐震改修

　平成 7 年 1 月 17 日に発生した阪神淡路大震災における人的被害は，死者約6,300 名，建築物の被害も約 44 万棟と著しい被害があった。特に，昭和 56 年以前（新耐震基準以前）の建築物の被害が顕著であったことから，既存不適格建築物※に対する耐震診断，耐震改修の必要性が叫ばれた。特に昭和 46 年以前の RC 構造については，柱の帯筋の間隔が 30 cm（現行では 10 cm 以下）というものも多く，柱のせん断破壊※が起こりやすく，早急な耐震改修が必要である。
　平成 7 年に公布された「建物の耐震改修の促進に関する法律」では，次のようなことが定められている。
　　①　一定の用途，規模の建築物で，現行の耐震基準に適合しないものについて，その所有者等に耐震診断，耐震改修の努力義務を課すとともに，地方公共団体による指導，助言，指示等を行う。
　　②　地方公共団体の認定を受けて耐震改修を行う建築物について，建築基準法の特例，低利融資，税制上の特例等の対象として支援を行う。
　耐震診断の結果，耐震性が不足している建築物は，耐震性向上のために補強することが望ましい。耐震改修の方法は，強度を高める方法，変形能力を高める方法および双方を高める方法などに分類できる。例えば，壁を増設する補強方法鉄骨ブレースによる補強方法等，それぞれの構造形式に適した方法が選択される。現在では，免震構造や制振構造による補強も取り入れられている。
　一方，構造躯体のほか，仕上げ材や設備機器等の非構造部材の耐震性向上も重要である。

スケルトン・インフィル（SI）建築物
建築物のスケルトン（柱・梁・床等の構造躯体）とインフィル（建築物内の内装・設備等）とを分離した工法による建築物。スケルトンは長期間の耐久性を重視し，インフィル部分は使い手の多様なニーズに応えるため自由な可変性を重視している。

中性化
大気中の CO_2 がコンクリート内に侵入し，本来アルカリ性である内部が中性に近づくこと。鋼材の耐腐食性が低下する。
▷よく出る

▷よく出る

既存不適格建築物
法が適用された時点で既に存在していた建築物のうち，その後の改正規定に適合していない建築物。

せん断破壊
部材に斜めのひび割れ線が急速に増長する破壊。一般に，粘りのないもろい破壊をいう。

建築物の構造概論　第 4 編

第4章　建築材料

学習のポイント

1. 構造材料に関する一般的な性質を学習する。
2. 仕上げ材料に関する主なものを学習する。
3. ガラス・石材に関する主なものを学習する。

第1節　構造材料

1.1　木材

(1)　性質

木材の長所・短所を以下に示す。

＜長所＞

・比重の割合に強度が大きい。じん性も比較的大きい。

・軽量で加工しやすい。釘打ちによって簡単に接合できる。

・まっすぐな長大材が得やすい。

・比重が小さい。

・熱伝導率※が小さい。

・線膨張率（熱膨張率）が小さい。

＜短所＞

・一般に燃えやすい。可燃性で着火点※が低い。

・吸水・吸湿性が大きく、水分による変形が大きい。このため狂いやすく、腐朽しやすい。

・虫害を受けやすい。

・節・繊維方向によって強度にばらつきが大きい。

木材には、腐朽菌が繁殖し、変色・重量の減少・強度の低下等が起こる。木材の腐朽防止には、菌類発生に必要な養分・湿気・空気・温度の4要素の1つ以上をなくすことが必要である。

また、シロアリ等の虫害では、表面の被覆または薬剤処理を行う。木材は、シロアリによる虫害が最も多いといわれるため、その対策は不可欠である。

一般の建築用木材が加熱されるとき、木材の出火危険温度は260℃前後であり、400〜490℃で発火するとされている。木材自体を、不燃性塗料の塗布、薬剤の注入、金属板・モルタル等の不燃材による被覆等の措置によって燃えにくくすることはできる。

(2)　合板・集成材・CLT

合板（ベニヤ）は、奇数枚の薄い板を繊維方向が互いに直交するように重ね合わせ接着したもので、木材の異方性を小さくすることができる。

集成材は、板状の材を繊維方向に平行にして重ね合わせ、長さ、幅、厚さ方向に接着したもので、欠点を除去しているので、強度が優れた大断面材や長木

▷よく出る

熱伝導率
物質の熱伝導特性を表す比例定数。率が大きいほど熱を伝えやすい。
一般に、鋼材＞コンクリート＞板ガラス＞木材＞硬質ウレタンフォームである。

着火点
所定条件下で材料が燃焼を始めるときの温度。

▷よく出る

木材の発火
木材の熱分解により発生した可燃性ガスと空気の混合気体に熱エネルギーが与えられたときに発火する。

▷よく出る

材を作ることができる。

　CLT（Cross Laminated Timber）は，ひき板（ラミナ）を繊維方向が直交するように接着した板材である。

1.2　コンクリート

　コンクリートは，セメント・水・砂・砂利の4種類を混合し，練り混ぜて固めたものである。

(1)　種類と性質

　コンクリートの種類を表 4.4.1 に示す。

▷よく出る

表 4.4.1　コンクリートの種類

名称	説明
普通コンクリート	密度がおおむね 2.3 t/m³ 程度のコンクリート。普通骨材を用いており，一般の鉄筋コンクリート構造物に用いられる。
軽量コンクリート	密度がおおむね 2.0 t/m³ 以下のコンクリート。建築物や部材の質量を低減したい場合に用いられる。粗骨材のみに軽量骨材を用いた1種と，粗骨材と細骨材の両方に軽量骨材を用いた2種がある。
重量コンクリート	密度がおおむね 3.0 t/m³ 以上のコンクリート。重量骨材を用いており，遮蔽用コンクリートとして用いられる。
高強度コンクリート	一般に使用されるコンクリートよりも強度の高いコンクリート。JASS5 では，設計基準強度が 36N/mm² を超える部材に用いるコンクリートと定義している。
流動化コンクリート	コンクリートプラントまたは施工現場で流動化剤を添加して，施工のための流動性を高めたコンクリート。
高流動コンクリート	製造時に著しく流動性を高めたコンクリートで，スランプは 23 cm を超える。CFT 構造や自己充塡コンクリートに用いられる。

　コンクリートの主な長所・短所は，次のようなものである。

＜長所＞

・圧縮強度が大きい。

・耐久性・耐火性がある。

・部材の形状を自由に成形できる。

・鋼材の防錆力が大きい。

・経済的である。

＜短所＞

・自重が大きい。普通コンクリートの密度は約 2.3 t/m³ である。

・引張強度が小さい。

・伸びが小さい。

・硬化時に収縮亀裂を生じやすい。

・中性化が生じる。

（2）　セメントと骨材

　一般に，水硬性の普通ポルトランドセメントが用いられる。ポルトランドセメントには，普通・早強・中庸熱等の種類がある。

　砂と砂利を骨材と呼び，砂を細骨材，砂利を粗骨材と呼んでいる。水とセメントを練り混ぜたものをセメントペーストと呼び，水とセメントと砂を混ぜたものをモルタルと呼んでいる。

（3）　強度

　コンクリートの圧縮強度は，水セメント比（＝W/C）が大きくなるほど，小さくなる。水セメント比は，一般に 40～65% 程度である。また，コンクリートの強度は，練り混ぜ方法や養生方法により影響され，スランプ試験※等による品質管理が重要である。一般的には，圧縮強度が 27N/mm² 程度の普通コンクリートが用いられる。

（4）　混和材料

　混和材料は，コンクリートの性質を改良するためのもので，高強度化，高耐久性化等を図ることができる。混和材料には，AE 剤※や AE 減水剤等の表面活性剤と，フライアッシュ・膨張材・凝結遅延剤・硬化促進剤等の混和材がある。

（5）　フレッシュコンクリートの性質

　コンクリート打設後，ペーストの中のセメントや骨材が沈降して，分離した水が浮く場合がある。この現象をブリージングという。また，ブリージングとともに，コンクリート表面に石灰岩よりなる微粒子や骨材の微粒分が浮上して層状（泥状物質）になったものをレイタンスという。コンクリート打継時にレイタンスがあると，ひび割れの原因となり，水密性※を悪くするので除去する必要がある。

　コンシステンシーは，流動に対する抵抗性の程度で表されるフレッシュコンクリートの性質である。

1.3　金属材料

（1）　鋼材

　鋼材の線膨張係数は，コンクリートとほぼ等しく，この性質が鉄筋コンクリート構造の成立する要素でもある。

　鋼材の力学的特性は，応力－ひずみ曲線※により表される（図 4.4.1）。材料の応力とひずみが比例関係を保てなくなる点は，降伏点強度として示される。一般に降伏点強度は，応力－ひずみ曲線の下降伏点として求められる。弾性限度とは，応力とひずみが元に戻る範囲をいう。最大荷重時の応力度を引張強度という。

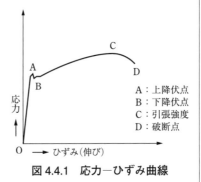

A：上降伏点
B：下降伏点
C：引張強度
D：破断点

図 4.4.1　応力－ひずみ曲線

▷よく出る

スランプ試験
凝固前の生コンクリートの流動性を示す値であるスランプ（値）を求める試験のこと。スランプの値が大きくなるほど流動性の高い生コンクリートである。単位は cm で表す。スランプはコンクリート打設作業の難易と効率（ワーカビリティー）の指標となる。

AE（Air Entrained）剤
モルタルやコンクリート等の中に多数の微小な空気泡を均一に分布させるために用いる混和剤。

▷よく出る

水密性
水圧に耐える材料の性質。吸水性，透過性等を含めて一般に水密性という。

▷よく出る

▷よく出る

応力－ひずみ曲線
急激にひずみだけが増加し始めた A 点を上降伏点といい，その後応力は B 点まで降下し，これを下降伏点という。さらに，一定の応力を保持したまま，ひずみが進行し，C 点で応力は最大となり，これを引張強度という。引張強度を超えた D 点で破断する。高強度鋼は，一般に軟鋼より伸びが小さい。

降伏比
降伏点強度を引張強度で割った値。降伏比が小さいほど，じん性に優れる。

(2) ステンレス鋼

　ステンレス鋼は，鉄にクロム，ニッケル等を含むことにより優れた耐食性・耐熱性・強度等の特性を備えている特殊鋼である。炭素量（0.4% 以下）が少ないほど耐食性はよく，台所用品・各種機械器具・化学装置・扉・サッシ・外装用板等に使用される。

(3) アルミニウム

　アルミニウムの長所としては，比重が小さく（鉄の約3分の1），やわらかく加工しやすい，鋳造が可能，表面処理や塗装が容易等である。短所としては熱・電気の伝導率が大きい，火災に弱い等がある。屋根葺材・カーテンウォール※材・窓枠・サッシ・ルーバー※・建具金物・間仕切り・家具等幅広い用途がある。

(4) 銅

　銅の特長は，展延性に富む，加工しやすい，空気中の二酸化炭素によって生じる緑青（塩基性炭酸銅）が表面保護膜となる等である。建築用としては，板・釘・鋲・線等に加工して用いる。

(5) 錫（すず）

　錫は，鋼板・鉛管等の表面に，めっきまたは箔として用いることが多い。鋼板に錫めっきしたものをブリキ，亜鉛めっきしたものをトタンと呼んでいる。

▷よく出る

カーテンウォール
建築物の荷重を負担しない非耐力壁。一般には，構造体の外周に直接取り付けられた薄い壁をさす。
ルーバー
薄くて細長い羽根板を平行または格子状に組み，開口部や照明器具に設けて，視線や風・光の方向を調節するスクリーン。
▷よく出る

建築物の構造概論 第4編

第2節　仕上げ材料

2.1　屋根と防水仕上げ材

　屋根は，雨・風・雪・日照等を保護するための性能が要求される。主な材料は，鋼板等がある。また，RC 構造の陸屋根※の防水層では，アスファルト防水・モルタル防水・シート防水・塗膜防水等がある。防水材の特徴を示す（表4.4.2）。

陸屋根
勾配が無い，あるいは極めて緩い屋根。

表 4.4.2　メンブレン防水工法の分類と特徴

材料	工法名	工法の概要	長所	短所
高分子材料系防水層	アスファルト防水層	アスファルト層を不透質膜とし，ルーフィングを数層重ねて密着し，厚さ 10〜15 mm の防水層とする。全体で7〜10層に積層される。 ［基本構成］ アスファルト←ルーフィング／ルーフィング／ルーフィング／プライマー	・アスファルトが数層に積層されているため，継目のないメンブレン層を形成する。 ・防水層が厚いため，比較的性能が安定している。	・施工に際して作業工程が多く，完成までに手間がかかる。 ・アスファルト溶融に際し，火を使用し，煙やにおいを発するため，大都市内では使用できない場合がある。

高分子材料系防水層	シート防水層	合成ゴム系，塩化ビニル樹脂系などの材料で作られたシートを接着剤で貼り付け，もしくは金物類で機械的に固定し，防水層とする。〔基本構成〕防水シート／接着剤／プライマー	・材料の変形能力が大きいものが多く，下地の動きに対して比較的安全である。・接着剤もしくは機械的固定によるため火を使用しなくてもよい・施工が速い	・シート同士の接合部が弱点となりがちであり，入念な施工が必要である。・接着剤には溶剤を含むものがあり，閉鎖空間での作業では，中毒と火災の危険性がある。
	塗膜防水層	ウレタン系，FRP系などの液状の樹脂を下地に塗布し，硬化させて防水層とする。〔基本構成〕塗装防水層／プライマー	・塗布によって防水層を作るため，自由な形状の屋根に対応できる。・完全に連続した防水層を作ることができる。	・所定の防水皮膜（皮膜の品質，厚さの均一性）を作るために，特に入念な施工管理が必要である。そのため補強布を入れることも多い。・溶剤を含むときは，中毒と火災の危険性がある。
金属材料系防水層	ステンレスシート防水層	板厚0.4mm程度の溝形に成形したステンレスシートを敷き，その接合部を溶接によって一体化し防水層とする。	・溶接によって接合部を一体化するため完全に水密的な防水層を作り上げることができる。	複雑な納まり部分では施工が難しい。

ステンレスシート防水層は，ステンレスシートの接合部を溶接によって一体化するために防水性が高い。

▷よく出る

2.2　壁・天井の仕上げ材

(1)　外壁の仕上げ材

外壁の仕上げ材は，防水性・耐火性・耐久性・断熱性・遮音性等が要求される。仕上げ材料の種類はモルタル塗・吹きつけ・タイル張り・石張り・鋸板張り等がある。またRC構造では，コンクリート打ち放し仕上げも用いられる。

(2)　内壁の仕上げ材

▷よく出る

内壁の仕上げ材は，吸音性・遮音性・テクスチャー※の良さ等が要求される。なるべく軽量の材料を用い，特に振動等による剥落防止のため施工に注意する必要がある。仕上げ材料は，漆喰※・プラスター※等がある。

テクスチャー
造形要素の基本概念で，質感，材質感のこと。

漆喰（しっくい）
消石灰にのり，すさ，水を加えて練った左官材料

プラスター
無機質の粉に水を加えて練り混ぜ，塗壁とする材料の総称。

(3)　天井仕上げ材

天井仕上げ材は，地震の振動による落下防止が必要である。仕上げ材料は，木質・布張り等がある。

2.3　床の仕上げ材と開口部

(1)　床の仕上げ材

床の仕上げ材は，耐摩耗性・防水性・防音性・踏み心地の良さ・美しさ等が要求される。仕上げ材としては，テラゾ※・タイル・縁甲板・大理石・アスファルトタイル・カーペット・畳等がある。

テラゾ
白色セメントに大理石粒を混ぜ，研磨・研出し仕上げをした人造石。人造大理石。床・壁に使用する。

(2)　開口部

　開口部には，窓・出入口の扉等がある。木製・アルミニウム・鋼製等が用いられる。近年，自動回転ドアも多く使用されているが，事故が多発しており，安全対策が必要である。平成16年に大型の自動回転ドアを対象として，事故防止対策に関するガイドラインが出された。

第3節　その他の主要な材料

3.1　ガラス

　ガラスの主原料は，珪砂で主成分はケイ酸（SiO_2）である。板ガラスは，成形後，規定寸法に切断され製品となるが，更に表面加工されることがある。種類と熱的特性を表4.4.3に示す。

　板ガラスは，不燃材料であるが，部分的に加熱されると破壊しやすく，また，550℃内外で軟化してしまうので，火災の侵入を防ぐことができない。複層ガラスは，単板ガラスに比較して断熱性が優れている。網入りガラスは，ガラスの飛散・落下がないため防火用に使われる。

▷よく出る

表 4.4.3　建築板ガラスの種類と概要

品種	概要
フロート板ガラス （JIS R 3202）	良好な平滑平面を有し，ゆがみがなく，透明性・採光性に優れ，大面積の使用が可能である。
型板ガラス （JIS R 3203）	フロート工法とは異なり，型模様が入ったロールを通ることにより製造されるガラスで光を透過しつつ，視線を遮る効果がある。
合わせガラス （JIS R 3205）	2枚～数枚のガラスを透明なプラスチックフィルムで貼り合わせたもの。破損による脱落や飛散を防ぎ，貫通も防止できる。
強化ガラス （JIS R 3206）	一般板ガラスに特殊な熱処理を施し表面に圧縮応力を生じさせたもの。曲げ・衝撃・熱に強い。
熱線吸収板ガラス （JIS R 3208）	熱光線を吸収することにより，ガラスを透過する熱の量を抑える。視線を遮る効果や，建物外観の個性を表現できる。
複層ガラス （JIS R 3209）	2枚以上の板ガラス周囲にスペーサを使い一定間隔（6，12 mm）をもたせ，中空部に完全乾燥空気を封入したもの。熱貫流率が単板の1/2。
熱線反射ガラス （JIS R 3221）	ガラス表面に金属酸化物を焼き付けてあり，日射光線を反射する。着色されていて，グリーン，グレー，ブロンズの種類がある。
倍強度ガラス （JIS R 3222）	熱処理工程により，フロート板ガラスの約2倍に耐風圧強度を高めたもの。
Low-E ガラス	ガラス表面に特殊金属膜（酸化亜鉛と銀）をコーティングしたガラス。一般に複層ガラスとして用いる。遮熱・断熱ができる。

3.2　石材

　石材は，長所として，不燃性・耐久性・耐水性に富み，圧縮強度が大きく，色調・模様・光沢の美しい材料である。一方，引張強度が小さく，長大材が得にくい，比重が大きい，加工しにくい等の短所もある。

　人造石は，モルタルまたはコンクリートの下地に，着色した白セメントと種石を混練したものを塗り，研ぎ出しまたは洗い出しにより仕上げた物である。種石として大理石を使用した物をテラゾ，その他の物を擬石といっている。近年，光触媒による新しい材料や塗料が開発されている。

第5章　建築生産

1. 請負契約に関する一般的な考え方を学習する。
2. 施工管理に関する一般的な考え方を学習する。

第1節　建築生産

1.1　建築生産

　建築生産は，一般の製造業が見込み生産・大量生産・工場生産であるのに対し，注文生産・一品生産・現場生産であることが多い。

　すなわち，一般製造業が販売見込みに基づいて，整備された工場内で継続的に生産するのに対し，建築物は，建築主によって需要が発生し，建築主の要求に応じて個々に設計され，生産が生じる。建築生産の仕組みを図4.5.1に示す。

▷よく出る

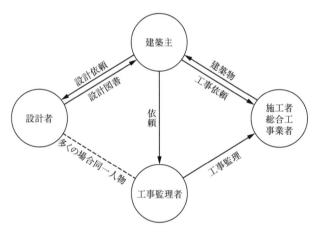

図 4.5.1　建築生産の仕組み

1.2　建築生産の合理化

　建築生産は，一貫した生産システムを持っていないのが特徴であったが，近年では，建築生産の合理化による種々の新しい方法が取り入れられている。

　技術面では，材料や構工法の規格化と，工場生産に近いプレハブ化等が進んでいる。また，システム面では，入札方式や請負方式等の改善が図られてきている。

1.3　請負契約

　建築物は，建築主によって企画される。建築主は，専門家である設計者に依頼して設計図や関係書類を作成し，入札等で施工者を決定する。入札は，一般競争入札・指名競争入札がある。契約に必要な書類は，工事請負契約約款・設計図書・施工計画書等である。

▷よく出る

第4編 建築物の構造概論

　施工者（元請負人）は，各種の下請負業者※にそれぞれ仕事を請け負わせ，これを総合管理して，工事を完成させる。建設業法において一括下請負は禁止されている。

▷よく出る

下請負業者
元請契約の当事者である建設業者を注文者とする請負業者。多くは職別業者または設備業者である。「下請負人」ともいう。

第2節　施工管理・施工計画

2.1　工事監理と施工管理

　建築物の施工は注文生産が多く，請負契約により，施工者は所定の工期，価格で建設する義務と責任がある。施工者は，工事の施工計画を練り，工事を進めるための施工管理を行う。施工管理は，施工者が，請負契約に基づき現場作業を管理するものである。一方，工事監理は，一般に設計者が建築主の委託を受けて，その代行者として，工事の確認，報告，助言等を行うものである。

▷よく出る

2.2　施工方式

　施工方式には，直営方式・請負方式・実費生産方式・委任契約があるが，一般に請負方式が多い。請負方式には，一式請負（一括）・分割請負（分離）・ジョイントベンチャー（共同企業体）がある。

2.3　施工管理

　施工管理※における検討事項の主なものは，設計図書の内容の把握・施工方針の決定・施工の組織と人員計画・施工法の検討・調査計画・工程計画・予算計画・安全計画等である。

　また，それらを達成するための準備段階における段取り・手配・関係官庁等への諸手続き業務も含まれる。

施工管理
契約図書に定められた建築物を適切な品質（quality），価格（cost），工期（delivery）で，安全（safety）に施工するために，施工者側が行う工事の計画および管理の行為。

2.4　施工計画

　施工計画の立案に当たっては，その敷地の状況，周辺環境等についての調査が必要である。また，近隣に対し，工事による騒音や振動等の障害が生じないような施工計画も必要である。

　工事の工程は大きく4段階に大別できる。①仮設工事，②土工地業工事，③躯体工事，④仕上げ工事である（図4.5.2）。土工地業工事には，土工事・山止め工事・地業・基礎工事がある。

▷よく出る

2.5　今後の建築生産

　近年，建設時の省エネルギー対策も必要となっている。その他，建設廃棄物に対する処分の方法について，リサイクルの方法等の対策も重要となっている。

　このような地球環境を考慮した，環境負荷を軽減する建築生産，施工のあり方も今後の重要な課題である。

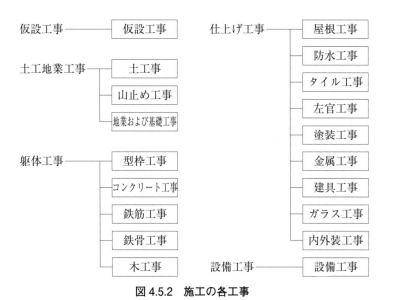

図 4.5.2　施工の各工事

▷よく出る

第6章 建築設備

第1節 建築設備の概要

1.1 建築設備の種類

建築物では，多種多様な設備が必要とされており，図 4.6.1 に示すような種類がある。建築物環境衛生管理技術者としては，これらの諸設備全体を管理し，運用に携わっていくことが求められている。

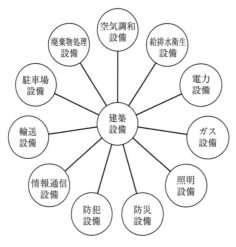

図 4.6.1 建築設備の種類

最近は，建築物の不動産価値を評価するためのデューディリジェンス※の一環として，調査時には，建築設備の維持管理と稼働状況に関するデータおよび記録が求められる点にも留意する必要がある。

1.2 空気調和設備の図示記号

建築物環境衛生管理技術者が建築設備の運用や更新にかかわる際に，最も基本的要件として要求されるのは，図面の読み取り能力である。図 4.6.2 に，空気調和設備の図示記号を示す。

図示記号はこれ以外にも数多くあり，JIS※や（一社）日本建築学会の諸規準等によって定められている。図面には平面図・系統図・経路図等があり，それが設備の種類ごとに存在する。

デューディリジェンス
（Due Diligence）
建築物等の不動産を売買する前に，買い主のために対象物件を物理的側面，法的側面，経済的側面から精査・分析し，購入に値する物件かどうか評価することをいう。投資用不動産の時価会計導入が進み，不動産の価値が建築物の収益力で決まるようになると，デューディリジェンスの重要性は一層高まっている。
JIS
Japanese Industrial Standard の略。日本の鉱工業製品および建築物等に関し，工業標準化のための基準を示す規格。

▷よく出る

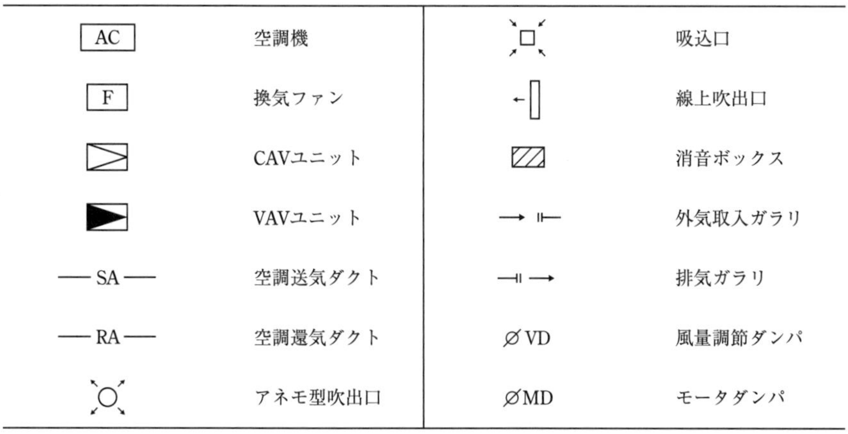

AC	空調機	ᐷᐸ	吸込口
F	換気ファン	←▯	線上吹出口
▷	CAVユニット	▨	消音ボックス
▶	VAVユニット	→ ⊪	外気取入ガラリ
— SA —	空調送気ダクト	⊪ →	排気ガラリ
— RA —	空調還気ダクト	∅ VD	風量調節ダンパ
⨂	アネモ型吹出口	∅ MD	モータダンパ

図 4.6.2　空気調和設備の図示記号

1.3　省エネルギー等を考慮した建築設備

▷よく出る

年数が経過した建築物では，建築設備がESCO※事業等による省エネルギー・コスト削減を目指した更新工事の対象となる機会が増加しつつある。そうした場合には，現在設置されている設備システムや，個々の機器について，最新のシステムや機器との性能差を比較し，有効性を建築物の運用状況に当てはめて，把握できる能力や判断力も建築物環境衛生管理技術者に要求される時代を迎えつつある。

ESCO
（Energy Service Company）
省エネルギー診断，システム設計，設備導入工事，更には効果検証まで，一貫したサービスを提供するエネルギー総合サービス事業のこと。ギャランティード・セービング方式とシェアード・セービング方式の２つがある。

1.4　エネルギー管理とBEMS

（1）BEMSの定義

BEMSは，Building Energy Management System の略で，「ビルエネルギー管理システム」と訳される。BEMSは，中央監視（BAS：Building Automation System），エネルギー管理（EMS：Energy Management System），ビル管理（BMS：Building Management System），施設管理（FMS：Facility Management System）を含んだ包括的なシステムとされているが，「EMSのみ」の全般的な呼称として使用されているのが実態である。

（2）BEMSの実現

BEMSの実現にはエネルギーの使用量や各種データの蓄積と分析能力，機器やシステムの運用状況の把握能力が必要である。

そのためには，多面的解析に必要なトレンドグラフや日報・月報などによる「見える化※」機能が必要となる。

BEMS活用者には，建物所有者，設備管理者，設計者，施工者，メーカーなどがあげられるが，より詳細なエネルギー管理を行うには，以下のような解析を可能とする機能が望まれる。

①　エネルギー使用量や各種データの蓄積と分析

法的対応も含めて，使用している各種エネルギー使用量を把握し，短期・長期的に目標値との検証を可能とする。

見える化
より理解が容易で，かつ活用できるグラフ化，そのグラフが持つ情報の開示，さらには情報伝達の体制などを指している。

②　機器やシステムの運用状況の把握

　①の分析結果と合わせて，エネルギー・室内環境・設備性能の日常管理を不具合状況やCOP・WTF※・ATF※などを設定値と比較しながら，個別機器→システム→各系統→全体への検証を可能とする。

③　さらに高度な運転状況の予測

　性能検証やBOFD※におけるフォルト検知・診断，最適制御などへの活用を目的としており，そのためのデータ提供を可能とする。機器やシステムの運用状況の把握

(3)　BEMSデータ管理上の注意点

　BEMSに実装させる機能は様々であり，専用サブシステムやデータ管理機能については，製造者・供給者によって，計量時間間隔等やデータのハンドリング面が大きく異なっている。したがって，BEMSデータ使用に関しては，留意すべき事項が存在する。

　例えば，全負荷運転と運転停止を繰り返す機器の負荷率やインターロック※への対応などが考えられる。解析においては，様々な状況を個別的に排除し，その上で正しい機器の傾向を把握する必要がある。

1.5　新しい空調技術と維持管理

　従来，中央管理方式，個別方式に大別されていた空調方式が，最近，個別分散型（ビル用マルチエアコン），デシカント（Desiccant）空調，放射空調※，パーソナル空調（タスク・アンビエント空調）など，さまざまな技術が活用されており，それらを組み合わせて併用する方式も増えている。

　ここでは，パーソナル空調，自然換気併用ハイブリット空調，室内ではないが暑熱環境緩和を目的としている細霧空調について紹介する。

(1)　パーソナル空調（タスク・アンビエント空調）

　パーソナル空調（タスク・アンビエント空調）は，個人の作業領域であるタスク域を重点的に制御する一方，周辺空間であるアンビエント域の温熱条件を緩和することで，省エネルギーと個人満足度の向上を図る。

　事務所建築で採用されるパーソナル空調は冷房用が多く，個人用の気流調整器具は天井，床，デスク，パーティション，椅子などに設置される。

(2)　自然換気併用ハイブリット空調

　自然換気を併用するハイブリット空調は，穏やかな気候時の外気を積極的に室内に導入して冷房に利用し，冷房負荷の軽減と換気による空気環境の改善を期待するものである。

　事務所建築における自然換気の利用は，自然換気口，窓，ダブルスキン，吹抜け，ナイトパージ※などがある。

　外気と室内を常時モニタリングしながら自然換気が有利なときには自動的にモードを切り替える。外気と連動したシステムの制御とノウハウが全体性能を左右する。湿度を考慮したエンタルピー制御を行うこともある。

(3)　細霧空調

WTF（Water Transportation Factor：水搬送効率）
搬送した熱量をポンプによる流体搬送に係る動力で除した指標値。流体の熱ポテンシャルに左右される。

ATF（Air Transportation Factor：空気搬送効率）
搬送した熱量をファンなどに流体搬送に係る動力で除した指標値。WTF同様，熱ポテンシャルに左右される。

BOFD（Building Optimization, Fault detection and Diagnosis：ビル最適化とフォルト検知診断）
省エネルギー管理・快適環境管理のために今後最も求められる機能。システム動作や環境・エネルギー性能の誤作動・不具合を検知し，システムや建築の欠陥を明らかにし，ビルを最適状態に保持するシステム。

インターロック
誤作動や確認不足により，適正な手順以外の手順による操作が行われるのを防止する機能。正常な製造・運転の行われる条件を逸脱したときに，自動的に当該設備を保護する機能を指すこともある。

放射空調
天井面，床面，壁面などの温度をコントロールすることで人体が発する熱を吸収したり，熱放射を抑えたりして温冷感を感じさせる空調システム。場所によっての温度むらが起こりにくくなる。

ナイトパージ
夜間に外気を取り入れることで，日中室内に溜まった熱を除去するとともに室内や躯体に蓄冷する。翌日の空調立上げ時の室内環境の改善を図るとともに冷房負荷を削減する。

　細霧空調は，水を空気中に噴霧すると蒸発潜熱※で周りの空気温度が下がる現象を利用した冷却システムである。水を数μm〜数 10 μm の細かい霧状にして噴霧すると空気中で短時間で蒸発して，蒸発潜熱による吸熱効果で周辺空気の冷却が行われる。

　極めて換気の良い空間や大空間，半屋外，屋外で主に使われる。

蒸発潜熱
液体状の物質が気体状の状態に変化するときに必要な熱のこと。

第 2 節　電気設備

2.1　電気と電気設備の基礎知識

(1)　電圧・電流・抵抗

　電流の値は電圧と抵抗とによって定められる。電圧が高いほど，また，抵抗の値が小さいほど電流の値は大きい。

$$電流 = \frac{電圧}{抵抗}$$

　電気事業法では，電圧の区分を交流と直流により，次の表のように規定している。

▷よく出る

<table>
<tr><td colspan="3" align="center">表 4.6.1　電圧の区分</td></tr>
<tr><th>区分</th><th>交流</th><th>直流</th></tr>
<tr><td>低圧</td><td>600 V 以下のもの</td><td>750 V 以下のもの</td></tr>
<tr><td>高圧</td><td>600 V を超え
7000 V 以下のもの</td><td>750 V を超え
7000 V 以下のもの</td></tr>
<tr><td>特別高圧</td><td>7000 V を超えるもの</td><td>7000 V を超えるもの</td></tr>
</table>

(2)　電力・電力量

　電力は，電気のエネルギー効率を表すもので，例えば 100 W の電球は，毎秒 100 J のエネルギーを消費する。

　電力は，電圧に電流を乗じて求められる。100 V の電圧で 1 A の電流が流れる電球は，100 W の電力を必要とする。1 kW の電力で 1 時間稼働すると，その電力量は 1 kWh であるという。

(3)　電磁誘導

　コイルの中に電流を通すと，コイル自体が永久磁石と同じように，磁性を現して磁力を発生する。コイルに通す電流の方向を反対にすると磁力線は逆転し，電流を切ると磁力を失う。

　磁力を持つ空間を磁界という。磁界の強さ（磁束密度）は，電流の強さとコイルの巻き数との積に比例する。これを，電磁石と呼び，この特性を利用して電気機械器具が開発されている。

▷よく出る

　磁界の中の回路を設置した場合，磁界の変化によって生じる回路に電流が生じる。この起電力を誘導起電力と呼び，それによって生じる電流を誘導電流という。

(4)　直流と交流

第 4 編　建築物の構造概論

交流は，一定の周期で電圧のプラスとマイナスが変動する電流で，1秒間に生じる変動数を周波数（ヘルツ）という。

直流によって得られるものと同じ電力を発生する交流電圧の値を実効値という。実効値100 Vの交流電圧は，ピーク時の電圧が約140 Vである。

▷よく出る

(5) 電線の許容電流

発動機，照明，コンセント等に電力を送る電線やケーブルの配線の許容電流値は，配線用遮断器（ヒューズ）の定格電流値より大きくなければならない。

電線やケーブルの導体には，電気抵抗率の小さい銅線が用いられるが，配電距離が長くなると銅線の電気抵抗が増え，電圧の低下を招くことになる。そのため，配電距離の長い場合には，電線の断面を大きくして抵抗値を小さくする。

2.2　電力設備

(1) 受変電設備

受変電設備とは，発電所から送電された高電圧を，市街地で安全に送電できる電圧に降圧する，あるいは，一般家庭等で利用できる100 Vや200 Vに降圧するための設備である。

一般に，契約電力50 kW以上の建築物の場合，電力会社の配電用変電所から高圧（6.6 kV）で受電し，これを自家用変電設備で低圧にして使用する。大規模建築物のように大容量（2,000 kW以上）の場合，特別高圧電力で受電して使用する。

▷よく出る

受変電設備の容量は，建築物内部の電気設備の負荷合計に利用率を乗じて求め，変圧器容量を決定する。

(2) 動力設備

事務所建築等の受電は3相交流電力であるので，建築物の設備機械の動力は，構造が簡単で電源を入れるだけで起動する3相誘導電動機を多く利用している。省エネルギー化が推進され，交流電動機の回転速度調整や出力トルク調整が簡単で，効率の大幅改善が期待できるインバーター※制御を積極的に取り入れている。

インバーター
電源の交流を一度，直流に変換し，それを可変周波数，可変電圧に変換する装置。

交流電動機は，空気調和設備・換気設備のファン，給排水設備のポンプ，エスカレーター，シャッター，自動ドア等，幅広く活用されている。

COPは，Coefficient Of Performanceの略で，「成績係数」と訳される。冷暖房機器や冷凍機のエネルギー消費効率を示す係数である。

▷よく出る

電動機は，停止状態から起動させる際に，定格電圧を加えると，定常運転時の数倍の起動電流が流れて，異常振動等を起こすため，当初は定格電圧より低い電圧を加えて起動電流を制御して，回転数の上昇につれて直接定格電圧に切り替えるスターデルタ起動方式がとられる。

(3) 照明設備

一般の建築物の場合，照明計画に基づいて室内の明視環境を整えることに重点を置いて設備する。照明計画を行う際，留意すべき事項としては，部屋の用

途によって異なる必要照度と経済性の両面を考慮して最適な照明器具を選択し，器具配置を決定して照明効果を適切に予測する。調光制御※，スイッチ計画等を考慮しながら計画する。

(4) コンセント設備

建築物の OA 機器導入が一般化される中で，コンセント回路として独立して考える。

(5) 避雷設備

落雷から建築物を守るため，<u>高さ 20 m を超える建築物，危険物貯蔵庫，火薬庫について，避雷設備を設置すること</u>が建築基準法および消防法等で義務付けられている。

避雷設備の構成は，受雷部（突針部，むね上げ導体等），避雷導線，接地極で構成される。

2.3　分散電源システム

電力会社からの商用電源を利用することなく，太陽光・風力等の自然エネルギーを活用して，地球環境に負荷を与えない発電システムが近年採用されるようになってきた。

(1) 太陽光発電システム

建築物に設置して，商用電源と系統連系して自然エネルギーを活用できるときに発生発電量を最大限利用する方法と，砂漠地域に独立して設置して電源構成するため，蓄電池を備えて独立電源として利用する方法がある。

(2) 風力発電システム

風況状態のよい郊外に大規模な風車を設置して発電し，電力会社の送電線につなぎ込む例が多い。近年，地球環境問題の社会的関心の高まりとともに，建築物のパラペット部に小型の風車を設置する例も見られるようになっている。

(3) マイクログリッドシステム

太陽光や風力等一定しない自然エネルギー発電を組み合わせてシステム化し，地域の電力エネルギー需要を満足するマイクログリッドシステムが開発されている。

2.4　情報通信設備

(1) 構内通信設備

① オフィスオートメーション（OA）

近年 OA 機器が建築物の中に大量に導入され，それらがローカルエリアネットワーク（LAN）※でつながり，展開している。これらの機器を確実に安定して運用するために，電気設備は重要な役割を果たしている。

② 通信ネットワーク

コンピューターや情報技術の進展とともに，単に音声を送るだけでなく，音声・文字・画像と多様な通信需要が急速に伸びてきている。建築物内部においても LAN が張り巡らされ，ワークステーションやパソコンをつな

調光制御
目的に応じた照度を選定するための制御。センサー技術などが開発されて，エネルギーの効率的な運用が自動的に可能になった。

▷よく出る

建築物の構造概論 第4編

▷よく出る
ローカルエリアネットワーク（LAN）
一施設内程度の広がりでコンピューターをはじめとするさまざまな機器の間で情報交換をできるようにするネットワークのこと。

ぐことが一般化している。

(2)　警報設備

　① 非常警報設備

　　非常ベル，自動式サイレン，放送設備があり，設置基準は消防法施行令に示されている。大規模建築物の場合は，パニックによる混乱を防ぐため，非常ベルまたは自動式サイレンのどちらかと，放送設備の設置が義務付けられている。

　② 防犯関係情報通信設備

　　不審者の侵入防止は多くの建築物で重要な問題となっており，防犯のためいろいろなセンサーが開発されている。

(3)　中央監視設備

　　大規模な建築物では，多数の電動機，ポンプ等の設備機器類が正常に運転されているかどうかを集中的に監視し，異常を迅速に察知できる設備が必要であり，異常発生時に迅速に応急処置をとって，建築物の運営に支障をきたさないようにする。

2.5　電気設備の保安

　電気事業法では，電気設備の保安に関するものとして自主保安体制の整備を求めており，内容として

　① 技術基準の維持義務

　② 保守規定の作成・遵守

　③ 主任技術者の選任

が義務付けられている。

第3節　ガス設備

3.1　都市ガス

　都市ガスの大半は，天然ガスを主原料にしたものであり，LNG※として輸入され，工場でガス化され，熱量等を調整し，供給されている。

(1)　都市ガスの種類

　都市ガスの種類は，発熱量※，比重，燃焼速度等の違いから，表 4.6.2 のように 7 種類に分類されている。

表 4.6.2　都市ガスの種類

ガスグループ	総発熱量 [MJ/m³]	比重 [空気=1.0]	区分
13A	45.0	0.638	高カロリーガス
12A	41.9	0.666	

LNG（Liquefied Natural Gas：液化天然ガス）

LNG は，天然に産出した天然ガスを，−162℃ まで冷却し，無色透明な液体にしたものであり，液化後の体積は約 1/600 となり大量輸送が可能である。

▷よく出る

6A	29.6	1.236	
5C	18.8	0.665	
L1（6B，6C，7C）	19.0	0.543	低カロリーガス
L2 （5A，5B，5AN）	19.0	0.786	
L3（4A，4B，4C）	15.1	0.783	

発熱量

水蒸気の潜熱を含む場合の発熱量を高位発熱量といい，含まない場合を低位発熱量という。低位発熱量は，高位発熱量の 90% 程度である。

・都市ガスの中で唯一 6A のみが空気より重いガスである。

・発熱量や比重の値は例であり，一般ガス導管事業者により若干異なる。

(2)　都市ガスの供給方式

　都市ガスは工場で製造され，組成や熱量を調整されたのち，整圧器（ガバナー）※等の供給設備を通して需要家に供給される。需要家への供給方式は，導管の圧力から表 4.6.3 のように，<u>高圧供給方式，中圧供給方式，低圧供給方式に大別される</u>。

整圧器（ガバナー）

1 次側での圧力変動や 2 次側でのガス使用量の変動に対し，2 次側を所定の圧力範囲内に整圧するための減圧装置。一定の地区ごとに設置されているものを地区整圧器という。

▷よく出る

第4編　建築物の構造概論

表 4.6.3　都市ガスの供給方式

供給方式の名称		供給圧力 ［MPa］	
高圧供給		1.0 以上	
中圧	中圧 A 供給	0.3 以上～1.0 未満	
	中圧 B 供給	0.1 以上～0.3 未満	
低圧	中間圧供給	供給規定圧力～0.1 未満	
	低圧供給	ガスの種類	供給規定圧力 ［kPa］
		13A，12A	1.0～2.5
		6A	0.7～2.2
		6B，その他	0.5～2.0

(3)　都市ガスの配管経路と位置

　ガス配管のうち，ガス使用のために道路に敷設されたガス管から分岐して敷地へ引き込むもので，敷地境界からガス栓までの部分を内管と呼ぶ（分岐以降で敷地境界までの配管は供給管と呼ばれる）。

　土中埋設部から鉄筋コンクリート構造または鉄骨構造の建築物にガス管が引き込まれる際には，土切り部付近の露出部に絶縁継手を設置することが必要である。これは，建築物内と土中埋設部の電位差により，埋設配管が電気的に腐食するのを防ぐためである。

(4)　ガスメーター

　ガスメーターは，ガス料金算出の根拠となるガスの使用量を計測する取引メーターとして設置するもので，通常は一般ガス導管事業者からの貸与である。

　ガスメーターの検針は，メーター本体のカウンターを目視することにより行うのが基本であるため，検針が容易な場所に設置する。

(5)　ガス栓

　ガス栓は原則として，ガス機器1台に対して1個とし，機器の近傍で操作の容易な位置に設置する。近年では，ガスメーターやガス機器等の信頼性向上に伴い，開閉のためのツマミを有しないガス栓が普及してきている。

3.2　LPガス

　LPガスは，天然ガスからの分離や石油精製・石油化学工程から製造されている。常温，常圧では気体であるが，加圧や冷却により液化して貯蔵，運搬される。液化石油ガス（LPG）とも呼ばれる。

（1）ボンベ

　ボンベは，LPガスを充填してガス使用者に配送し，そこに定置しておいて，ガス機器にLPガスを供給するために用いられる。

　LPガス容器は一般的に鋼板製のものが多く，10～50kg程度の容器を用いる場合が多い。

（2）ボンベの設置

　ボンベの設置に関する基本的な留意事項を以下に示す。

　①　容器交換が容易にできる場所に設置すること。

　②　漏れたガスが滞留しない風通しの良い屋外，または容器庫に設置すること。

　③　常時40℃以下を保てる場所に設置すること。

　④　湿気，水滴等による腐食と，転落，転倒による衝撃およびバルブ等の損傷を防止する措置を講じること。

　⑤　貯蔵能力によっては法令で定められている，保安距離並びに火気からの離隔距離を確保すること。

3.3　都市ガスとLPガスの性質

　都市ガスおよびLPガスは，いずれも臭いがほとんどないガスであるため，1,000倍に希釈しても臭いを感知できる付臭剤※の添加が，法令で義務付けられている。

　都市ガスとLPガスの性質を表4.6.4に示す。比重については，13Aガスは空気より軽く，LPガスは空気より重い。したがって，ガスが漏えいした場合は，6A以外の都市ガスは天井付近に，LPガスは床付近に滞留しやすい。

　発熱量はLPガスの方が2倍以上高く，都市ガス（13A）に比べて細い配管口径でもガスを供給できる。また，ガス1m³を燃焼するのに必要な空気量は，都市ガスに比べLPガスの方が多い。このため，燃焼に必要な空気をガス機器で取り込みやすくするため，LPガスの方が高い圧力で供給されている。

付臭剤
ガス漏れを早期に発見するため，ガスにつけられる独特の臭い。1m³当たり10数mgの極微少量が添加される。
▷よく出る
▷よく出る

表 4.6.4　都市ガスと LP ガスの性質

項目	都市ガス		LP ガス	
	製造ガス (L1)	天然ガス (13A)	プロパン	n-ブタン
総発熱量 [MJ/m³ (N)]	19.0	45.0	102	134
理論空気量 [m³ (N)/m³ (N)]	3.97	10.70	24.29	32.08
比重 [空気 1.0]	0.543	0.638	1.550	2.075
燃焼範囲 [%]	約 6～30	約 4～14	約 2.1～9.5	約 1.8～8.4
供給圧力 [kPa]	0.5～2.0	1.0～2.5	2.2～3.3	

3.4　給排気設備

(1)　燃焼に必要な空気量

実際のガスの燃焼に必要な空気量は，理論空気量[※]の 0～80% の過剰空気を必要とする。

通常空気中には 21% の酸素を含むが，室内でガス機器を燃焼させた場合には室内の酸素濃度が低下する。一般的なガス機器は，空気中の酸素濃度が 18～19% 程度に低下すると不完全燃焼を起こす可能性があるため，ガス機器を使用する場合には換気について十分な注意が必要である。近年，不完全燃焼防止装置が組み込まれたガス機器の普及が進んでいる。

(2)ガス機器の分類および給排気

ガス機器の分類方法としては，厨房，給湯，暖冷房等の用途別に分類する方法と，ガス機器の給排気方式から分類する 2 つの方法がある。

ガス機器の給排気方式には，①開放式ガス機器，②半密閉式ガス機器，③密閉式ガス機器，④屋外用ガス機器がある。なお，大型建築物や厨房等にあっては，ガス機器の近くに排気フードを設置し，排気ダクト等により燃焼排気を屋外に排出する機械換気方式が一般的である。

3.5　保安対策

(1)　一般事項

ガスによる事故としては，ガス爆発，火災および中毒事故が考えられる。中毒事故の大半は，ガス機器の不完全燃焼によるものである。

(2)　安全設備

①　マイコンメーター

ガスメーター内に，マイコン・遮断弁・感震器を内蔵しており，常時ガスの使用状態を監視し，地震発生時（震度 5 強相当以上）・ガス漏えい・器具消し忘れ等の異常を感知し，自動的にガスを遮断する保安機能を持ったガスメーターである。

②　引込み管ガス遮断装置

▷よく出る

理論空気量
ガスが燃えるために必要な空気量を理論空気量といい，ガス消費量 1 kW につき，約 0.8～0.9 m³/h を必要とする。
※　(財) 日本ガス機器検査協会：「ガス機器の設置基準及び実務指針」に記述されている数値である。

▷よく出る

建築物へのガス引込み管に設置され，緊急時の地上からの操作によりガス供給を遮断する。配管口径が大きいビル，集合住宅等に設置される。

③　緊急ガス遮断装置

緊急時に，遠隔操作または自動的にガスを遮断する装置であり，大規摸な地下街・超高層建築物・中圧ガス設備のある建築物等に設置が義務付けられている。 ▷よく出る

④　ヒューズガス栓

ガスコード等が万一はずれたりして過大なガスが漏れると，ガス栓内部のヒューズ機構が作動し，自動的にガスの流れを停止させるガス栓である。

⑤　ガス漏れ警報器

ガス漏れを検知し，警報を発するものであり，ガスの種類により設置場所が異なる。空気より軽い6Aを除く都市ガスの場合は天井付近に，LPガスの場合は床付近に設置される。

3.6　保守管理

(1)　都市ガス設備の保守管理

需要家が所有するガス配管（ガス栓まで）について，一般ガス導管事業者はガス事業法の規定に従い，4年に1回以上（特定地下街・特定地下室等の保安上重要な建築物にあっては1年に1回以上）の頻度で，漏えい検査を実施することが定められている。また，ガス小売事業者はガス消費機器※（一部を除く）についても，4年に1回以上の頻度で，技術基準に適合しているかの調査を行っており，これらの法的な点検により，ガス使用に伴う事故防止が図られている。

ガス消費機器
都市ガスを消費するための機械または器具であって，接続具，ガス燃焼器，給排気設備等をいう。

なお，配管・ガス栓・ガス漏れ警報器等の日常点検は，ガス設備の所有者または使用者が行う必要がある。

(2)　LPガス設備の保守管理

LPガス設備についても，都市ガス設備と同様に，販売事業者等による一定期間ごとの「供給設備の点検」・「消費設備の調査」を実施することが，液化石油ガス法の規定により定められている。

(3)　地震発生時の対応

①　ガス漏れ発生時

火気の使用を禁止し，電気のスイッチの点滅も禁止する。

②　マイコンメータ復帰操作

復帰ボタンを押し，一定時間経過後，赤ランプの点滅等が消えたことを確認する。一定時間経過後も赤いランプが点滅している場合は，再度ガス栓の閉め忘れやガス機器の止め忘れがないか確認する。

第4節　輸送設備

4.1　エレベーター設備

（1）エレベーターの分類

現在のエレベーターは，大きく分けてロープ式・油圧式に分かれる。

①　ロープ式エレベーター

汎用性が高く，走行機の速度制御が広範囲にわたって可能なため，<u>中高層・超高層建築物に多用されている</u>。近年，巻上電動機や制御盤を昇降路やピットに設置し，昇降路の上部に機械室が発生しない機械室なしエレベーターが普及してきている。

▷よく出る

②　油圧式エレベーター

大規模な倉庫等で重量物を運搬する場合に使用されているが，<u>昇降行程および速度に制限がある</u>。

その他，用途・速度等によるエレベーターの分類を表4.6.5に示す。

表4.6.5　エレベーターの分類

用途による分類	1. 乗用エレベーター（乗客を専用に運ぶ） 2. 人荷用エレベーター（乗客と荷物を併用で運ぶ） 3. 荷物用エレベーター（荷物を専用に運ぶ） 4. 寝台用エレベーター（病院でストレッチャ等を専用に運ぶ） 5. 自動車用エレベーター（自動車を専用に運ぶ） 6. 非常用エレベーター（火災時の消防隊消火活動に利用，平常時は乗用または人荷用として使用）	
速度による分類	1. 低速エレベーター（30，45 m/min） 2. 中速エレベーター（60，90，105 m/min） 3. 高速エレベーター（120，150，180，210，240，300 m/min） 4. 超高速エレベーター（360，420，480，540，600，750 m/min）	
巻上電動機の種類による分類	1. 交流エレベーター 2. 直流エレベーター	
ウォームギア減速機の種類による分類	1. ギアードエレベーター	（イ）交流ギアードエレベーター （ロ）直流ギアードエレベーター
	2. ギアレスエレベーター	
駆動方式による分類	1. ロープ式エレベーター	（イ）機械室あり （ロ）機械室なし
	2. 油圧式エレベーター	（イ）直接式 （ロ）間接式
操作方式による分類	1. 自動運転方式エレベーター 2. 運転手付き運転方式エレベーター 3. 運転手付き運転併用方式エレベーター	

③　規格型エレベーター

現在，建築物に使用されるエレベーターの多くが規格型（JIS規格に準拠し製作されたもの）である。この規格型エレベーターが多く使用される理由は，量産体制がとられており，価格が安く品質も安定しており，機種が豊富で適応性に富んでいるためである。また，機械室なしが標準的な仕様となってきている。 ▷よく出る

規格型エレベーターの種類を表4.6.6に示す。

表 4.6.6　規格型エレベーター

定員 [人]	積載量 [kg]	形式	かご内法 [mm]	出入口幅 [mm]	昇降路内法 [mm]
6	450	P-6-CO-45 P-6-CO-60 P-6-CO-90 P-6-CO-105	1,400×850	800	1,800×1,500 1,850×1,550
9	600	P-9-CO-45 P-9-CO-60 P-9-CO-90 P-9-CO-105	1,400×1,100	800	1,800×1,750 1,850×1,800
11	750	P-11-CO-45 P-11-CO-60 P-11-CO-90 P-11-CO-105	1,400×1,350	800	1,800×2,000 1,850×2,050
13	900	P-13-CO-45 P-13-CO-60 P-13-CO-90 P-13-CO-105	1,600×1,350	900	2,150×2,150
15	1,000	P-15-CO-45 P-15-CO-60 P-15-CO-90 P-15-CO-105	1,600×1,500	900	2,150×2,300

④　非常用エレベーター

建築基準法第34条第2項によって，「高さ31mを超える建築物（政令で定めるものを除く）には，非常用の昇降機を設けなければならない」と定められている。 ▷よく出る

詳細は，第7章1.2(5)参照。

(2)　エレベーターの安全装置

建築基準法施行令第129条の10「エレベーターの安全装置」で定められており，第1項においては，「エレベーターには，制動装置を設けなければならない」，とある。第3項第2号では地震その他の衝撃により生じた加速度を検知し，自動的にかごを昇降路の出入口の戸の位置に停止させ，かごの戸および昇降路の戸を開き，またはかご内の人がこれらの戸を開くことができる装置 ▷よく出る

（地震時等管制運転装置）の設置が義務付けられている。

　また，法令で規定されてはいないが，緊急時の安全装置として火災時にエレベーターを避難階へ直行させる「火災時管制運転装置」や，停電時に最寄階まで自動運転する「停電時自動着床装置」等が設けられている。

$\triangleright$ よく出る

4.2　エスカレーター設備

(1)　エスカレーターの分類

　エスカレーターの種類は踏段幅から，幅が 600 mm 程度の幅狭形と，1,000 mm 程度の幅広形に大別できる。

　公称輸送能力は，定格速度と踏段幅によって決まるが，実際の輸送力を計算する場合には，公称輸送能力の 65～85% で計算するのが普通である。また，動く歩道が，駅・空港・ショッピングセンター等で多く設置されるようになってきている。

$\triangleright$ よく出る

　表 4.6.7 にエスカレーターおよび動く歩道の公称輸送能力を示す。

表 4.6.7　公称輸送能力

呼称	定格速度				
	20 m/min	30 m/min	40 m/min	45 m/min	50 m/min
S600 型	3,000	4,500	6,000	6,750	7,500
S1000 型	6,000	9,000	12,000	13,500	15,000

　表 4.6.8 にエスカレーターと動く歩道の勾配と定格速度を示す。勾配が 8° を超え 30° 以下のときは，エスカレーターの定格速度は 45 m/min 以下，勾配が 30° を超え 35° 以下のときは，エスカレーターの定格速度は 30 m/min 以下とされている。

$\triangleright$ よく出る

表 4.6.8　勾配と定格速度

勾配		定格速度	備考
8 度以下		50 m/min 以下	動く歩道
8 度を超え 30 度以下	15 度以下で踏段が水平でないもの	45 m/min 以下	
	踏段が水平なもの		エスカレーター
30 度を超え 35 度以下		30 m/min 以下	

(2)　エスカレーターの安全装置

　建築基準法施行令第 129 条の 12「エスカレーターの構造」第 4 項においては，エスカレーターには，制動装置および昇降口において踏段の昇降を停止させることができる装置を設けなければならない，とある。

　また，平成 12 年告示 1417 号において，エスカレーターと交差する天井等に設置する保護板の基準や，平成 12 年告示 1424 号でエスカレーターの防火シャッター閉鎖時における連動停止装置等の基準が定められている。

第4編　建築物の構造概論

4.3　小荷物専用昇降機設備

小荷物専用昇降機は，人を運ぶためのエレベーターと異なり，荷物運搬専用
の小規模リフトの総称である。かごの床面積 $1\,\mathrm{m}^2$ 以下，かつ天井高さ 1.2 m
以下と定められている。

▷よく出る

第5節　駐車場設備

5.1　駐車場の種類

駐車場は，「駐車場法」の適用を受ける一般公共の用に供する駐車場と，適
用外の専用駐車場・車庫に大別できる。図 4.6.3 に駐車場の分類を示す。路上
駐車場は，道路の一定の区画に限って設置される施設で，類似施設としてパー
キングメーターがある。

▷よく出る

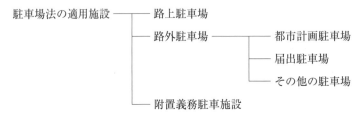

図 4.6.3　駐車場の分類

路外駐車場のうち，「都市計画駐車場」は都市計画において定められた駐車
場である。「届出駐車場」は駐車占用面積が $500\,\mathrm{m}^2$ 以上の有料駐車場で，駐車
場の位置・規模等および駐車場管理規定を，都道府県知事に届ける義務があ
る。建築物の敷地内や建築物内に設置する，料金を徴収しない任意の専用駐車
場は，駐車場法の適用を受けない。

地方公共団体が，駐車場整備地区または商業地域内の $2{,}000\,\mathrm{m}^2$ 以上の建築
物の新築・増築に対し，その建築物，または建築物の敷地内に駐車施設を設置
することを，条例で義務付けたものが「附置義務駐車施設」である。

5.2　駐車場の運営方式

駐車場の運営方式には，直営・管理委託・部分管理委託・賃貸方式がある。

5.3　駐車場の構造形態

駐車方式は駐車場の構造形態により決まる。構造形態による駐車場の分類を
図 4.6.4 に示す。

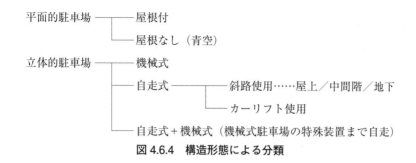

図 4.6.4　構造形態による分類

5.4　駐車場の保守管理

駐車場の保守管理は建築物と設備に区分できる。建築物の保守管理は清掃が主となる。設備類は機器により，日常点検・定期点検・機器の更新がある。

5.5　駐車場の設備規制

駐車場は，駐車場法・建築基準法・消防法等により，防災・安全面の規制を受ける。表 4.6.9 に防災面の消火・警報設備の設置基準を示す。また地下駐車場では，一酸化炭素をはじめとする排気ガス全般の対策として換気が重要となる。表 4.6.10 に換気基準を示す。

表 4.6.9　消火・警報設備の設置基準（消防法）

設備 防火対象物	消火器具	消火設備	自動火災報知設備	消防機関へ通報する火災報知設備
昇降機等の機械装置あり収容 10 台以上		○		
延べ 150 m² 以上	○	○		
延べ 500 m² 以上	○	○	○	
延べ 1,000 m² 以上	○	○	○	○

※例外規定有り

表 4.6.10　地下駐車場の換気基準（駐車場法）

場所	基準・対策
車路・車室	強制換気回数（回/時間）10 以上
管理諸室のうち居室	給気による全体換気（換気設備技術基準に準拠）

▷よく出る

建築物の構造概論　第4編

第7章　建築物の防災

第1節　防火

1.1　建築物の防火安全の基本

(1)　火災の段階

　一般に出火直後は，着火部分を中心に局部的に拡大していくが，やがて，火災室内の温度が急激に上昇し，火炎が噴出し，燃焼が一気に室全体に拡大する。このような急速な燃焼現象をフラッシュオーバーと呼び，それ以前を「初期火災」それ以後を「盛期火災（火盛り期）」と呼ぶ。また，フラッシュオーバー前後で，燃焼が急激に拡大する時期のことを「火災成長期」と呼び，これらの時系列に応じた防火計画や対策が必要となる。

▷よく出る

(2)　防火対策の基本

①　出火防止

　出火防止においては，火気および可燃物管理が重要である。特に階段室内に可燃物が置かれることは放火の対象にもなりやすいばかりか，いったん火災が発生すると階段室が煙突状態となり延焼拡大を促進する。着火性※・展炎性※の高い物品に延焼し，火災に至る例も多く，防炎物品※の採用が望まれる。

着火性
火のつきやすさ。
展炎性
燃え広がりのしやすさ。
防炎物品
薬剤処理を施し，着火，展炎しにくくした物品。

②　早期発見・初期消火

　初期の火災拡大をさせないように，自動火災報知設備・非常用放送設備・スプリンクラーなどを設置する。

③　延焼防止

　火災の拡大を防止するには，防火性能を有する壁・床・防火扉等の特定防火設備※で区画化して防火区画を作る。

　最近の事務所空間はローパーティションが配置され，広々とした空間となってきているが，ローパーティションにハードボード等の可燃材料も使用されることから，火災荷重※が大きくなることも考えられる。また，電気配線・情報系ケーブルからの出火拡大防止も不可欠である。

特定防火設備
シャッター，鉄製防火扉等火災を閉じ込めることができる性能を有する設備のこと。防火区画に開口部を設ける場合には，使用が義務付けられている。
▷よく出る
火災荷重
空間内の建築部材や家具等の可燃物の潜在発熱量を，木材の発熱量で規準化した単位面積当たりの可燃物重量のこと。

④　本格消火

　火煙からの消防隊員の生命の安全確保が重要である。中でも火災室に近い屋内での消防活動拠点と屋外までの安全な経路確保が重要と考えられている。

1.2　避難計画と避難施設

(1)　避難安全検証法

建築物の火災時の避難計画では，出火室からの離脱，出火階からの退出，建築物からの退去等，一連の避難行動と火煙の拡大状況を照合して安全性を検証する必要がある。2000 年の建築基準法の改正で定められた避難安全検証法※では，検証対象を居室避難，階避難，そして全館避難と時系列的に分け，各対象空間において避難完了所要時間以前に煙が避難経路に降下しないことを確認することとなっている。避難安全検証法では，人の歩行速度は，平常時では水平方向で毎秒 1.3 m として計算される。火災発生時には，廊下や非常口に避難者が殺到し滞留が生じる。扉の通過では，扉幅 1m 当たり毎秒 1.5 人が通過できるとされているが，避難経路幅に比べ扉幅が狭いため，避難時にはボトルネックとなることが多い。また，階段室に入る際の合流等により，平均的な歩行速度は毎秒 0.75 m 以下に低下するといわれている。

(2)　避難計画の原則

避難計画の原則として以下の事項に重点を置かなければならない。

① 二方向避難※の確保

② 単純明快な避難経路

③ 安全区画の設定：廊下（居室避難時）・特別階段の付室（階避難時）・特別避難階段（全館避難時）

④ 避難施設※の確保および配置：出口の戸の開き方・廊下の幅・直通階段※の設置・2 以上の直通階段の設置・屋外階段の構造・避難階段または特別避難階段の設置・屋上広場等

⑤ 人間の心理的・生理的特性の配慮：避難動線を日常動線と一致させる計画

⑥ 弱者に配慮した避難計画：バルコニー・手すり・スロープ・警報装置等の設置

(3)　避難器具（消防法）

避難器具とは，廊下・階段・非常口等の避難施設が火災や煙等で使用不可能になった場合に，上階の人や物を安全なところまで避難させるための可動または半可動式の器具で，次のような物がある。

① すべり台

② 避難はしご

③ 救助袋

④ 緩降機

⑤ 避難橋

(4)　誘導灯・誘導標識・非常コンセント設備・非常用照明器具

① 誘導灯（消防法）

災害時に居住者や利用者を安全に避難させるための設備で，避難口誘導灯・室内通路誘導灯・廊下通路誘導灯・階段通路誘導灯・客席誘導灯があり，その大きさ・取付け位置・取付け間隔・明るさ・文字やシンボルの大

第4編　建築物の構造概論

避難安全検証法

火災の発生後，安全に建築物から避難できることを検証する方法。可燃物量によって決まる煙発生量と在館者数をもとに，避難の安全性を計算で確認する。建設省告示第 1441 号，第 1442 号で定められている。

二方向避難

廊下の端部に階段を配置する等，行き止まりのある平面計画を行わない。建築物内のどの場所からも異なった 2 方向以上の避難路を設ける。

避難施設

廊下・階段・出入口等の建築物に常設固定のもの。

直通階段

建築物の避難階以外の階の居室から避難階または地上に直通する階段。

▷よく出る

きさと色等が定められている。

② 誘導標識（消防法）

火災時に防火対象物内にいる者を屋外に避難させるための避難口の位置や避難の方向を明示した標識。灯火はない。

③ 非常コンセント設備

火災時の消火活動のためのもので，はしご車の届かない11階以上の階等に設置が義務付けられている。

④ 非常用照明器具（建築基準法）

停電時に蓄電池や非常用電源で点灯し，避難経路の床面が避難上有効な照度（白熱電灯で1 lx，蛍光灯で2 lx以上）で30分以上継続して点灯することが定められている。

(5) 非常用エレベーター・非常用進入口

① 非常用エレベーター（建築基準法）

建築基準法第34条第2項によって，「高さ31 mを超える建築物（政令で定めるものを除く）には，非常用の昇降機を設けなければならない」と定 ▷よく出る
められている。

また，建築基準法施行令第129条の13の3第2項で，「非常用の昇降機であるエレベーターの数は，高さ31 mを超える部分の床面積が，最大の階における床面積に応じて算定し，2以上の非常用エレベーターを設置する場合は，避難上および消火上有効な間隔を保って配置しなければならない」と定められている。

非常用エレベーターは，平常時には通常の最大17人乗りエレベーターとして使用できるが，火災時には消防隊の使用が優先される。また停電時に ▷よく出る
も使えるように予備電源が備わり，火災時には使用中の呼び戻しやかごを開いたままの使用が可能である。

② 非常用進入口（建築基準法）

消防隊が建築物の外部から進入するためのもので，窓やその他の開口部と併用される。非常用進入口は3階以上の階に設置が義務付けられている。 ▷よく出る
非常用進入口には1辺が20 cmの逆正三角形で，屋外から目立つ赤色反射塗料を塗った標識で，標示を行うこととされている。

(6) 自家発電設備

火災等の災害時に停電になっても，消火栓，スプリンクラー，各種消火設備，非常用エレベーター，排煙設備等が支障なく働くことが必要であり，OA機器の多くも停電対策が必要である。そのため予備電源として，蓄電池設備等にとどまらず，自家発電設備が必要になる。特に，非常用エレベーターの設置が建築基準法で義務付けられている大型建築物では，自家発電設備は必須である。

1.3　防排煙設備

(1)　煙制御の目的

　火災時に発生する煙は，火災初期においては使用者の避難を妨害し，火災が拡大した時点においては消火，救助活動に困難を生じさせる。つまり，煙は毒性ばかりでなく視界を遮ることで避難の大きな支障となるわけである。煙濃度の定量的評価には，一般に減光係数[※]が用いられる。

減光係数
煙中における単位通過距離当たりの光の減衰率を対数で表した光学的数値。

　煙制御としては，避難や消火，救助活動を円滑にできるようにするため，①火災室の煙の降下を遅らせる，②廊下等非火災室への煙の流出を防ぐ，③避難，消火活動にとって重要な空間への煙の侵入を防ぐ，ことが必要である。

(2)　煙制御の方式

　煙制御は，その機能や目的に応じて，排煙方式，蓄煙方式，加圧防排煙方式，密閉方式の 4 つの方式に大きく分類される。

①　排煙方式

　排煙方式は，機械力や煙の浮力を利用して，煙を外部に排出する方式である。排煙方式には，自然排煙・機械排煙・押し出し排煙（第二種排煙）の3 種類がある。

ⅰ）自然排煙方式

　煙の浮力を利用して室上部に溜まった煙を，排煙窓等から直接建物外部に排出する方式である。

ⅱ）機械排煙方式

　排煙ファンの機械力を用いてダクトを通じて煙を排出する方式である。

ⅲ）押し出し排煙（第二種排煙）

　平成 12 年建設省告示第 1437 号で定められた排煙設備である。本方式は，煙の浮力だけでなく，ファンで給気することで，自然排煙方式よりも効率良く煙を排出することが可能である。特別避難階段の附室[※]（非常用エレベーター乗降ロビーを兼用する場合も含む）に設置されることが多い。

附室
特別避難階段や非常用エレベーターに隣接して設置される前室。廊下や居室から，階段等竪穴区画への直接の煙流入を抑制するため設けられている室。

②　蓄煙方式

　室上部の空間を蓄煙スペースとして利用して，煙降下の時間を遅らせる方式である。アトリウムや大規模ドーム等，上部空間の気積が大きい空間に用いられることが多い。

③　加圧防排煙方式

　避難経路や消火活動拠点として使用される特別避難階段の附室等に，ファンで給気することによりその室の圧力を高め，隣接室との間に圧力差を生じさせることで煙の侵入を防止する方式である。

(3)　排煙風量

　排煙機は，いずれかの排煙口が開放した場合に自動的に作動し，その能力は120 m³/min 以上で，かつ防煙区画 1 m² 当たり 1 m³/min 以上必要とされている。

(4)　排煙口の位置・材質

　排煙口は天井または壁に設け，高さは天井面または天井から80 cm以内，かつ防煙垂れ壁以内とする。また，防煙区画の各部分から水平距離で30 m以下になるように設ける。また排煙口，ダクト等，煙に接する部分は不燃材料で作る必要がある。

1.4　消防計画

(1)　防火管理

　消防法では，防火対象物の管理について権原を有する者は，防火管理者を定め，防火管理を実行するために必要な事項を「防火管理に係る消防計画」として作成させ，この計画に基づいて防火管理上必要な業務（消火，通報および避難の訓練の実施，消防用設備等の点検・整備等）を行わせなければならないとしている。

(2)　消防用設備等の種類

　建築物の防火安全対策の中で，維持管理や消防活動時に使用される設備機器，いわゆる消防用設備（表4.7.1）については消防法で規定されている。

表4.7.1　消防用設備等の種類

区分		種類
消防の用に供する設備	消火設備	・消火器および簡易消火用具 ・屋内消火栓設備 ・スプリンクラ設備 ・水噴霧消火設備 ・泡消火設備 ・不活性ガス消火設備 ・ハロゲン化物消火設備 ・粉末消火設備 ・屋外消火栓設備 ・動力消防ポンプ設備
	警報設備	・自動火災報知設備 ・ガス漏れ火災警報設備 ・漏電火災警報器 ・消防機関へ通報する火災報知設備 ・警鐘，携帯用拡声器，手動式サイレンその他の非常警報器具および非常警報設備
	避難設備	・すべり台，避難はしご，救助袋，緩降機，避難橋その他の避難器具 ・誘導灯および誘導標識
消防用水		・防火水槽またはこれに代わる貯水池その他の用水
消火活動上必要な施設		・排煙設備 ・連結散水設備 ・連結送水管 ・非常コンセント設備 ・無線通信補助設備

(3)　消火の原理

消火方法としては，<u>燃焼の 3 要素と呼ばれる，可燃物・酸素・着火源の 1 つ以上の要素を除くことを原則としている。</u>

したがって，消火方法としては，除去消火，窒息消火，冷却消火，希釈消火，負触媒効果※による消火がある。しかしながら，これらの消火方法は，すべての燃焼物に適用できるわけではない。一般火災では，注水が最も効果的であるが，<u>電気火災，油火災，金属火災※に注水すると感電するなど火勢を拡大することがある。</u>

(4)　消火設備

上表の「消防の用に供する設備」の「消火設備」と「消防用水」および「消火活動上必要な施設」の「連結散水設備」・「連結送水管」が，一般的に消火設備と言われる場合が多い。以下に主な消火設備の概要を示す。

①　消火器

消火器は，火災の初期発見段階での消火を目的としているものであり，炎が天井まで達する程度まで拡大した火災には不適である。消火器には能力単位※が決められていて，防火対象物の区分によって，設置する消火器の合計単位数が定められている。

②　屋内消火栓設備

屋内消火栓設備は，火災が発生して公設消防隊が現場に到着するまでに，建築物の関係者や自衛消防隊が初期消火を目的として使用するものである。

③　スプリンクラー設備

スプリンクラー設備は，火災が発生した際に，天井面等に設置したスプリンクラーヘッドから自動的に散水して初期消火するものである。

近年，消火効率の悪いアトリウムや大空間部に特殊な放水型ヘッドを設ける例が多くなってきている。放水型スプリンクラー設備には固定式と可動式があり，可動式は放水銃と呼ばれている。

また，<u>平成 21 年 4 月より，275 m^2 以上 $1,000 \text{ m}^2$ 未満のグループホーム等小規模社会福祉施設では，スプリンクラー設備配管が給水管に連結した方式の設置が義務化された。</u>

④　泡消火設備

泡消火設備は，油火災等のように注水による消火方法では，火災が拡大するような場合の消火設備で，<u>駐車場や飛行機の格納庫等に設置される。</u>

⑤　不活性ガス消火設備・ハロゲン化物消火設備・粉末消火設備

不活性ガス消火設備・ハロゲン化物消火設備・粉末消火設備は，主として<u>電気室・通信機器室・ボイラ室等に設置されるものである。</u>

⑥　屋外消火栓設備

屋外消火栓設備は，屋内消火栓設備とほぼ同様の消火設備である。

⑦　連結散水設備

連結散水設備も消火活動上必要な施設の 1 つであり，<u>消火活動が困難な地</u>

▷よく出る

負触媒効果
燃焼の連鎖反応にかかわる化学物質に働きかけ，不活性な物質に変化させることにより，燃焼を抑制する効果。

金属火災
鉄，アルミニウム，亜鉛，マグネシウム，カリウム，ナトリウム，リチウム，カルシウムなどが原因の火災。

能力単位
消火器の消火能力を表すもので，消火試験によって算定される。家庭用消火器以外は能力単位 1 以上である。

第4編
建築物の構造概論

▷よく出る

下街に設置するもので，開放型散水ヘッドを使用する開放型と，閉鎖型スプリンクラーヘッドを使用する閉鎖型がある。

⑧　連結送水管

連結送水管は，消火活動上必要な施設の1つであり，公設消防隊が使用する。消防隊専用栓とも呼ばれる。

⑨　非常コンセント設備

火災時の消火活動のためのもので，はしご車の届かない11階以上の階等に設置が義務付けられている。

(5)　自動火災報知設備

自動火災報知設備は，受信機・感知器・中継器・発信機・ベル等の音響装置・表示灯で構成されている。火災の初期の段階で火災により生ずる熱・煙または炎の発生を感知器によって自動的に感知し，その信号を受信機に送信することにより火災と判断し，自動的に警報を発報して火災の発生を知らせる設備である。

感知器は，火災感知信号を受信機に伝えるものである。熱感知器・煙感知器・炎感知器がある。受信機は大きくP型とR型の2種類からなる。

①　熱感知器

熱感知器には，差動式・定温式・差動式と定温式を組み合わせた熱複合式がある。差動式は，感知器の周辺温度上昇率が一定以上になったときに作動するものである。定温式は，感知器の周辺温度が定められた一定の温度以上になったときに作動するものである。

②　煙感知器

煙感知器は，感知器周辺の空気に一定以上の煙が含まれているときに火災の感知をするものであり，熱感知器に比べ，火災の初期に起きやすい燻焼※火災の早期感知に適している。煙感知器は，イオン化式スポット型・光電式（スポット型・分離型）・複合式スポット型等の種類がある。

燻焼
炎の伴わない燃焼。喫煙時のたばこの燃焼等も燻焼に分類できる。

③　炎感知器

炎感知器は，火災時の炎から放射される紫外線や赤外線（熱線）の強度が一定以上になったときに火災の感知をするものである。感知時間は非常に速いが，燻煙火災のように発炎を伴わない火災の感知はできない。炎感知器は，アトリウムや大型ドーム等の高天井の場所等，見通しのきく大空間での火災監視に適している。

(6)　消防用設備の保守管理

①　法定定期点検

消防用設備は，定期的な外観点検や機能点検等を行わなければならず，法令で定期点検が義務付けられている。また，資格者（消防設備士または消防設備点検資格者）がこの点検を行わなければならない建築物は次のように規定されている。

・特定防火対象物※で延べ面積が1,000 m² 以上のもの

・非特定防火対象物で延べ面積が1,000 m² 以上のもののうち，消防長ま

特定防火対象物
不特定多数の人が出入りする用途の建築物として消防法で定められているもので，劇・公会堂・ナイトクラブ・百貨店・ホテル・病院・社会福祉施設等が該当する。
消防用設備等の設置および維持に関する規定が遡って適用される。

たは消防署長が，火災予防上必要があると認めて指定したもの

これ以外は防火管理者等が行ってもよいが，高度な技術と知識を必要とするので，できるだけ有資格者に依頼することが望ましい。

② 法定定期点検の種類と点検期間

点検の種類と内容，および点検期間は以下のとおりである。

・機器点検…6カ月に1回（作動点検・外観点検・機能点検）

・総合点検…1年に1回（特定防火対象物については，1年に1回，非特定防火対象物については，3年に1回）

③ 日常の維持管理

法定定期点検のほかに，防火管理者は日常の点検項目として，消防用設備の異常信号，変形や損傷の有無，適正な配置や機能状況について確認しておくことが必要で，異常が認められたら直ちに修理し機能回復を図らなければならない。

第2節 地震と風水の防災対策

2.1 建築物と地震

(1) マグニチュード

地震は，地球の表面の地殻およびその下のマントル上部の急激なエネルギーの解放から地殻等を振動させる現象をいう。地震の規模（大きさ）を表す指標にはマグニチュード（M）が用いられる。マグニチュードの値が1大きくなると，エネルギーは約30倍になる。

▷よく出る

(2) 震度階級

震度階級は，観測点における地震の揺れの強さを示す指標であり，人体感覚，建築物の被害，地盤の変形等をもとに定められ，ある震度が観測された場合に，発生する現象や被害を示すものである。日本では10階級に分類された気象庁震度階級が用いられている。

▷よく出る

2.2 建築物と風水害

(1) 風害

建築物と風との関係では，台風や竜巻・突風時に，看板の支持や屋根の架構が脆弱であると，飛散して周囲に甚大な被害を及ぼす危険性が高いのはいうまでもない。しかしながら，荒天時以外においても，建築物による風の流れの変化等が周辺地域に及ぼす風害が生じることがある。

超高層建築物群が林立する地域においてはビルの谷間（ストリートキャニオン）に，ビル風と呼ばれる強風が発生するため建築物の形態の工夫等，様々な風害対策がなされている。例えば，超高層ビルの足元にサンクンガーデン※を設けることも風害対策の一つである。これ以外にも，ピロティなどの開口部による強い風の通り抜け，吹き抜け空間と屋外の温度差によって生じる出入り口部分での強風が，不快感を与えるのみでなく扉の開閉や転倒等安全上，支障を

サンクンガーデン
周囲の道路や地盤より低い位置に作られた半地下の広場や庭園のこと。

来すこともある。

(2)　水害

　建築物と水害の関係では，津波のように短時間で破壊力のあるものから，台風や集中豪雨のように長時間冠水する場合や，防水層の不良による雨天時の雨漏りまで被害様相は多岐にわたる。特に日常時での水害対策としては，道路から建築物の地階への流水を抑制することが重要となる。そのための止水板や土嚢が一般的な対策として準備されている。

2.3　建築物の防災対策

　基本的には，維持管理の中，日頃から点検を実施し，適宜，修繕を行うことが重要であるが，ガラスの落下，事務機器の転倒防止，ライフライン※のバックアップ等も検討が必要である。平成20年の消防法施行令の一部改正により，大規模事業所における自衛消防組織の設置および防災管理者の選任等が定められ，従来の防火管理者と併せ，防災管理が新たに義務付けられた。

　地下は地上に比べて，地震動の増幅が小さく，構造的には安定しているが，閉鎖的空間であること等から，心理的にパニックを引き起こしやすいことを考慮する必要がある。

2.4　建築物における危機的事象への対応

　建築物での危機管理は個別の対応が中心となるが，建築物管理者が一般に行うべき例をいくつか示す。

　まずは，早期発見の備えが重要である。不具合の発生危険箇所などをあらかじめ把握しておくこと，的確な点検や診断の手段やスキルを平常時から研鑽し，平常時の動作状況やその原理を熟知し，不具合発生を想定した訓練を行っておくことが重要である。

　一方，被災の確率が高くなったとき，あるいはJアラート※などの予報を受けた際に何をするかもあらかじめ検討しておくことも効果的である。電源の準備や緊急避難措置，必要資材の備蓄などは当然のことであるが，水槽などに水を保持するか否かは，水槽や配管の耐震性や信頼性によって判断が分かれ，場合によっては，開栓や排出を選択することもありうる。

ライフライン
生活を維持するための諸施設。道路・鉄道・港湾等の交通施設，上下水道，電力，ガス等の施設がある。

Jアラート
緊急の気象関係情報，有事関係情報を国から住民などへ伝達するシステム。

第8章　建築基準法

第1節　建築基準法の目的と構成

1.1　建築基準法の目的

建築基準法（以下，「法」と略す）は，建築物のあり方について基本的事項を定めており，第1条で「この法律は，建築物の敷地※・構造・設備及び用途に関する最低の基準を定めて，国民の生命・健康及び財産の保護を図り，もって公共の福祉の増進に資することを目的とする」としている。

敷地
一の建築物または用途上不可分の関係にある二以上の建築物のある一団の土地。

第4編
建築物の構造概論

1.2　建築基準法の構成

法は，単体規定と集団規定および行政上の制度規定から構成されている。法令体系として，建築基準法施行令（以下，「令」と略す）・建築基準法施行規則・告示等がある。

(1)　単体規定

建築物に関する法令・規定のうち，建築物自体の構造・安全・防火・避難・衛生に関する技術的基準を定めた規定の総称。

(2)　集団規定

建築物に関する法令・規定のうち，都市や市街地における建築物の集団としてのあり方を，合理的で健全なものにすることを目的とする規定の総称。敷地と道路の関係・用途地域・建蔽率・容積率等。

1.3　建築基準法の主な用語

用語については，法第2条，令第1条に定義されている。

(1)　建築物（法第2条第1号）

▷よく出る

土地に定着する工作物であることが前提であり，その上で次のいずれかにあてはまるものを建築物という。

① 屋根及び柱若しくは壁を有するもの（これに類する構造のものを含む）
② ①に付属する門もしくは塀
③ 観覧のための工作物
④ 地下または高架の工作物内に設けられる事務所・店舗・興行場・倉庫等
⑤ ①から④に設けられる建築設備

なお，鉄道及び軌道の線路敷地内の運転保安に関する施設並びに跨線橋・プラットホームの上家・貯蔵槽等は，建築物から除かれる。

(2)　特殊建築物（法第2条第2号）　　　　　　　　　　　▷よく出る

　建築物の中でも多くの人々が利用するもの，とりわけ不特定多数の利用に供する建築物については，特殊建築物として<u>安全・衛生・防災等に関して厳しい技術基準に基づく規制</u>がかけられる。

　学校（専修学校及び各種学校を含む）・体育館・病院・劇場・観覧場・集会場・展示場・百貨店・市場・ダンスホール・遊技場・公衆浴場・旅館・共同住宅・寄宿舎・下宿・工場・倉庫・自動車車庫・危険物の貯蔵場・と畜場・火葬場・汚物処理場等がそれに当たる。

　確認申請が必要であり，竣工後の維持管理についても，所有者は構造や設備について，所定の有資格者による調査または検査を行い，その結果を報告することが義務付けられている。

(3)　建築設備（法第2条第3号）　　　　　　　　　　　　▷よく出る

　建築物と一体になって機能する設備で，具体的には建築物に設ける電気・ガス・給水・排水・換気・暖房・冷房・消火・排煙・汚物処理の設備・煙突・昇降機・避雷針をいう。

(4)　居室（法第2条第4号）　　　　　　　　　　　　　　▷よく出る

　「居住・執務・作業・集会・娯楽等の目的のために継続的に使用する室」をいう。例えば，住宅では居間・応接間・食堂・書斎・家事室等，人がある程度長い時間その室に居て使用し続けるものを居室といい，<u>玄関・廊下・階段・便所・洗面所・納戸・押入れ・倉庫・車庫等，一時的な使用に供するものは居室ではない</u>。事務所・店舗・工場等，建築物には居室部分と非居室部分がある。

(5)　主要構造部（法第2条第5号）　　　　　　　　　　　▷よく出る

　壁・柱・床・梁・屋根・階段をいい，建築物の構造上重要でない間仕切壁・間柱・最下階の床・小梁・庇・局部的な小階段・屋外階段・基礎・土台等は除かれる。

　主要構造部は，耐火建築物・準耐火建築物・延焼のおそれのある部分等，防火上・安全上の規制の場面で主に登場する用語である。

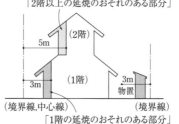

(6)　構造耐力上主要な部分（令第1条第3号）　　　　　　▷よく出る

　基礎・基礎杭・壁・柱・小屋組・土台・斜材（筋かい・方づえ・火打材等）・床版・屋根版・横架材（梁・桁等）で，建築物の自重・積載荷量・積雪荷重・風圧・土圧・水圧・地震その他の震動もしくは衝撃を支えるものをいう。

(7)　延焼のおそれのある部分（法第2条第6号）

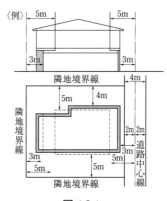

図 4.8.1
延焼のおそれのある部分

　市街地において建築物が建て込んでいる状態では，一度火災が発生すると次々と隣家へ燃え広がり，大災害を引き起こすことが危惧される。そこで建築物の防火上，延焼の危険がある部分を「延焼のおそれのある部分」と定め，防火・耐火等の措置を施すよう命じている。

　すなわち，隣地境界線・道路中心線または同一敷地内の2棟以上の建築物（この場合，延べ面積※の合計が 500 m² 以内の建築物は，1棟の建築物とみなす）相互の各外壁の中心線から，1階においては3 m 以下，2階以上では5 m 以下の距離にある建築物の部分を指している。ただし，防火上有効な公園・広場・川等の空地・水面・耐火構造の壁等に面する部分は除外される。

(8)　耐火構造（法第2条第7号，令第107条）

　壁・柱・床等で，耐火性能※に関して政令で定める技術的基準に適合する鉄筋コンクリート構造・れんが造等で，国土交通大臣が定めた構造方法を用いるもの，または国土交通大臣の認定を受けたものをいう。

　耐火性能要求時間は，建築物の部分・階数に応じて，30分間・1時間・2時間・3時間と定められている。

(9)　準耐火構造（法第2条第7号の2，令第107条の2）

　壁・柱・床等で，準耐火性能に関して政令で定める技術的基準に適合するもので，国土交通大臣が定めた構造方法を用いるもの，または国土交通大臣の認定を受けたものをいう。

　準耐火性能要求時間は，建築物の部分に応じて，30分間・45分間と定められている。

(10)　防火構造（法第2条第8号）

　建築物の外壁または軒裏の構造のうち，防火性能※に関して政令で定める技術的基準に適合する鉄網モルタル塗・しっくい塗等で，国土交通大臣が定めた構造方法を用いるもの，または国土交通大臣の認定を受けたものをいう。

(11)　不燃材料※（法第2条第9号，令第108条の2）

　通常の火災による火熱が加えられた場合に，加熱開始後20分間，①燃焼しないこと，②防火上有害な変形・溶融・亀裂等が生じないこと，③避難上有害な煙・ガスを発生しないことの3要素を満たしているものとして，国土交通大臣が定めたもの，または国土交通大臣の認定を受けたものをいう。

　不燃材料のほか，準不燃材料（令第1条の5），難燃材料（令第1条の6）がある。それぞれ上記の数値が，準不燃材料は10分間，難燃材料は5分間になる。

(12)　耐火建築物（法第2条第9号の2，令第108条の3）

　主要構造部を耐火構造，または火災が終了するまで耐える構造とした建築物で，外壁の開口部で延焼のおそれのある部分に政令で定める構造の防火戸その他の防火設備を有するものをいう。

(13)　準耐火建築物（法第2条第9号の3，令第109条の3）

　次の3条件をすべて満たす建築物をいう。

①　耐火建築物以外の建築物である。

延べ面積
建築物の各階の床面積※の合計。地階および屋階を含むが，容積制限の場合は一定の割合の自動車車庫，駐車場等を除く。

床面積
建築物の各階またはその一部で壁その他の区画の中心線で囲まれた部分の水平投影面積。

耐火性能
通常の火災が終了するまでの間，建築物の倒壊，延焼を防止するために建築物の部分に必要な性能。

防火性能
建築物の周囲において発生する通常の火災による延焼を抑制するための外壁・軒裏に必要な性能。

不燃材料
不燃材料は，準不燃材料および難燃材料に含まれ，準不燃材料は難燃材料に含まれる。

第4編　建築物の構造概論

②　次のイまたは口のいずれかであること。

　　イ　主要構造部を準耐火構造（準耐火構造には耐火構造も含まれる）とし
　　　たもの。

　　ロ　上記イ以外の建築物で，イに掲げるものと同等の準耐火性能を有する
　　　ものとして，主要構造部の防火の措置その他の事項について政令で定
　　　める技術的基準に適合するもの。

③　外壁の開口部で延焼のおそれのある部分に，政令で定める構造の防火戸
　その他の防火設備を有するもの。

⑭　建築（法第2条第13号）

　法第2条第13号では，「建築物を新築し，増築し，改築し，又は移転するこ
とをいう」と定義している。　　　　　　　　　　　　　　　　　　　　　▷よく出る

　・新築：建築物の存しない土地の部分に建築物をつくること。なお，建築材
　　料の新，旧は関係ない。

　・増築：既存の建築物の床面積を増加させること。

　・改築：既存の建築物の全部あるいは一部を除却して，いままで建っていた
　　建築物と構造，規模，用途が著しく異ならない建物をつくること。災害で
　　滅失したり，老朽等で除却した場合も同じ。

　・移転：同一敷地内での位置の変更をいう。なお，別の敷地への移動はその
　　新しい敷地での新築または増築と扱われる。

⑮　大規模の修繕（法第2条第14号）

　建築物の主要構造部の1種以上について行う過半の修繕をいう。

⑯　大規模の模様替（法第2条第15号）

　建築物の主要構造部の1種以上について行う過半の模様替をいう。

⑰　地階（令第1条第2号）

　床が地盤面下にある階で，床面から地盤面までの高さが，その階の天井の高
さの3分の1以上のものをいう。

⑱　避難階（令第13条第1号）

　直接地上へ通ずる出入口のある階をいう。一般的には1階が避難階となる
が，傾斜地等地盤面が建築物の部分で異なる場合は，複数の避難階が生ずるこ
とがある。

第 2 節　建築基準法の行政手続等

2.1　建築確認申請（法第 6 条，法第 6 条の 2）

　建築主は，下表に示す建築物を建築しようとする場合，当該工事に着手する前に，その計画が建築基準関係規定に適合するものであることについて，確認の申請書を提出して建築主事※の確認を受け，確認済証の交付を受けなければならない。指定確認検査機関※の確認を受け，確認済証の交付を受けた場合も，建築主事による確認と同等のものとみなす。

建築主事
建築基準適合判定資格者の登録を受けた都道府県または市区町村の職員のうちから知事，市区町村長が命じた者。
▷よく出る

表 4.8.1　確認申請が必要な建物

	用途・構造	規模	建築行為の内容	区域
(い)*	劇場，映画館，演芸場，観覧場，公会堂，集会場，病院，診療所，ホテル，旅館，下宿，共同住宅，寄宿舎，学校，体育館，百貨店，マーケット，展示場，キャバレー，カフェー，ナイトクラブ，バー，ダンスホール，遊技場，倉庫，自動車車庫，自動車修理工場その他政令で定めるもの（法 6.1.一）	左欄に使用する床面積の合計が 100 m² を超えるもの	新築，増築，改築，移転，大規模の修繕，大規模の模様替，用途の変更（増築によって左欄の規模になる場合も含む）	全国
(ろ)	木造（法 6.1.二）	階数 3 以上または延べ面積 500 m²，高さ 13 m，軒の高さ 9 m を超えるもの	用途変更する場合を除いて上欄と同じ	全国
	木造以外（法 6.1.三）	階数 2 以上または延べ面積 200 m² を超えるもの		
(は)	(い)，(ろ) のいずれにもあてはまらないもの（法 6.1.四）		建築	都市計画区域，準都市計画区域及び都道府県知事の指定する区域内

2.2　中間検査および完了検査（法第 7 条～法第 7 条の 4）

　建築主は，特定工程※を含む建築工事を行う場合，中間検査を申請しなければならない。

　建築主事は 4 日以内に検査を行い，法令に適合しているときは中間検査合格証を交付する。「特定工程後の工程」に係る工事は中間検査合格証の交付を受

指定確認検査機関
国土交通大臣または都道府県知事の指定を受けて，建築の確認検査業務を行う民間の機関。
▷よく出る

けた後でなければ施工できない。

　また，工事を完了したときは，建築主事の検査を申請する。建築主事は7日以内に検査を行い，法令に適合しているときは検査済証を交付する。

　なお，中間検査，工事完了検査において，指定確認検査機関に申請して検査を受けた場合は，建築主事の検査は不要となる。

特定工程
①階数が3以上である共同住宅の2階の床，および梁に配筋を配置する工事の工程。
②特定行政庁が指定する工程。

2.3　違反建築物に対する措置（法第9条）

　特定行政庁は，建築基準法令の規定，または許可に違反した建築物または建築物の敷地について，建築主・工事の請負人・所有者等に，工事の停止・建築物の除却・移転・使用制限等，違反を是正するための必要な措置を命ずることができる。

2.4　維持保全（法第8条）

　建築物の所有者，管理者または占有者は，その建築物の敷地・構造・建築設備を常時適法な状態に維持するよう努めなければならない。

▷よく出る

2.5　定期検査報告等（法第12条第1項，法第12条第3項）

(1)　特定建築物等の定期調査報告（法第12条第1項）

①　調査対象建築物：第6条第1項第1号に掲げる建築物で安全上・防火上・衛生上特に重要であるものとして政令で定めるもの及び当該政令で定めるもの以外の特定建築物で特定行政庁※が指定するもの

②　定期報告：建築物の所有者（所有者と管理者が異なる場合は管理者）が特定行政庁へ報告しなければならない

③　報告期間：6カ月～3年以内の間隔（特定行政庁指定）

④　調査内容：建築物の敷地・構造についての損傷・腐食その他の劣化の状況

⑤　調査者：1級建築士・2級建築士・建築物調査員

(2)　特定建築設備等の定期検査報告（法12条第3項）

①　検査対象建築設備：特定建築設備等（昇降機及び特定建築物の昇降機以外の建築設備等をいう。）で安全上・防火上・衛生上特に重要であるものとして政令で定めるもの及び当該政令で定めるもの以外の特定建築設備等で特定行政庁が指定するもの

②　定期報告：特定建築設備等の所有者は，特定行政庁へ報告しなければならない

③　報告期間：6カ月～1年以内の間隔（特定行政庁指定）

④　検査内容：損傷・腐食その他の劣化の状況

⑤　検査者：1級建築士・2級建築士・建築設備等検査員

▷よく出る

特定行政庁
建築主事を置く市町村の区域については当該市町村の長，その他の市町村の区域については都道府県知事（法第2条第35号）。例外規定あり。

▷よく出る

第 3 節　集団規定による建築物の制限

3.1　用途地域等（法第 2 条第 21 号，法第 48〜51 条）

　都市地域において，土地の合理的な利用を図り，良好な市街地の環境を確保するために，地域の使い方を定める地域地区制は都市計画法によって定められる。地域の合理的利用・環境を阻害するような用途の混入を排除するための規制が用途地域制の規制であり，建築物の用途はこれに従わなければならない。

　用途地域には 12 種類あり，それぞれの地域の指定の目的に沿って用途制限が定められている。

表 4.8.2　用途地域の種類

地域地区の種類		指定の目的
住居系	第 1 種低層住居専用地域	低層住宅にかかわる良好な住居の環境を保護する
	第 2 種低層住居専用地域	主として低層住宅にかかわる良好な住居の環境を保護する
	第 1 種中高層住居専用地域	中高層住宅にかかわる良好な住居の環境を保護する
	第 2 種中高層住居専用地域	主として中高層住宅にかかわる良好な住居の環境を保護する
	第 1 種住居地域	住居の環境を保護する
	第 2 種住居地域	主として住居の環境を保護する
	準住居地域	道路の沿道としての地域の特性にふさわしい業務の利便の増進を図りつつ，これと調和した住居の環境を保護する
商業系	近隣商業地域	近隣の住宅地の住民に対する日用品の供給を行うことを主たる内容とする。商業その他の業務の利便を増進する
	商業地域	主として商業その他の業務の利便を増進する
工業系	準工業地域	主として環境の悪化をもたらすおそれのない工業の利便を増進する
	工業地域	主として工業の利便を増進する
	工業専用地域	工業の利便を増進する

3.2　建築物の形態規制

　都市地域において，予定された土地利用の方針に則して，道路その他の公共施設の機能との関係，過密による環境悪化の防止等から建築物の実態のあり方を規制する。

(1)　容積率（法第 52 条）

　敷地面積※に対する延べ面積の割合。道路等の公共施設の能力に対応した機能の維持と増進を図ることを目的に設けられている。その限度は，地域・区域

▷よく出る
敷地面積
敷地面積は，土地の高低差にかかわらず水平投影面積として求める。

ごとに都市計画で定められているが，前面道路の幅によってさらに制限を受ける。2つ以上の制限の異なる区域にわたる場合は，その加重平均による。

$$容積率（％）＝\frac{延べ面積}{敷地面積}×100$$

(2)　建蔽率（法第53条）

敷地面積に対する建築面積※の割合。敷地内に一定の割合以上の空き地を確保することを目的に設けられている。その限度は，地域・区域ごとに都市計画で定められている。2つ以上の制限の異なる区域にわたる場合は，その加重平均による。

$$建蔽率（％）＝\frac{建築面積}{敷地面積}×100$$

(3)　壁面線の指定（法第46条，法第47条）

特定行政庁は，街区内における建築物の位置を整え，その環境の向上を図るために必要があると認める場合においては，建築審査会の同意を得て，壁面線を指定することができる。

建築物の壁もしくはこれに代る柱または高さ2mを超える門もしくは塀は，壁面線を越えて建築してはならない。

(4)　建築物の高さ制限（法第55条，法第56条）

絶対高さ制限，道路からの高さ制限，隣地境界からの高さ制限，北側からの高さ制限，日影による中高層建築物の高さ制限がある。

建築物の高さは，原則として地盤面※からの高さによるが，道路の高さの制限の場合は，前面道路の路面の中心からの高さによる。また，ペントハウスや屋上突出物については不算入の特例がある。

建築面積
建築物の外壁またはこれに代わる柱の中心線で囲まれた部分の水平投影面積による。ただし，地階部分の除外や，軒・ひさし等がある場合の一部除外規定がある。
▷よく出る

▷よく出る

地盤面
建築物が周囲の地面に接する位置の平均の高さにおける水平面。接する位置の高低差が3mを超える場合は，高低差3m以内ごとの平均の高さにおける水平面。

確認テスト （正しいものには〇，誤っているものには×をつけよ）

(1) 両側を高い建築物で連続的に囲まれた道路空間は，半密閉の空間のようになるため，ストリートキャニオンと呼ばれる。

(2) 熱容量が大きい材料は，日射熱を蓄熱しにくい。

(3) 都市化により，都市の中心部の気温が郊外と比較して高くなる現象をヒートアイランド現象という。

(4) 乱開発などによって市街地が広がることをスプロール現象という。

(5) 日影図は，直達日射によって生じる建築物の影の形状を1日の時間ごとに描いた図である。

(6) 配置図は，部屋の配置を示した図である。

(7) 街路や広場などに面する建築物の正面をなす外観をファサードという。

(8) スケルトン・インフィル建築物とは，建築躯体（くたい）と設備・内装仕上げ等を分離した工法による建築物である。

(9) 多目的ホールに用いられる可動席の床をフリーアクセスフロアという。

(10) テクスチャとは，材料の質感，材質感のことである。

(11) 圧密沈下は，粘土質地盤が圧力により沈下することをいう。

(12) 連続フーチング基礎は，高層建築物の基礎によく用いられる。

(13) 柱の主筋は4本以上とし，主筋に直角となるように帯筋が配筋される。

(14) 直接土に接しない柱，梁（はり）において，鉄筋に対するコンクリートのかぶり厚さは，3 cm 以上としなければならない。

(15) 鉄筋とコンクリートの線膨張係数は，ほぼ等しい。

(16) 鉄筋に対するコンクリートのかぶり厚さは，コンクリート表面から鉄筋の中心までの距離をいう。

(17) 鋼材の強度は温度上昇とともに低下し，1,000℃ ではほとんど零となる。

(18) 梁（はり）に使用されるH形鋼のウェブは，主にせん断力に対して抵抗する。

(19) 鋼材の耐火被覆工法には，吹付け工法，巻付け工法，成形板張り工法等がある。

(20) 高力ボルト摩擦接合は，材間引張力により力を伝達する。

(21) コンクリートの中性化は，構造体の寿命に大きく影響を与える。

(22) クリープは，一定の大きさの持続荷重によって，時間とともにひずみが増大する現象をいう。

(23) 耐震補強には，強度を高める方法や変形能力を高める方法がある。

(24) 塑性とは，部材などに荷重を作用させたときに生じる変形が，荷重を取り除いた後に，元の状態に戻る性質をいう。

(25) 免震構造には，アイソレータを用いて地盤から建築物を絶縁する方法がある。

(26) 2枚の板ガラスを一定の間隔を保って密封したものは，複層ガラスである。

(27) モルタルは，水とセメントを練り混ぜたものである。

(28) 内壁の仕上げ材料には，吸音性，テクスチャの良さ等が要求される。

(29) コンクリートの性質を改良するためのものとして，混和材料がある。

(30) 都市ガス（13 A）は，空気より重く，LPガスは空気より軽い。

(31) ガス 1 m³ を燃焼させるのに必要な空気量は，都市ガス（13 A）に比べてLPガスの方が多い。

(32) 容積当たりの発熱量は，LPガスに比べて都市ガス（13 A）の方が多い。

(33) 消火方法としては，燃焼の3要素である可燃物，酸素，着火源の1つ以上の要素を取り除くことを

原則としている。

㉞　連結送水管は，公設消防隊が使用するもので，消防隊専用栓と呼ばれる。

㉟　泡消火設備は，希釈作用により消火する。

㊱　火災荷重は，建築部材などの可燃物の潜在発熱量を，木材の発熱量で規準化した単位面積当たりの可燃物重量のことである。

㊲　差動式熱感知器は，感知器の周辺温度が定められた一定温度以上になると作動する。

㊳　火災室内の温度が急激に上昇し，火炎が噴出し，燃焼が一気に室全体に拡大する急速な燃焼現象をフラッシュオーバという。

㊴　建築基準法は，建築物の敷地，構造，設備及び用途に関する望ましい基準を定めている。

㊵　建築物の所有者，管理者又は占有者は，その建築物の敷地，構造及び建築設備を常時適法な状態に維持するように努めなければならないとしている。

㊶　建築物に関する法令規定のうち，建築物自体の安全，防火，避難，衛生等に関する技術的基準を定めた規定の総称を単体規定という。

㊷　ライフサイクルは，JIS の設備管理用語によると「設備の製作，運用，保全」と定義されている。

㊸　放射空調は，温度むらによる不快感が起こりにくい。

㊹　設備の保全活動には，維持活動と改善活動がある。

確認テスト　解答・解説

(1)　○

(2)　×：熱容量が大きい材料は，日射熱を蓄熱しやすい。

(3)　○

(4)　○

(5)　○

(6)　×：配置図は，建築物と敷地の関係を示した図で，外構計画などをあわせて示すこともある。

(7)　○

(8)　○

(9)　×：フリーアクセスフロアとは，事務所の床などで使用する二重床のことで，可動床とは無関係。

(10)　○

(11)　○

(12)　×：連続フーチング基礎は，小規模の建物，木造の建物によく用いられる。

(13)　○

(14)　○

(15)　○

(16)　×：鉄筋に対するコンクリートのかぶり厚さは，コンクリート表面から鉄筋の表面までの距離をいう。

(17)　○

(18)　○

(19)　○

(20)　×：高力ボルト摩擦接合は，材間摩擦力により力を伝達する。

⑵1　○

⑵2　○

⑵3　○

⑵4　×：塑性とは，部材などに荷重を作用させたときに生じる変形が，荷重を取り除いた後に，元の状態に戻らない性質のことである。

⑵5　○

⑵6　○

⑵7　×：モルタルは，水とセメントと砂を練り混ぜたものである。

⑵8　○

⑵9　○

⑶0　×：都市ガス（13 A）は，空気より軽く，LP ガスは空気より重い。

⑶1　○

⑶2　×：容積当たりの発熱量は，LP ガスに比べて都市ガス（13 A）の方が少ない。

⑶3　○

⑶4　○

⑶5　×：泡消火設備は，窒息作用と冷却作用により消火する。

⑶6　○

⑶7　×：差動式熱感知器は，感知器の周辺温度上昇率が一定以上になったとき作動する。

⑶8　○

⑶9　×：建築基準法は，建築物の敷地，構造，設備及び用途に関する最低限の基準を定めている。

⑷0　○

⑷1　○

⑷2　×：ライフサイクルは，JIS の設備管理用語によると「設備の計画，設計，製作，運用，保全をへて廃却又は再利用までを含めたすべての段階及び期間」と定義されている。

⑷3　○

⑷4　○

第4編
建築物の構造概論

第5編

執筆担当　横手幸伸

給水及び排水の管理

第1章　給水設備とその維持管理
第2章　雑用水設備とその維持管理
第3章　給湯設備とその維持管理
第4章　排水通気設備とその維持管理
第5章　衛生器具とその維持管理
第6章　浄化槽設備とその維持管理
第7章　消火設備とその維持管理
第8章　特殊設備とその維持管理
確認テスト

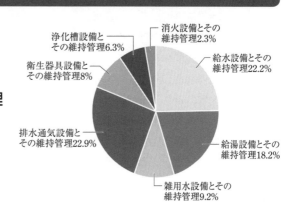

浄化槽設備とその維持管理6.3%
消火設備とその維持管理2.3%
衛生器具設備とその維持管理8%
給水設備とその維持管理22.2%
排水通気設備とその維持管理22.9%
給湯設備とその維持管理18.2%
雑用水設備とその維持管理9.2%

給水及び排水の管理 第5編

最近の出題傾向

　毎年35問出題されている。

　例年ほぼ出題傾向は変わらず，科目別出題数はほぼ例年並みであった。消火設備と特殊設備に関しては再確認のこと。

（内訳）

1. 給水及び排水の管理に関する用語は，毎年2問出題されている。

2. 給水設備とその維持管理は，毎年10問出題されている。この編の約30%弱の出題である。主なものは，水道施設，汚染防止，設計（容量・圧力），給水方式，水質基準，塩素消毒，機器・配管材，配管方法，腐食，維持管理である。

3. 雑用水設備とその維持管理は，毎年2～3問出題されている。

4. 給湯設備とその維持管理は，毎年6問出題されている。維持管理の出題のウエイトが高い。主なものは，給湯方式，水・湯の性質，設計（省エネ・レジオネラ属菌・温度・容量），給湯用機器，配管材料，配管方法，維持管理である。

5. 排水通気設備とその維持管理は，毎年9問出題されている。この編の約25%の出題である。維持管理の出題のウエイトが高い。主なものは，下水道，水質，排水槽，排水ポンプ，排水管，通気管，排水トラップ，雨水管，掃除口，阻集器，ちゅう房除害設備および維持管理である。

6. 衛生器具設備とその維持管理は，毎年2問出題されている。

7. 浄化槽設備とその維持管理は，毎年2～3問出題されている。その内，1問は計算問題である傾向が高い。

8. 消火設備は，毎年1問出題されている。

9. 特殊設備は，令和3年度に初めて出題された。

第1章　給水設備とその維持管理

> **学習のポイント**
>
> 1．水道施設の用語の定義，浄水場の各施設の名称，役割及び構成を学習する。
> 2．クロスコネクション，逆サイホン現象を学習する。
> 3．設計手法（給水量・必要最低圧力・適正圧力）を学習する。
> 4．給水方式とその特徴を学習する。
> 5．省令水質基準を学習する。
> 6．塩素消毒とDPD法を学習する。
> 7．貯水槽の要件，水槽，ポンプ及び配管接合方法を学習する。
> 8．配管方式等留意点を学習する。
> 9．腐食の原理と代表的な腐食現象を学習する。
> 10．貯水槽，ポンプの維持管理を学習する。

　給水設備は，給水の必要な箇所に，衛生的で，かつ安全な水を供給する水道，給水管，給水機器等の設備の総称である。

　建築物を使用・利用する多数の者に対し，水を供給する際に留意すべきことは，その使用目的に応じた適切な水質の水を，その利用形態に合わせ，安定的に供給することである。

　建築物における水の用途は，飲料用，調理用，浴用，手洗い用，便器洗浄用，清掃用，事業活動用，冷暖房用，散水用，水景及び消防用等多岐にわたる。

　また，使用水量はこれら水の用途に応じ，大きく異なるだけでなく，建築物そのものの用途ごとに，時間，曜日，季節によって大きく変動する。

　このような使用水量の変動は，供給する水質にも影響を与えるので，給水管理は水量，水質両面から適切に行なう必要がある。また，水圧も使用目的に応じ，適切なものでなければならない。水圧不足は水利用に不便であるだけでなく，負圧になれば汚水の流入等のおそれもあるので，常に一定レベル以上の水圧を確保しなければならない。

　飲料用として供給される水や，飲料用に準ずる用途に用いられる水については，水道法により定められた水質基準に適合したものを供給し，水質の汚染を防止すること及びそのような水が供給できるように，給水設備の維持管理を適切に行うことが，建築物における給水管理の第一の意義といえる。

第1節　水道施設

1.1　水道事業

　水道施設に関する用語は，「水道法第三条」に規定されている（図5.1.1）。

水道法第三条　この法律において「水道」とは，導管及びその他の工作物によ

用語の定義をしっかり覚える。
▷よく出る

り，水を人の飲用に適する水として供給する施設の総体をいう。ただし，臨時に施設されたものを除く。

一般の需要に応じて水道により水を供給する事業
　給水人口が100人を超えるもの
　　水道事業
　　　上水道事業（給水人口5,001人以上のもの）
　　　簡易水道事業（給水人口5,000人以下のもの）
　（給水人口が100人以下のもの）

自家用の水道その他水道事業の水道以外の水道
　100人を超える者にその居住に必要な水を供給するもの又は人の飲用，炊事用，浴用，手洗い用その他人の生活の用の目的のために使用する水量が1日最大で20 m^{3}を超えるもの
　　専用水道（他の水道水のみを水源とし，かつ地中又は地表の施設の規模が小さい水道を除く。）
　（給水対象が100人以下で，飲用，炊事用，浴用，手洗い用その他人の生活の用の目的のために使用する水量が1日最大で20 m^{3}以下のもの）

水道事業及び専用水道以外の水道で，水道事業から供給される水のみが水源
　貯水槽水道
　　水道事業から水の供給を受けるための水槽の有効容量の合計が10 m^{3}を超えるもの
　　　簡易専用水道
　（水道事業から水の供給を受けるための水槽の有効容量の合計が10 m^{3}以下のもの）

水道事業者にその用水を供給する事業
　水道用水供給事業

（左側縦書き：水道事業等の定義）

図5.1.1　給水事業等の定義（水道法第三条）

2　この法律において「水道事業」とは，一般の需要に応じて，水道により水を供給する事業をいう。ただし，給水人口が100人以下である水道は除く。

7　この法律において「簡易専用水道」とは，水道事業の用に供する水道及び専用水道以外の水道であって，水道事業の用に供する水道から供給を受ける水のみを水源とするものをいう。ただし，その用に供する施設の規模が政令で定める基準以下のものを除く。

9　この法律において「給水装置」とは，需要者に水を供給するために水道事業者の施設した配水管から分岐して設けられた給水管及びこれに直結する給水用具をいう。

1.2　水道施設

(1)　定義

　水道施設の定義は，「水道法第五条」に規定されている。

各施設の名称，役割及び構成を覚える。

水道法第五条　水道は，原水の質及び量，地理的条件，当該水道の形態等に応じ，取水施設，貯水施設，導水施設，浄水施設，送水施設及び配水施設の全部又は一部を有すべきものとし，その各施設は次の各号に掲げる要件を備えるものとする。

　一　取水施設は，できるだけ良質の原水を必要量取り入れることができるものであること。

　二　貯水施設は，渇水時においても必要量の原水を供給するのに必要な貯水能力を有するものであること。

　三　導水施設は，必要量の原水を送るのに必要なポンプ，導水管その他の設備を有すること。

　四　浄水施設は，原水の質及び量に応じて，前条の規定による水質基準に適合する必要量の浄水を得るのに必要な沈でん池，ろ過池その他の設備を有し，かつ，消毒設備を備えていること。

　五　送水施設は，必要量の浄水を送るのに必要なポンプ，送水管その他の設備を有すること。

　六　配水施設は，必要量の浄水を一定以上の圧力で連続して供給するのに必要な配水池，ポンプ，配水管その他の設備を有すること。

(2)　水道施設の構成

▷よく出る

　水道施設は，貯水施設，取水施設，導水施設，浄水施設，送水施設及び配水施設で構成される（図5.1.2）

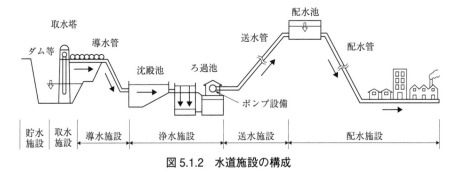

図5.1.2　水道施設の構成

(3)　浄水施設のろ過施設

a．緩速ろ過法の場合

　緩速ろ過法とは，通常は原水を普通沈澱処理させたのち，4〜5 m/日のろ過速度で砂ろ過を行う方法である。

　ろ過池の砂層に繁殖した好気性微生物の作用によって水を浄化させるものであるので，消毒のための塩素剤は砂ろ過を行ったのち注入する。

b．急速ろ過法の場合

　急速ろ過法は，通常は凝集剤を加えて沈澱処理したのち，120〜150 m/日

急速ろ過法での塩素剤の注入は，凝集剤を加える前又は沈澱処理後に注入される。沈澱処理前に塩素剤を注入する前塩素処理，沈澱処理後に注入する中間塩素処理，ろ過後に注入する後塩素処理がある。

のろ過速度で砂ろ過を行う方法である。

凝集フロックを物理的に除去する処理方法であり，溶解性の鉄やマンガンは塩素による酸化析出作用によって除去することができる。

(4) 取水施設

水道水源は，地表水，地下水，伏流水等に分けられ，水源によって取水施設も異なる。

a．地表水を水源とする場合

地表水は，河川表流水，湖沼水，ダムによって蓄えられた水等，地表に存在する水を指し，取水塔，取水門，取水管渠等の設備で取水される。地表水は伏流水や地下水に比較して水量及び水質の変化が激しい。

b．地下水を水源とする場合

地下水は深層地下水と浅層地下水とに分けられる。ここで，深層地下水とは第一不透水層の下に存在する地下水，浅層地下水とは第一不透水層の上部にある地下水をいう。深層地下水は深井戸，浅層地下水は浅井戸で取水される。深層地下水の方が浅層地下水よりも地表からの汚染を受けにくく，水質が安定しているが，深層地下水は，鉄，マンガン，遊離炭酸を含むことが多く，赤水，黒水による障害，管の腐食等の問題を生ずることがある。維持管理上の留意点は，次のとおりである。なお，清澄な地下水を水源とする場合，浄水処理は消毒のみで水道水として供給することがある。

① 深井戸の管理

・揚水中に砂の混入が多いときは，混入しない程度に揚水量を減らす。

② 浅井戸の管理

・井戸の水位が最も下がったときでも，井戸の水深は1m以上残すことが望ましい。

c．伏流水を水源とする場合

伏流水は，河川，湖沼の底，あるいは堤防の内外で砂，砂利層に含まれる水をいう。伏流水には，河川，湖沼から浸透した水である場合と，河川，湖沼に注ぐ地下水である場合と，その両方が混合している場合とがある。水質的にみると地表水の影響を受けるが，地下水に近い。取水施設は取水井戸か集水埋渠による。集水埋渠は，多数の穴を開けた鉄筋コンクリート管を伏流水の流れの方向にできるだけ直角に埋設したものである。

(5) 配水施設

配水施設は，必要量の浄水を一定以上の圧力で連続して供給するのに必要な配水池，ポンプ，配水管等の設備を有するものであって，配水管から給水管に分岐する箇所において，原則として最小動水圧が150kPaを下まわらず，最大静水圧が750kPaを超えないことなどの要件を備えている施設である。また，事故や災害等の非常時の場合に，断水による給水への影響ができる限り少なくなるように，配水管を鎖で繋いだような管路網とするなどの措置が講じられている施設である。

　配水池は，配水量の時間変動を調整する機能を持つとともに，非常時は，その貯留量を利用して需要家への影響をなくし，あるいは軽減するという大きな役割を持っている。したがって，配水池は平常時の安定給水と非常時の給水対策の両面から検討し，適切に整備する必要がある。配水池容量は，計画一日最大給水量の12時間を標準とするが，配水区域の水使用形態，地域の特性，施設の規模，水道施設の全般的配置等を総合的に検討し，各水道事業体の実情に応じて設定されている。

1.3　給水装置以外の給水に関する設備

(1)　簡易専用水道

　水道の配水管から分岐し，水栓などまで直結となっている場合が給水装置に該当するが，一般の建築物では，一旦受水槽などで配水管とは縁を切る給水方式が採用される場合がある。この場合にあっても，飲料水の管理として，水道法第三条第9項に規定する給水装置以外の給水に関する設備を設けて，人の飲用，炊事用，浴用その他人の生活用のために水を供給する場合は，水道法第四条の水質基準に適合する水を供給しなければならないと規定されている。そして，次の衛生上必要な措置が規定されている。受水槽の有効容量の合計が10 m^3 を超えるものは，簡易専用水道に該当する。

a．管理基準

　簡易専用水道の設置者は，次の基準に従って管理しなければならない。

① 　水槽の清掃を1年以内毎に1回，定期に行う。

② 　水槽の点検等，有害物，汚水等によって水が汚染されるのを防止するために必要な措置を講ずること。

③ 　給水栓における水の色，濁り，臭い，味その他の状態により供給する水に異常を認めたときは，水質基準に関する必要なものについて検査を行うこと。

④ 　供給する水が人の健康を害するおそれがあることを知ったときは，直ちに給水を停止し，かつ，その水を使用することが危険である旨を関係者に周知させる措置を講ずること。

b．検査

　1年以内ごとに1回，地方公共団体の機関または厚生労働大臣の登録を受けた者により，施設の管理が適正に行われているか否かについて検査を受けなくてはならない。

　都道府県知事，保健所設置市長，特別区長は，その管下の簡易専用水道の設置者に対して権限を有している。

(2)　貯水槽水道

　受水槽の有効容量の容量が10 m^3 を超えるものは，簡易専用水道として水道法で位置付けられ，管理が行われている。しかし10 m^3 以下のものは管理が十分でないものが多かったことから，これらを合わせて，水道法では貯水槽水槽と位置付け，水道事業者が給水契約を結ぶ際に，貯水槽水道に関し，水道事業

者及び当該貯水槽水道設置者の責任に関する事項を供給規程中に明確に定めることにより，その管理の徹底を図ることとしている。

(3)　専用水道

専用水道が遵守すべき事項の具体的内容については，供給する水が水質基準に適合していることや，その水道施設が施設基準に適合していることに加え，水道法に基づく水質検査や水道技術管理者の選任等，水道事業者と同等の義務が課される項目もある。

都道府県知事，保健所設置市長，特別区長は，その管下の専用水道の設置者に対して権限を有している。

第 2 節　汚染防止

2.1　建築物に設ける給水，排水その他の配管設備の設置及び構造

建築物に設ける給水，排水その他の配管設備の設置及び構造は，「建築基準法施行令　第百二十九条の二の五　給水，排水その他の配管設備の設置及び構造」で規定されている。

建築基準法施行令　第百二十九条の二の五　給水，排水その他の配管設備の設置及び構造は，次の定めるところによらなけらばならない。

2　建築物に設ける飲料水の配管設備（水道法第三条第9項に規定する給水装置に該当する配管設備を除く。）の設置及び構造は，次に定めるところによる。

一　飲料水の配管設備とその他の配管設備とは，直接連結させないこと。

二　水槽，流しその他水を入れ，又は受ける設備に給水する飲料水の配管設備の水栓の開口部にあっては，これらの設備のあふれ面と水栓の開口部との垂直距離を適当に保つ等有効な水の逆流防止のための措置を講ずること。

> クロスコネクション，逆サイホン現象（吐水口空間の確保・バキュームブレーカ取付）を理解し，覚える。

2.2　**クロスコネクション**での汚染防止

給水装置の汚染防止として，給水装置と当該給水装置以外の水管（井戸水配管も含む），その他の設備とを，いかなる場合であっても直接連結すること（クロスコネクション）は避ける必要がある。また，常時は閉とする仕切り弁を介して接続している場合であっても，誤って開とすることも考えられるので，直接連結することは避ける必要がある。

また，施工時に，飲料水の配管と他の例えば雑用水管と誤接続したり，維持保全時に誤った判断をしないようにするために，飲料水用配管は，他の配管系統と識別できるようにする必要がある。

> クロスコネクションの禁止の規定である。
> 吐水口空間の確保の規定である。
> ▷よく出る

2.3　逆サイホン作用での汚染防止

給水装置は，通常有圧で給水しているため外部から水が流入することはないが，断水・漏水等により，逆圧または負圧が生じた場合，逆サイホン作用等

（図 5.1.3）が逆流し，当該需要者はもちろん，他の需要者に衛生上の危害を及ぼすおそれがある。このため水が逆流するおそれのある箇所ごとに，

① 吐水口空間の確保

② 逆流防止性能を有する給水用具の設置

③ 負圧破壊性能を有する給水用具の設置

のいずれかの1つを行わなければならない。

逆サイホン作用は，水受け容器に吐き出された水，使用された水またはその他の液体が給水管内に生じた負圧による吸引作用のために，これらの水や液体が給水管内に逆流することで，上水系統では吐水口空間やバキュームブレーカを設置することにより必ずこれを防止する必要がある。

(1) 吐水口空間の確保

衛生器具，水受け容器に吐水する給水管の管端または水栓の吐水口端と，その容器のあふれ縁との垂直距離をいう（図 5.1.4，図 5.1.5）。

① 浴槽に給水する場合は，越流面（あふれ面）から吐水口の中心までの垂直距離は 50 mm 未満であってはならない。

② プール等の水面が特に波立ちやすい水槽並びに事業活動に伴い洗剤または薬品を入れる水槽及び容器に給水する場合には，越流面から吐水口の中心までの垂直距離は 200 mm 未満であってはならない。

③ 洗面器にオーバフロー口がある場合，排水管が詰まったときに水没することとなるので，この場合の越流面は洗面器の上縁となる。

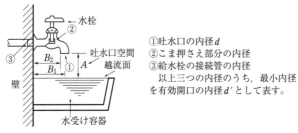

①吐水口の内径 d
②こま押さえ部分の内径
③給水栓の接続管の内径
　以上三つの内径のうち，最小内径を有効開口の内径 d' として表す。

図 5.1.4　水受け容器の吐水口空間

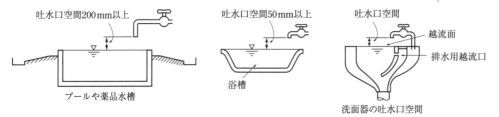

図 5.1.5　プール，薬品水槽，浴槽，洗面器の吐水口空間

(2) 負圧破壊（バキュームブレーカ）

バキュームブレーカは，給水管に負圧が生じ，逆サイホン作用により水が逆流するのを防止するため，負圧部分に自動的に空気を送り込む機能を持つ。吐水口空間がとれない洗浄用タンク・散水栓・ハンドシャワー・ホース接続用水栓などの衛生器具の場合は，最終の止水機構の流出側に設け常時圧力が加わら

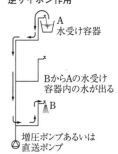

逆サイホン作用

A
水受け容器

BからAの水受け容器内の水が出る

B

増圧ポンプあるいは直送ポンプ

ポンプ故障時に B の水栓を開けたり，ポンプ性能劣化時に B の水栓を開けて多量の水を出すと負圧により逆サイホン作用による逆流が発生する可能性がある。

図 5.1.3　逆サイホン現象

▷よく出る

洗面器の場合は，オーバフロー口があっても，あふれ面は洗面器の上縁となるので留意する。

ない大気圧式と，給水管途上に設け常時圧力が加わる圧力式とがある（図5.1.6）。

　大気圧式のバキュームブレーカは，大便器のフラッシュバルブが模範的で，設置場所は，最終の止水機構の流出側（常時圧力のかからない配管部分）とし，水受け容器の越流面から 150 mm 以上高い位置に取り付ける必要がある。

▷よく出る

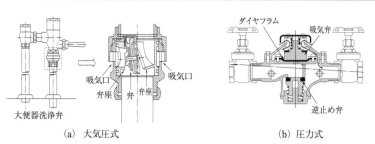

(a)　大気圧式　　　　　　　　(b)　圧力式
図 5.1.6　バキュームブレーカの種類

2.4　その他給水管の埋設での汚染防止

　給水管の埋設での汚染防止に関しては，「公共建築工事標準仕様書（機械設備工事編）平成 31 年版」に次のように規定されている。

公共建築工事標準仕様書（機械設備工事編）平成 31 年版

　給水管と排水管が平行して埋設される場合には，原則として，両配管の水平実間隔を 500 mm 以上とし，かつ，給水管は排水管の上方に埋設するものとする。また，両配管が交差する場合も，給水管は排水管の上方に埋設する。

第3節　設計

3.1　給水量

　表 5.1.1 に建物種別の 1 人 1 日当たりの給水量を示す。なお，開放冷却塔※の補給水は，蒸発・飛散分として冷却水循環量の 2% 程度を見込む。

建物種別の 1 人 1 日当たりの給水量を丸暗記する。
▷よく出る
開放冷却塔
冷却水を外気と直接接触させるため，冷却効率はよいが水質管理，冷却水の蒸発・飛散に考慮する必要がある。

表 5.1.1　建物種別の 1 人 1 日当たりの給水量

建物種別	単位給水量［1 日当たり］
集合住宅	200〜350 L/人
事務所	60〜100 L/人
総合病院	1500〜3500 L/床
デパート	15〜30 L/m²
ホテル客室部	350〜450 L/床
社員食堂	25〜50 L/食
小・中・高等学校	70〜100 L/人

第5編　給水及び排水の管理

3.2　水槽容量

　配水管の管路網構築により断水リスクがほとんどなくなり，貯水槽での滞留時間を極力短くして，飲料水の汚染防止を図るため，一般に，受水槽の容量は，1日予想給水量の40〜60%程度とされている。高置水槽の容量は1日予想給水量の10%程度とされている。

3.3　給水圧力

(1)　ゲージ圧力

　大気圧を基準とする圧力をいう（図5.1.7）。単位は[Pa（パスカル）]。圧力計で計測される圧力をいう。対比語は絶対圧力。

(2)　器具の最低必要圧力

　水栓・器具などは必要な水圧が得られないと完全な機能は果たせなくなる。それぞれの器具に最低必要な圧力は表5.2.2のとおりである。

表5.2.2　器具の最低必要圧力

器具	最低必要圧力 （流動時）[kPa]
一般水栓	30
大便器洗浄弁（タンクレス便器も同じ）	70
小便器洗浄弁	70
シャワー	70

(3)　適正な給水圧力

　給水圧力が高すぎると流速が早くなり，水栓・器具などの使用勝手への支障，流水音・ウォータハンマ・管内腐食（例えば，銅管の潰食：エロージョン・コロージョン）の発生原因，水栓・器具類の摩耗を促進させ寿命を短くしたりする。

　一般に，給水圧力は，ホテル・集合住宅など人間の私的生活の場にあっては上限300 kPa，事務所・工場などにあっては上限500 kPaで計画される。

(4)　ゾーニング

　一般に，高層建物では，下層階への給水圧力を減圧するために中間水槽や減圧弁※を設けた給水区分が行われる。給水区分を2系統以上に分けることをゾーニングといい，一般に，ホテル・集合住宅では0.3 MPa，事務所・商業施設では0.5 MPaを上限水圧とする。

3.4　流速

　流速は，配管の中を水が流れる速度のことである。流速が早すぎるとウォータハンマや流水音による騒音が発生したり，遅いと必要流量が得られなくなるなど機能障害が起きる。一般的に給水配管の流速は，0.9〜1.2 m/sが適正流速とされている。適正流量とするためには，流量に見合った給水管径にしなくてはならない。また，設計上の最高流速は，ウォータハンマを考慮して2.0 m/sとされている。

▷よく出る

器具の必要圧力，用途別の適正な圧力を覚える。

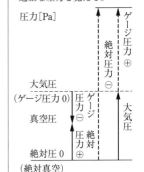

図5.1.7　ゲージ圧力と絶対圧力の関係給水器具の最低必要圧力

▷よく出る

▷よく出る

減圧弁

調整ばね，ダイヤフラム，弁体などの圧力調整機構によって，一次側の圧力が変動しても，二次側を一次側より低い減圧した圧力に保持する給水用具である

第 4 節　給水方式

4.1　給水方式

（1）　給水方式の分類

　給水方式には，大別して水道直結方式と受水槽方式がある。水道直結方式は，読んで字のごとく配水管と給水管が直結されている方式で，受水槽を必要としないので，汚染のリスクも少ない方式で，直結直圧方式，直結増圧方式がある。

　一方，受水槽方式は，高置水槽方式，圧力水槽方式及びポンプ直送方式があり，水量の調整に役立ち，配水管への負担が少なくてすむ等の利点があるが，受水槽の管理が不十分な場合，衛生上の問題が生じるおそれがある。

（2）　給水方式の特徴

　ａ．直結直圧方式（図 5.1.8（a））

　直結直圧方式は，配水管の圧力によって直接建築物各所に給水する方式である。水質汚染の可能性が少なく，かつ経済的な方式である。配水管の水圧により揚水できる高さが決定される。

　ｂ．直結増圧方式（図 5.1.8（b））

①　直結増圧方式は，給水管の途中に直結加圧形ポンプユニットを設置し，水圧を高くして中低層の建築物に適用できるようにした方式である。

②　直結増圧方式は，直接，住戸へ給水する方式で受水槽と高置水槽のない直結圧力加圧ポンプ方式（この方式は，各住戸に減圧弁を設け，所定の給水圧力まで減圧する必要がある）。なお，直結増圧方式で高置水槽に水を貯え，高置水槽方式とする場合もある。

③　直結増圧方式の対象は，以前は引込み管に設置された量水器の口径が 50 mm 以下の建物に限られていたが，平成 17 年以降，水道事業体によっては量水器の口径が 75 mm まで導入が可能となった。

　ｃ．高置水槽方式（図 5.1.8（c））

①　高置水槽方式は，受水槽式給水の最も一般的なもので，受水槽を設けて，一旦これに受水したのち，高置水槽の水位によって揚水ポンプの起動・停止を行い高置水槽へ水を汲み上げ，自然流下により給水する方式である。

　しかし，高置水槽は汚染のリスクが（比較的）高い方式である。その理由は，高置水槽自身が汚染されるおそれと，その手前の受水槽が汚染されるおそれがあるためである。

②　高置水槽方式は，重力により水を各階へ供給する方式なので，高置水槽の近くの階では圧力が低く，遠くになる階では圧力が高めになる。重力は常に一定なので，各階の使用箇所での給水圧力としては，いつも変わらずほぼ一定である。

③　一つの高置水槽から適当な水圧で給水できる高さの範囲は 10 階程度なので，高層建物では高置水槽や減圧弁をその高さに応じて多段に設置する

給水方式とその特徴を覚える。

▷よく出る

水道事業体によっては，平成 21 年以降，高層建物及び大規模集合住宅等への水道直結方式の普及・拡大を推進するために，直結増圧方式（直列多段型），直結増圧方式（並列型）を採用することが可能となった。
▷よく出る

必要がある（ゾーニング）。

　d．圧力水槽方式（図 5.1.8 (d)）

①　圧力水槽方式は，小規模の中層建築物に多く使用されている方式で，受水槽に受水したのち，<u>給水ポンプで水を圧力水槽に送り，水槽内の空気を圧縮して圧力を上げ，その圧力で各所に給水する方式</u>である。

②　圧力水槽方式は，<u>圧力水槽の圧力でポンプの発停を制御しているので，起動時と定常状態でその圧力が異なるので，使用箇所での給水圧力がやや安定しない</u>。

③　圧力水槽方式は，<u>高置水槽を必要としない</u>。圧力水槽方式は，インバータ制御のポンプの出現で，ポンプ直送方式が採用できることとなったので，最近はほとんど採用されない。

　e．ポンプ直送方式（図 5.1.8 (e)）

▷よく出る

<u>ポンプ直送方式は，受水槽に貯留した水を直送ポンプ（加圧ポンプ）で必要箇所に直接給水する方式</u>である。

　<u>ポンプの回転数を変化させて送水量を調整する方法</u>で，末端圧力推定制御（圧力発信器等からの信号によりインバータ制御※を行い，末端圧力が一定となる吐出圧力を推定して圧力を制御する方式）が一般的に用いられる。なお，少水量停止機能を有し，少水量停止時は，<u>小型圧力水槽を設けている例が多く</u>，この水槽の圧力により給水が行われるものとする。ただし，<u>ポンプ停止時に上方の階で給水管内が負圧になるおそれがある</u>ので注意する。

インバータ制御
インバータを使って交流電力の電圧，周波数などを制御する方式をいう。

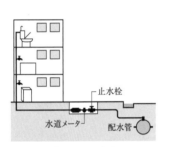
(a) 直結直圧方式

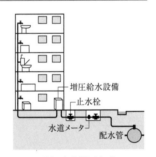
(b) 直結増圧方式

(c) 高置水槽方式

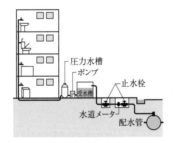
(d) 圧力水槽方式

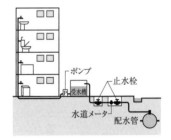
(e) ポンプ圧送方式

図 5.1.8　給水方式の分類

第 5 節　水質

5.1　水質基準

水質基準は，「水道法第四条」に規定されている。

水道法第四条　水道により供給される水は，次の各号に掲げる要件を備えるものでなければならない。

一　病原生物に汚染され又は病原生物に汚染されたことを疑わせるような生物若しくは物質を含むものでないこと。

二　シアン，水銀その他の有毒物質を含まないこと。

三　銅，鉄，フッ素，フェノールその他の物質をその許容量を超えて含まないこと。

四　異常な酸性又はアルカリ性を呈しないこと。

五　異常な臭味がないこと。ただし，消毒による臭味を除く。

六　外観は，ほとんど無色透明であること。

> 遊離残留塩素濃度と過去に出題された水質項目は覚える。

> 異臭味は，藻類や放線菌が産生する臭気物質によって生じる。

5.2　水質基準の構成

水質基準には，水質基準，水質管理目標設定項目及び要検討項目で構成される。水質基準は，人の健康の保護の観点から設定された項目，生活利用上障害が生ずるおそれの有無の観点から設定された項目から構成され，最新の科学的知見に照らして逐次改正される（表 5.1.3）。

> この水質基準の値をすべて覚える必要はない。ただし，過去に出題された項目程度は，覚えておく必要がある。

表 5.1.3　水質基準（抜粋）

	項目	基準値
1	一般細菌	1 mL の検水で形成される集落数が 100 以下
2	大腸菌	検出されないこと
3	カドミウム及びその化合物	カドミウムの量に関して，0.003 mg/L 以下
4	水銀及びその化合物	水銀の量に関して，0.0005 mg/L 以下
6	鉛及びその化合物	鉛の量に関して，0.01 mg/L 以下
7	ヒ素及びその化合物	ヒ素の量に関して，0.01 mg/L 以下
8	六価クロム化合物	六価クロムの量に関して，0.05 mg/L 以下
9	亜硝酸態窒素	0.04 mg/L 以下
10	シアン化物イオン及び塩化シアン	シアンの量に関して，0.01 mg/L 以下
11	硝酸態窒素及び亜硝酸態窒素	10 mg/L 以下
12	フッ素及びその化合物	フッ素の量に関して，0.8 mg/L 以下
27	総トリハロメタン	0.1 mg/L 以下
32	亜鉛及びその化合物	亜鉛の量に関して，1.0 mg/L 以下
31	ホルムアルデヒド	0.08 mg/L 以下
33	アルミニウム及びその化合物	アルミニウムの量に関して，0.2 mg/L 以下
34	鉄及びその化合物	鉄の量に関して，0.3 mg/L 以下
35	銅及びその化合物	銅の量に関して，1.0 mg/L 以下

36	ナトリウム及びその化合物	ナトリウムの量に関して，200 mg/L 以下
37	マンガン及びその化合物	マンガンの量に関して，0.05 mg/L 以下
38	塩化物イオン※	200 mg/L 以下
39	カルシウム，マグネシウム等（硬度）	300 mg/L 以下
40	蒸発残留物	500 mg/L 以下
41	陰イオン界面活性剤	0.2 mg/L 以下
45	フェノール類	フェノールの量に換算して，0.005 mg/L 以下
46	有機物（全有機炭素（TOC）の量）	3 mg/L 以下
47	pH 値	5.8 以上 8.6 以下
48	味	異常でないこと
49	臭気	異常でないこと
50	色度※	5 度以下
51	濁度	2 度以下

塩化物イオン
単位は，[mg/L]

スケールは，水に含まれる硬度成分（カルシウム，マグネシウム）によって生じ，配管の詰まりの原因となる。

色度　単位は［度］

5.3　飲料水に関する衛生上必要な措置等（残留塩素濃度）

　飲料水に関する衛生上必要な措置等については，「建築物衛生法施行規則第四条」に規定されている。

建築物衛生法施行規則第四条　令第二条第二号イに規定する水の供給は，次の各号の定めるところによる。

　一　給水栓における水に含まれる遊離残留塩素※の含有率を 100 万分の 0.1（結合残留塩素の場合は，100 万分の 0.4）以上に保持するようにすること。ただし，供給する水が病原生物に著しく汚染されるおそれがある場合または病原生物に汚染されたことを疑わせるような生物若しくは物質を多量に含むおそれがある場合の給水栓における水に含まれる遊離残留塩素の含有率は，100 万分の 0.2（結合残留塩素の場合は，100 万分の 1.5）以上とすること。

　　注1）残留塩素の定期検査は，最もその濃度が低いと考えられる末端給水栓で行う。

　　注2）病原性生物などが水質基準を超えて水に含まれ，人の健康を害するおそれがある場合は，直ちに給水停止措置をとる。

　七　遊離残留塩素の検査及び貯水槽の清掃を，それぞれ 7 日以内，1 年以内ごとに 1 回，定期に行うこと。

▷よく出る

遊離残留塩素
次亜塩素酸と次亜塩素酸イオンは，遊離残留塩素又は有効塩素と呼ばれるが，その強い酸化力で微生物やウイルスなど病原生物の細胞膜や細胞壁を破壊し，内部の蛋白質や核酸を変性させることで殺菌又は消毒の効果を発揮する。
給水栓で残留塩素が規定濃度に達しない場合は，配管等の汚染も考えられるので，別途塩素添加装置を設置する。
▷よく出る

第6節　塩素消毒

6.1　次亜塩素酸ナトリウムによる殺菌

　水道施設における消毒法としては，処理規模，設備規模，操作性，安全性及びコストなどのメリットにより，次亜塩素酸ナトリウム水溶液による殺菌が最も普及している。

(1)　塩素消毒の特徴

塩素消毒の長所は，次の点があげられる。

①　消毒効果が多種類の微生物に対して期待できる。

②　多量な水に対する取扱いと定量注人が容易である。

③　消毒効果が残留する。

④　塩素剤の残留の確認と濃度の定量が簡単にできる。

⑤　緊急時の使用に適している。

⑥　消毒以外の効果がある。

⑦　価格が安い。

中でも維持管理の容易さと安価なことが大きな利点である。短所としては次の点があげられる。

①　有害な有機塩素化合物が副生成される。

②　刺激臭を有するため，異臭味が生じる。

③　特定の物質と反応して臭気を強める。

④　アルカリ側で消毒効果が急減する。

⑤　窒素化合物と反応すると消毒効果が減少する。

主として①と②が問題視される。しかし，塩素の残留効果によって微生物学的な安全性が保証されていることはいうまでもない。

(2)　次亜塩素酸ナトリウムの水中における作用

①　次亜塩素酸ナトリウム（NaClO）は，水と反応して，次亜塩素酸（HClO）を生成する。アルカリ性による pH 値の上昇がある。

$$NaOCl + H_2O \quad \Leftrightarrow \quad HClO + NaOH$$

②　次亜塩素酸（HClO）は不安定な化合物で，分解の際，強力な酸化作用を示し，次亜塩素酸イオン（ClO$^-$）と水素イオン（H$^+$）とに解離する。

$$HOCl \quad \Leftrightarrow \quad ClO^- + H^+$$

③　次亜塩素酸は水中にアンモニアやアンモニア誘導体などが存在するとそれらと反応して，クロラミンの化合物を作る。このクロラミンは水中のpH 値によって，モノクロラミン（NH$_2$Cl），ジクロラミン（NHCl$_2$），トリクロラミン（NCl$_3$）に変化する。

(3)　残留塩素とその消毒力

水質基準での給水栓における残留塩素は，遊離残留塩素は 0.1 mg/L 以上，結合残留塩素の場合は 0.4 mg/L 以上であることとされている。結合残留塩素は，アンモニアと塩素が結合して，モノクロラミン，ジクロラミンの化合物となっている状態であるが殺菌作用はまだ残っている。まとめると図5.1.9のようになる。

第5編　給水及び排水の管理

消毒力と殺菌作用に影響を与える因子を覚える。

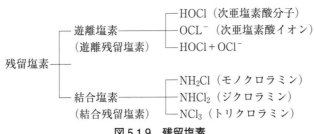

図 5.1.9　残留塩素

a．消毒力

水中での塩素化合物（次亜塩素酸・次亜塩素酸イオン・ジクロラミン※・モノクロラミン※）の消毒力の強さの順は，消毒力が強い順に，次亜塩素酸（1）＞次亜塩素酸イオン（80）＞ジクロラミン＞モノクロラミンとなる。

　例えば，塩素として 0.1 mg/L のときの殺菌時間は，水温 2〜6℃ で次亜塩素酸（HClO）を 1 とすると，次亜塩素酸イオン（ClO⁻）で 80 倍，NH₂Cl（モノクロラミン）で 350 倍もの時間を要したとのデータがある。反面，結合塩素の方が，残留効果が長持ちするといえる。

b．消毒効果に影響を及ぼす要因

①　微生物

　次亜塩素酸ナトリウムによる殺菌のメカニズムは，水溶液にしたときの残留塩素が細菌や微生物の呼吸系酵素を阻害し，細胞の同化作用を停止させることである。一般的に，細菌＜ウイルス＜ファージ※＜原虫シスト・芽胞の順に抵抗性があるといわれている。すなわち，クリプトスポリジウムのような原虫シスト（一時的に小さな細胞体や幼生が厚い膜を被って休眠状態に入ったような状態）は，塩素消毒に対する抵抗性が強い。

　スライム障害は，細菌類や藻類の増殖によって生じ，消毒効果の低下の原因となる。

②　pH 値

　pH 値によって塩素の存在形態が変化し，消毒効果が変わってくる。塩素は pH 値によって，酸化還元電位や次亜塩素酸と次亜塩素酸イオンの比が変化するため，これによって塩素消毒の効果は大きく異なる。次亜塩素酸ナトリウム注入後の pH 値が低いほど，次亜塩素酸（HClO）の割合が大きくなり，殺菌力が増すことになる。

　また，微生物表面の荷電状態は，消毒剤の細胞内への透過性に影響する。したがって，pH 値は微生物自身の状態のほかに，消毒剤が標的部位に到達する速度にも影響を与えると考えられる。

③　温度

　消毒反応もなんらかの物理化学反応であるから，温度の影響を強く受け，温度が高くなるほど消毒速度は速くなる。早く残留塩素も分解，消耗される。遊離残留塩素で pH 7 の場合，温度が 10℃ 高いと消毒速度は 2 倍程度速くなる。ただし，この場合は微生物の生理的状態を考慮していな

消毒力の順番を覚える。

▷よく出る

ジクロラミンとモノクロラミンを比較すると，ジクロラミンの方が強い消毒力を持つ。これらの名前の由来は，モノ（1つ）or ジ（2つ）＋クロロ（塩素）＋アミン（－NH₂）から来ているので，塩素の数の多いジクロラミンの方が殺菌力が強い。

ファージ
細菌を宿主細胞とする一群のウイルスの総称をいう。正式にはバクテリオファージと呼ばれる。

い。低温になると微生物自体の抵抗性が高まることがあり，一般的に，低温時は効果が下がる。

④　懸濁物質

　　懸濁物質が消毒効果を低下させることはよく知られている。その程度は，懸濁物質の種類，大きさ，濃度，微生物の種類，懸濁物質と微生物との結合形態等によって異なる。したがって，懸濁物質の量と消毒力の低下は一概にはいえない。粒子の奥に入り込むほど消毒剤が届くのが遅くなる一方で，粒子そのものが消毒剤を消耗して届くべき消毒剤の量が減り，一層消毒効果が低下する。

⑤　撹拌と接触時間

　　消毒剤は，ただ注入さえすればよいというものではなく，薬剤と微生物がよく接触し十分な反応時間が与えられなければならない。消毒剤は，同じ量を注入すれば常に同じ効果が得られるわけではない。これは消毒剤と微生物がいかに混ざるかということが関係しているからである。

　　一般的に濃度が高ければ高いほど殺菌効果が高くなり，同様に接触時間が長ければ長いほど殺菌効果が高くなる。例えば，ある細菌を99％殺菌するために必要な濃度が1 ppm，その際に必要な接触時間が1分である場合，濃度（Concentration）と接触時間（Time）を掛け算して，CT値＝1と表現する。

c．臭気

　　実は消毒臭やカルキ臭の大半は，塩素や臭素とフェノールが反応したハロゲン化フェノール類が原因で発生している。そして，特定の物質と反応して臭気を強める。

6.2　残留塩素濃度の測定

（1）　DPD法（N，N-ジエチルパラフェニレンジアミン）

　　残留塩素の測定のDPD法とは，残留塩素を含む水に残留塩素と反応するDPD試薬とpHを中性に保つリン酸塩を加えると，セミキノン中間体となり，残留塩素の量に応じて淡赤紫色〜赤紫色に発色する反応に基づくもので，遊離残留塩素と結合残留塩素の区別が明確につくことが特徴である。なお，過去にオルト・トリジン試薬を使用するオルト・トリジン法（OT法）が一般に利用されてきたが，今は禁止されている。DPD法による簡易測定器には，ブロック型，スライド型，ダイアル型等がある（図5.1.10）。

　　測定は，DPD発色試薬を先に比色管に入れる。次に，給水を加え1分以内に測定する。この値が遊離残留塩素濃度である。次に，これにヨウ化カリウム0.1 gを加え，よく溶かし，2分後測定する。結合塩素によって発色し更に色が濃くなる。この測定値が総残留塩素である。すなわち，結合残留塩素よりも遊離残留塩素の方が先に発色することになる。

　　この方法は，「水道法施行規則第十七条第2項の規定に基づき厚生労働大臣が定める遊離残留塩素及び結合残留塩素の検査方法」（平成15年9月29日，

▷よく出る

DPD法を覚える。

給水及び排水の管理 第5編

厚生労働省告示第318号）で規定されている公定法※である。

(a) ブロック型　　　(b) スライド型　　　(c) ダイヤル型

図 5.1.10　DPD 法による簡易測定器

(2) 測定に影響を与える因子

　DPD 法は，OT 法よりも亜硝酸態窒素の影響※を受けにくい。

6.3　トリハロメタン

　トリハロメタンは，浄水場で塩素殺菌を行うときに，水に含まれる有機物と消毒に使われる塩素が化学反応を起こして生成されてしまう発がん性物質のことである。

　最近は，水質の維持や異臭などに対応するため，高度浄水処理も行われるようになり，活性炭やオゾンなどが用いられている。

　総トリハロメタンは，クロロホルム，ブロモジクロロメタン，ジブロモクロロメタン，ブロモホルムという有害物質の総称で，水道局の水道水質基準では，0.1 mg/L 以下となっている。日本の水道水は塩素の殺菌作用を重視していることもあり世界基準と比べても厳しい基準値を設定している。このトリハロメタンは，水槽内の水温の上昇によって，その生成量が増加する傾向にある。

公定法

公定法とは分析化学・微生物培養の分野において成分の定性分析，定量分析，微生物の培養検出を行う際，国際機関，国家もしくはそれに準ずる公定試験機関，研究所において指定された方法をいう。なおその精度の確保確認のため GLP が実施される必要がある。

OT 法の亜硝酸態窒素の影響

OT 法は，残留塩素を含む溶液に OT 法の塩酸溶液を加えるとオルト・トリジンが酸化され，黄色の呈色反応（塩素が多い場合は赤褐色の沈殿反応）が起こる。この色合いをカラーチャートと比色することで残留塩素の濃度を求める方法である。この呈色反応は遊離残留塩素の場合は直ちに起こるので，手軽に測定できる反面，目視判定であるため測定値の個人差が大きいことや使用試薬に発ガン性があるといったデメリットがあり現在では使用しない。

第7節　機器・配管材

7.1　貯水槽

(1) 建築基準法施行令

　貯水槽の設置及び構造は，「建築基準法施行令第百二十九条の二の五　給水，排水その他の配管設備の設置及び構造」で規定されている。

建築基準法施行令第百二十九条の二の五　建築物に設ける給水，排水その他の配管設備の設置及び構造は，次に定めるところによらなければならない。

2　建築物に設ける飲料水の配管設備（水道法第三条第9項に規定する給水装置に該当する配管設備を除く。）の設置及び構造は，次に定めるところによらなければならない。

　五　給水タンク及び貯水タンクは，ほこりその他衛生上有害なものが入らない構造とし，金属性のものにあっては，衛生上支障のないように有効なさび止めのための措置を講ずること。

(2) 告示

　建築基準法施行令（昭和25年政令第338号）第百二十九条の二の五第2項

第六号及び第3項第五号の規定に基づき，「建築物に設ける飲料水の配管設備及び排水のための配管設備を安全上及び衛生上支障のない構造とするための構造方法」は，告示で次のように定めると規定されている。

建築物に設ける飲料水の配管設備及び排水のための配管設備の構造方法を定める件（建設省告示第1597号）

第1　飲料水の配管設備の構造は，次に定めるところによらなければならない。

２．給水タンク及び貯水タンク

イ．建築物の内部，屋上又は下階の床下に設ける場合においては，次に定めるところによること。

1) 外部から給水タンク又は貯水タンク（以下「給水タンク等」という。）の天井，底又は周壁の保守点検を容易かつ安全に行うことができるように設けること。

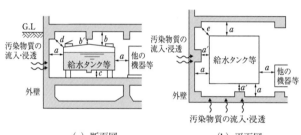

a，b，cのいずれも保守点検が容易に行い得る距離とする。（標準的には a，c≧60 cm，b≧100 cm）。また，梁・柱等がマンホールの出入りに支障となる位置としてはならず，a′，b′，d，e は保守点検に支障のない距離とする（標準的には a′，b′，d，e≧45 cm）。

図 5.1.11　受水槽の設置位置の例（給排水設備技術基準・同解説　2006年版）

2) 給水タンク等の天井の，底又は周壁は，建築物の他の部分と兼用しないこと。

3) 内部には，飲料水の配管設備以外の配管設備を設けないこと。

4) 内部の保守点検を容易かつ安全に行うことができる位置に，次に定める構造としたマンホールを設けること。ただし，給水タンク等の天井がふたを兼ねる場合においては，この限りでない。

イ．内部が常時加圧される構造の給水タンク等に設ける場合を除き，ほこりその他衛生上有害なものが入らないように有効に立ち上げること。

ロ．直径60 cm以上の円が内接することができるものとすること。ただし，外部から内部の保守点検を容易かつ安全に行うことができる小規模な給水タンク等にあっては，この限りでない。

5) 4)のほか，水抜き管を設ける等内部の保守点検を容易に行うことができる構造とすること。

6) 給水タンク等の上にポンプ，ボイラー及び空気調和機等の機器を設

六面点検，吐水口空間，排水口空間，マンホールなど告示の内容を覚える。

▷よく出る

貯水槽を屋内に設置する場合は，床上に独立させて設置し，貯水槽天板と上部スラブとの距離を100 cm以上とする（図5.1.11）。
貯水槽底部と床，貯水槽側面と壁との距離は，それぞれ60 cm以上とする（図5.1.11）。

貯水槽の水抜き管は，貯水槽の最も低い部分から取り出し，排水口空間を設ける

ける場合においては，飲料水を汚染することのないように衛生上必要な措置を講ずること。

以上の内容を図5.1.12に示す。

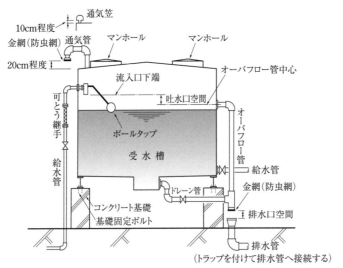

図 5.1.12　受水槽の構造例

方法とする。
オーバフロー管は，150 mm 以上の排水口空間を確保し，間接排水とする。また，管末には防虫網（有効開口面積は管断面積以上）を設ける。
飲料用貯水槽の水抜き管は，間接排水としなくてはならないので，オーバフロー管と直接接続することは好ましくない。また，管末に防虫網を設けてはならない。

7.2　貯水槽の汚染防止

(1)　貯水槽の設置位置

貯水槽周辺の点検スペースが汚れていたり物置場になっていたりすると，十分な点検ができないばかりでなく，ネズミやゴキブリ等の生息場所となる。また，塗料や腐敗するもの等の汚染源となるものが放置されていると，貯水槽の入水と出水の際の空気の出入りに伴って，塗料臭や腐敗臭がオーバフロー管や通気管から貯水槽内に侵入し，飲料水に臭気が付くことがある。

貯水槽周囲は常に清潔な状態に保つ必要があり，そのためには，物置代わりに使用することなく，関係者以外の立ち入りを禁止し独立した水槽室の場合には，出入口に施錠する等の措置を講ずる。

また，屋外に設置する場合は，防護フェンスをめぐらせ出入口に施錠をする。

(2)　貯水槽の構造

貯水槽の構造については，前記告示による。

ａ．流入管の構造

流入管に関しては，吐水口空間の確保が重要である。ボールタップや電極棒の液面制御に支障がないように，水面の波立ちを防止するために，流入管吐水部を定水位面下に水没させてしまう例があるが，流入管内が負圧になった場合に，貯水槽内の水が逆流するおそれがある。流入管は，定水位面よりも高くして，吐水口空間を設け，あらかじめ内部の点検に支障のない波立ち防止策（透明な防波板の設置等）を講じる。

ｂ．高置水槽の水位制御

貯水槽の汚染対策（施錠，吐水口空間確保，波立ち防止策及び滞留防止策等を覚える。

　高置水槽の電極棒（5極の場合）は，短い順に①満水警報，②給水ポンプOFF，③給水ポンプON，④減水警報，⑤共通（アース）となる。

c．FRP製高置水槽の藻類発生防止

　屋外に設置するFRP製高置水槽で，藻類が発生する場合がある。FRP製貯水槽は日光を透過するので，槽内照度が100 lx以上になると光合成によって藻類が増殖する。最近のFRP製貯水槽は，この水槽照度率※を抑えるように光の透過率を低くした製品となっているが，従来の屋上設置のFRP製貯水槽の一部には藻類の発生のおそれがある。塗装等によって光の透過率を低くする。

d．滞留水の防止

　貯水槽の構造によっては，槽内で，滞留水が発生することがある。水が滞留すると残留塩素が検出されなくなる場合がある。滞留水が発生する要因と対策を次に示す。

①　貯水槽本体の構造が不適切な場合

　　貯水槽の流入口と流出口の位置関係が近い場合，ショートサーキットを生じ，滞留水が発生する。対角線の位置にすることで滞留を防止する。また，大容量の貯水槽の場合は，迂回壁を設置して，滞留域の発生を防止する。

②　貯水槽の容量が過大である場合

　　使用水量に対して貯水槽容量が大きすぎる場合には，換水回数が少なくなり，滞留水を生ずることになる。

　　正月等の連休がある事務所や，閑散期があるリゾートマンション，長期休暇がある学校等，水の使用量が極端に減少する期間がある建築物の場合には，少量貯水用の水位制御電極を併設し使用水量の状態に合わせて水位設定（電極棒）を切り替えて使用する方法を採用する。近年，電極に換わって，水槽の水位を圧力に変換して，自由に各水位を設定できる水位制御装置が開発され，実用化されている。

e．通気管

　有効容量が2 m³以上の貯水槽は，水槽天板上にある汚水が水槽内に侵入しないように，水槽本体と取付部に水密性をもたせた通気管を設ける。

7.3　水槽の材質と構造

　各種水槽に使用する材質としては，鋼板・ステンレス鋼板・ステンレスクラッド鋼板・プラスチック・木などがあるが，それぞれ耐食性・加工性・経済性などに一長一短があるので，使用目的や使用方法に適した材質を選ぶ必要がある。

(1)　鋼板製水槽　普通の鋼板は，切断・曲げ・溶接・機械的強度などの加工性が非常に優れており，古くからいろいろな分野で最も数多く使用されている。しかし，鉄の最大の欠点はさびが発生することである。したがって，水を入れる容器に使用するには，赤水の原因となる鉄の腐食を防止するため，

水槽照度率［%］
水槽照度率［%］＝100×水槽内部照度/水槽外部照度
照度の測定は晴天時の10～14時に行う。FRP協会基準では水槽照度率を0.1%以下と規定されている。
▷よく出る

防せい処理を施さなければならない。水槽の防せい方法には，金属の溶射あるいは溶融めっき，樹脂系塗料によるコーティングやライニングなどがある。鋼板製貯水槽は，防せい処理被膜を毎年点検する必要がある。

(2) ステンレス鋼板製水槽　ステンレス鋼の耐食性は，その表面に形成されている薄い不動態被膜が常に保持されていることで発揮される。しかし，水槽を製作するには，板の切断・曲げ・プレス成形及び溶接など加工が必要となり，その加工中に生じた引張応力や熱応力が残留するそのような環境下で，水中のハロゲンイオン，その中でも特に影響の大きい遊離した塩素ガスが水槽の内面の結露水などに付着・反応し，局部的に不動態被膜を破壊・腐食を引き起こす要因となる。したがって，ステンレス鋼板製貯水槽は，気相部の耐食性を考慮する必要があり，加工後は十分に酸洗いやバフ研磨仕上げを施して被膜の再生を図ることが肝要で，特に溶接部及びその近傍は念入りな作業を必要とする。

(3) プラスチック製水槽　プラスチック製水槽の中で，最も広範囲に使用されている水槽は，FRP製水槽である。

FRP製水槽は，軽量で施工性に富み，耐食・耐候性に優れており衛生的である。一般に，断熱性がよく結露しにくいというメリットがあるが，保温，保冷及び結露防止などの断熱性を要求される場合には，保温材を挟んだサンドイッチ構造のものが採用されている。サンドイッチ構造の心材に用いる合成樹脂発泡体は，硬質で独立気泡のものがよく，水槽の補強材，取出し口，内はしご及び外はしごなどの材質は合成樹脂製又は金属製とし，耐久性及び耐水性に優れ，水質に害を及ぼさないものとする。

パネル型水槽は，主とし水槽の本体は，構造及び形状により，水圧，地震，積雪及び風圧に耐えるように十分な強度計算上の安全率をもって設計されている。屋外に設置される水槽の天板は，特に長年の間に雨水，紫外線及び大気中の汚染物質などにより，FRPの強度低下を生じてくるので，耐候劣化の対策として天板表面に樹脂リッチ層を設けたもの，あるいは塗装を施したものがよい。また，太陽光線の侵入により水槽内の藻類の増殖を防止するため，強化プラスチック協会では「FRP製水槽藻類増殖防止技術指針」として，藻類増殖防止に有効な設計用水槽内照度率を，0.1％以下と定められている。

FRP製水槽の耐震性については，機械的強度が低いため耐震補強が必要になるというデメリットもあるが，同協会が作成した「FRP水槽構造設計計算法（1996年版）」に基本的な設計基準が詳細に定めてあるので，基準との整合性と安全性の確認に留意する必要がある。

(4) 木製水槽　木製水槽は，元来アメリカにおいて古くから使用され，建物では，高置水槽として我が国では昭和37年頃から使用されている。

木材の材質など使用される木材の種類は，米ヒバ材，ヒノキ材及び米松材である。

木製水槽の耐震性は良好で，また，木製水槽は，形状が円形または楕円形

現在，水槽に使用されているステンレス鋼の鋼種は，喫水面以下はオーステナイト系ではSUS304・304L・316・316L，フェライト系ではSUS444が，気相部分には耐海水鋼であるSUS329J4Lが採用される。いずれも耐食性はもとより，加工性においてもそれぞれ特徴がある。
▷よく出る

ポンプの種類とその構造を覚える。

に限られ，断熱性に優れているので結露しにくいというメリットがある。

7.4　ポンプ

(1)　種類

　ポンプは，外部から動力の供給を受けて液体にエネルギーを与え，低水位または低圧力の状態にある液体を，高水位または高圧力のところに送る機械である。これを揚程［単位：m］という。ポンプを駆動する原動機は主として電動機であり，非常用などで内燃機関が用いられることもある。ポンプは，流体輸送機械として，古くからいろいろな種類のものが使用されているが，現在よく利用されている型式のポンプを作動原理の面から分類すると，図5.1.12のように，ターボ型，容積型及び特殊型に分けられる。

　ターボ型は羽根車をケーシング内で回転させ，液体に遠心力による運動エネルギーを与え，これを圧力に変換するものであり，さらに遠心ポンプ・斜流ポンプ・軸流ポンプに分けられる。

　また，設置位置での分類では，陸上ポンプ（横型・たて型）と水中ポンプに分けられる。なお，陸上ポンプは，前面に保守点検スペースを取って配置する。

　最近は，インバータ制御※が安価に採用できるようになり，流量制御が簡単にできるようになった。

(2)　ポンプの構造

a．片吸込み渦巻ポンプ

　給水・揚水・循環用として数多く使用されているポンプで，基本的な構造は，ケーシング・羽根車・ベアリング・ケーシングカバー・軸受フレームなどによって構成され，ケーシングには渦巻室を持つほか，空気抜き穴・ドレン抜き穴・呼び水用穴及び圧力取出し穴が設けられている。羽根車とケーシングと

インバータ制御
インバータを使って交流電力の電圧，周波数などを制御する方式をいう。インバータ装置は，商用の交流電力を直流に変換する整流回路と，直流電力を安定化させる平滑回路と直流を交流に変換するインバータ回路から構成され，制御回路により運転される。VVVF（可変周波数可変電圧）制御とも呼ばれる。

第5編　給水及び排水の管理

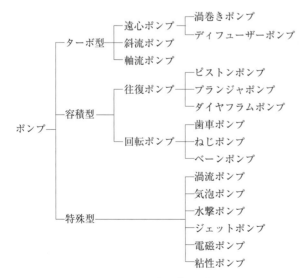

図 5.1.13　ポンプの種類

のしゅう動部にはライナリングが設けられ，軸封部にはグランドパッキンまたはメカニカルシール※が用いられている。

ｂ．多段渦巻ポンプ

　高揚程を必要とする場合は，一般に多段渦巻ポンプが使用される。このポンプは2枚以上の羽根車を直列に組み込んだ構造のポンプで，吸込みケーシングから吸い込まれた水は1段目の羽根車で昇圧され，2段目の羽根車に送られ，順次圧力を上げて最終段の吐出ケーシングで集められ，吐き出される。

ｃ．インラインポンプ

　インラインポンプは，立て型の片吸込み渦巻ポンプで，ポンプの吸込み口と吐出し口が同一線上にある構造のポンプである。このポンプは，インライン型でかつモータ直結であるために，配管の途中に縦横自由に取付けができ，据付け面積をとらない。

ｄ．歯車ポンプ

　歯車ポンプは，ギヤポンプともいわれ，燃料油や潤滑油などの油類の移送・圧送に広く使用されている。歯車ポンプは，2個の歯車がケーシングの中でわずかなすき間を保ち，吸込み側と吐出し側は両方の歯車のかみ合い部で仕切られていて，流体を押し出す仕組みである。歯車ポンプは容積式ポンプであるので，吐出し圧力が変わっても吐出し量はほぼ一定に保つことができる。

7.5　給水管及び管継手の種類

　給水管及び管継手は，水道法基準省令の性能基準に適合していなければならない。また，工事施工に当たっては，基準省令のシステム基準に適合するとともに，布設場所の環境，地質，管が受ける外力，気候，管の特性及び通水後の維持管理などを考慮し，最も適切な管種及びそれに適合した管継手を選定する（表5.1.4）。なお，給水管には，亜鉛めっき鋼管は使用しないようにする。

　合成樹脂管の場合，合成樹脂に熱応力が長時間継続してかかると，材料変形が時間とともに進んで合成樹脂管の機械的特性を失った状態となるクリープ劣化が顕在化する。

表5.1.4　管継手と接合方法

管種	管継手	接合方法
硬質塩化ビニルライニング鋼管・ポリ粉体ライニング鋼管	管端防食継手（埋設は外面被覆継手）	ねじ込み接合
ステンレス鋼鋼管	プレス式継手，圧縮式継手，拡管式継手，溶接継手	メカニカル接合※，TIG溶接※
硬質ポリ塩化ビニル管	硬質ポリ塩化ビニル製継手（TS継手・ゴム輪継手），鋳鉄製継手（ゴム輪継手）	TS接合※（冷間接着接合），ゴム輪接合

メカニカルシール
フローティングシートから構成されており，両リングの軸に垂直な摺動面がお互いに接触し，相対的に回転することによって，流体の漏れを最小限にする働きをするもので，漏れを完全に止めるものではない。

代表的な管種とそれの接合方法を覚える。

▷よく出る
メカニカル接合
ねじ込み，溶接，接着等によらない機械的な接合方法をいう。
TIG溶接
不活性ガスの雰囲気中でタングステン電極と溶接母材の間にマークを発生させて溶接する方法。
TS接合
TS接合は，継手の受口をテーパにして，接着剤による塩ビ膨潤と塩ビの弾力性を利用した接合方法である。

銅管	はんだ付け用継手，プレス式継手	差込みろう接合（はんだ付け接合・ろう付け接合），プレス式接合
ポリブテン管	メカニカル継手，熱融着式継手	メカニカル接合，熱融着式接合※
架橋ポリエチレン管	電気熱融着式継手，メカニカル継手	電気熱融着式接合，メカニカル接合

熱融着式接合
管端外面と継手内面を専用のヒーターを用いて加熱溶融させた後，管を継手に挿入圧着して接続する接合方法である。

（注）ステンレス鋼管のすきま腐食で酸化保護被膜が破壊されないように，フランジ接合の場合のガスケットは，ふっ素樹脂（PTFE：テフロン）被覆ガスケットを使用する（図 5.1.14）。

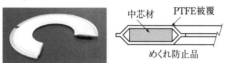

中芯材　　PTFE被覆
めくれ防止品

図 5.1.14　ふっ素樹脂被覆ガスケット
（中芯材はノンアスベストジョイントシート）

7.6　バルブ類及び水栓

（1）止水栓

止水栓は，主管からの分岐，各系統の起点，機器との接続部（フランジ型に限る）等に設置される。給水の開始，中止及び装置の修理その他の目的で給水を制限または停止するために使用する給水用具であり，甲形止水栓，ボール止水栓，仕切弁及び玉形弁等がある。バルブの近傍に点検口を設ける。

a．ボール止水栓

ボール止水栓は，管軸と通路が一致したときが全開で，90°回転で全閉，フルボア型（フルボアとは，流路の径がバルブの公称サイズの配管内径と概ね同じのもの。）であるので摩擦損失水頭※が小さく，流量調整ができる。ボールバルブともいう（図 5.1.15（a））。

b．仕切弁

仕切弁は，弁体を上下して開閉する。ゲート弁ともいう。開弁時の損失水頭は小さく，全開時はフルボア型となるので損失水頭が小さい。仕切弁は，全開または全閉で使用するので，流量の調節はできない（図 5.1.15（b））。止水弁として多く使用される。

c．玉形弁

玉形弁は，止水部が吊りこま構造であり，逆流防止機能がなく，損失水頭も大きい。しかし，流量を調節するのであれば，玉形弁を使う必要がある（図5.1.15（c））。

d．バタフライ弁

バタフライ弁は，ボデー内でステム（弁棒）を軸として円板状の弁体を回転させることで管路を開閉する構造で，面間寸法が最も小さくコンパクトであり，質量が軽く，取り付け・取り外しが容易なバルブである（図5.1.15（d））。

ボール弁・仕切り弁・玉形弁の機構を覚える。

摩擦損失水頭
配管内を水が流れると管壁で摩擦抵抗を受けエネルギーを損失して，出口での水圧は配管途中の摩擦損失により，入口より水圧が下がることになる。摩擦損失水頭は，配管途中の摩擦損失を水の高さ（水頭＝圧力）で表したもの。単位は，〔m〕。圧力の単位

給水及び排水の管理　第5編

図 5.1.15　バルブの種類

(a) ボール止水弁　　(b) 仕切弁　　(c) 玉型弁　　(d) バタフライ弁

（ハンドル／スピンドル／キャップ／袋ナット／胴／弁体／ボールシート／アダプター）

(2)　空気弁（吸排気弁）

空気弁は，フロートの作用により管内に停滞した空気を自動的に排出する機能を持つ給水用具である。同じような機構を持つ吸排気弁は，一定圧力以上の空気圧となったとき排気する機能と，管内が負圧になったとき自動的に吸気する2種類の機能を持ち，増圧給水設備の最上端末給水用具として用い，給水管内の空気の排出と給水管内が負圧になった場合の逆流防止のために設置する。

(3)　ボールタップ

ボールタップは，フロートの上下によって自動的にバルブを開閉する構造のもので，水洗便所のロータンクや受水槽タンクに給水する給水用具である。ボールタップの種類は次のとおり。

ａ．一般形ボールタップ（単式と複式）

ｂ．副弁付定水位弁

ウォータハンマを軽減できるもので，小口径のボールタップを副弁とし，副弁の動きで主弁を動かす構造（図5.1.16）。大容量の受水槽タンクの水位調整弁として使用される。FM バルブが有名。

ボールタップ
水槽の水位調節を行う給水器具をいう。

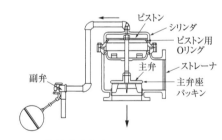

（ピストン／シリンダ／ピストン用Oリング／副弁／主弁／ストレーナ／主弁座パッキン）

図 5.1.16　副弁付定水位弁

ｃ．ダイヤフラム式ボールタップ

フロートの上下に連動して圧力室内部に設けられたダイヤフラムを動かすことにより吐水，止水を行うものである。

ｄ．バタフライ弁

バタフライ弁は，ボデー内でステム（弁棒）を軸として円板状の弁体を回転させることで管路を開閉する構造で，面間寸法が最も小さくコンパクトであり，質量が軽く，取り付け・取り外しが容易なバルブである（図5.1.14(d)）。

(4)　減圧弁

　減圧弁は，調整ばね，ダイヤフラム，弁体などの圧力調整機構によって，一次側の圧力が変動しても，二次側を一次側より低い減圧した圧力に保持する給水用具である。

第8節　配管

8.1　建築物に設ける飲料水の配管設備を安全上及び衛生上支障のない構造とするための構造方法

(1)　告示

　建築基準法施行令第百二十九条の二の五第2項第六号及び第3項第五号の規定に基づき，「建築物に設ける飲料水の配管設備及び排水のための配管設備を安全上及び衛生上支障のない構造とするための構造方法」は，次のように定めると規定されている。

建築物に設ける飲料水の配管設備を安全上及び衛生上支障のない構造とするための構造方法

第1　飲料水の配管設備の構造は，次に定めるところによらなければならない。

1．給水管

　イ．ウォータハンマが生ずるおそれがある場合においては，エアチャンバ※を設ける等有効なウォータハンマ防止のための措置を講ずること。

　ロ．給水立て主管からの各階への分岐管等主要な分岐管には，分岐点に近接した部分で，かつ，操作を容易に行うことができる部分に止水弁を設けること。

(2)　ウォータハンマ※（Water Hammer）

　水撃作用ともいい，水圧管内の水流を急に締め切ったときに，水の慣性で管内に衝撃と高水圧が発生する現象（水の運動エネルギーが圧力エネルギーに変換する）である。バルブの閉鎖や配管の充水時，ポンプの急停止といった急激な変化によって生じる（図5.1.17）。

　防止対策としては，次のようなものがある。

① ウォータハンマ防止器を発生源直近（上流）に設ける。

② シングルレバー水栓による急閉や水栓の急激な締め切り動作を行わない（水栓に節水コマを設置するのも有効）。

③ 安全弁，圧力逃し装置を設置する。

④ 揚水ポンプには，スモレンスキー逆止弁（ばねによる急閉逆止弁）を設ける。

⑤ 揚水管の屋上での水中分離に対しては，地階で揚水管を横展開とし，屋上では極力短い横展開とする。

⑥ 水中分離に対しては，配管内に大気に向けて大きく開口している水槽（サージタンク）を設け，圧力変動を水位変動（＝大気圧との差異）へ変換する。

側注：

ウォータハンマ現象を理解し，その対処法を覚える。

エアチャンバ（ショックアブソーバ）は，振動する機械構造や建築物の振動を減衰する装置のことをさす言葉で，給水設備においてはウォータハンマ防止器として用いられる。

ウォータハンマ
慣性を持った流体の運動が急に止められることでその運動前方（上流）部分に生じる正の圧力によって生じるのが代表的な水撃作用であるが，配管内が部分的に蒸気で満たされる（キャビテーションまたは水柱分離）が，負圧が緩和されることで蒸気が液体へと戻る時に液体を引き戻すことで衝撃音を発することがある。

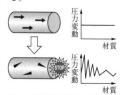

流れの急激な変化で流体の運動エネルギーが圧力エネルギーに変換される

図5.1.17　ウォータハンマの発生機構

8.2　配管方式

　給水の配管方式は，水の流れる方向で考えると，主管については上向き配管方式と下向き配管方式に大別できる。また，枝管では，住戸や便所などの局所的部分については，分岐方式とヘッダ方式に分類できる。

(1)　上向き供給方式

　水道直結方式，圧力水槽方式，ポンプ直送方式において一般に行われている方式で，最下階の天井に主管を配管し，これより上方の器具へ上向きに給水する。高置水槽方式においても，場合によっては高置水槽より給水管をいったん最下階まで立ち下げ，最下階の天井で水平方向に展開して，上向き供給方式で給水する場合もある。

(2)　下向き供給方式

　高置水槽方式において一般的に行われている方式で，最上階の天井に主管を配管して，これより下方の器具へ下向きに給水する方式である。なお，高置水槽への揚水管は，高置水槽に向かって上がり勾配で配管する。

(3)　住戸ヘッダ方式※

　この方式は，集合住宅の住戸内などで用いられており，ヘッダから各器具にそれぞれ単独に配管する工法である（図5.1.18）。従来工法である分岐方式に比べて，施工性，更新の容易さ及び同時使用による水量の変化が少なく，安定した給水ができること，また接続部が少ないため漏水のおそれが小さいなどの点で優れていることから，近年採用されるケースが増えてきた方式である。配管をさや管内に収めるさや管ヘッダ方式もある。ヘッダは，床上の壁側に設置される場合が多いが，天井内に設置される場合もある。

8.3　管径の決定

　給水管の管径は，決定しようとする区間の器具給水負荷単位と器具の同時使用率より，同時使用流量を求め，これを必要な圧力で給水できるように，あるいは給水管内の流速が早くなり過ぎないように，単位長さ当たりの圧力損失（動水勾配）又は流速を抑えて，使用する管材の流量線図から決定する。一般的に騒音等も考慮して給水配管内の流速は，0.9〜1.2 m/sがよい。

8.4　配管の留意事項

　配管に当たっての留意事項は，次のとおりである。

(1)　配管の耐力

　設置場所の土圧，輪荷重その他の荷重に対し，十分な耐力を有する構造及び材質の給水管及び給水用具を選定するほか，地震時の変位に対応できるよう伸縮可とう性に富んだ管継手または給水管とする。

(2)　分岐

　給水立て主管からの各階への分岐管には，止水栓（系統の名札を設ける）を設ける。

　給水配管の枝管の分岐は，上方に給水する場合は上取り出しで，下方に給水

場合によっては両方式の併用も採用される。いずれの方式を採用するにしても，管内の空気や水が抜けるような配管とすることが肝要で，水理上・経済上・使用上及び維持管理上から検討して供給方式を決定する

住戸ヘッダ方式

耐火
プラグC
サヤパイプ
（給湯用）　　　　コーナーベンド

図5.1.18　住戸ヘッダ方式

可とう継手，分岐方法等の留意事項を覚える。

▷よく出る

する場合は下取り出しである。逆の取り出しとすると，逆鳥居形の配管もしくは鳥居形の配管になってしまい，逆鳥居形の配管では曲がる部分の底に，砂などが溜まりやすく，鳥居形の配管では曲がる部分の頂点に，空気が溜まりやすくなってしまうことになる。

(3)　埋設

　給水管と排水管が平行して埋設される場合には，原則として両配管の水平間隔は 500 mm 以上とし，かつ給水管は排水管の上方に埋設する。

▷よく出る

　不等（不同）沈下の変位吸収のために，変位吸収管継手を配管に取り付ける。

(4)　配管識別

　飲料水用配管は，他の配管系統と識別できるようにしなければならない。飲料水用配管は，衛生性を保つ必要があり，他の配管等との誤接続を防止するため，管材質を変えたり表示を明確にする等の措置を講ずる。

▷よく出る

(5)　機器と接続

　機器との接続配管は，機器の交換の際に容易に外せるフランジ接合とする。

(6)　防水層の貫通

　防水層の貫通不具合で防水が切れて，防水の手直しのおそれがあるので，給水配管は，ちゅう房や屋上の防水層を貫通させない。

(7)　水槽回りの配管

a．バルブ類や各接続管の荷重が直接タンク本体及びポンプにかからないように支持する。

b．貯水槽と給水ポンプとの間には，振動絶縁のために，可とう継手を使用する。

c．受水タンク及び高置タンクの排水及び通気管を除く各接続管には，建物の揺れ，配管の振動等による変位を吸収するため，鋼板製タンク及びステンレス鋼板製タンクにあっては可とう継手（ベローズ形フレキシブルジョイント）を，FRP 製タンクにあっては可とう継手（合成ゴム製フレキシブルジョイント）を取付ける（図 5.1.19）。

(a) ベローズ形フレキシブルジョイント　　(b) 合成ゴム製フレキシブルジョイント

図 5.1.19　可とう継手

(8)　消火用補助水槽

　高置水槽から消火設備への給水は，クロスコネクションとならないように，

その途中に吐水口空間が確保された消火用補助水槽を介して行う。

第9節　水質劣化の原因と対策

9.1　腐食

(1)　腐食の原理

　建築設備で経験する腐食のほとんどは電解質中での腐食現象であり湿食と呼ばれ，この湿食は，主として電気化学的な反応で進行する。

　汎用性があり腐食しやすい金属材料である鋼材を例にとり，淡水における腐食反応を解説する。

　鋼材が水と酸素あるいは溶存酸素と接触すると，鋼材表面の電位が低い部分（陽極：アノード anode）では1式で示される反応によって鉄の酸化（溶解）が生じる。一方，電位の高い部分（陰極：カソード cathode）では酸素が還元される（図5.1.20）。一般に中性からアルカリ性を示す溶液では水素イオン濃度（H^+）が低いため，主として2式の反応が生じることになる。

$$Fe \quad \rightarrow \quad Fe^{2+} + 2e^- \qquad (1式)$$

$$1/2O_2 + H_2O + 2e^- \quad \rightarrow \quad 2OH^- \qquad (2式)$$

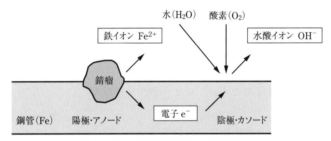

図5.1.20　電気化学的反応の模擬図

　1式と2式が陽極部と陰極部で同時に起こると腐食が発生することになる。したがって，腐食は金属表面に生じた陽極部と陰極部によって電池が形成されて生じる現象である。

(2)　腐食の形態

　腐食の形態は，全面腐食と局部腐食に分類される。

a．全面腐食

　金属表面のほぼ全面にわたって腐食する場合をいう。炭素鋼の海水腐食や大気腐食は厚いさびを伴った全面腐食と見なせる。腐食速度の表示には，全面均一腐食を仮定してmdd（$mg/(dm/day)$）が慣用されている。減肉厚さの減少率を均一腐食に換算してmm/年で表し，侵食度または侵食率とも呼ぶ。海水中の炭素鋼の平均腐食速度はほぼ25mddであり，これは0.16mm/年に相当するので，耐食性の評価の目安になる。

b．局部腐食

　局在化した腐食状況をさす。すきま腐食，孔食，粒界腐食，応力腐食割れをはじめ実際に遭遇する腐食損傷の多くは局部腐食を呈する。一般に酸化保護皮

腐食原理を覚える。苦手な人はパスする。

酸化保護被膜
酸化によってできる金属表面の薄い被膜をいう。金属の不動態化のこと。

膜※を形成する管材では，局部腐食の傾向も増大する。

① すきま腐食

金属と金属，あるいは金属と非金属の合わさったすきま部が優先的に侵食される現象で，ステンレス鋼のような不働態金属に生じやすい。ステンレス鋼のフランジ継手のガスケット部等に形成される幾何学的なすきまに生じるのが典型的な例であるが，異物の付着によって形成されるミクロなすきまにも生ずる場合がある。すきま部は酸素の供給が不足がちになるので不働態皮膜が不安定になる。一方，自由表面は酸素の供給が盛んでカソードとして作用する。このように局所的に酸素の濃淡を生じ，その間に酸素濃淡電池が構成されることによって起こる。

② 孔食

針穴のように深く侵食され，管壁を貫通するに至る場合もある。銅管，ステンレス鋼及びアルミニウム合金などの不働態化した金属に生ずるのが代表例で，孔食を生ずる場合の環境側条件として，塩化物とともに酸化剤（例えば，溶存酸素，塩素）の存在が不可欠である。したがって，銅管，ステンレス鋼では溶存酸素がなければ淡水中では孔食を生じない。また，銅管やステンレス鋼管は，異物の付着による孔食のおそれがあるので，管内清掃を十分に行う。

③ 異種金属接触腐食

ガルバニック腐食とも呼ばれる。貴な金属（例えば，銅：自然電位が高い金属）と卑な金属（例えば，炭素鋼：自然電位が低い金属）が水中で接触することにより，卑な金属側の腐食が促進される腐食形態をいう。異種金属の電位差が大きいほど腐食電流が大きくなり腐食速度が増大する。

④ 潰食（かいしょく：エロージョン・コロージョン）

比較的速い流れのある場合に材料が受ける局部腐食で，給湯用銅管でよく経験する。銅管表面に馬蹄型の損傷跡を残すのが特徴である。水流のせん断力によって表面の保護被膜を破壊する機構が考えられ，被膜が除去された後は電気化学的機構により銅の溶出が促進される。給湯銅配管ではエルボのような曲がり部直後で，負圧箇所が生じ，溶存酸素が気泡化し，これが潰れることにより潰食を生じることが知られており，条件によっても異なるが，流速 1.2 m/s 以下で使用する必要がある。また，気水分離を適切に行うことで潰食が抑制されるといわれている。

9.2 スケール障害

使用する水の硬度成分や腐食に伴うさびによって，配管や水槽の内面に発生し，詰まりを引き起こす。また，加熱によって硬度成分が析出するため，やかん等に付着し，熱効率が低下する原因にもなる。

9.3 スライム障害

水中に溶解している栄養塩類や清掃の不備により有機物が蓄積すると，浮遊

不働態化した金属
耐食性のよい酸化保護被膜を生成させることをいう。銅管の緑青（塩基性炭酸銅），ステンレス鋼のクロム不動態被膜が有名。

硬度成分
炭酸カルシウム，炭酸マグネシウム，シリカ等。

第5編 給水及び排水の管理

細菌等が繁殖する。貯水槽等が光を透過する材質でできている場合，藻の発生によって残留塩素が減少し，あるいはすべて消費されることから二次的に細菌類が繁殖し，バイオフィルム※を形成する。通常，貯水槽の内部，特に死水域や配管の内壁等で発生しやすい。いったんバイオフィルムが形成されると物理的に強制除去するしか方法はなく，対応は困難である。

9.4　着色障害

主として給水配管材料の腐食による生成物が水に溶解するために起こる現象で，赤水，青い水，白濁現象等がある。

① 赤水

　亜鉛めっき鋼管が用いられている給水配管系で，亜鉛層の防食効果が失われ，素地の鉄が腐食し，さびを伴って赤味を帯びるようになったものである。朝一番の水や，事務所建築物では休日の翌朝に発生することが多い。

② 青い水

　給水や給湯配管に銅管を使用した建物や一般家庭で，水や温水が青色を帯びている」とか，「青い水が出た」とか問題を提示されることがある。しかし，問題のあった水を透明のガラスのコップに入れて見ても青色ではなかった（青く肉眼で見えるには，約100 ppm 以上の銅イオンの溶出が必要）。事例ではおおむね銅イオンの溶出は大体2 ppm 程度である。着色障害※の1つで銅イオンの浸出で着色することをいう。

　浴槽や洗面器類，タオルなどの布類に不溶性の青色物質（微量に溶けた銅イオンが石けんや垢に含まれている脂肪酸などと反応し，青色の不溶性銅石けんを生成）が付着し，たまたまその浴槽や洗面器類に水や温水を満した際，これらの付着物の青色物質が透視されて，水や温水自体が青く見える現象である。

③ 白濁現象

　蛇口から水道水を勢いよく出すと蛇口の内部が負圧となり，蛇口の上部から空気を吸い込むため，それが細かな気泡となって白く見えることがある。容器に水を入れたときに，下の方から透明になり白い濁りがなくなる場合，原因は空気である。なお，放置しても白い濁りが消えず，煮沸すると一層白くなり，飲むと渋みを感じる場合は，給水管材の亜鉛めっきが溶出している。

9.5　異臭味

おいしい水道水が求められている中で，異臭味の問題は重要である。水道水の衛生学的に最も重要な塩素消毒においても，過剰な残留塩素は塩素臭を生じ，ときとして水道水をまずくする。また，原水の汚染に伴い，藻類や放線菌が産生する臭気物質により水道水でカビ臭が感じられ，特に夏季の渇水期に問題となることが多い。こうした異臭味問題を解決するために，建築物内では浄

バイオフィルム
細菌類の増殖に伴い，その代謝産物である多糖類で覆われるため，消毒効果は激減する。

着色障害
給水配管材料の腐食による生成物が水に溶解または混ざり生じる障害をいう。

水器の利用が増加している。しかし浄水器を使用することで，残留塩素の除去により消毒効果がなくなることや水道水の残留により細菌類が増殖する場合がある。

第10節　維持管理

10.1　水質検査

（1）飲料水の水質検査と頻度

　飲料水の水質検査と頻度については，「建築物衛生法施行規則第四条」に規定されている。

建築物衛生法施行規則第四条　令第二条第二号イに規定する水の供給は，次の各号の定めるところによる。

一　給水栓における水に含まれる遊離残留塩素の含有率を100万分の0.1（結合残留塩素の場合は，100万分の0.4）以上に保持するようにすること。

七　遊離残留塩素の検査及び貯水槽の清掃を，それぞれ7日以内，1年以内ごとに1回，定期に行うこと。

（2）水質検査項目

　「空気調和設備等の維持管理及び清掃等に係る技術上の基準」によると，次のことが規定されている。

空気調和設備等の維持管理及び清掃等に係る技術上の基準（抜粋）

第二　飲料水に関する設備の維持管理は，次に定める基準に従い行う。

一　貯水槽等飲料水に関する設備の維持管理

　　1　貯水槽の清掃

　　　㈣　貯水槽の水張り終了後，給水栓及び貯水槽内における水について，次の表（表5.1.5）の上欄に掲げる事項について検査を行い，当該各号の下欄に掲げる基準を満たしていることを確認すること。基準を満たしていない場合は，その原因を調査し，必要な措置を講ずること。

表 5.1.5　水質検査項目と合格基準

1	残留塩素の含有率※	遊離残留塩素の場合は100万分の0.2以上。結合残留塩素の場合は100万分の1.5以上。
2	色度	5度以下であること。
3	濁度	2度以下であること。
4	臭気	異常でないこと。
5	味	異常でないこと。

二　飲料水系統配管の維持管理

　　1　管の損傷，さび，腐食及び水漏れの有無を定期に点検し，必要に応じ，補修等を行うこと。

　　2　衛生器具の吐水口空間の保持状況を確認することにより，逆サイホン作

貯水槽清掃，管洗浄後の水質検査を覚える。

▷よく出る

貯水槽清掃の基準を覚える。

▷よく出る

残留塩素の含有率について，貯水槽の清掃後及び管清掃後は，平常時ではないので，非常時における残留塩素の含有率となっている。

給水栓において規定値の残留塩素が保持できない場合は，塩素剤の注入装置を設置して，その適正な管理を行う。

用による汚水等の逆流又は吸入のおそれの有無を定期に点検し，必要に応じ，適切な措置を講ずること。

　3　管洗浄について，次の各号に定めるところに従い行うこと。

　　㈠　管洗浄を行う場合は，洗浄に用いた水，砂等を完全に排除し，かつ，これらを関係法令の規定に基づき，適切に処理すること。

　　㈡　管洗浄の終了後，給水を開始しようとするときは，一の1の⑷と同様の措置を講ずること。

10.2　貯水槽清掃

⑴　貯水槽の清掃

　貯水槽の清掃は，建築物衛生法または水道法（簡易専用水道）によって1年以内ごとに1回定期に行う。貯水槽の清掃の作業にあたる者は，常に健康状態に留意するとともに，おおむね6カ月ごとに，病原体がし尿に排出される感染症の罹患の有無または病原体の保有の有無に関して健康診断を受け，健康状態が不良である者は清掃作業に従事してはならない。また，作業衣及び使用器具の消毒を行って，作業が衛生的に行われるようにする。

a．貯水槽の清掃については，「空気調和設備等の維持管理及び清掃等に係る技術上の基準」に規定されている。

空気調和設備等の維持管理及び清掃等に係る技術上の基準（抜粋）

第二　飲料水に関する設備の維持管理は，次に定める基準に従い行う。

一　貯水槽等飲料水に関する設備の維持管理

　1　貯水槽の清掃

　　㈠　受水槽の清掃を行った後，高置水槽，圧力水槽等の清掃を行うこと。

　　㈡　貯水槽内の沈でん物質及び浮遊物質並びに壁面等に付着した物質を洗浄等により除去し，洗浄を行った場合は，用いた水を完全に排除するとともに，貯水槽周辺の清掃を行うこと。

　　㈢　貯水槽の清掃終了後，塩素剤を用いて2回以上貯水槽内の消毒を行い，消毒終了後は，消毒に用いた塩素剤を完全に排除するとともに，貯水槽内に立ち入らないこと。

　　㈤　清掃によって生じた汚泥等の廃棄物は，廃棄物の処理及び清掃に関する法律，下水道法等の規定に基づき，適切に処理すること。

　2　貯水槽等飲料水に関する設備の点検及び補修等

　　㈠　貯水槽の内面の損傷，劣化等の状況を定期に点検し，必要に応じ，被覆その他の補修等を行うこと。

　　㈢　貯水槽の水漏れ並びに外壁の損傷，さび及び腐食の有無並びにマンホールの密閉状態を定期に点検し，必要に応じ，補修等を行うこと。

　　㈤　ボールタップ，フロートスイッチ又は電極式制御装置，満減水警報装置，フート弁及び塩素滅菌器の機能等を定期に点検し，必要に応じ，補修等を行うこと。

　　㈥　給水ポンプの揚水量及び作動状況を定期に点検すること。

清掃の順番
給水の流れの上流から清掃しないと，二度手間となる。

▷よく出る

1）受水槽の水位制御の作動確認は，槽内のボールタップを手動操作して行う。
2）高置水槽の水位制御の電極棒の点検は，手動操作により実施する。

b．「清掃作業及び清掃用機械器具の維持管理の方法等に係る基準」にも規定
されている。

清掃作業及び清掃用機械器具の維持管理の方法等に係る基準（抜粋）

第五　建築物衛生法施行規則第二十八条第六号に規定する厚生労働大臣が別に
定める基準は，同号に規定する方法が次のいずれにも該当することとす
る。

第2　飲料水の管理

1　貯水槽（貯湯槽を含む）の清掃

(1)　貯水槽の清掃を行うに当たっては次の点に留意すること。

ア　高置水槽又は圧力水槽の清掃は，原則として受水槽の清掃と同じ日
に行うこと。

イ　作業者は常に健康状態に留意するとともに，おおむね6カ月ごと
に，病原体がし尿に排せつされる感染症の罹患の有無（又は病原体の
保有の有無）に関して，健康診断を受けること。また，健康状態の不
良なものは作業に従事しないこと。

ウ　作業衣及び使用器具は，貯水槽の清掃専用のものとすること。

エ　貯水槽内の照明，換気等に注意して事故防止を図ること。
清掃時は，必要に応じてマンホールの蓋を開けた後に，換気用のフ
ァンやダクトを設置して槽内の換気を図るなどの事故防止対策を講じ
る。

(2)　貯水槽内の消毒は原則として次の要領に従い行うこと。

ア　消毒薬は有効塩素50～100 mg/Lの濃度の次亜塩素酸ナトリウム溶
液又はこれと同等以上の消毒能力を有する塩素剤を用いること。

イ　消毒は，貯水槽内の天井の下面，壁面及び床面について，消毒薬を
高圧洗浄機等を利用して噴霧により吹き付けるか，ブラシ等を利用し
て行うこと。

ウ　前記の方法により2回以上消毒を行い，消毒後は30分以上時間を
おくこと。

エ　消毒作業が終了した後，洗浄し，洗浄水を排水した後，貯水槽内へ
の水張りを行うこと。

10.3　点検

(1)　点検項目と頻度

点検項目と頻度については，「空気調和設備等の維持管理及び清掃等に係
る技術上の基準」に規定されている。

空気調和設備等の維持管理及び清掃等に係る技術上の基準（抜粋）

第二　飲料水に関する設備の維持管理は，次に定める基準に従い行うものと
する。

二　飲料水系統配管の維持管理

1　管の損傷，さび，腐食及び水漏れの有無を定期に点検し，必要に応

じ，補修等を行うこと。

4 防せい剤の使用※は，赤水等の対策として飲料水系統配管の布設替え等が行われるまでの応急対策とし，使用する場合は，適切な品質規格及び使用方法等に基づき行うこと。

注1）給水設備の老朽化に伴って，水量・水圧が減少することがある。

注2）防せい剤を使用している場合は，2カ月以内ごとに1回，防せい剤の濃度の検査を行う。

(2) 貯水槽の点検及び補修

貯水槽の点検は1月に1回程度，定期的に行うのがよいが，地震等貯水槽の構造や水質に影響を与えるような事態が発生した場合には，速やかにその影響を点検する。点検の結果，補修が必要であると認められた場合には，水質を汚染させないように留意して，清掃，補修あるいは取り替えを行う。

(3) 定水位弁，電極棒等の点検

① 受水槽の水位制御の作動点検は，槽内のボールタップを手動で操作して行う。

② これらの付属装置は，ほとんどの場合，人目につかない場所に設置してあるため，作動不良により断水，溢水事故になることがある。定水位弁，電極棒，ボールタップ，フロートスイッチ等は，配管の圧力変動や毎日の使用状態により複雑に作動し，部材の脱落，消耗等が発生しやすく，日常の点検が重要となる。

(4) ポンプの保守

ポンプ各部の点検・保守は，部品の機能・重要度によるほか，運転条件・保守人員などによっても異なるために一律に定めることはできないが，一般的な目安を表5.1.6に示す。ただし，メーカーからの点検周期が示されている場合は，それに従って行うことが肝要である。

表5.1.6 ポンプの定期点検項目と点検頻度

点検項目	点検頻度	判断の例
吸込み側の圧力	毎日	計器の針が振れている場合には，空気を吸い込んでいるか，吸込配管に詰まりがある。
吐出し側の圧力	毎日	計器の針が振れている場合には，ポンプ内あるいは吐出配管に詰まりがある。
電流値	毎日	定格電流値以上の場合や計器の針が振れている場合には，ポンプ内の片あたり，異物のかみ込みがある。
電圧	毎日	定格電圧よりも10%以上高いと電動機が焼損する。
軸受温度	毎日	手で触れていられる程度の温度であればよい。異常な場合の原因には，玉軸受けの損傷，ポンプ内の片あたり，たわみ軸継手の芯狂い等がある。
振動・騒音	毎日	軸継手外周の段違いは，軸継手の周囲4カ所で測定し，0.05mm以内であればよい。

防せい剤の使用は，赤水等の応急対策とし，厚生労働省健康局生活衛生課長通知で示した品質規格に適合するものを使用し，飲料水用の防せい剤の使用について十分な知識及び技能を有する防せい剤管理に係る責任者（「防錆剤管理責任者」という。）を選任すること。なお，管更生工法で管内に合成樹脂ライニングを施す場合は，技術評価・審査証明を受けた工法を採用するのがよい。

▷よく出る

（点検項目と点検頻度）

軸受部水滴	毎日	グランドパッキンから水滴が連続的に滴下する（0.5 mL/s）程度の水が出ていればよい。これ以上水が出ている場合は，パッキン押さえを増し締めする。増し締めしても漏水量が減少しない場合にはグランドパッキンを取り替える。グランドパッキンを交換しても漏れ量が多い場合には，軸スリーブを交換する。メカニカルシールの場合には漏水はないか，あっても1分間に1滴（3 mL/h）以下程度ならよい。これ以上漏れはじめたらメカニカルシールを交換する。
各部の温度測定	月1回	軸受温度は周囲温度＋40℃以下，軸受部は60℃以下，電動機は周囲温度＋50℃以下であればよい。
電動機の絶縁抵抗値	月1回	水中電動機は必ず行う。また，陸上電動機の場合は水に濡れた場合は必ず行う。絶縁抵抗値が1MΩ以下の場合には，早期の絶縁劣化の可能性があるので，そのまま使用してはならない。
清掃	6カ月に1回	ほこりをとる等の清掃を行う。
ポンプと電動機の芯狂い	6カ月に1回	軸継手の外周の段違いを，振動・騒音の項目のようにして測定する。
基礎	6カ月に1回	共通台盤や基礎の排水溝からの排水管の清掃をする。基礎ボルト等の緩みを点検する。増し締めする場合には，軸継手の段差ができないように注意する。
分解・点検	3〜5年に1回	Oリング，ガスケット，Vリング等は交換する。ケーシング・羽根車・主軸の腐食状態，羽根車とライナリングとの隙間及び軸と軸受メタルの隙間の寸法などを点検し，必要に応じ，補修・異常部品の取り替え，内面の樹脂ライニングの塗り替え等を行う。また，外部の塗装の塗り替えも行う。

(5) 圧力水槽（第2種圧力容器）の点検

　1　ボイラー及び圧力容器安全規則第八十八条（定期自主検査）によると，事業者は，第2種圧力容器について，その使用を開始した後，1年以内ごとに1回，定期に，次の事項について自主検査を行なわなければならない。

　　ただし，1年を超える期間使用しない第2種圧力容器の当該使用しない期間においては，この限りでない。

　一　本体の損傷の有無

　二　ふたの締付けボルトの摩耗の有無

　三　管及び弁の損傷の有無

　2　事業者は，前項ただし書の第2種圧力容器については，その使用を再び開始する際に，同項各号に掲げる事項について自主検査を行なわなければならない。

　3　事業者は，前2項の自主検査を行なったときは，その結果を記録し，これを3年間保存しなければならない。

第2章　雑用水設備とその維持管理

学習のポイント

1．排水再利用方式の分類と特徴を学習する。
2．雑用水設備の基準を学習する。
3．排水再利用システムの処理フローと排水処理方法を学習する。
4．散水，修景または清掃の用に供する水洗便所用の水質基準値を学習する。
5．雨水処理フローを学習する。
6．雑用水系統配管等の維持管理を学習する。

都市部への人口集中，生活水準の向上により，大都市周辺地域における水需要の伸びは著しく，水供給の逼迫が深刻な問題となっている。

水資源の有効利用，都市計画等の観点から，それらの地域に対して，雑用水を供給する雑用水設備が導入されている。

雑用水設備は，一般に排水再利用設備・雨水利用設備などの雑用水処理設備とその雑用水を供給する雑用水供給設備に分けられる。

排水再利用設備は，水供給の逼迫に対処するのみならず，水資源の有効利用，下水道の負荷低減，災害時における非常用水の原水として利用でき，更には処理水の排熱を利用した冷暖房エネルギーの低減などさまざまな効果を有する。

また，雨水利用設備は，防火用水の確保，雨水の流出抑制といった効果も有する。今後の水対策としてますます重要な役割を果たす設備である。

第1節　排水再利用方式の分類と特徴

排水再利用方式の分類と特徴を覚える。

排水の循環再利用方式には，開放循環方式と閉鎖循環方式に大別される。

開放循環方式は，排水を処理し再生水を河川・湖沼などの環境水系に還元放流後，再度水資源として利用する方法である。

一方，閉鎖循環方式は，排水を施設内の閉鎖システム中で，再生処理後，水資源として直接利用する方法である。この場合，排水処理量水及び雨水処理水を単一あるいは複合利用する。排水再利用水の原水の種類は，便器，手洗い，湯沸室，ちゅう房，冷却塔等からの排水があるが，原水は，年間を通じて安定確保できる排水を優先するのがよい。なお，閉鎖循環方式は，個別循環，地区循環及び広域循環の3方式に分類される。

(1)　個別循環方式

事務所ビルなどの個々の建築物の排水を建物内部で浄化再利用する方式で最も多く利用されている。公共下水道の普及の有無によって処理の方式が異なるが，下水道に流す排水の量が減るので，下水道への負荷が軽減される（図5.2.1）。

長所としては次の項目があげられる。

① 当該施設内で循環利用するため，原水の集水配管，再利用水の送水配管が短くできる。

② 原水量と再利用水量が的確に把握できるため，経済的な設備設計が可能である。

③ 原水の種類を選択できるため，比較的きれいな原水を利用できる。原水となる排水の水質がよいほど，再利用処理コストは安価となる。

④ 維持管理の範囲が限定されるため，管理運用が容易である。

一方，短所は，小規模なため，設備建設費・保守管理費が高くなる。

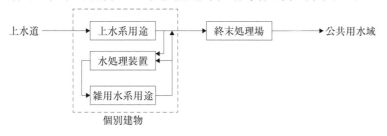

図 5.2.1　個別循環方式

(2)　地区循環方式

比較的まとまった地区の複数の建築物において，建築物所有者などが共同で排水再利用設備を運営する方式である。例えば，大規模な集合住宅や市街地再開発地区などで，複数の建物から発生した排水を一箇所に集めて再生処理し，便器洗浄水等に利用する。この方式も，地区として下水道に流す排水の量が減るので，下水道への負荷が軽減される（図 5.2.2）。

▷よく出る

長所としては次の事項があげられる。

① 複数の建築物から原水が集約されるため，水量を確保しやすい。

② 地域冷暖房施設の設置と重なる場合は，共同溝※を共有するため，導入配管工事費が安価となる。

一方，短所は，建築物ごとに原水量・使用量が変動するため，量水器の設置が必要となり，コスト計算も複雑となる。

共同溝
電気，電話，水道，ガスなどのライフラインをまとめて道路などの地下に埋設するための設備をいう。

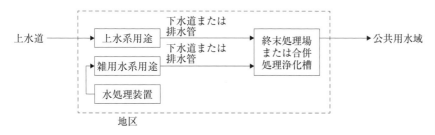

図 5.2.2　地区循環方式

(3)　広域循環方式

より広い地域を対象として，下水の終末処理場等で処理された再生水を事業所や住宅などの需要に応じて，大規模に供給する方式である。終末処理場以降で処理して雑用水として再使用するので，下水に流す排水の量は変わらないこ

とになるので，この方式では下水道への負荷が軽減することはない（図5.2.3）。

長所としては次の事項があげられる。

① 公共事業として再利用水が供給されるため，需要者は引込み配管を接続するだけとなる。

② 大規模なため，処理コストが安価である。

一方，短所としては，需要者までの送水配管の設置費用がかかるため，終末処理場付近や工業用水の送水可能地域など局地的な地域開発に限定されることである。

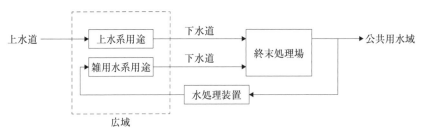

図 5.2.3　広域循環方式

第2節 ## 雑用水設備の基準

2.1　雑用水設備の基準

雑用水設備の基準は，「建築物に設ける飲料水の配管設備及び排水のための配管設備の構造方法を定める件」に規定されている。

建築物に設ける飲料水の配管設備及び排水のための配管設備の構造方法を定める件

第2　排水のための配管設備の構造は，次に定めるところによらなければならない。

6．排水再利用配管設備

イ．他の配管設備（排水再利用設備その他これに類する配管設備を除く。）と兼用しないこと。

ロ．排水再利用水の配管設備であることを示す表示を見やすい方法で水栓及び配管にするか，又は他の配管設備を容易に判別できる色とすること。

ハ．洗面器，手洗器その他誤飲，誤用のおそれのある衛生器具に連結しないこと。

ニ．水栓に排水再利用水であることを示す表示をすること。

ホ．塩素消毒その他これに類する措置を講ずること。

2.2　雑用水受水槽の基準

雑用水受水槽の基準を次に示す。

① 雑用水受水槽は，耐食性，耐久性のある材質のものを用い，清掃等維持

（右欄注記）
雑用水設備の基準を覚える。

▷よく出る

管理がしやすい構造とする。上水の受水槽に準ずるのがよい。

② 排水再利用水，雨水及び井水を利用する場合は，原水が不足した場合の対応として上水の補給装置を設ける。

③ 上水の補給装置は，上水の給水管に雑用水が逆流しないように吐水口空間を設ける。

④ 雑用水を便所洗浄水等として利用する場合は，雑用水受水槽を最下階の二重スラブ内に設けてもよい。内面は，合成樹脂塗布・モルタル防水※等で防水を行い漏水のないものとする。

⑤ 配管の接続口，機器の取り付け座を水密に設け，槽内点検用にマンホールを設ける。なお，マンホールは，床面より 10 cm 以上立ち上げる。また，点検用のはしごを設ける。

⑥ 水槽が複数槽になる場合は，槽内の水が停滞しないように配慮し，清掃時の水抜きを容易にできるような措置を講じる。

⑦ 散水，修景，清掃用水として利用する場合は，雑用水受水槽は，飲料水の受水槽に準じて六面点検ができることが望ましい。

⑧ 雑用水高置水槽を設ける場合は，おおむね飲料水の貯水槽に準じる。

2.3　雑用水の管理

雑用水の管理に関しては，「建築物環境衛生維持管理要領」に規定されている。

建築物環境衛生維持管理要領

第 3　雑用水の管理

1　雑用水槽等雑用水に関する設備の維持管理

(1) 誤飲・誤使用防止のため，使用箇所にステッカーやラベルなどで雑用水であることを表示し，定期的に表示の確認を行う。

(2) 設備の変更・増設工事などが行われた場合は，雑用水に着色して通水試験を行い，飲料水の器具に着色水が出ないことを確認する方法等により，誤接合・誤配管がないことを確認する（誤接発見のためのテスト方法※）。

(3) 用途に応じて定められた水質検査及び残留塩素の測定を行う。

2.4　誤飲・誤使用の防止等

誤飲・誤使用の防止等の基準は，「建築物における維持管理マニュアル」に規定されている。

建築物における維持管理マニュアル

(1) 誤飲・誤使用の防止

誤飲・誤使用防止のため，次の事項に留意する。なお，定期的に表示の確認を行い，誤使用等を発見した場合は，直ちに雑用水の使用を中止し，その使用を改めさせることが必要である。

① 飲料水と雑用水の配管材の種類を変える。

② 飲料水管，雑用水管，給湯管等が平行して配管される場合は配列を変え

雑用水の配管は，上水管と異なる色で塗装する。
温水洗浄便座への給水は，雑用水としてはならない。温水洗浄便座の使用水は，飲料水としての水質が確保されない水は，温水洗浄便座に使用できないことになるので，使用水は水道水に限定される。
水栓には，雑用水であることを示す飲用禁止の表示・スッテカー等を掲示する（図 5.2.4）

図 5.2.4　飲用禁止のステッカーの例

モルタル防水
セメントモルタルに防水剤を混合したモルタルをいう。以前は，防水モルタルといっていた。

▷よく出る

誤接合発見のためのテスト方法
誤接合発見のためのテスト方法としては，現在のところ着色水による判定が適当である。すなわち，飲料水系統の水を抜き，かつ飲料水系統の給水栓及びバルブ類を全開し，次に着色水を雑用水の系統注入し，雑用水の給水栓等から着色水が出ることを確認した後，それらを閉じ，飲料水系統よりの着色水の流出の有無を検査し，誤接合がないことを確認する。着色水を作るための色素は，人体に無害なものを用いる。

ない。

③ 雑用水管であることを示す表示をし，かつ，飲料水管と異なる識別色で塗装，テープ巻き等をする。被覆する場合は，塗装色またはマーキングで識別する。埋設配管の場合は識別テープをつける。

④ 竣工時に，雑用水に着色して通水試験を行い，飲料水の器具に着色水が出ないことを確認する。

(2) 設備系統の維持管理

a．汚染防止の確認

雑用水供給設備の変更・増設工事などが行われた場合は，新設工事の手順に準じて竣工検査を行い，誤接合・誤配管がないことを確認する。

b．設備のスケール※・スライム※の抑制

配管・バルブ類は，さび，スライム，スケール検査を行う。雑用水管にスライムが発生した場合は，雑用水の残留塩素濃度を高めてスライムを除去する。

スケール
スケール（Scale）は，主に炭酸カルシウムであり，硬くて灰色がかった，粉を吹いたような堆積物である。水垢（みずあか）とも呼ばれる。

スライム
スライムは，バイオフィルムの形成で排水管等に障害を起こすことをいう。スライムは，水の硬度成分の析出をいう。

第3節　処理方法

排水再利用システムの処理フローは，使用する原水の種類・水量，再利用の用途，建築物の用途・特性，経済性等を総合的に考慮して決定する。

排水再利用システムは，(1)スクリーン　(2)流量調整槽　(3)生物処理槽　(4)沈殿槽　(5)ろ過装置　(6)消毒槽　(7)排水処理水槽　(8)膜分離活性汚泥処理装置等を組み合わせた構造とする（図5.2.5）。

排水再利用システムの処理フローと排水処理方法を覚える。

(a)　標準処理フローNO.1

(b)　標準処理フローNO.3

図5.2.5　排水再利用システムのフローの例

なお，ちゅう房排水は，原則として前処理を行い，ノルマルヘキサン抽出物質に代表される油分や浮遊物質を除去して，スクリーンへ流入させるものとする。

排水処理方法には，物理化学的処理（膜分離活性汚泥処理装置含む）と生物学的処理とがある。

(1) 物理化学的処理

a．砂ろ過法

砂ろ過法は，比較的低濃度の懸濁物質及び浮遊物質を含む原水から清澄な処理水を得る操作で，圧力式の場合は，摩擦損失水頭を算出する。

b．活性炭処理法

活性炭処理法は，多孔性に富んだ活性炭を用い，気相中の臭気物質の除去の他，ろ過などで除去できない色度や臭気を取り除くことができる操作である。

c．塩素処理法

塩素処理は，塩素ガスまたは塩素化合物を水中に注入し，水中の細菌や微生物を殺して消毒，有機物等を酸化させる操作で，接触時間は長ければ長いほど，塩素との反応が十分に行えるので，消毒効果が現れる。

d．オゾン処理法

酸化力の強いオゾン（O_3）を利用したオゾン処理法は，ろ過などで除去できない色度や臭気を取り除くことができる操作である。

(2)　膜分離活性汚泥処理装置

膜分離装置は，原水を直接ろ過するもので，主に活性汚泥と処理水を分離する目的で用いられ，膜の微細孔で分離するため，濁質，菌類が完全に除去された処理水（消毒が必要）が得られる。

膜分離装置の種類には，濁質を除去する精密ろ過膜（MF）※，限外ろ過膜（UF）※と溶解塩類を除去する逆浸透膜（RO）※がある。排水再利用の場合は，ほとんどが精密ろ過膜，限外ろ過膜である。逆浸透膜は，人が触れる親水，高度な処理水質を必要とする工業用水等の用途で適用されている。膜分離装置は，ろ過するためのポンプと膜モジュールで構成する。膜モジュールは，膜の形状から平膜型，管状型，中空糸型及びスパイラル型が，材質から有機高分子系膜とセラミック系膜があり，一般的には生物処理槽内に浸漬される。

(3)　生物学的処理

生物膜法※ともいわれ，好気性処理の散水ろ床法，接触ばっ気法，回転板接触法などがあり，嫌気性処理の嫌気性ろ床がある。各処理法とも，反応槽内に回転板，接触材，あるいはろ膜と呼ばれる支持体を設け，汚水との接触によって，その表面に生物膜を固着生成させる。汚水中の汚濁物質は，生物膜との接触によって分離除去される一方，生物膜中の微生物はそれを栄養源として増殖する。

a．散水ろ床法

散水ろ床法は，径50〜60 mm 程度の砕石やプラスチックなどのろ材を円形コンクリート構造物の中に 1.5〜2.0 m の高さに充てんし，ろ材の表面に下水を散水する処理法である。

ろ床表面に付着した生物膜の表面を下水が薄膜となって流下する。下水がろ材の間隙を通過する際に空気中から下水へと酸素が供給される。活性汚泥法に比べて，流入水の負荷変動に強い，汚泥の返送などが無く維持管理が容易で温度の影響を受けにくい。

精密ろ過膜（MF：Micro Filtration）

精密ろ過膜は，0.025〜10 μm の範囲で多孔径に揃えられた膜である。除去対象は，濁質，菌類で，主として粒子に起因する物質である。膜の孔径は，μm 単位で表示する。

限外ろ過膜（UF：Ultra Filtration）

限外ろ過膜の孔径は，精密ろ過膜よりも小さく，コロイド，たんぱく質，高分子物質が除去可能。微細孔を直接測定することが困難なので除去可能な成分の分子量（分画分子量）で表示する。

逆浸透膜（RO：Reverse Osmosis）

逆浸透膜は，精密ろ過膜，限外ろ過膜が除去性能が孔のサイズに依存しているのと異なり，浸透圧の原理を利用してろ過する膜である。

生物膜法

微生物が主要な構成要素となっている膜を利用して処理する方法。接触材や回転板等の支持体上に生育するろ膜がこれにあたる。一般に生物膜の微生物相は，活性汚泥に比べ多様性に富む。生物膜には，好気性生物膜と嫌気性生物膜がある。微生物か㠛な集合体を作っているので，処理においては汚水との接触方法が重要となる。

第5編　給水及び排水の管理

　b．接触ばっ気法

　　接触ばっ気法は，ばっ気槽内に接触材を有効容量の 55% 以上充てんし，ばっ気撹拌によって酸素供給された槽内水は，接触材と接触を繰り返すことによって接触材表面に生物膜が増殖しその働きにより生物処理が行われる。なお，槽内浸漬型における生物処理槽へのばっ気は，微生物に対する酸素の供給のほか，膜表面を洗浄する目的もある。

　c．回転板接触法

　　回転板接触法は，直列又は並列の回転軸に固定された回転板を，その面積の約 40% を水没させた状態で，円周速度 20 m/分以下の緩やかな速度で回転させる。空気中・雑用水中を交互に繰り返すことによって，回転板表面に生物膜が増殖しその働きにより生物処理が行われる。

　d．嫌気好気ろ床法

　　嫌気好気ろ床法は，水処理工程の前段に最初沈澱池の代わりに嫌気性ろ床を，後段に好気性ろ床を設置した処理方式のことである。嫌気性ろ床（嫌気槽）では有機物の大半を炭酸ガスとメタンガスに分解し，好気性ろ床（好気槽）では炭酸ガスと水に分解させるとともに残存の有機物の除去や浮遊物質のろ過を行う。このため，汚泥発生量が少なく，最終沈澱池がないため維持管理が容易となる特徴がある。

第4節　水質

4.1　雑用水の水質

　雑用水の水質に関して，「建築物衛生法施行規則（雑用水に関する衛生上必要な措置等）第四条の二」に規定されている。

建築物衛生法施行規則（雑用水に関する衛生上必要な措置等）第四条の二

　令第二条第二号ロに規定する措置は，次の各号に掲げるものとする。

一　給水栓における水に含まれる遊離残留塩素の含有率は，飲料水に同じ。

三　散水，修景又は清掃の用に供する水にあっては，次に掲げるところにより維持管理を行うこと。

　イ　し尿を含む水を原水として用いないこと。

　ロ　基準値は，表 5.2.1 による。

表 5.2.1　散水，修景又は清掃の用に供する水の水質と検査頻度

項目		水質基準	検査の頻度
第一号	pH 値	5.8 以上 8.6 以下であること	7 日以内ごとに 1 回
第二号	臭気	異常でないこと	
第三号	外観	ほとんど無色透明であること	
第四号	大腸菌	検出されないこと	2 月以内ごとに 1 回
第五号	濁度	2 度以下であること	

四　水洗便所の用に供する水にあっては，次に掲げるところにより維持管理を

散水，修景または清掃の用に供する・水洗便所用の水質基準値を覚える。

▷よく出る

水洗便所の用に供する水の水質は，し尿を含む水を原水としてもよく，散水，修景または清掃の用に供する水の水質項目のうち，濁度の項目がない。

行うこと。

　イ　基準値は，表5.2.1の第一号～第四号による。

五　遊離残留塩素の検査を，7日以内ごとに1回，定期に行うこと。

4.2　消毒効果に影響を及ぼす要因

▷よく出る

消毒効果に及ぼす要因は，温度，残留有機物量及び藻類，スライム等がある。

① 温度

消毒反応も物理化学反応であるから，温度の影響を強く受け，温度が高くなるほど消毒反応は速くなり，早く残留塩素も分解，消耗されるので，消毒効果の低下の要因となる。

② 残留有機物量

残留有機物量は，これが塩素と反応して塩素を消費してしまうので，残留有機物量が多いと消毒効果の低下の要因となる。

③ 藻類，スライム

藻類の繁殖が盛んなほど有機物が塩素と早く反応するため，消毒効果の低下の要因となる。

スライム障害は，細菌類や藻類の増殖によって生じ，消毒効果の低下の要因となる。

④ 溶存酸素

塩素と酸素が反応するわけではないので，溶存酸素は消毒効果の低下の要因とはならない。

第5節 **雨水利用**

雨水は排水と比較して汚染度が低いため，再利用水の水源として適切である。雨水利用設備の計画にあたっては，次の基本事項を検討する必要がある。

雨水処理フローを覚える。

(1) 降水量

わが国の年間降水量の平均値は，約1600mm程度であり，梅雨時，台風時期，降雪時期に降水量の大半が占められる。降水量は気象庁の長期観測データを参考として，地域毎の月・日・時・10分間の各降水量を調べて，雨水貯留槽や雨水処理設備の容量を決定する。

(2) 雨水の集積

雨水の集水は，建築物の屋根や屋上を対象とする場合は，土・砂の混入及び油分・溶解物の汚染のおそれが低く，処理が容易なため，処理費用が安価となる。

一方，敷地全体から集水する場合は，多量の雨水を確保できるが，水質汚染のおそれが増すため，高度処理設備が必要となる。

(3) 雨水利用率

雨水利用設備における雨水利用率とは，降った雨水をどれだけ有効利用して

雨水利用率と上水代替率は紛らわしいので確実に覚える。

いるかどうかなので，雨水集水量に対する雨水利用量の割合となる。

⑷　上水代替率

　雨水利用設備における上水代替率とは，使用水量に対する雨水利用量の割合である。

⑸　雨水再利用の標準処理フロー

　標準処理フローを図5.2.6に示す。消毒装置は雨水貯留槽の下流に設置する。

雨水 → スクリーン → 沈砂槽 → 沈殿槽 → 雨水貯留槽 → 消毒送致 → 雨水処理水槽 → 雑用水

図5.2.6　雨水再利用の標準処理フロー

⑹　初期降雨の排除と豪雨対策

　初期降雨の水質は，大気汚染による酸性雨や集水面の有機物の影響を受けやすいので，降雨計と雨水立て管にナイフゲートバルブ※を設置して，初期降雨を排除することが肝要である。また，豪雨時の雨水貯留槽の満水対策としても利用される。

**図 5.2.7
ナイフゲートバルブ**

ナイフゲートバルブ
その名のとおり，鋭いナイフ状のエッジを持つゲートバルブで，ガスや水はもちろん，各種スラリー，粉粒体，固形物，パルプストック等，一般のバルブでは処理できない流体でも，確実な締め切りができるバルブである（図5.2.7）。

第6節　維持管理

6.1　維持管理の基準

　水道法第三条第9項に規定する給水装置以外の給水に関する設備を設けて，雑用水（散水，修景，清掃，水洗便所の用に供する水）として，雨水，下水処理水等を使用する場合は，衛生上必要な措置を行い供給しなければならない。

空気調和設備等の維持管理及び清掃等に係る技術上の基準

第三　雑用水に関する設備の維持管理は，次に定める基準に従い行うものとする。

二　雑用水系統配管等の維持管理

　1　管及びバルブの損傷，さび，腐食，スライム又はスケールの付着及び水漏れの有無を定期に点検し，必要に応じ，補修等を行うこと。

　3　管洗浄を行う場合は，洗浄に用いた水，砂等を完全に排除し，かつ，これらを関係法令の規定に基づき，適切に処理すること。

6.2　雑用水処理設備の維持管理

　雑用水処理設備は，機器・配管やバルブ類とその動力制御盤や配線が一体の

雑用水系統配管等の維持管理を覚える。

排水再利用設備と雨水利用設備の保守管理を覚える。

システムであり，それらが円滑に運転できるようにする。運転開始に先立ち設計図，仕様書，運転指示書の引継ぎを施工者から受ける。運転開始時は，設備の不調・故障が起こりがちなので，原因を究明し，対策を講ずる。

　維持管理には，水質・水量管理，運転・保守管理，維持管理の記録及び安全衛生管理がある。主な水質・水量検査項目を表5.2.2に示す。

▷よく出る

表5.2.2　排水再利用設備と雨水利用設備の維持管理項目

	排水再利用設備	雨水利用設備
水質管理	pH，臭気，外観，残留塩素（7日に1回）	pH，臭気，外観，残留塩素（7日に1回）
	大腸菌，濁度（2カ月に1回）	大腸菌，濁度（2カ月に1回）
	再利用水の原水のBOD，COD，SS（毎月1回）	－
保守管理（原則は1日に1回以上は除去する）	(1)　スクリーン ・汚物が堆積しないように適時除去する	(1)　降雨水集水装置 ・屋根面，ルーフドレンの汚れ，きょう雑物（余計なもの）を除去する
	(2)　流量調整槽 ・ポンプ等が正常に作動し，設定水位・所定流量を保つ	(2)　スクリーン ・枯葉，ゴミ等固形物を除去する ・スクリーン保持の堅牢性を確認する
	(3)　生物処理槽 ・MLSS濃度の調整を行う	(3)　沈砂槽 ・槽内の汚れ，沈殿物を点検する ・溜まった砂を除去する
	(4)　膜処理装置 ・透過水量を点検する ・定期的に膜の洗浄を行う	(4)　沈殿槽 ・槽内の汚れ，沈殿物を点検する
	(5)　凝集処理装置 ・凝集剤の種類と注入率を定めておく	(5)　ストレーナ ・逆洗洗浄装置を点検する ・網の破損状態
	(6)　ろ過槽 ・ろ過槽速度を適正に保持する ・ろ材の洗浄が適切に行われている	(6)　ろ過装置 ・ろ槽の閉塞状況の点検 ・機器を点検する
	(7)　活性炭処理装置 ・通水速度を適正に保持する	(7)　雨水貯留槽
	(8)　オゾン処理装置 ・色度の測定を行う	(8)　付属装置 ・水位計，流量計測装置，自動弁，オーバフロー管を点検する
	(9)　消毒槽	(9)　消毒槽

第5編　給水及び排水の管理

第3章　給湯設備とその維持管理

学習のポイント

1. 給湯方式を学習する。
2. 給湯設備に関連する水・湯の性質を学習する。
3. 設計手法を学習する。
4. 給湯用機器の概要を学習する。
5. 配管材の代表的な管種とその使用上の留意点を学習する。
6. 中央式給湯方式の配管方式を学習する。
7. 給湯設備の維持管理を学習する。

　給湯設備は，入浴，洗面，調理，洗濯及び飲用等で建築物内において使用される湯を，その使用目的に適した水量・水温・水圧・水質で衛生的に供給する設備である。

　中央式給湯方式における湯は，一般に水道水を原水とするものであるが，湯の循環・加熱により，一般細菌，トリハロメタン，配管材料から浸出する金属イオン等が増加して，水質が劣化する傾向にあり，給湯温度が低いとレジオネラ属菌が繁殖してレジオネラ症感染の原因となる。

　近年，給湯設備において，レジオネラ症による集団感染や死亡等，多くの事故が報告されている。給湯設備の維持管理には十分な配慮が必要である。

　一方，給湯設備は，給排水衛生設備の中で最もエネルギーを消費する設備である。地球環境・省エネルギーへの配慮として，高効率の機器の採用と運転，自然エネルギーの有効利用に努めなければならない。また，給湯設備は，燃焼機器を取扱うほかに，水や配管材料が加熱により膨張するので，十分な安全対策が必要である。

第1節　給湯方式

　給湯設備は加熱装置と配管のレイアウトの違いにより，中央式給湯方式と局所式給湯方式に分類される。中央式給湯方式は，一般に加熱装置と貯湯槽・循環配管から構成されており，加熱装置の平均稼動率が高い，湯待ち時間が短いなどの利点があるが，適切な設計を行わないと効率が低くなるため，設計には十分な注意が求められる。局所式給湯方式は，給湯箇所ごとまたは住戸ごとに小型の給湯機を設置する方式である。その他に自然循環式給湯方式がある。

中央式，局所式，自然循環式の適用建物を覚える。

1.1　中央式給湯方式

　ホテルや病院のように給湯箇所が多い場合には，機械室などに加熱装置を設置して湯を作り，その湯を配管で使用箇所に供給する中央式給湯方式が適用される（図5.3.1）。

　中央式給湯方式の加熱装置は，給湯以外の目的のために蒸気が使用される場合では，蒸気加熱コイル付きの貯湯槽が多く使用されるが，蒸気がない場合には，ボイラーに該当せず，資格者を必要としない真空式あるいは無圧式温水発

生機が使用されている。最近ではピーク時の瞬時給湯使用量を的確に予測できるビジネスホテルの場合には，貯湯槽を設置しないシステムを採用する場合がある。

中央式給湯方式においては，貯湯槽や循環配管を常時給湯水が循環しており，給湯温度や塩素濃度が低い領域が存在すると汚染のおそれが高くなる。レジオネラ属菌の汚染を防止するには塩素濃度を規定以上に保つとともに，配管設計上の配慮が重要となる。可能な限り中央式給湯方式よりも局所式給湯方式にするのがよい。

▷よく出る

各循環系統の流量バランスを調整し均等に循環させる必要がある。

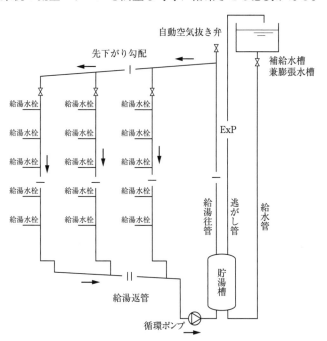

図 5.3.1　中央式給湯方式

1.2　局所式給湯方式

局所式給湯方式は，湯を使用する箇所ごとに，加熱装置を設置して給湯を行う方式で，戸建て住宅や集合住宅，事務所・工場などの洗面所や湯沸室，建物内のテナント内などに適用されている。また，中央式給湯方式の設備が設置される場合においても，湯沸室における給茶用の給湯は，使用温度がボイリング仕様の95℃程度と温度が高いので，局所式給湯方式で供給される。

1.3　自然循環式給湯方式

自然循環式給湯方式は，循環ポンプを使用しないで湯の自然対流を利用して湯を循環させる方式で，平面的な広がりがなく，垂直方向に高い建物において適用される。

第2節 ▶ **水・湯の性質**

給湯設備に関連する，水・湯の性質を覚える。

2.1　比体積

　比体積は，単位質量の物体の占める体積のこと。比容積ともいい，密度の逆数に等しい。水の場合の比体積は，4℃ の時が最小で 0.00100003 m³/kg である。なお，温度が高くなると膨張するので，比体積は大きくなる（表5.3.1）。

表5.3.1　水の比体積

温度〔℃〕	0	4	10	20	30
比体積×10⁻³〔m³/kg〕	1.00016	1.00003	1.00026	1.00177	1.00436

2.2　比熱

　物質の単位質量の温度を，1℃ 上昇させるのに必要な熱量を比熱という。水の比熱は温度によって多少異なるが，15℃ における比熱は〔4.2 J/(g・K)〕で，給湯設備で扱う水の温度範囲においては，この値を使用して実用上差し支えない。

2.3　体積弾性係数

　物体に一様な圧力をかけたとき，体積が縮小する。圧力が小さい範囲では，圧力と体積ひずみは比例する。この比例係数を体積弾性係数と呼ぶ。体積弾性係数が大きいほど，その物質はかたいといえる。水の体積弾性係数は，温度及び圧力範囲によって多少異なるが，給湯設備において扱う範囲においては，約1.92～2.28GPa である。水はほとんど非圧縮性物質といえる。体積弾性係数の逆数を圧縮率という。

2.4　溶解度（溶存酸素：DO；Dissolved Oxygen）

　水中の溶存気体の溶解度は，気体の圧力及び溶解度があまり大きくない場合には，絶対圧力（混合気体の場合には，その分圧）に比例するというヘンリーの法則に従い，その比例係数はブンゼンの吸収係数と呼ばれ，温度が高くなるに従い小さな値となる。

　溶存酸素は，単位は〔mg/L〕。水中に溶けている酸素の濃度をいう。25℃，大気圧において，水に溶解している飽和酸素濃度は 8.11 mg/L である。

　したがって，大気圧で水を加熱すれば溶存気体は分離してくるが，圧力の高いところで水を熱しても，溶存空気は分離しない。

▷よく出る

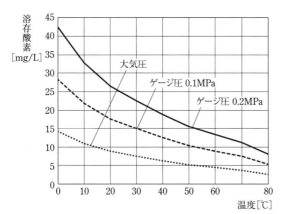

図 5.3.2　圧力，温度と溶存酸素量

配管中の空気抜き

配管中の湯に含まれている溶存空気を上手に抜くには，圧力の低いところに自動空気抜き弁を設置する。圧力の低いところでは余り多くの空気が水に溶けないので（図5.3.2），減圧で過飽和となった水から分離する空気の量が相対的に多くなるので，ここに空気抜き弁を設けると効率的に配管系内の溶存空気を減らすことができる。一方，圧力が高いところでは，多くの空気が水に溶け込める（溶存酸素）ので，効率よく空気が抜けない。

第3節　設計

　給湯設備の設計においては，給湯設備は，建築種別によっては非常に多くのエネルギーを消費するため，省エネルギー措置を講じることが必須となる。レジオネラ属菌による汚染は人命にかかわるため，十分な対策が不可欠である。また，給湯設備が供する高温の湯は，水以上に腐食性が強いため，耐久性の確保のためには十分な配慮が求められる。

設計手法（省エネルギー措置，汚染対策，給湯負荷，給湯温度及び加熱能力と貯湯容量）を覚える。

第5編　給水及び排水の管理

3.1　給湯設備における省エネルギー措置

(1)　概要

　給湯設備は多くのエネルギーを消費することから，給湯システムを構成する各部位について，省エネルギー性を十分に考慮することが重要である。

　a．加熱装置では，ヒートポンプ給湯器（エコキュート），排熱（潜熱）回収型ガス給湯器（エコジョーズ）等の高効率形機器の採用，負荷率を考慮した機器容量の設定及び太陽熱やコージェネレーション排熱などの利用を検討する。

　b．貯湯槽・配管系では，十分な断熱性能の確保，配管長の短縮及び配管径・貯湯容量の適正な設定を検討する。例えば，中央式給湯方式の循環ポンプの運転は，連続運転でなくサーモスタットで制御する間欠運転とするのがよい。連続運転が不合理ではないが，エネルギーの面で無駄が多過ぎる。

▷よく出る

　c．給湯温度の適切な管理を行う。できるかぎり給湯温度を低くする。ただし，レジオネラ症を考慮して，55℃ 以上とする。

　d．適切な給湯設備の制御方法を採用する。

　e．湯の乱費によるエネルギーと水の節水を図るため，次に示すような配慮を行う。

　　① 湯と水とは別々の水栓から出さないで，湯水混合水栓を使用する。
　　② 器具ごとに定流量弁を設置して，無駄な湯が消費されないようにする。
　f．その他の処置では，温排水との熱交換などを検討する。温排水から熱回収する場合は，間接熱交換とする。

(2) 建築物における給湯の省エネルギー基準

　平成29年4月より，従来の「エネルギーの使用の合理化等に関する法律（省エネ法）」から「建築物のエネルギー消費性能の向上に関する法律（建築物省エネ法）」に移行し，制度が変わり，一次エネルギー基準（BEI）で評価することとなった。

　給湯設備では，給湯エネルギー消費量（基準値）Esw≧給湯エネルギー消費量（設計値）Ew で適合判定を行う。

(3) 水栓での省エネルギー

　湯使用の適温と適流量について，従来は，日本人を被験者とした研究例は少なかったが，近年になって調査例がみられるようになった。シャワーは特に湯消費が大きい用途であるが，ヘッドの散水板を工夫することで，効果的に適流量を小さくすることが可能である。

　器具ごとに定流量弁を設置することも有効。

　湯の温度や流量の調整が容易な混合水栓と用いることで，調整時に無駄となる湯量を節約することができる。サーモスタット混合水栓などは設定した給湯温度となるように自動的に水と給湯の水量調整を行うため，特に効果的である（図5.3.3）。

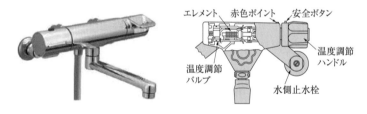

図5.3.3　サーモスタット混合水栓

3.2　レジオネラ属菌による汚染への対策

　給湯設備の汚染の中で最も深刻なのが，レジオネラ属菌によるものである。レジオネラ属菌自体は土壌などに居るありふれた常在菌であるが，微小な水滴（エアロゾル）に付着して呼吸により肺に取り込まれると，抵抗力の低下している高齢者などは肺炎を起こし，死亡する場合もまれではない。空調の冷却水や給湯設備のように，循環して使用される冷却水・給湯においてはレジオネラ属菌が繁殖しやすいため，特に注意が必要である。従来は海外での発症事例が多く報告されてきたが，日本においても平成2年頃から事例が報告されるようになり，特に入浴施設における集団感染は大きな社会問題となった。レジオネラ属菌の繁殖・活性化・感染を防止するためには，次の事項が有効である。

　① 給湯中の塩素濃度を高く維持する。

②　給湯温度を高温（一般に 55℃ 以上）に保つ。

③　エアロゾルの発生を抑える。

3.3　機器等の設計

(1)　給湯負荷の算定

　給湯負荷を算定する方法には，使用人員・戸数・室数・面積などによる方法と設置器具数による方法に大別される。両者による方法で負荷を算出し，比較検討しながら負荷を決定することとなる。

　使用人員などによる方法では，年間の給湯使用量を算定する場合は，年間平均 1 日給湯量を基に予想するが，給湯設備の機器容量や配管径などの算定に当たっては，給湯量の多い冬季を対象として，負荷の算定を行う（表 5.3.2）。

表 5.3.2　使用人員などによる年間平均 1 日給湯量等　▷よく出る

建物の種類	年間平均 1 日給湯量	ピーク時給湯量	ピーク継続時間
住宅	150〜250 L/（戸・日）	100〜200 L/（戸・h）	2 h
集合住宅	150〜250 L/（戸・日）	50〜100 L/（戸・h）	2 h
事務所	7〜10 L/（人・日）	1.5〜2.5 L/（人・h）	2 h
ホテル客室	150〜250 L/（人・日）	20〜40 L/（人・h）	2 h
総合病院	2〜4 L/（m²・日）	0.4〜0.8 L/（m²・h）	1 h
	100〜200 L/（床・日）	20〜40 L/（床・日）	1 h
飲食施設	40〜80 L/（m²・日）	10〜20 L/（m²・h）	2 h
	60〜120 L/（席・日）	15〜30 L/（席・日）	2 h

(2)　給湯使用温度

　中央式給湯設備における給湯温度は，使用温度ごとの湯を供給することは現実的でないので，一般に，60℃ 程度の給湯温度で給湯し，使用者が水と混合して適温にしてから使用する。また，レジオネラ属菌の発生を防止するためにも，ピーク使用時においても給湯温度 55℃ を確保する。なお，表 5.3.3 に用途別給湯使用温度を示す。　▷よく出る

表 5.3.3　用途別給湯使用温度・適流量

使用用途	使用適温 ［℃］	説明
飲用	85〜96	実際に飲む温度は 50〜55℃
入浴	40.1〜40.5	標準 40.5℃
ハンドシャワー	40.5±1.5	給湯量 8.5±1.5 L/min
壁掛シャワー	42.0±1.5	給湯量 13.0±1.5 L/min
洗顔・洗髪	37.5〜40	給湯量 8.5±1.5 L/min
洗面・手洗い	40〜45	小児は 40〜42℃，差し湯・追い焚きは 60℃
ちゅう房	45	皿洗い機は 60℃，皿洗い機のすすぎは 70〜90℃

洗濯	39	手洗い洗濯
温水プール	25～28	冬季は30℃前後（競技は25℃）

(3)　加熱能力と貯湯容量の算定

　加熱装置の能力には，単位時間内に水を加熱することのできる加熱能力とピーク使用時に対してどの程度湯を貯えられるかという貯湯容量がある。

　　a．貯湯容量のないもの

　　　瞬間式給湯機，貫流ボイラーなどは貯湯容量を有していないので，必要に応じて，別にコイルなし貯湯槽を設ける。

　　b．貯湯容量のあるもの

　　　ボイラー，真空式温水発生機，無圧式温水発生機などは，貯湯容量を有している。ヒートポンプなど電気を加熱源として使用する場合には，時間当たりの加熱能力が小さいので，貯湯量がかなり大きくなる。また，貯湯槽を開放形とする場合も多く，さらに給湯使用時の補給水による温度低下を避けるために，貯湯槽を開放形として，使用時間帯には給水を行わないようにする場合もあり，この場合には給水は貯湯槽内の水位によって制御する。

(4)　加熱方式

　加熱方式には，間接加熱方式と直接加熱方式がある（図5.3.4）。加熱装置の能力単位は［W］。［W］は［J/s］と同じで，1秒当たりの熱量をいう。

　　a．直接加熱方式

　　　直接加熱方式は，文字通り，加熱コイルなどを使用せず水を直接加熱する方式である。

　　b．間接加熱方式

　　　間接加熱方式は，蒸気や高温水を熱源として，加熱コイルなどの熱交換器を介して給湯用の水を間接的に加熱する方式である。

(5)　貯湯槽の容量

　貯湯槽の容量は，ピーク時の必要容量の1～2時間分を目安に加熱能力とのバランスから決定する。加熱能力を小さくすればするほど，反比例で貯湯容量は大きくなる。

　また，貯湯槽の容量が小さいと，加熱装置の発停回数が多くなることになる。

　貯湯槽が密閉式で，かつ第一種圧力容器の適用を受ける場合で給湯を停止できない施設では，年1回の法定性能検査のため開放点検で，約1週間使えなくなるので，交互に検査が受けられるように貯湯槽の台数分割を検討する。

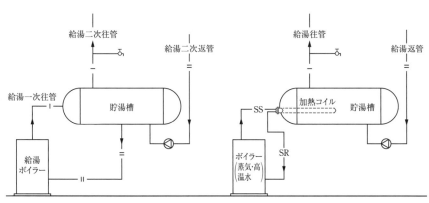

（a）直接加熱方式　　　　　　　　　　　（b）間接加熱方式

図5.3.4　加熱方式の分類

(6)　給湯循環ポンプと配管径

　a．給湯循環ポンプ

　　中央式給湯方式にあって給湯循環ポンプは，湯待ち時間を解消するためお湯を循環させるもので，返り管温度を往管と5℃差以内に抑えるために設けられる。給湯循環ポンプの揚程は，この循環流量が各循環管路に配分された場合の，最も摩擦損失水頭※の大きい循環管路における摩擦損失水頭となる。こうすれば，摩擦損失が小さいところでも問題なく循環する。

　b．演習1（循環量）

　　【問題】循環配管の管長が60 m，循環配管からの単位長さ当たりの熱損失が40 W/m の給湯設備で給湯循環流量を算出した場合，その値として最も近いものは次のうちどれか。ただし，加熱装置における給湯温度と返湯温度の差を5℃とする。

　　【解答】循環水量は，配管からの熱損失に比例し，温度差に反比例する。給湯配管からの熱損失単位は［W（ワット）］。

　　循環ポンプの循環流量は，循環配管系からの放散熱量より求める。

　　　$Q = 0.0143 \times H_L \div \varDelta t$

　　　ここで，Q：循環流量［L/min］，H_L：循環配管からの放散熱量［W］

　　　　　　　$\varDelta t$：加熱装置における給湯温度と返湯温度との差［℃］

　　　$0.0143 \doteqdot 3600 \mathrm{J/(W \cdot h)} / \{4186 \mathrm{J/(kg \cdot ℃)} \times 1\,\mathrm{kg/L} \times 60\,\mathrm{min/h}\}$［℃/W］

　　数値を代入して計算する。まずは H_L を求める。

　　　$Q = 0.0143 \times 40 \times 60 \div 5 = 6.864$［L/min］

　c．配管径

　　給湯配管の管径は，給水管の場合と同様に，ピーク時の湯の流量をもとにして，水圧の低い箇所においては許容動水勾配により，水圧の十分ある場合には流速が1.5 m/s 程度以下になるよう

図5.3.5　銅管の潰食例

湯待ち時間

給湯栓を開放してから所定の温度の湯が出てくるまでの時間をいう。配管の方法や長さにより，初めに流出する温度の低下した水を少なくし，節水と給湯性能の向上を計るために，その評価尺度として用いられる。

▷よく出る

摩擦損失水頭

配管内を水が流れると管壁で摩擦抵抗を受けエネルギーを損失して，出口での水圧は配管途中の摩擦損失により，入口より水圧が下がることになる。摩擦損失水頭は，配管途中の摩擦損失を水の高さ（水頭＝圧力）で表したもの。単位は［m］で，圧力の単位である。

潰食（エロージョン・コロージョン）

比較的速い流れのある場合に材料が受ける局部腐食で，給湯用銅管でよく経験する（図5.3.5）。銅管表面に馬蹄型の損傷跡を残すのが特徴で，水流のせん断力によって表面の保護被膜を破壊し，その後は電気化学的機構により銅の溶出が促進される。給湯銅配管ではエルボのような曲がり部直後で，負圧箇所が生じ，溶存酸素が気泡化し，これが潰れることで大きな物理的力が作用して，潰食を生じることが知られている。

に，使用する配管の流量線図から求める。<u>ポンプ揚程が過大となる状況で銅管を使用する場合では，潰食の原因となるため，常時湯の流れる給湯返管における流速は 1.2 m/s 以下とすることが望ましい。</u>

<u>給湯返管の管径は，一般に給湯管の管径の半分程度である。</u>

第4節 **給湯用機器**

給湯用機器には，ボイラ，その他ボイラ，温水発生機，ガス機器，貯湯槽，循環ポンプ及び安全装置等がある。

4.1　ボイラ

ボイラは，伝熱面積※とゲージ圧力により，ボイラー，小型ボイラー，簡易ボイラー※に分類される（労働安全衛生法施行令第一条（定義））（図 5.3.6）。

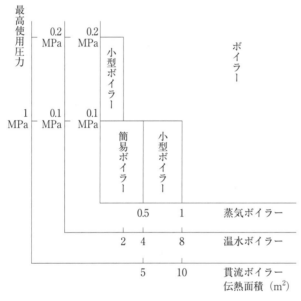

図 5.3.6　ボイラーの種類

4.2　その他ボイラ及び温水発生機

法律で定めるボイラ等は，ボイラー取扱作業主任者等の運転資格者が必要であるが，小・中規模の設備では運転資格の必要のない貯湯式給湯ボイラ，瞬間式給湯ボイラ，真空式温水発生機，無圧式温水発生機，先止め式ガス瞬間式湯沸器，貯湯式湯沸器（電気温水器）及び貯蔵式湯沸器等がよく採用される。

(1)　貯湯式給湯ボイラ

缶体内部の多量の缶水を加熱して給湯する。この貯湯熱量がボイラ定格給湯量の補助能力の役割をして，短時間内に多量の湯を供給できるので，ホテルや寮・病院・養護施設・学校・工場・レジャー施設などの給湯・浴場・ちゅう房設備などに広く使用される。

給湯用機器（ボイラ，その他ボイラ，温水発生機，ガス機器，貯湯槽，循環ポンプ及び安全装置）の概要を覚える。

簡易ボイラー
簡易ボイラーは，労働安全衛生法施行令第十三条第二十五号に定めるもので，簡易ボイラー等構造規格の遵守が義務付けられているが，都道府県労働局，労働基準監督署または登録性能検査機関などによる検査は義務付けられていない。（法令で定義された用語ではない）

伝熱面積（heating surface area）
熱交換装置の伝熱に寄与している表面の面積をいう。ボイラーなどで伝熱量を計算するのに必要な数値である。

※基本的に「ボイラー」表記は法律用語としている。

　また，比較的設置面積も少なくてすみ，据付けも容易であるが，構造上貯湯量がある程度制約されるので，主に小・中規模の設備に適している。

(2)　瞬間式給湯ボイラ（給湯用貫流ボイラ）

　瞬間式給湯ボイラは一般的に貫流ボイラで代表される（図 5.3.7 (a)）。給湯用貫流ボイラは，水管で構成され，耐圧性に優れており缶水量も少ないので法規上の区分や取扱い資格は貯湯式給湯ボイラに比べて緩和されている。しかし，出湯量の変化により出湯温度も変化するのでシャワー設備の給湯などに用いるときは注意が必要である。

(3)　真空式温水発生機

　減圧温水機とも呼ばれている間接加熱方式の温水発生機で，定格出力 40〜2900 kW 程度の機種が多く使用されている（図 5.3.7 (b)）。本体内は常に大気圧以下の真空状態に保たれ，熱媒を蒸発させて内部の熱交換器で熱交換を行い，湯を供給する。

(4)　無圧式温水発生機

　開放形温水機とも呼ばれている間接加熱方式の温水機で，定格出力 40〜2900 kW 程度の機種が多く使用されている。本体内は常に大気圧の状態に保たれ，熱媒を温め内部の熱交換器で熱交換を行い，湯を供給する。

(5)　汽水混合装置

　汽水混合装置は，タンク内に挿入し，蒸気を直接，水に吹き込むことで温水を得るための装置で，サイレンサーと呼ばれている。最近は，余り使用されていない。

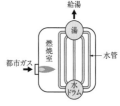

(a) 瞬間式給湯ボイラ

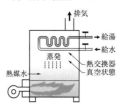

(b) 真空式温水発生機

図 5.3.7　その他ボイラ及び温水発生機

4.3　その他の機器

(1)　先止め式ガス瞬間式湯沸器

　ガス瞬間湯沸器は，給水栓を回して水が流れると，流れを利用したダイアフラム弁によってガス栓を開けてガスを点火し，コイル状の給水管を通過中の水を加熱する構造となっている。給湯に連動してガス通路を開閉する機構を備え，最高 85℃ 程度まで上げることができるが，通常は 40℃ 前後で使用される。16 号，24 号等の表示があるが，号数とは，ガス給湯器の能力を表すもので，水温＋25℃ のお湯を 1 分間に何リットル給湯できるかを表している。たとえば，16 号であれば，水温 15℃ の水を 25℃ アップの 40℃ のお湯にした場合，1 分間に 16 リットル出湯できることになる。給湯栓が 1 ヵ所だけの元止め式と，給湯栓が 2 ヵ所以上ある離れた場所で使用できる先止め式がある。

　先止め式は，離れた所や複数の場所に給湯することが可能で，通常，1 つの建物を 1 つの熱源で給湯する場合の給湯器は先止め式ということになる。水栓も市販のさまざまなものが使用可能で，先止め式は給湯器より先で水を止めるので，給湯器に水圧がかかることになる。膨張水が発生するため，排水ホッパーや逃がし弁も必要で，配管も複雑になる。

　この給湯機を複数台ユニット化し，大能力を出せるようにしたガスマルチタイプ給湯機も使用されている。主に業務用に利用される。

▷よく出る
1 号の加熱能力は 1.74 kW である。

　ガス瞬間式給湯機には，給湯の他にセントラルヒーティング用の回路を内蔵したガス給湯暖房熱源機もある。

　排熱(潜熱)回収型ガス給湯器（エコジョーズ）は，従来のガス給湯器と違って，今まで使わずに捨てられていた200℃の排気熱（潜熱）を有効に利用して，あらかじめ給水を温めることで，少ないガス消費量で，効率よくお湯が沸かせる機器である。

(2)　貯湯式湯沸器（電気温水器）

　貯湯槽内に貯えた水を，湯温に連動して自動的に加熱する機能を有し，加熱能力と貯湯容量を有している加熱装置である（図5.3.8）。一般に，貯湯容量は60〜480 L 程度である。貯湯部が密閉されており，貯湯部にかかる圧力が100 kPa 以下で，かつ，伝熱面積が4 m² 以下及び 100 kPa を超え 200 kPa 以下で，かつ伝熱面積が2 m² 以下の構造のものである。配管には，減圧弁，安全弁（逃がし弁）及び逆止弁等を必ず設ける。

　小型のものは，洗面台下等に設置され，局所式に利用される。

　近年，家庭用・業務用ともに普及が進んでいる自然冷媒ヒートポンプ給湯機がある。エコキュートとも呼ばれ，炭酸ガス（CO_2）を冷媒としたヒートポンプの原理を利用し，大気中の熱エネルギーを給湯の加熱に利用するもので，未利用エネルギー回収用の給湯用熱源機として利用される。湯の最高沸き上げ温度は90℃ である。

(3)　貯蔵式湯沸器

　貯蔵式湯沸器は，ボールタップを備えた小型の開放形貯湯槽に，貯えた水を一定温度に電気加熱して給湯する給水用具である（図5.3.9）。水圧がかからないため湯沸器設置場所でしか湯を使うことができない。事務所，病院等の湯沸室に設置され，90℃ 以上の高温の湯が得られることから，飲用として利用される。

深夜電力利用の電気温水器
過去には大型のものは，深夜電力利用の電気温水器と呼ばれた。深夜電力利用の温水器が登場したのは，深夜の余剰電力の有効利用を図るために，安く設定した深夜電力料金制度が発足した年と同じ昭和39年からである。

図 5.3.8　貯湯式湯沸器

図 5.3.9　貯蔵式湯沸器

(4)　太陽熱利用の温水器

　太陽熱利用の集熱部は，住宅用の自然循環式のものは，太陽熱利用温水器と呼ばれ，集熱ポンプによって水を強制循環させて集熱するものは太陽熱コレクターと呼ばれている。集熱版式のもの，真空管式のもの，ヒートパイプを利用したもの等さまざまな製品がある。

　一般に，集熱器と貯湯槽が一体で構成されている。

4.4　貯湯槽

　加熱コイル付き貯湯槽は，蒸気などの高温の熱媒が容易に得られる場合に一般的に使用される。

　貯湯槽の材質は，昭和 56（1981）年ごろから，オーステナイト系ステンレス鋼 SUS304 ＋電気防食，その後フェライト系ステンレス鋼 SUS444 製が使用されるようになった。現在は材料の性質上，電気防食しなくても応力腐食割れが防止できることで注目される SUS444 製が主流となっているが，他の孔食やすきま腐食は，オーステナイト系と同様に避けられない。

4.5　循環ポンプ

　中央式給湯方式に使用する循環ポンプは，耐食性及び背圧に耐えることができるものを選定する必要がある。

4.6　安全装置

(1)　安全装置の構造

　安全装置に関しては，「建築基準法施行令第百二十九条の二の五給水，排水その他の配管設備の設置及び構造」に規定されている。

建築基準法施行令第百二十九条の二の五　給水，排水その他の配管設備の設置及び構造

　四　圧力タンク及び給湯設備には，有効な安全装置を設けること。

　五　水質，温度その他の特性に応じて安全上，防火上及び衛生上支障のない
　　　構造とすること。

(2)　安全装置の種類

　ボイラー・貯湯槽・貯湯湯沸器（電気温水器）など密閉した容器で水を加熱すると，体積が膨張し，容積が変わらないので圧力が上昇する。これら圧力上昇を抑える安全装置には，密閉式膨張水槽，逃がし管及び逃がし弁がある。

　　a．密閉式膨張水槽

　　　集合住宅の住戸中央式給湯設備の場合には，密閉式膨張水槽を設ける。
　　　密閉式膨張水槽には，圧力水槽と同様に，水槽内の気体が水に溶解して
　　　減少しないように配慮されたダイアフラムを用いた，隔膜式あるいはプ
　　　ラダ式のものが多く使用されている。
　　　密閉式膨張水槽は，密閉された水槽内の片側に気体を圧縮貯蔵し，湯側
　　　の膨張を吸収する構造となっている（図 5.3.10）。この密閉式膨張水槽

ポンプの背圧
ポンプが停止しているときにポンプ吸込み側にかかる圧力。ポンプの耐圧仕様に関連する。

第 5 編　給水及び排水の管理

に逃し弁を設ける場合は，逃し弁の設定圧力は膨張水槽にかかる給水圧力よりも高くする。

b．逃がし管

逃がし管は，安全装置であり，常に開放しておくことが重要であるので，途中に誤って閉じられるおそれのある止水弁を設けてはならない。膨張管ともいう。湯の密度は水の密度よりも小さいので，逃がし管は，開放式膨張水槽の水面よりも高く立ち上げ，昇温時膨張量の湯が逃がし管から開放式膨張水槽へ流れるようにする（図5.3.1参照）。

c．逃がし弁

逃がし弁は，一次側の圧力が，あらかじめ設定された圧力以上になると，弁体が自動的に開いて過剰圧力を外部に逃がし，圧力が所定の値に降下すると自動で閉じる機能を持つ器具である（図5.3.11）。したがって，逃がし弁には，加熱時に膨張した湯を逃がすための排水管を設ける必要がある。貯湯槽の安全装置として，逃がし管の代わりに逃がし弁を設けてもよい。

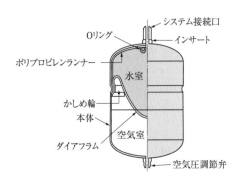

図5.3.10　密閉式膨張タンク

図5.3.11　逃がし弁

第5節　配管材料

　給湯管及び継手は，布設場所の環境，地質，管が受ける外力，気候，管の特性及び通水後の維持管理などを考慮し，最も適切な管種及びそれに適合した継手を選定する（表5.3.4）。なお，給湯設備に用いる金属材料の腐食速度は，温度が高い分，同じ材料が給水設備で使用される場合よりも速くなる。

代表的な管種とその使用上の留意点を覚える。

▷よく出る

応力腐食割れ

応力腐食割れは，SUS304鋼等で見られる，早期に亀裂の腐食形態を示す局部腐食である。応力腐食割れの発生条件としては，次の3因子が知られている。

①材料因子（オーステナイト鋼のSUS304で起こりやすい。）

②力学因子（引張応力が残留又は外部応力として働

表5.3.4　管種ごとの使用上の注意点

管種	使用上の留意点
耐熱性硬質塩化ビニルライニング鋼管	管端防食継手でねじ接合となる。使用温度は，90℃以下
ステンレス鋼鋼管	ステンレス鋼鋼管は，酸化被膜による母材の不動態化によって耐食性が保持される。 曲げ加工を行った場合には，応力腐食割れ※の原因になる。

	ステンレス鋼鋼管は，すき間腐食（すきま部は酸素の供給が不足がちになるので不働態皮膜が不安定になり腐食する），もらい錆等による腐食が生じる可能性がある。
耐熱性硬質ポリ塩化ビニル管	使用温度は，90℃ 以下
銅管	給湯返管に用いる場合は，潰食を考慮して管内流速を1.2 m/s 以下とする。 循環配管を設けない一過式配管において腐食の発生がほとんどない。
ポリブテン管 架橋ポリエチレン管	線膨張係数※［m/(m・℃)）について，金属管（例えばステンレス鋼鋼管）と合成樹脂管（たとえば架橋ポリエチレン管）とを比べると，合成樹脂管の方が一桁ほど大きくなる。具体的には，ステンレス鋼鋼管・銅管の係数が 0.00001 程度で，架橋ポリエチレン管の係数が，0.0001～0.0002 程度である。 使用温度は，95℃ 以下。

いている）
③環境因子（溶存酸素があり，塩化物イオン濃度が高い水質）

(1)　耐熱性硬質塩化ビニルライニング鋼管

①　耐熱性硬質塩化ビニルライニング鋼管は，鋼管の内面に耐熱性硬質塩化ビニルをライニングした管である。連続使用許容温度は90℃ 以下である。

②　管取扱いの注意事項は硬質塩化ビニルライニング鋼管と同じである。

(2)　耐熱性硬質ポリ塩化ビニル管

①　硬質ポリ塩化ビニル管を耐熱用に改良したものである。

②　90℃ 以下の給湯配管に使用できる。JIS 規格では，水温に応じ設計圧力（使用時に管に加わる最大圧力）が規定されている。

③　金属管と比べ温度による伸縮量が大きいため，配管方法によってその伸縮を吸収する必要がある。瞬間湯沸器には，使用してはならない。

④　樹脂管を温度の高い湯に使用すると，塩素による劣化が生じやすい。

⑤　プラスチック管の耐熱・耐圧特性を配慮する。

金属材料では合成樹脂管に熱応力が長時間継続してかかると，材料変形が時間とともに進んで合成樹脂管の機械的特性を失った状態となるクリープ劣化※が顕在化する。すなわち，最高使用圧力は，使用温度が高くなると低下する。

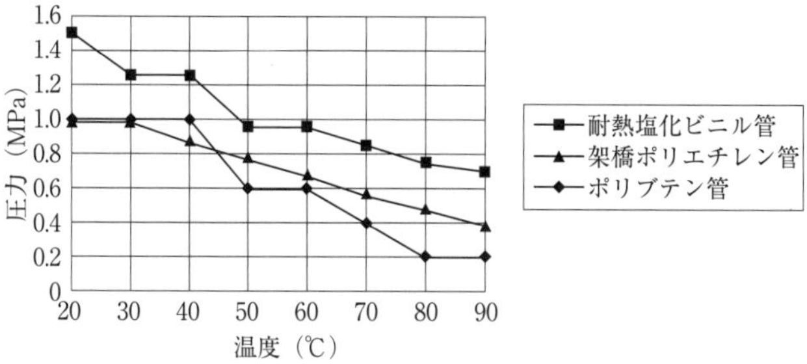

図 5.3.12　プラスチック管の耐熱・耐圧特性

線膨張係数
単位は［1/K］。温度の上昇に対応して長さが変化する割合を線膨張係数［m/(m・K)］という。また，同様に体積の変化する割合を体積膨張率といい，線膨張率を α，体積膨張率を β とすると $\beta \fallingdotseq 3\alpha$ の関係がある。

クリープ劣化
樹脂管を瞬間湯沸器系など高温の湯が流れる系に使用する場合は，温度により圧力の許容値（上限値）を確認する（図 5.3.12）。

第6節 配管

6.1 供給方式と配管方式

中央式給湯方式の配管方式を覚える。

▷よく出る

(1) 供給方式

　a. 中央式給湯方式

　　中央式給湯方式の場合には，設定した給湯温度を保持する目的で，一般に給湯返管の貯湯槽直近に給湯循環ポンプを設ける。

　　循環式給湯設備の下向き配管方式における給湯横主管は，1/200 以上の下り勾配とする。

　　配管内の空気や水が容易に抜けるように凹配管とはしない。やむを得ず凹配管となる場合は，水抜きのための仕切り弁を設ける。

　　ただし，業務用ちゅう房のように，いったん湯を出し始めたら連続的に給湯を使用するような場所には，給湯返管を設けない場合もある。

　b. 局所式給湯方式

　　局所式給湯方式ではほとんど給湯返管を設けていない 1 管式としている。そのため，湯待ち時間を短くするために可能な限り給湯箇所の近くに加熱装置を設置する。

(2) 配管方式

　給湯設備における湯の必要循環量は，一般には小流量であり，給湯配管はこの流量に対して十分太いので，循環流量による摩擦損失水頭は無視できることになり，リバースリターン方式を採用しても，最遠の循環管路に最も湯がよく循環することになり，強制循環式給湯配管においては，リバースリターン方式を採用する意味はない（図 5.3.13）。

▷よく出る

　レジオネラ属菌対策として，配管内を 55℃ 以上に保つためには，配管系統全体を，まんべんなく循環させる必要があり，給湯返管に定流量弁※を設置して，返湯量を均等化させる方法もある。

定流量弁（図 5.3.14）
　定流量弁は，一次側の圧力にかかわらず，ばね，オリフィス，ニードルなどによる流量調整機構によって，流量が一定になるよう調整する給水用具である。

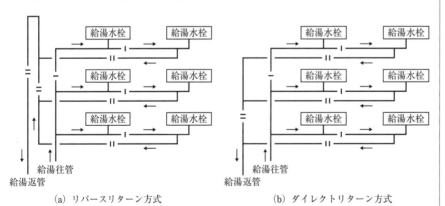

(a) リバースリターン方式　　　　(b) ダイレクトリターン方式

図 5.3.13　給湯配管方式

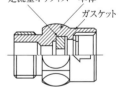

定流量オリフィス　本体

ガスケット

図 5.3.14　オリフィス型定流量弁

6.2 伸縮管継手

▷よく出る

　給湯配管の熱伸縮量を吸収させるため配管形状は，可とう性を持たせ，長い

直線配管には伸縮管継手を設ける。一般に，ステンレス鋼鋼管・銅管の場合の単式の伸縮継手の設置間隔は 20 m 程度，ライニング鋼管の場合は 30 m 程度とする。

伸縮管継手には，スリーブ形伸縮管継手とベローズ形伸縮管継手がある（図5.3.15）。

(a) スリーブ形伸縮管継手

スリーブ形伸縮管継手は，スリーブがパッキン部をすべって管の伸縮量を吸収する形式でベローズ形伸縮管継手に比べて伸縮の吸収量が大きい（200 mm 程度）。上手く滑って座屈しないように管継手直近の配管にガイドを設ける。

(b) ベローズ形伸縮管継手

ベローズ形伸縮管継手は，個々の銅製またはステンレス鋼製Ω型ベローズが変形して管の伸縮を吸収する形式で，伸縮の吸収量は制限があり小さい（単式で 35 mm 程度）。ベローズが一対の単式と二対の複式がある。

なお，ベローズ形伸縮管継は，ベローズの疲労破壊により漏水することがある。

(a) スリーブ形　　　　　　(b) ベローズ形（単式）

図 5.3.15　伸縮管継手

第7節　維持管理

7.1　一般事項

(1) 給水設備に準じた管理

昭和 57 年厚生省告示第 194 号は，平成 15 年厚生労働省告示第 119 号により改正され，貯水槽に貯湯槽が含まれることになり，給湯設備も飲料水の給水設備に準じて保守管理が必要となった。したがって，貯湯槽の清掃はほぼ給水の貯水槽に準じて行うものとし給湯設備の点検，補修及び保守管理もほぼ給水に準じることになった。

給湯設備の防せい剤の使用も飲料水と同じ扱いとなるので，その保守管理について衛生上において十分留意する必要がある。

給湯配管においても，給水設備におけると同様に給湯が汚染されないようにしなければならない。この点においては吐水口空間の確保やバキュームブレーカの設置等給湯管への逆流防止対策が完全に保持されていることが大切である。

　また，中央式給湯方式の給湯においては，加熱により残留塩素が消滅するので，その水質には十分留意する必要がある。給湯の水質検査も，給水の水質検査時に同時に行う必要がある。

(2)　給湯温度の管理

　給湯温度の管理も大切で，給湯温度が低いと湯が乱費され，レジオネラ症の発生の原因となるので，中央式給湯設備においては，常時は給湯温度を60℃程度に維持し，ピーク使用時においても給湯温度が55℃以下にならないようにする。なお，当該給湯設備の維持管理が適切に行われており，かつ，末端の給水栓における当該水の水温が55℃以上に保持されている場合は，水質検査のうち，残留塩素の含有率について検査を省略してもよいこととされている。

▷よく出る

(3)　停滞水防止の管理

　給湯設備内における停滞水の防止は，給湯水の衛生を確保する上で給湯温度と並んで重要である。停滞水による障害は，細菌汚染以外に機器や配管などからの金属類が溶出するという問題を引き起こす。

　停滞水となっていた予備の加熱装置が原因と思われるレジオネラ症の発生や循環経路が短絡し停滞水となっていた配管系が，レジオネラ属菌や従属栄養細菌の生息域になっていたという事例が報告されるなど，停滞水は細菌汚染の原因となることが示唆されている。

　停滞水を防止するためには，給湯設備全体での保有水量が給湯使用量に対して適正な容量であること，配管内を含めて死水域が給湯設備内に生じていないことを定期的に確認すること及び滞流水の定期的な放流が重要である。

▷よく出る

　具体的には，貯湯槽が複数ある場合は，停滞水の防止のため，使用しない貯湯槽の水は抜いておく。また，貯湯槽は，定期的に底部の停滞水の排出を行う。

　である。

(4)　給湯水の白濁

　給湯栓から出る湯が分離気体によって白濁する場合は，自動空気抜き弁の空気排出口が詰まっている可能性がある。

7.2　給湯用機器

(1)　ボイラー及び圧力容器

　　a．ボイラー及び圧力容器安全規則第三十二条の規定に基づく小型圧力容器以外の第一種圧力容器及び小型ボイラー以外のボイラーに該当する貯湯槽や給湯ボイラーは，1月以内ごとに1回，定期自主検査を行い，1年以内ごとに1回，労働基準監督署の性能検査を受けなければならない。また，小型圧力容器及び第二種圧力容器及び小型ボイラーに該当するものは，1年以内ごとに1回，定期自主検査を行わなければならない。

▷よく出る

　　　　同規則第三十八条の性能検査等の規定によると，ボイラー検査証の有効期間の更新を受けようとする者は，当該検査証に係るボイラー及び第十四条第1項各号に掲げる事項について，法第四十一条第2項の性能検査

を受けなければならない。

b．真空式温水発生機，無圧式温水発生機等労働安全衛生法の規定によるボイラーに該当しないものも毎日外観検査を行い，1 年以内ごとに 1 回，定期的に検査をする。

c．給湯温度が上昇しない，あるいは温度が上昇しすぎる場合には，加熱装置，熱源の供給装置あるいは自動制御装置に異常があるか，使用量が多すぎると考えられるので原因を調査して，原因に応じた修理あるいは対策を講じる。

加熱装置にはさまざまなものがあり，それぞれメーカーの取扱説明書をよく読んで，それに従って保守管理を行う。加熱装置はマイコンを組み込んで制御しているものが多いので不用意に分解等しないのがよい。

(2)　貯湯槽

a．毎日，貯湯槽の外観検査を行い，漏れ，圧力計や温度計等の計器の異常，保温材の損傷，鉄骨製架台等鉄部の発錆状態，周囲の配管の状態等に異常がないかを点検し異常があれば修理する。レジオネラ属菌その他の細菌汚染防止として，貯湯槽に接続される給湯管及び給湯返管の貯湯槽近傍に温度計を設置し，給湯温度・返湯温度を定期的に計測し給湯温度が 60℃（最低でも 55℃）になるように設定温度を調整し，また返湯温度が 50℃ 以下とならないようにする。

b．停滞水の防止には，給湯設備内の保有水量が給湯使用量に対して過大とならないように，貯湯槽等の運転台数をコントロールし，使用しない貯湯槽の水は抜いておく。なお，休止後운転を再開するときは，点検・清掃を行い，設定温度になるように十分な時間をかけて系統内を加熱してから使用する。また，貯湯槽は，循環ポンプによる貯湯槽内の水の攪拌及び貯湯槽底部の停滞水の排出を定期的に行い，貯湯槽内温度を均一に維持する。

c．労働安全衛生法に基づく性能検査の際には，検査に先立ち，貯湯槽周囲のバルブを止め，貯湯槽内の湯を排出し，マンホールふたを開けて，槽内が冷却してから，換気を行いながら槽内に入り，内部を清掃する。このときに内部の状況をよく観察し腐食の有無，ライニングの状態，加熱コイルの状態，流電陽極式電気防食が施されている場合には，その犠牲陽極の状態等をよく調べる。外部電源式電気防食の場合は，電極の設置状態や通電状態の確認と防食電流の調整を行う。補修の必要があれば，性能検査後に補修を行う。不明な点や納得できない点があれば，検査官に質問をして指導を受けるのもよい。性能検査後，マンホールふたを閉じるときは，パッキンを新しいものに取り替える。なお，労働安全衛生法に基づく性能検査が必要ない場合でも，1 年に 1 回は上記の要領で内部の点検を行うのがよい。土中埋設管における流電陽極式電気防食法と外部電源式電気防食法※を図 5.3.16 に示す。土中を貯湯槽に置き換えて理解するとよい。

流電陽極式電気防食法と外部電源式電気防食法

SUS304 製貯湯槽で使用される流電陽極式電気防食では，鋼よりもイオン化傾向の大きな（＝錆びやすい）金属を接続しておくことで，金属が錆びる要因が発生した際に優先的にそちらが錆び，鋼が守られるという仕組みで防食する方法である。この錆びやすい金属のことを「犠牲陽極」といい，マグネシウム等が使用される。

一方，外部電源式電気防食では，貯湯槽内に白金ワイヤーを張り，これに外部電源から電流を流し（これを防食電流という），これにより鋼の電位を下げて，腐食反応を起こさないようにする方法である。この場合，電極の設置状態や通電状態が不安定だったり，防食電流の調整ができていなかったりすると，うまく電位差をキャンセルできず，下手すると腐食を助けること（過防食）にもなってしまうので注意が必要である。

この電気防食は，SUS304 では採用され，SUS444 では採用されない。

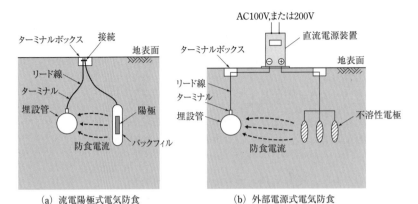

（a）流電陽極式電気防食　　　　　　（b）外部電源式電気防食

図 5.3.16　土中埋設管における電気防食の概念図

d．開放形の貯湯槽の場合には，外部からの汚染の経路となりやすいマンホールの気密性，オーバフロー管の防虫網の完全性等を点検・保守する。また，開放式の貯湯槽が冷却塔の近くに設置されている場合には，レジオネラ属菌の侵入のおそれが高いので，清掃回数は必要に応じて多くし点検・保守を入念に行う。

e．貯湯槽は，定期的に底部の停滞水の排出を行う。

(3)　給湯循環ポンプ

給水設備のポンプに準じるが，ポンプメーカーの取扱説明書に従って保守管理する。ポンプが複数設置されている場合は，各ポンプが均等に稼働するように交互運転を行う。1年に1回作動確認を兼ねて分解・清掃を実施する。

(4)　逃がし弁・自動空気抜き弁

a．逃がし弁は必要に応じてレバーハンドルを操作させて作動を確認する。

b．自動空気抜き弁は，バルブからの水漏れがある場合には，弁座にごみ等をかんでいるので分解・清掃する。

c．自動空気抜き弁は，湯の中に気体がほとんど含まれていない場合や圧力の高い位置に設置されていて湯の中の空気が分離しない場合等には作動の確認は難しいが，水圧の低い位置の給湯栓から出る湯が，分離気体によって白濁するような場合には，自動空気抜き弁の空気排出口が詰まっていることが考えられるので，近くに設置された自動空気抜き弁を点検し，必要に応じて分解・清掃する。

7.3　給湯系統配管

腐食，水漏れ，逆流のおそれの有無，保温材被覆状態の点検及びバルブの開度の調整は，給水系配管の場合と同様に行う。配管系統の末端や使用頻度の少ない給湯栓等，給湯温度が低い箇所を把握し，定期的（1日1回程度）に停滞水の放流を行い，温度測定を行う。

▷よく出る

a．各配管に給湯水を均等に循環させるため，給湯返管に設けられているバルブにより開度調節を行う。なお，流量調整を行うためには，仕切弁でなく玉形弁を使用する。

b．給湯配管は，1年に1回以上厚生労働省告示に基づく給水系統配管の管
　洗浄に準じて管洗浄を行うことが望ましい。なお，レジオネラ属菌が検
　出された場合には，内面にスライムが形成されているおそれがあるの
　で，枝管等を含めて配管全体について管洗浄を行う。

c．各種バルブなどについては，1年に1回以上分解掃除を行う。

d．シャワーヘッドや水栓のこま部は，6カ月に1回以上定期的に点検し，
　1年に1回以上は分解掃除を行う。
　また，器具のワッシャに使用される天然ゴムは，レジオネラ属菌に限ら
　ず細菌の格好の栄養源となるので，クロロプレン系等の合成ゴムのもの
　に交換する。

7.4　水質管理

⑴　水質検査

　給湯水の水質を衛生学的に良好な状態に維持するためには，定期的な水質検
査によって現状を把握し，適切な維持管理を行う必要がある。

⑵　水質検査結果に対する対策

　給湯水の水質検査の結果，基準値を超える一般細菌が検出された場合または
レジオネラ属菌の汚染が認められた場合には，可能な限りその原因を究明し，
対策を講じて改善する必要がある。必要に応じて次の対策を組み合わせて対応
することが望ましい。また，レジオネラ属菌の検査を自主的に実施することが
望ましい。

　①　給湯水の循環状況について確認し，停滞水をなくす。

　②　換水（強制ブロー）する。

　③　貯湯槽等を清掃する。

　④　加熱処理（約70℃で約20時間程度循環）やフラッシングを行う。

　⑤　高濃度塩素により系内を一時的に消毒する。

　⑥　貯湯温度を60℃，給湯温度を55℃以上に保持する。

　⑦　細菌検査の回数を増やす。

第4章　排水通気設備とその維持管理

学習のポイント

1. 下水道の種類，排除方式及び所管官庁を学習する。
2. 排水の水質に関する特徴を学習する。
3. 排水槽の構造等を学習する。
4. ポンプの用途別種類を学習する。
5. 排水管の勾配，施工上の留意点，間接排水を学習する。
6. 通気管の種類と構造を学習する。
7. 排水トラップの種類と破封現象を学習する。
8. 阻集器の構造，種類を学習する。
9. 雨水浸透方式を学習する。
10. 掃除口の位置，ます（排水ます・雨水ます）の構造を学習する。
11. ちゅう房排水の処理方法・排水水質の特徴・腐食対策・防臭対策を学習する。
12. 排水設備の維持管理（清掃頻度，排水槽の清掃，排水ポンプ及び付属品の点検，排水管・通気管の保守，グリース阻集器の管理及び清掃機器）を学習する。

　人の居住する建物では，水の使用とそれに伴う排水は不可欠であり，万一排水管が詰まって便所等が使えないようになると，建物の使用にも重大な支障をきたす。

　排水をスムーズに流し，下水からの悪臭と害虫の侵入を防ぐために，排水トラップが設けられているが，これの封水の破封防止のために通気管を設ける。

　排水が漏れたり，溢れたりして建物を汚損すると，室内が非衛生的となるので留意が必要である。

　また，排水が速やかに敷地外に排除されても，下水道や公共用水域を汚染するような水質の排水を流せば，公共用水域の汚染を助長することになる。

　そして，排水管理の意義は，排水に関する設備が正常に機能を果たすように日常及び定期的に維持管理を行い，室内の衛生的環境を保持するとともに，関連法規を遵守して生活環境の保全に資することである。

第1節　下水道

1.1　排水の排除方式

　排水の排除方式は，下水道の有無などによって制約される。下水道が利用できない場合には，公共用水域もしくはこれに接続された水路へ排水を排除する。下水道では，流入下水について排除基準を設けており，<u>建物から排出する排水が基準に適合しない場合には，除害施設※などを設けることと規定されている</u>。近年，大都市の一部では，下水道管の容量が不足するために規制を設け，排水再利用の推進，雨水の利用及び夜間の排水放流などを指導している場合もある。

　<u>下水道の排除方式には，分流式と合流式がある。</u>汚水と雨水を別の管きょ※

下水道の種類，排除方式及び所管官庁を覚える。

除害施設
下水道に対する閉塞等の障害を排除するために，設ける施設。

系統で排除するものを分流式といい，<u>汚水と雨水を同一の管きょ系統で排除するものを合流式いう</u>。参考に建物内で使用している用語の意味と異なるので注意すること（表5.4.1）。下水道の種類は，公共下水道，流域下水道及び都市下水道の３つがある。

表 5.4.1　下水道の排除方式

方式	下水道法（公道下埋設）	（参考）建築基準法上（建物内）
分流式	2本（汚水系統，雨水系統）	<u>排水管２本以上（汚水系統，雑排水系統，排水系統他）＋雨水管</u>
合流式	1本（汚水・雨水合流系統）	<u>排水管１本（汚水・雑排水・排水の合流系統）＋雨水管</u>

(1)　公共下水道

　公共下水道は，主として，市街地における下水を排除し，終末処理場を有する下水道または流域下水道に接続する下水道をいい，<u>地方公共団体が管理する</u>。建物からの排水を受け入れるのは公共下水道であり，公共下水道で下水を排除できる地域を排水区域といい，終末処理場を備えていて，汚水を直接排除できる排水区域を処理区域という。

(2)　流域下水道

　流域下水道は，地方公共団体が管理する公共下水道の下水を受け，これを排除及び処理するための下水道で，終末処理場を有し，2以上の市町村の区域における下水を排除する下水道をいい，<u>都道府県が管理する</u>。流域下水道は，放流先の公共用水の水質汚濁防止の見地から，広域的な下水道とした方が効果的な場合に設置する。

(3)　都市下水路

　都市下水路は，主として市街地における下水を排除するために，地方公共団体が管理する下水路をいう。

1.2　下水道法の規定

　下水道法の目的，用語の定義は，「下水道法」に，次の事項が規定されている。

(1)　法律の目的

下水道法第一条　この法律は，流域別下水道整備総合計画の策定に関する事項並びに公共下水道，流域下水道及び都市下水路の設置その他の管理の基準等を定めて，下水道の整備を図り，もつて都市の健全な発達及び公衆衛生の向上に寄与し，あわせて公共用水域の水質の保全に資することを目的とする。

(2)　用語の定義

第二条　この法律において次の各号に掲げる用語の意義は，それぞれ当該各号に定めるところによる。

　一　下水　生活若しくは事業に起因し，若しくは付随する廃水（以下「汚水」という。）又は雨水をいう。

管きょ（管渠）
路面に埋設した排水管（暗きょ）または排水用の側溝（開きょ）をいう。
建物内の場合，雨水は単独系統とし，排水方式によらない。要注意。

目的
<u>閉鎖性水域では，富栄養化による水質汚濁が深刻な状況にあり，生物が棲みやすい水環境となるよう下水道整備の推進はもとより，下水道以外の汚濁負荷削減対策についても着実に進めなければなりません。また，都市内における良好な水辺空間の創出や保全も進めていく必要があり，下水道は，良好な環境の創造に向けて，健全な水循環の形成や良好な水環境の創出に寄付することになる。</u>

　二　下水道　下水を排除するために設けられる<u>排水管，排水きょその他の排</u>
　　　<u>水施設，これに接続して下水を処理するために設けられる処理施設又は</u>
　　　<u>これらの施設を補完するために設けられるポンプ施設，貯留施設その他</u>
　　　<u>の施設の総体をいう。</u>
　三　公共下水道　次のいずれかに該当する下水道をいう。
　　イ　主として市街地における下水を排除し，又は処理するために地方公共
　　　　団体が管理する下水道で，終末処理場を有するもの又は流域下水道に
　　　　接続するものであり，かつ，汚水を排除すべき排水施設の相当部分が
　　　　暗きょである構造のもの
　　ロ　主として市街地における雨水のみを排除するために地方公共団体が管
　　　　理する下水道で，河川その他の公共の水域若しくは海域に当該雨水を
　　　　放流するもの又は流域下水道に接続するもの
　四　流域下水道　次のいずれかに該当する下水道をいう。
　　イ　専ら地方公共団体が管理する下水道により排除される下水を受けて，
　　　　これを排除し，及び処理するために地方公共団体が管理する下水道
　　　　で，<u>二以上の市町村の区域における下水を排除するものであり，か</u>
　　　　<u>つ，終末処理場を有するもの</u>
　　ロ　公共下水道（終末処理場を有するもの又は前号ロに該当するものに限
　　　　る。）により排除される雨水のみを受けて，これを河川その他の公共
　　　　の水域又は海域に放流するために地方公共団体が管理する下水道で，
　　　　二以上の市町村の区域における雨水を排除するものであり，かつ，当
　　　　該雨水の流量を調節するための施設を有するもの
　五　都市下水路　主として市街地における下水を排除するために地方公共団
　　　体が管理している下水道（公共下水道及び流域下水道を除く。）で，そ
　　　の規模が政令で定める規模以上のものであり，かつ，当該地方公共団体
　　　が第二十七条の規定により指定したものをいう。
　六　終末処理場　下水を最終的に処理して河川その他の公共の水域又は海域
　　　に放流するために下水道の施設として設けられる処理施設及びこれを補
　　　完する施設をいう。
　七　排水区域　公共下水道により下水を排除することができる地域で，第九
　　　条第1項の規定により公示された区域をいう。
　九　浸水被害　排水区域において，一時的に大量の降雨が生じた場合におい
　　　て排水施設に当該雨水を排除できないこと又は排水施設から河川その他
　　　の公共の水域若しくは海域に当該雨水を排除できないことによる浸水に
　　　より，国民の生命，身体又は財産に被害を生ずることをいう。
⑶　公共下水道の管理
第三条　<u>公共下水道の設置，改築，修繕，維持その他の管理は，市町村が行う</u>
<u>ものとする。</u>
⑷　浸水被害対策区域における特別の措置
第二十五条の二　公共下水道管理者は，浸水被害対策区域において<u>浸水被害の</u>

防止を図るためには，排水設備が，第十条第3項の政令で定める技術上の基準を満たすのみでは十分でなく，雨水を一時的に貯留し又は地下に浸透させる機能を備えることが必要であると認められるときは，政令で定める基準に従い，条例で同項の技術上の基準に代えて排水設備に適用すべき排水及び雨水の一時的な貯留又は地下への浸透に関する技術上の基準を定めることができる。

第2節 水質

2.1 排水の種類

排水は，汚水，雑排水，湧水，雨水及び特殊排水等に分類される。

（1）汚水

大便器・小便器及びこれと類似の用途を持つ器具（例えば，汚物流し，ビデなど）から排出される排水を汚水という。ただし，この定義は実務で使用されているが，建築基準法及び下水道法でいう意味とは異なっている。

（2）雑排水

汚水，雨水及び特殊排水を除く排水を雑排水といい，さらに次のように分類することができる。

　a．ちゅう房排水

　　ちゅう房排水は，生物化学的酸素要求量（BOD），浮遊物質（SS）の濃度が高く，油脂類（ノルマルヘキサン抽出物質含有量）の濃度も高いので，建物内の排水管や下水道管を閉そくさせやすい。そのため，ちゅう房には，グリース阻集器を設け，また，規模の大きなちゅう房において，法的に必要な場合は，ちゅう房除害施設を設ける。

　b．ディスポーザ排水

　　集合住宅等調理用の流し台の下部にディスポーザ（生ゴミ粉砕機）を設け，これに専用で排水設備を接続している。生ゴミを粉砕して水と一緒に流すが，途中でディスポーザ専用の浄化槽を経由して，下水道に放流する。

　c．その他の生活系雑排水

　　洗面，手洗い，入浴，洗濯，湯沸し流し及び掃除流しなどの排水をいい，一般に排水の水質は，汚水，ちゅう房排水などに比べ比較的良好である。

　d．機械室系排水

　　建築設備機器などの運転及び維持管理で発生するドレンまたはオーバフロー水などをいい，潜熱回収型給湯機で発生する凝縮水は，確実に機器内で中和処理し排出する。水質は通常他の排水に比べ清浄であるが，たまに清掃などで汚れた水が排出される場合もある。

　e．駐車場排水

　　駐車場の清掃や雨水の浸入などによる排水で，ガソリンなどの引火性排水を含むおそれがあり，一般にオイル阻集器を設ける。

排水の水質に関する特徴を覚える。

▷よく出る

給水及び排水の管理 第5編

⑶　湧水

　地下の二重スラブ及び二重壁から浸入してくる湧き水をいい，一般には水質は清浄である。敷地の状況などによって，湧水が発生する場合としない場合がある。

⑷　雨水

　雨水は，屋内で一般排水系統と同一系統とすると，器具トラップの封水の保持に悪影響を及ぼすおそれがあるので，下水道が合流排水方式であっても屋外で合流させる。

⑸　特殊排水

　特殊排水は，化学系排水，ランドリー排水，放射性排水及び伝染病棟排水などのように，一般の排水系統又は下水道へ直接放流できない有害，有毒，危険及びその他の下水道管または下水処理施設に対し望ましくない性質を有する排水をいう。

2.2　排水の水質

　排水における水質を概説する。

⑴　排水の透視度

　水の中に含まれる浮遊物質やコロイド性物質などによる濁りの程度を示す指標で，BOD と相関を示すことが多く，水処理の進行状況を推定する指標である。

　透視度計と呼ばれる下部に流出管のついたメスシリンダに水を入れ，底部の白色円板にひかれた二重十字（黒線の太さ，間隔）が識別できる限界の水の厚さを 0.5 mm〜1 mm を 1 度として表したものである

⑵　水素イオン濃度（pH）

　下水の pH は，一般的に中性から弱アルカリ性を示し，極端な高低は特殊な排水の流入が考えられる。また，処理工程において汚泥の嫌気性分解，硝化の進行等により，pH は変化することから，処理の進行状況を推定する際に用いられる項目である。

⑶　生物化学的酸素要求量（BOD：Biochemical Oxygen Demand）　　　▷よく出る

　水中の酸化可能性物質，主として有機物質が好気性微生物によって分解される際に消費される酸素量を表す。20℃，普通 5 日間暗所で培養したときの溶存酸素消費量を指す。有機物汚染のおおよその指標になるが，微生物によって分解されにくい有機物や毒物による汚染の場合は測定できない。逆にアンモニアや亜硝酸が含まれている場合は微生物によって酸化されるので，測定値が高くなる場合がある。BOD が高いと溶存酸素（DO）が欠乏しやすくなり，BODが 10 mg/L 以上になると悪臭の発生などが起こりやすくなる。BOD と CODの比は，一般的に微生物学的分解性の難易を示し，難分解性有機物を含む排水に紫外線処理を行うことで，COD が低減されるとともに BOD/COD の比が大きくなり，生物分解性が上がる。したがって，（BOD/COD）比が高い排水は，物理化学処理法より生物処理法が適している。

(4) 化学的酸素要求量（COD※：Chemical Oxygen Demand）

　水中の酸化可能性物質，主として有機物質が酸化剤によって酸化される際に消費される酸素量を表したものである。COD の測定方法にはいくつかありますが，わが国では硫酸酸性で過マンガン酸カリウムにより沸騰水浴（100℃）中で 30 分間反応させたときの消費量を測定する方法が用いられている。有機物のおおよその目安として用いられるが，2 価鉄や亜硝酸塩などが存在する場合はそれらの量も測定値に含まれる。COD は湖沼・海域に環境基準が定められている。河川にはない。

> COD の単位は［mg/L］。
> ▷よく出る

(5) 排水の活性汚泥浮遊物質（MLSS※：Mixed Liquor Suspended Solids）

　ばっ気槽混合液の浮遊物質のことで，活性汚泥中の微生物量の指標の 1 つとして用いられる。直径 2 mm 以下の粒子状物質のことで，粘土鉱物による微粒子，動植物プランクトンやその死骸，下水，工場排水などに由来する有機物が含まれる。

> MLSS の単位は［mg/L］。
> ▷よく出る

(6) 排水の溶存酸素（DO：Dissolved Oxygen）

　水中に溶解している分子状の酸素をいい，生物処理工程の管理や放流水質を評価する際の指標である。酸素の溶解度は水温，塩分，気圧等に影響され，水温が高くなると（DO）小さくなります。好気性微生物が活発に活動するためには 2 mg/L 以上が必要で，それ以下では嫌気性分解が起こり，悪臭物質が発生する。

(7) ノルマルヘキサン抽出物質※

　ノルマルヘキサンにより抽出される不揮発性ノルマルヘキサン物質の総称で，主として比較的揮発しにくい油脂類などで，流入管きょ，一次処理装置内の壁面などに付着し，悪臭や処理機能低下の原因となる。

　したがって，油脂類が多く含まれている排水は，ノルマルヘキサン抽出物質の測定値が高い。

> ▷よく出る
> **ノルマルヘキサン抽出物質**
> 下水排除基準は，主として不揮発性炭化水素である鉱物油が 5 mg/L，それ以外の動植物起源の油脂（動植物油）が 30 mg/L 以下である。
> 東京都条例の設置条件の例としては，平均排水量 50 m³/日以上で，ノルマルヘキサン抽出物質が鉱油で 5 mg/L，動物油で 30mg/L を超える場合である。

(8) 全窒素

　無機性窒素だけでなく，有機性窒素も含めたすべての窒素の総和である。無機性窒素はアンモニウム態窒素（NH_4-N），亜硝酸態窒素（NO_2-N），硝酸態窒素（NO_3-N）に分けられる。有機性窒素はタンパク質に起因するものと，非タンパク性のものとに分けられる。窒素は，動植物の増殖に欠かせない元素で，閉鎖性水域の富栄養化の原因物質の 1 つである。

(9) 総リン※

　リン化合物全体のことで，無機態リンと有機態リンに分けられる。リンは，動植物の成長に欠かせない元素で，リン化合物は，閉鎖性水域の富栄養化の原因物質の 1 つである。

　通常の下水処理ではリンは完全に除去することはできないが，最近では，凝集沈殿法や生物処理などの高度処理により除去率を向上させている。

> 総リンの単位は［mg/L］。

⑽ 総有機態炭素

　水中に含まれる有機物を全炭素量で表したもので，TOC 計を用いて測定する。有機汚濁の指標としてよく用いられる BOD や COD が酸素消費量を表す

のに対し，TOC は有機物そのものの量を表すものである。

⑾　蒸発残留物と強熱減量

　試料水を 105～110℃ で蒸発乾固したときに残る物質を蒸発残留物といい，強熱減量とはこの蒸発残留物をさらに 600℃ で灰化したときに揮散する物質のこと。強熱減量は水中の有機物量の目安となる。

⑿　溶解性物質

　試料をガラス繊維ろ紙（孔径 1 μm）でろ過し，ろ液を蒸発乾固したときの残留物の質量で表す。

⒀　浮遊物質※

　粘土鉱物に由来する微粒子，下水や産業廃水中の微粒子，プランクトンやその他の微生物，粒子状の有機性物質などで，汚濁の原因となるばかりでなく，汚泥の原因ともなる。水中に懸濁している 1 μm 以上で 2 mm 以下の物質である。

浮遊物質の単位は〔mg/L〕。

⒁　総アルカリ度（Alkalinity）

　水中の重炭酸塩，炭酸塩又は水酸化物などのアルカリ性分を pH4.8 まで中和するのに用いた酸の量をこれに対応する炭酸カルシウム（$CaCO_3$）の mg/L で表したもの。総アルカリ度は，下水の処理におけるアンモニアの脱窒反応や凝集反応において増減するため，これらの反応の進行状況を推測するために重要な指標として用いられる。流入下水の総アルカリ度は，150～200 mg/L ぐらいであり，エアレーションタンク内で硝化が進むと数値が下がる。

⒂　残留塩素

　塩素処理によって水中に残留している遊離型及び結合型の有効塩素のことで，接触時間，残存有機物質の量等に影響され，消毒効果の指標となる。次にその他の指標を示す。

▷よく出る

　①　微生物：次亜塩素酸ナトリウムによる殺菌のメカニズムは，水溶液にしたときの残留塩素が細菌や微生物の呼吸系酵素を阻害し，細胞の同化作用を停止させることである。

　②　pH 値：次亜塩素酸ナトリウム注入後の pH 値が低いほど，次亜塩素酸（HClO）の割合が大きくなり，殺菌力が増すことになる。

　③　水温：水温が上昇すると反応速度が高まり，殺菌作用も進行する。早く残留塩素も分解，消耗される。

　④　懸濁物質：塩素消毒の効果は，懸濁物質が存在すると低下する。

⒃　活性汚泥試験

活性汚泥法を用いた処理施設における主要な管理項目を次に示す。

　①　活性汚泥浮遊物質（MLSS），②　活性汚泥有機性浮遊物質（MLVSS），③　活性汚泥沈殿率（SV），④　汚泥容量指標（SVI）

　SV 測定時の沈殿汚泥 1 g が占める容積を mL で示したもので，活性汚泥の沈降性を表す指標である。一般的に SVI は，沈降性が良好な活性汚泥では 50～150，バルキング※状態では 200 以上を示すといわれている。

バルキング
糸状性細菌が増加することで沈殿しにくくなる現象をいう。

第3節　排水槽

3.1　排水槽の構造

「建築物に設ける飲料水の配管設備及び排水のための配管設備の構造方法を定める件」によると，排水槽に関して次の事項が規定されている。

建築物に設ける飲料水の配管設備及び排水のための配管設備の構造方法を定める件

第2排水のための配管設備の構造は，次に定めるところによらなければならない。

2. 排水槽（排水を一時的に滞留させるための槽をいう。図5.4.1）

　イ．通気のための装置以外の部分から臭気が洩れない構造とすること。

　ロ．内部の保守点検を容易かつ安全に行うことができる位置に<u>マンホール※</u><u>（直径60cm以上の円が内接することができるものに限る。）を設けること。</u>ただし，外部から内部の保守点検を容易かつ安全に行うことができる小規模な排水槽にあってはこの限りでない。

　ハ．排水槽の底に吸い込みピットを設ける等保守点検がしやすい構造とすること。

　ニ．<u>排水槽の底の勾配は，吸い込みピットに向かって15分の1以上10分の1以下とする</u>等内部の保守点検を容易かつ安全に行うことができる構造とすること。

　　<u>排水槽の底部こう配面には，点検歩行を容易にするため階段を設けるとよい。</u>

　ホ．通気のための装置を設け，かつ，当該装置は，直接外気に衛生上有効に開放すること。

　　<u>排水槽の通気管は，単独で設け，衛生上支障のない位置・構造で外気に開放する。通気管の最小管径は50mmとする。</u>

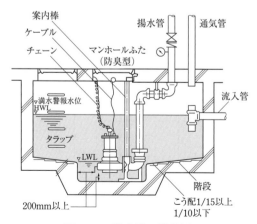

図5.4.1　排水槽の構造例

マンホールの大きさ，底部のこう配を覚える。

▷よく出る

マンホール
内部の保守点検を容易かつ安全に行うことができる位置として，<u>排水槽のマンホールは，排水水中ポンプ又はフート弁の直上に設置する。</u>マンホールの大きさは，槽の清掃で人が出入りしたり，ポンプの上げ下げをしたりするので，最小直径600mmとし，設置するポンプの大きさを確認して決定する。また，人が槽内に入った場合の換気を確保するために，マンホールは2個以上設けることが望ましい。

第5編　給水及び排水の管理

3.2 排水槽の種類

排水槽は，貯留する排水の種類によって，汚水槽，雑排水槽，湧水槽及び雨水槽に分類される。

<u>湧水槽には，一般的には湧水以外の排水を流入させてはならないが</u>，湧水排水ポンプのさび付き防止などで必要な場合は，少量の雨水を流入させてもよい。ただし，下水道事業体によっては，湧水排水料金を徴収するので注意を要する。なお，雑排水槽は，水質及び水量などによって，さらにちゅう房，駐車場排水槽及び機械排水槽などに分ける場合がある。

夜間放流排水槽及びちゅう房排水槽では，長時間の貯留又は高濃度の汚水で，汚泥が沈殿及び堆積して，嫌気性の環境から特に悪臭（硫化水素）を発生しやすい。対策は，好気性の環境とすることが必要で，ばっ気装置として，ブロワによる散気管方式とポンプ内蔵の水中形ばっ気撹拌装置があり，設置にあたっては，槽内全体がばっ気撹拌されるようにしないと効果が発揮されないので配慮する。なお，<u>ばっ気等で排水槽内に空気を送り込むこととなり，槽内が正圧になるので通気管で排気を行う。</u>

3.3 排水槽の容量

一般に，排水槽の容量は，最大排水流量の15〜60分間分（平均排水流量の30分〜2.5時間分）または排水ポンプ容量の10〜20分間分のいずれかの条件を考慮して決定する。排水槽を過大にすると汚泥の残留が多くなって，清掃が困難となり，2時間以上の滞流で臭気も発生しやすくなるので，槽の大きさについては十分な注意が必要である。

3.4 即時排水型ビルピット設備

即時排水型ビルピット設備は，貯留量を少なくし，汚水を長時間滞留させないことで腐敗を極力防止する設備で，既存のビルピットの中に，筒状のタンク（バレル）を設置し，汚水の貯留容量を小さくし，ポンプの起動頻度を多くすることで，汚水を即時に排水する。夜間や休日など流入汚水量が少ない場合は，タイマーにより2時間以内で強制的にポンプを運転し，排水する（図5.4.2）。<u>即時排水型ビルピット設備は，排水槽の悪臭防止に適している</u>が，その容量は，即時排水システム製造業者との打合せによる。

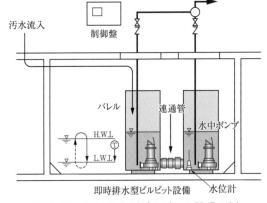

図5.4.2 即時排水型ビルピット設備の例

第4節 排水ポンプ

4.1 ポンプの種類（用途別種類）

排水ポンプは，排水する固形物の大きさと用途によって口径に制限を設け，口径によって最小流量が定まる。

  a．汚物ポンプ（図5.4.3（a））

  <u>ちゅう房用排水，便所の汚水用として</u>，固形物の通過を優先して口径を定め，80 mm以上とすることが望ましい。口径80 mmの排出量は，最低100 L/min，通常200〜1000 L/minの範囲である。なお，ボルテックス※ポンプを使用する場合は，最小口径を65 mmとしてよく，管理状態がよい場合には50 mmとすることができる。

  b．雑排水ポンプ（図5.4.3（b））

  <u>ちゅう房以外の雑排水用として</u>，固形物が小さい場合の排水用で，口径は50 mm以上とする。口径50 mmの排出量は，最低100 L/min，通常100〜300 L/minの範囲である。

  c．汚水ポンプ（図5.4.3（c））

  <u>雨水など固形物がほとんどない排水用で</u>，口径は40 mm以上とする。口径40 mmの排出量は，最低50 L/min，通常100〜200 L/minの範囲である。

  （a）汚物ポンプ   （b）雑排水ポンプ   （c）汚水ポンプ

図5.4.3 排水ポンプの種類（水中ポンプ）

4.2 排水ポンプの設置時の留意事項

① 排水槽の<u>マンホールは，排水ポンプまたはフート弁の直上に設置する。</u>

② 排水ポンプまたはフート弁※は，空気の巻込みを防止するため，水流の少ないところに設置し，<u>周囲の壁などから200 mm以上離す。</u>排水の流入部から離れた位置に設ける。

③ 床置き型の排水水中ポンプは，十分な支持を行う。

④ 排水水中ポンプは，規定された最低水位以下で運転しないようにする。モータは水冷却のため常時水没させ，焼損を防止する。

⑤ 排水ポンプは2台並列（予備ポンプを設ける）に設け，通常時は自動交互運転，非常時同時運転とする。これは，ポンプの故障及び予想外の大

ポンプの用途別種類を覚える。

▷よく出る

ボルテックス
羽根車とケーシングのすき間大渦を発生させる汚物用羽根車。

設置場所別種類
a. 立て型ポンプ 電動機は槽外直上階に位置し，ポンプは槽内形と槽外形がある。維持管理は容易であるが，回転軸が長いために故障しやすい欠点を有する。
b. 横型ポンプ ポンプ及び電動機とも槽外にあり，管理しやすいが，押し込み式にするため排水槽の側面に設置しなければならず，設置位置に制約がある。
c. 水中ポンプ ポンプ及び電動機とも水中にあり，設置は容易であるが，維持管理が困難である。しかし，最近はほとんどこのタイプが採用されている。

フート弁
フート弁は，一度吸い上げた水が落ちていかないようにする為の部品で，吸入パイプの先端に取り付ける逆止弁である。

量排水が流入しでも確実に排除するために必要な方法である。

第5節　排水管

5.1　排水方式（建基法）

　敷地内においては，下水道法とは用語が異なるが，合流式と分流式による区分される。

　汚水と雑排水を同一の排水管系統で排除する合流式と，汚水と雑排水を別々の排水管系統で排除する分流式がある。一般には合流式として公共下水道または合併式浄化槽に導く。しかし，建物内では排水の詰まりなどが発生した場合や排水管の清掃など維持管理の面を考慮して分流式として，屋外で合流式とする場合もある。

5.2　排水管の留意点

（1）　配管材料

　①　排水用硬質塩化ビニルライニング鋼管は，軽量化のため硬質塩化ビニルライニング鋼管に比べ鋼管が薄肉であり，ねじが切削できないので，専用の排水管用可とう継手（MD継手※）を用いる（図5.4.4）。

　②　排水用耐火二層管は，繊維モルタルによる外観と硬質ポリ塩化ビニル管による内管の組み合わせからなる。

　③　排水管には，管内が平滑となる専用のドレネージ継手を用いる。ドレネージ継手の内径は，管径と同一寸法とし，ねじ部の奥に溝部（リセス）があることで，管内を流れる汚水その他はなんら抵抗を受けずに下流に向って容易に流出できるように設計されている。したがって，給水用の継手を使用したり，管に穴をあけてねじを立てたり，あるいは溶接をしてはならない。給水管の継手は管内が平滑でなく，溶接などを行うと突起物ができ，円滑な流れを阻害する原因となる（図5.4.5）。

排水管のこう配，施工上の留意点，間接排水を覚える。

MD継手

図5.4.4　排水鋼管用可とう継手（MD継手）の例

リセス

（a）ドレネージ継手　　　　　　（b）（参考）給水用継手

図5.4.5　ドレネージ継手の接合断面

（2）　排水管の勾配

　自然流下式の排水管には，表5.4.2に示す勾配を設ける。最小勾配は管内の固形物を排除し，スケールの付着の防止などを考慮して，下限流速を0.6 m/sとしてマニングの流量公式から導いたものである。表には上限のこう配を設けていないが，排水管径の決定では，排水量が増え，流速が大きくなることによる管路の破壊防止などを考慮して，上限流速を1.5 m/sとして勾配の範囲を制限している。

表 5.4.2　排水横管の最小勾配

管径	65 mm 以下	75〜100 mm	125 mm	150〜300 mm
最小勾配	1/50	1/100	1/150	1/200

(3)　排水管の方向変換

　屋内排水管の方向変換は，適切な異形管及び継手類を用い，または組み合わせて施工し，排水の停滞などをなくし，固形物の通過を円滑にする。また，円滑な流れ，掃除用具の挿入などを考慮して十分な大きさの曲がりを設け，適切な間隔で掃除口を設ける。曲がり部には，大曲がり継手または 45° 継手の 2 個の組合せなどを使用する。

(4)　排水立て管部のオフセット※

　排水立て管のオフセットはできるだけ避けることが望ましいが，建築計画上やむを得ない場合は，通気管を設け，かつオフセットの上部・下部 600 mm 以内には排水管枝管を接続してはならない（図 5.4.6）。

排水立て管のオフセット
45° を超える角度で方向変換すること。

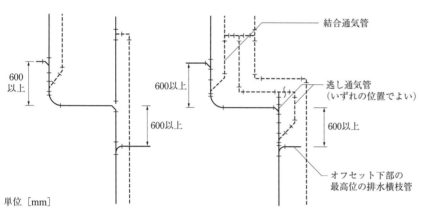

結合通気管
逃し通気管（いずれの位置でよい）
オフセット下部の最高位の排水横枝管
600 以上
単位［mm］

(a)　オフセットの上部と下部とを単独に通気する方法

(b)　オフセット部に逃がし通気管と結合

図 5.4.6　排水立て管のオフセット

(5)　伸頂通気方式における排水管の制約

①　伸頂通気方式※における排水立て管と排水横主管の排水管脚部は，脚部での管内圧力上昇を防止するため，大曲がりベンドなどを用いて接続する（図 5.4.7）。なお，排水横主管の口径は，排水立て管の 1〜2 サイズ

▷よく出る

伸頂通気方式
伸頂通気管のみの経済的な通気方法であるが，従来形継手を使用したものは排水横主管の影響も受けやすく，通気立て管が設けられていないので許容流量も少ない。

●シュート面
排水をスムーズに通過させ，跳水現象を抑制します。

●耐潰食設計
排水衝撃を考慮して，シュート面は厚肉に設計してあります。

●ボス
①ジャッキベースを使用して据付け施工ができます。
②LEJを使用して吊下げ施工ができます。

●余裕空間
排水は拡散落下して，立て管と横主管の空気が連通。下層階に発生する正圧を抑制します。

図 5.4.7　脚部継手（大曲がりベンド）の例

第5編　給水及び排水の管理

アップとする。

② 脚部以降の排水横主管では，方向変換に伴い排水の跳水現象が起きているので，伸長通気方式での排水横主管の水平曲りは，排水管脚部より3 m 以内に設けてはならない。

③ 伸頂通気方式の排水立て管には，原則としてオフセットを設けてはならない。

④ 排水横主管または敷地排水管が満流となるような場合には，伸頂通気方法としてはならない。

(6) 埋設

寒冷地における敷地排水管は，凍結深度※より深く埋設する。これは，排水の凍結の他に凍上による排水管の破損防止のためである。

表 5.4.3　主要都市の凍結深度　　　［単位：cm］

地名	凍結深度	地名	凍結深度	地名	凍結深度
帯広	123	軽井沢	81	山形	55
旭川	121	函館	81	秋田	48
稚内	105	盛岡	69	福島	33
釧路	104	青森	63	新潟	18
札幌	90	長野	59	仙台	18
日光	88	松本	55	金沢	13

（出典　日本道路協会：アスファルト舗装要覧より）

(7) 特殊継手※排水システム

特殊継手排水システムは，当初欧州で開発され，我が国に導入された後，日本独自のものも数社で開発され，排水横枝管への接続器具数が比較的少ない集合住宅・ホテルなどを中心に普及が進んでいる。集合管継手ともいう。

主に高層・超高層の特殊継手排水システムの特徴は，一般に通気管としては伸頂通気管のみを有し，各階の排水横枝管の接続部に特殊形状の継手を用いている。特殊継手排水システムは，排水立て管と排水横枝管の流れが交差することによって発生する乱れを極力避け，排水横枝管の流れを排水立て管内に円滑に流入させるように工夫して，かつ旋回流を与えて排水立て管内の流速を減ずる効果を上げ，伸頂通気方式よりも性能の向上を図っているものである（図5.4.8）。

5.3　間接排水

(1) 排水口空間※・排水口開放

飲食物を貯蔵又は取り扱う機器及び医療器具などで排水口を有する機器・装置などは，一般排水系統からの逆流や下水ガス・衛生害虫の侵入を防止するために，間接排水として汚染を防止する（表5.4.4）。間接排水での配管末端の開口方法には，排水管を一度大気中で縁を切り，所要の排水口空間を確保する方法（図5.4.9）と水受け容器内の極力浅い位置で開放する排水口開放による方

凍結深度

寒冷地で冬季に地面の下が凍る深さのこと（表5.4.3）。土は凍ることによって膨張し，それによって生じる想像を絶する力で，基礎やその上の建物が持ち上げられる現象が生じる（凍上という）。

特殊継手

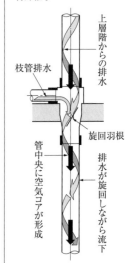

図 5.4.8　特殊継手（集合管継手）の例

▷よく出る

排水口空間の単位は，[mm]

法がある。

　間接排水管が1,500 mmを超える場合は、悪臭防止のために機器・装置に近接してトラップを設ける。

▷よく出る

表5.4.4　排水口空間（SHASE-S206）

間接排水管の管径（A）	排水口空間［mm］
25以下	最小50
30〜50	最小100
65以上	最小150
注1)　各種の飲料用貯水槽などの間接排水管の排水口空間は、上表にかかわらず最小150 mmとする。 　2)　間接排水管の25 A以下は、機器に付属の排水管に限る。	

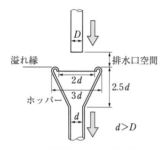

図5.4.9　排水口空間（間接排水）

(2)　間接排水が必要な機器

　間接排水に関して、「建築物に設ける飲料水の配管設備及び排水のための配管設備の構造方法を定める件」によると、次の事項が規定されている。

建築物に設ける飲料水の配管設備及び排水のための配管設備の構造方法を定める件

第2　排水のための配管設備の構造は、次に定めるところによらなければならない。

1.　排水管

　ロ．次に掲げる管に直接連結しないこと。

　(1)　冷蔵庫、水飲器その他これらに類する機器の排水管

　(2)　滅菌器、消毒器その他これらに類する機器の排水管

　(3)　給水ポンプ、空気調和機その他これらに類する機器の排水管

　(4)　給水タンク等の水抜き管及びオーバフロー管

間接排水とする機器・装置
表5.4.5に示す。

表5.4.5　間接排水とする機器・装置※

区分		機器・装置	配管末端の開口方法	
			排水口空間	排水口空間・開放
サービス用機器	飲料用機器	水飲み器・冷水器・給茶器・浄水器	○	

	冷凍機器	冷蔵庫・冷凍庫	○	
	ちゅう房機器	精米器・製氷機・食器洗浄機・消毒器	○	
	洗濯機器	洗濯機・脱水機・洗濯機パン		○
医療・研究用機器		蒸留水装置・滅菌水装置・滅菌器・消毒器・洗浄器	○	
配管・装置の排水		貯水槽のオーバフロー及び排水	○	
		上水用ポンプの排水		○
		空気調和用機器の排水		○
		上水・給湯・飲料用の水抜き	○	
温水系統などの排水		貯湯槽からの排水・電気温水器からの排水	○	
		ボイラーからの排水		○

第6節　通気管

6.1　通気管の構造

通気管は，「建築物に設ける飲料水の配管設備及び排水のための配管設備の構造方法を定める件」に，次の事項が規定されている。

建築物に設ける飲料水の配管設備及び排水のための配管設備の構造方法を定める件

第2　排水のための配管設備の構造は，次に定めるところによらなければならない。

5.　通気管

イ．排水トラップの封水部に加わる排水管内の圧力と大気圧との差によって排水トラップが破封しないように有効に設けること。

ロ．汚水の流入により通気が妨げられないようにすること。

ハ．直接外気に衛生上有効に開放すること。

(1)　通気方式

排水管は，水が流れると排水管内に正圧または負圧の圧力変動が生じ，排水トラップの封水が揺動する。排水管内の流入量が増えて圧力変動がある限界（SHASE の基準では 400 Pa）を超えると，封水は吸引または跳ね出しによって破封に至り，室内が非衛生な状態になる（図 5.4.10）。通気管を設ける目的は，排水トラップの封水部に加わる排水管内の圧力と大気圧との差によって，排水トラップが破封しないように排水管内の圧力を緩和することである。また，排水トラップの封水損失現象の1つである自己サイホン作用の防止に関して，各個通気方式は有効である（図 5.4.11）。

a．通気配管の方法は，通気機能を保持するために，汚水の流入により通気が妨げられないようにすることである。

b．通気管の勾配は，管内の結露した水滴が自然流下によって排水管へ流れるように先上がり勾配とし，逆勾配にならないようにする。

通気管の種類と構造を覚える。

c．排水横主管，排水横枝管から通気管を取出す方法は，排水管断面の垂直中心線上部から 45° 以内の角度で取り出す。

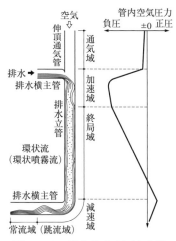

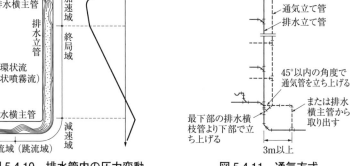

図 5.4.10　排水管内の圧力変動　　　図 5.4.11　通気方式

(2)　通気方式の種類

a．ループ通気方式

　　ループ通気方式は，各個通気方式と同様に，通気立て管を設けた二管式で成り立ち，我が国では一般に採用されている方式である。排水管内の流れに伴い，発生する誘導サイホン作用の防止に有効であり，各個通気方式と同等の性能を有するといわれる。しかし，洗面器などのため洗いの排水などで生じる自己サイホン作用の防止には効果がなく，自己サイホン作用のおそれがある場合は，器具排水管に各個通気方式を併用することが望ましい。

　　ループ通気管方式は，最上流の器具排水管が接続された排水横枝管のすぐ下流から立ち上げ，通気立て管に接続する方式である。

　　ループ通気管は，排水管の詰まりを早期に発見し，通気管が排水管の代わりをしないように，排水横枝管に接続される最高位の衛生器具のあふれ縁から 150 mm 以上立ち上げた後，通気立て管に接続する（図5.4.12）。

　　逃し通気管は，排水管内の圧力変化を逃がすための通気管をいい，回路通気管と排水横枝管と最下流の器具排水管接続部とを排水立て管接続部間で接続するもの。大便器及びこれと類似の器具が 8 個以上接続される

▷よく出る

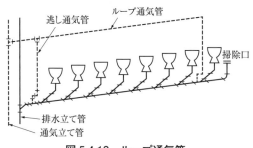

図 5.4.12　ループ通気管

　　　排水横枝管には，逃し通気管を設ける。

　b．各個通気方式

　　　各個通気方式は，器具ごとに通気をとる方式で，誘導サイホン作用及び自己サイホン作用の防止に有効であり，優れた方式である。アメリカでは，一般に採用されている。各個通気の特別な取り方は，器具排水管が高さを異にして，排水立て管に接続される場合，最高位置で排水立て管に接続される器具排水管以外は，原則として通気管を設ける。各個通気方式は，排水立て管と通気立て管を設けた2管式である。各個通気管は，トラップウェアから管径の2倍以上離れた位置から取り出す。

　c．伸頂通気方式

　　　伸頂通気方式は，伸頂通気管のみの経済的な通気方法であるが，従来形継手を使用したものは排水横主管の影響も受けやすく，通気立て管が設けられていないので許容流量も少ない。

　　　排水横主管または敷地排水管が満流となるような場合には，伸頂通気方法としてはならない。

(3)　排水管と通気管　図5.4.13に排水管と通気管の例を示す。

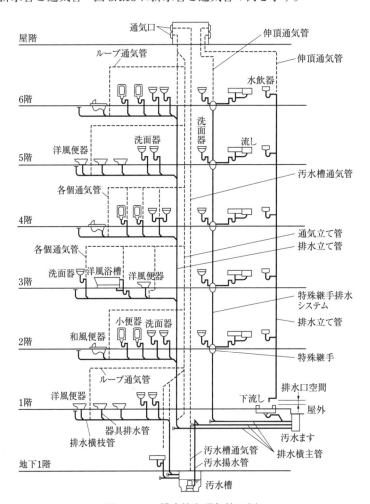

図 5.4.13　排水管と通気管の例

6.2　通気配管方法

(1)　通気立て管

 a．ブランチ間隔※（横枝管の数としてよい）3 以上の排水立て管には，原則として通気立て管を設ける。

 b．通気立て管の上部は，管径を縮小せずに延長し，その上端は最高位の衛生器具のあふれ縁から 150 mm 以上高い位置で，伸頂通気管に接続する。

 c．通気立て管の下部は，管径を縮小せずに最低位の排水横枝管より低い位置で排水立て管に接続するか，または排水横主管に接続する。排水横主管に接続する場合は，跳水現象を避けた位置（脚部継手から 3 m 離す）とする。

 d．排水立て管から通気立て管を取り出す場合，通気立て管は，排水立て管に接続されている最低位の排水横枝管より低い位置からとする。

(2)　伸頂通気管

 排水立て管の上部は通気管として延長し，排水立て管頂部の管径を縮小せず，そのままの管径で延長し，末端を大気中へ開口する。

(3)　結合通気管

 高層建物の排水立て管内の圧力変化を緩和するために，排水立て管から分岐して立ち上げ，通気立て管へ接続する逃し通気管を結合通気管という。

 ブランチ間隔 10 以上をもつ排水立て管は，最上階から数えてブランチ間隔 10 以内ごとに結合通気管を設ける。

(4)　排水立て管のオフセットの通気方式

 排水管のオフセット部では，排水の流れが乱れ，管内の圧力変動が大きくなるので，オフセットの上部と下部をそれぞれ単独の排水管とみなして通気管を設ける。又は，下流側立て管の頂部又は下流側最高位排水接続までの間から取り出し，上流側に設けた通気管に結ぶ逃がし通気管を設ける（図 5.4.6）。

(5)　通気管の大気開口部など

 a．通気管

  通気管は，直接外気に衛生上有効に開放する。開口部から登ってくる下水臭などが室内に侵入しないように，また空気の流出入が妨げられないように，適切な措置が必要である。

 b．大気開口部

  臭気対策として，大気開口部は，その建物及び隣接建物の出入り口・窓・換気口などの付近にある場合は，それらの上端から 600 mm 以上立ち上げて大気中に開口し，もし立ち上げられない場合は，水平に 3.0 m 以上離す。

 c．通気口

  通気口は通気管の大気開口部に設け，通気管内の空気の流出・流入を円滑に行うことが目的である。そのため，空気の流れを妨げるような形状や大きさであってはならないが，害虫や鳥などが管内に出入りできない

ブランチ間隔
排水立て管に接続している各階の排水横枝管又は排水横主管の間の垂直距離が 2.5 m を超える排水立て管の区間をいう。横枝管の数としてよい。

▷よく出る

第 5 編　給水及び排水の管理

通気口の通気率
通気口の通気率は，通気口の開口面積／管内断面積で表され，100% 以上必要である。なお，通気口の抵抗を少なくするため，通気率だけでなく，通気口の形状にも工夫を要する。

ようなスクリーンまたは網を設ける構造とする。

　d．通気弁

　　通気弁は，1975年にスウェーデンで開発されたものであり，寒冷地の集合住宅等の通気管の頂部（概ね負圧となる）に設ける大気の吸込みしか行わない空気の逆止弁構造なので，外部に開口を設けなくてよい。しかし，正圧の緩和に有効ではないので，使用条件を十分検討する必要がある（図5.4.14）。

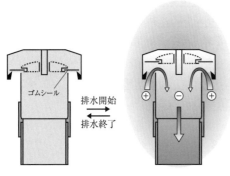
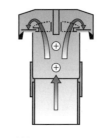

無負荷時，通気弁弁部の自重で閉じており，排水管内の臭気を漏らしません。

通気管内に弁部（ゴムシール＋可動盤）の重量以上の負圧が生じたとき，弁部が持ち上がり，排水に必要な空気を吸い込みます。

通気管内に正圧が生じた場合，弁部が弁座に押し付けられ，外部に臭気を漏らしません。
※正圧強度は約5kP（静圧時）

　　（a）無負荷時　　　　　（b）排水時　　　　　（c）正圧発生時
図5.4.14　通気弁の作動原理

第7節　排水トラップと阻集器

7.1　排水トラップ

（1）構造

　排水トラップは，「建築物に設ける飲料水の配管設備及び排水のための配管設備の構造方法を定める件」に次の事項が規定されている。

建築物に設ける飲料水の配管設備及び排水のための配管設備の構造方法を定める件

第2　排水のための配管設備の構造は，次に定めるところによらなければならない。

　3．排水トラップ

　　イ．雨水排水管（雨水排水立て管を除く。）を汚水排水のための配管設備に連結する場合においては，当該雨水排水管に排水トラップを設けること。

　　ロ．二重トラップとならないように設けること。

　　ハ．排水管内の臭気，衛生害虫等の移動を有効に防止することができる構造とすること。

　　ニ．汚水に含まれる汚物等が付着し，または沈澱しない構造とすること。ただし，阻集器を兼ねる排水トラップについては，この限りでない。

排水トラップの種類と破封現象を覚える。

防水床用の排水トラップ
防水床用の排水トラップには，防水上の溜り水を排水管に流せるようにした水抜き孔を設けてある。

　ホ．封水深は，5cm以上10cm以下とすること（阻集器を兼ねる排水トラップについては5cm以上）。

　ヘ．容易に掃除ができる構造とすること。

(2) 排水トラップの種類と機能

　a．種類

　　排水トラップは，サイホントラップ（管トラップ）と非サイホントラップに大別される。

　　サイホントラップ（管トラップ）には，Pトラップ，Sトラップ，Uトラップなどがある。ただし，Sトラップは，自己サイホンにより封水が破られやすいので好ましくない。Uトラップは，排水配管の途中に設けられる（図5.4.15）。

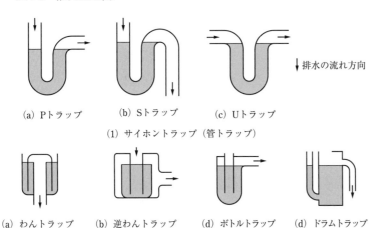

(a) Pトラップ　　(b) Sトラップ　　(c) Uトラップ

↓排水の流れ方向

(1) サイホントラップ（管トラップ）

(a) わんトラップ　(b) 逆わんトラップ　(d) ボトルトラップ　(d) ドラムトラップ

(2) 非サイホントラップ

図5.4.15　排水トラップの種類

　　一方，非サイホントラップには，わんトラップ，ドラムトラップなどがある。低床タイプのユニットバス浴室床排水用の逆わんトラップには，複雑な機造のものが用いられている。ドラムトラップは，固形物排水混入物をトラップ底部にたい積させ，後で回収できる構造になっており，実験用流しなどに用いられる。

　　それと同様に，排水混入物の阻集・回収機能をより重点化した装置が阻集器であり，いずれもトラップ機構を備えている。なお，大・小便器は，トラップが本体と一体となっているので，作り付けトラップと呼ばれ区別することがある。

　b．構造

　　Pトラップを例にとると，その各部は図5.4.16のように呼称される。封水深は，デイップとウェアのレベル間の垂直距離として定義される。封水を構成する部位のうち，器具側の部位を流入脚，器具排水管側の部位を流出脚という。

封水

排水トラップ内部に溜めておく水で，悪臭の逆流を阻止する。

▷よく出る

給水及び排水の管理　第5編

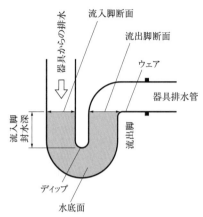

図 5.4.16　排水トラップ各部の名称

c．自浄作用と封水強度

①自浄作用　<u>排水の流下水勢によって，排水トラップの封水部に沈殿または付着するおそれのあるきょう雑物を押し流す作用や，この排水混入物を自己の排水で排除しうる機能を自浄作用といい，その性能を自浄力または自浄性能という</u>。これには，比重が 1.0 より小さい混入物が流出脚以降まで押し流されうる機能も含まれている。

②排水トラップの封水強度　<u>排水トラップの封水強度は，排水管内に正圧または負圧が生じたときの排水トラップの封水保持能力である</u>。<u>脚断面積比は，流出脚平均断面積/流入脚平均断面積で定義され，脚断面積比が大きいほど，また封水深が大きいほど，排水トラップの負圧・正圧に対する性能（封水強度）が強くなることが明らかである</u>。

(3)　<mark>封水損失現象</mark>と破封防止対策

　排水トラップの封水は，誘導サイホン作用，自己サイホン作用，蒸発作用及び毛管現象作用などにより損失する。これらを<u>封水損失現象又は破封現象という</u>。<u>排水トラップが破封した場合には，排水管内の臭気や衛生害虫などが室内へ侵入するおそれがある</u>。

　<u>排水トラップにかかる圧力変動の周期と封水の固有振動周期が近いと共振現象を起こし，封水してあった水の損失が大きくなる</u>。

　一般に，10 階建て以上の建物では，上階からの排水の同時使用を想定すると，1 階部分の排水管内は，誘導サイホン作用で正圧 400 Pa を超えるおそれがあり，封水が跳ね出すことになるので，標準的には 1 階を別系統にする。

a．誘導サイホン作用

　排水管内では，排水の流下に伴って排水管内の圧力が変動する。伸頂通気方式の場合は，上層階で負圧，低層階で正圧となるような垂直分布を示す。そのときに，管内圧力変動に対し，各階の排水トラップの水位は応答して変動する。

　排水管に排水が流れれば，排水している器具以外の排水トラップはすべて，圧力の影響を受ける。このことが，誘導サイホン作用が封水損失現

象の中で最も重要とされているゆえんである。管内圧力が負圧の場合は，封水は排水管に誘引されて直接的に損失する。<u>正圧の場合は，器具側に封水が上昇し，逆圧[※]が作用し，跳ね出すことになるので，跳ね出し現象と呼ぶこともある。</u>圧力変動に応答して，封水が上昇から下降する際に慣性力により，封水損失が生じる。封水損失は，管内圧力が負圧域においては負圧にほぼ比例するが，正圧においては明確な比例関係は見られない。

誘導サイホン作用の対策には2つの考え方がある。1つは封水に作用する管内圧力を緩和する方法，他は排水トラップの封水強度を強化する方法である。

b．自己サイホン作用

洗面器に溜めた水を一気に流すと自己サイホン作用で封水がなくなる。洗面器等のオーバフロー口は，自己サイホン作用の防止に有効である。他方，サイホン式大便器は，自己サイホン作用を積極的に活用して汚物を排出しているが，その際に生じた封水減少は，<u>直後の補給水により，封水を満水状態にする構造</u>となっているので問題はない。

c．蒸発作用

排水トラップの封水は，水であるから時間とともに僅かずつではあるが蒸発して封水量が減少する。特に夏場の蒸発量は多くなるため，長期間にわたり水を流していない場合は封水切れを起こすおそれがある。

d．毛管現象作用

毛髪や糸くずなどが排水トラップの<u>ウェア（あふれ縁）</u>引っかかり，糸くずなどが水を吸い上げながら封水切れをおこす現象である。浴室や洗濯機，そして洗面台ではどうしても髪の毛や糸くずが排水口に流れやすくなるため，排水トラップの定期的な清掃が必要である。

7.2　阻集器

(1)　構造

阻集器は，「建築物に設ける飲料水の配管設備及び排水のための配管設備の構造方法を定める件」に，次の事項が規定されている。

建築物に設ける飲料水の配管設備及び排水のための配管設備の構造方法を定める件

第2　排水のための配管設備の構造は，次に定めるところによらなければならない。

4．阻集器

イ．汚水が油脂，ガソリン，土砂その他排水のための配管設備の機能を著しく妨げ又は排水のための配管設備を損傷するおそれがある物を含む場合においては，有効な位置に阻集器を設けること。

ロ．汚水から油脂，ガソリン，土砂等を有効に分離することができる構造とすること。

逆圧
排水管において，急激に多量の水が排水管内を流れ，管内の圧力が大気圧より高くなったとき，排水トラップ内の封水が流れ方向と逆の方向に流れ，器具から跳ね出してくる。

蒸発による破封防止
使用頻度の少ない衛生器具に設置するトラップには，封水の蒸発による破封を防ぐため，トラップ補給水装置を設置する。

阻集器の構造，種類を覚える。

　　ハ．容易に掃除ができる構造とすること。

(2)　種類　　　　　　　　　　　　　　　　　　　　　　　　　　　　▷よく出る

　阻集器は，グリース阻集器，オイル阻集器，プラスタ阻集器，砂阻集器及び
毛髪阻集器等に分類される。なお，排水トラップが組み込まれていない阻集器
には，その出口側に排水トラップを設ける。

　　a．グリース阻集器

　　　グリース阻集器は，器内への排水の流入部へバスケットを設けて，排水
　　中に含まれるちゅう芥を阻止・分離する。さらに，ちゅう房及びその他
　　の調理場からの排水中に含まれるノルマルヘキサン等油脂類を阻止・分
　　離・収集し，排水管中に油脂分が流入して，管が閉塞することを防止す
　　るために設けられる（図5.4.17）。

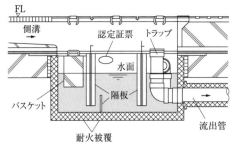

図5.4.17　グリース阻集器

　　b．オイル阻集器

　　　オイル阻集器は，洗車場などで排水に合まれる油類が排水管中に流入し
　　て，爆発事故や詰まりを起こすことを防止するために設けられる。開放
　　式のオイル阻集器を屋内に設置する場合，屋内換気を十分に行う。

　　c．プラスタ阻集器

　　　プラスタ阻集器は，歯科医や整形外科などの技工室，ギブス室などで排
　　水中に含まれるプラスタ・貴金属・美容用粘土等を阻止・分離・収集す
　　るために設けられる。

　　　プラスタ・美容用粘土は，排水管中に流入すると，管壁に付着・凝固し
　　て容易にとれなくなる。

　　d．砂阻集器

　　　砂阻集器は，建築現場，工場などで排水中に土砂・セメント・石粉等の
　　重い固形物が多量に合まれる施設において，これらの物質を阻止・分
　　離・収集するために設けられる。

　　　砂阻集器に設ける泥だめの深さは，150 mm以上とする。

　　e．毛髪阻集器

　　　毛髪阻集器は，美容院・理髪店等の洗髪器から出る排水，浴場・プール
　　の排水中に含まれる毛髪等の不溶性物質を阻止・分離・収集するために
　　設けられる。

　　f．繊維くず阻集器

　　　営業用洗濯施設では，ボタン，糸くず，ぼろ布等が排水中に含まれてい

るので，繊維くず阻集器を設けて阻止，分離，収集する。これらの固形物はほとんど腐食分解しないので，最初に荒目のバスケットスクリーン（金網の目の大きさが13mm程度）を設けて大きく固形物を分離し，ついで細目のスクリーンで小さい固形物を分離するのが一般的である。

雨水浸透方式を覚える。

第8節　雨水管

8.1　雨水利用

　雨水は，都市では雨水の地下浸透が少なくなって，流出係数の増加により排除量が増え，降雨時に下水管きょや水路から下水があふれる都市型洪水の原因となっている。そのため，下水道負荷の軽減と地下水の涵養を図るため，雨水浸透方式として，透水性舗装，浸透ます，浸透地下トレンチ等などが推進され，また建物内では雨水貯留槽を設け，雨水を雑用水に利用するか，排出時間をずらして放流するための雨水調整槽としている（図5.4.18）。

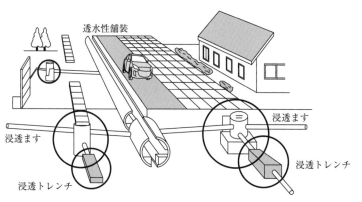

図5.4.18　雨水浸透方式

8.2　雨水管の留意点

⑴　一般排水系統との分離

　雨水排水系統は，汚水・排水管若しくは通気管と兼用し，またはこれらの管に連結しないで，単独系統として屋外へ排出することを原則とする。屋内で一般排水系統と同一系統とすると，集中豪雨などで器具排水トラップの封水の保持に悪影響を及ぼすおそれがあるので，下水道が合流式の場合，敷地内の屋外で一般排水系統と合流させる。

⑵　雨水ます

　9.3を参照のこと。

⑶　ルーフドレン

　ルーフドレンは，屋上面（ろく屋根）の雨水を集めて雨水排水管に導くためのもので，落葉等で管が閉塞しないように，大きめの溝を切ったストレーナが設けてあるが，ルーフドレンのストレーナの有効開口面積は，接続する雨水管

雨水利用率

雨水集水量に対する雨水利用量の割合をいう。

都市部では，雨水は水害の原因となりうるが，同時に貴重な水資源でもある。雨水は，トイレ用水，公園の噴水，植木の散水，非常時の緊急用水等として利用可能である。

給水及び排水の管理　第5編

の断面積の2倍程度とする。

第9節 掃除口

9.1 掃除口の必要な箇所

掃除口の位置，ます（排水ます・雨水ます）の構造を覚える。

排水管の流れをスムーズにするためには，定期的な排水管清掃が必須であり，排水管清掃が容易に，十分に実施するためには適所に掃除口が必要となる。

▷よく出る

次の箇所に掃除口を設けるものとする。

① 排水横主管及び排水横枝管の起点

② 延長の長い排水横枝管の途中

掃除口の設置間隔は，掃除用具の到達距離などを考慮して，排水管の管径が100 mm 以下の場合は 15 m 以内，100 mm を超える場合は 30 m 以内に設ける。

③ 排水管が 45° を超える角度で方向を変える箇所（オフセット箇所）

④ 排水立て管の最下部またはその付近

⑤ 排水立て管の最上部及び排水立て管の途中

⑥ ますの設置が困難な箇所

⑦ 排水横主管と敷地排水管との接続部付近

近年，高圧洗浄法を用いるなど掃除方法が変化しており，掃除方法に合わせて，掃除口の必要箇所や配管方法を考慮することが必要である。

9.2 掃除口の設置方法と口径

掃除口を設ける位置は，排水の流れと反対の方向又は流れと直角に閉口するように設けることが原則であるが，掃除用具を下流部から管内に挿入することもあり，挿入の妨げとならないように，掃除口の方向・位置など事前に掃除方法を考慮して設ける必要がある。

また，掃除口は，頻繁に開閉を行うので，かつ床下に設置するものは漏水防止を兼ねて砲金製のものが適する。

排水立て管の最下部に掃除口を設ける場合は，十分な掃除用空間をとることができないのが通常であり，掃除口の取付け位置を延長して，床・壁などの掃除のしやすい箇所に設ける。また，建物近傍の地盤面に掃除口を設けてもよい。

掃除口の口径は，掃除用具の挿入の容易さから決定される。管径 100 mm 以下の場合は配管と同一の口径，100 mm を超える場合は 100 mm 以上とする。

9.3 排水ます

(1) 設置箇所

地中埋設管の掃除用には，排水ますを設ける。ただし，排水管径が 200 mm 以下の場合は，排水ますに代えて掃除口を設ける場合，地盤面などに延長して

設ける。

　排水ますは，管の接続が容易で，配管の埋設深度，接続する配管の大きさと本数及び点検等を考慮した清掃のできる十分な大きさとし，次の箇所に設ける。

1) 延長の長い敷地排水管の途中（下水道法施行令では，管径の120倍を超えない範囲に設けることを規定しており，掃除口の設置間隔と異なっている）
2) 敷地排水管の起点
3) 排水の合流箇所及び敷地排水管の方向変換箇所
4) こう配が著しく変化する箇所
5) 新設管及び既設管との接続点
6) その他，掃除・点検上必要な箇所

(2) 排水ますの種類

　排水ますは，用途によって汚水ます・雨水ます及び雨水トラップます等がある（図5.4.19）。

a. 汚水ます

　汚水ますにはインバート（固形物の滞留を防止するため底部にモルタルで排水溝を設けたもの）を設け，雨水ますには泥だまりを設ける。排水ますのふたは，用途や耐荷重を考慮して決定する。

b. 雨水ます

　雨水管の途中に設ける雨水ますの流入管と流出管との管底差は，土や砂が逆流しないように20 mm下げる。

c. 雨水トラップます

　敷地内で雨水管を一般排水管に合流させる場合は，手前に雨水トラップますを設置する。この最終の雨水トラップますは，点検・清掃が容易な位置に設け，ルーフドレンからの悪臭の防止のために雨水トラップ機構を有し，かつ，150 mmの泥溜を有する雨水ますを使用し，土砂の下水道への流出を抑制する必要がある。

▷よく出る

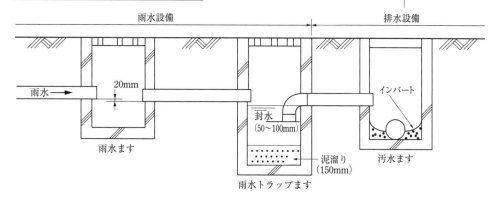

(a) 雨水ます　　　　　(b) 雨水トラップます　　　　(c) 汚水ます

図5.4.19　ますの種類

第 10 節　除害設備

10.1　除害施設等の構造と排水処理の要点

　旅館やベッド数が 300 以上の病院のちゅう房ならびに一定規模以上のちゅう房施設を有する事業場は，水質汚濁防止法に基づく特定施設に該当するため，河川等の公共用水域や下水道等に排水する場合に，排水の水質基準の規制を受ける。

　水質汚濁防止法第三条では，特定施設※を含め，人の健康に被害を与えるか，または生活環境に被害を与えるおそれのある物質を含む排水を排出する施設に排水規制をしている。特定施設を持つ事業場からの排水は，公共下水道に排出する場合についても適用される。<u>下水道に対する閉塞等の障害を排除するために，除害施設などを設けることを規定している。</u>

　また，建物等からの排水中の有害物質や油脂分により，下水道の閉塞や損傷，処理場の微生物の働きの低下やそれによる処理不能，汚泥に重金属が蓄積し汚泥の処理・処分の制限などの影響を与える。そのため，下水道法では，各建物等から排水を下水道に放流する前に，悪影響を与えるそれらの有害物質や油脂分を一定量以下にする目的で除害施設の設置※を定めている。表 5.4.6 に排水の有害物質や油脂分として規制を受ける項目と下水道に対する影響を示す。

表 5.4.6　排水の規制を受ける項目と下水道に対する影響

規制を受ける項目	下水道に対する影響
水素イオン濃度指数（pH）	下水管の劣化 他の排水と混合して有毒ガスが発生
生物化学的酸素要求量（BOD）	高濃度になると処理機能が低下
浮遊物質量（SS）	下水管の閉塞，メンテナンス・清掃頻度の増加
ノルマルヘキサン抽出物質	下水管の閉塞，メンテナンスの増加，火災の誘発
シアン	下水処理場の生物処理機能を低下
アルキル水銀，有機リン，鉛，総水銀，カドミウム，ヒ素，六価クロム，銅，亜鉛，クロム，溶解性鉄，溶解性マンガン，PCB	下水処理場の生物処理機能を低下 汚泥処理・処分の障害
トリクロロエチレン，テトラクロロエチレン	下水管内の作業が危険
フェノール類，フッ素	生物処理機能を低下
ヨウ素消費量	硫化水素ガスにより下水管内作業が危険

特定施設
下水道法第十一条の二　排水の水質の規制が必要な施設として法令によって特別に指定された施設。次の 2 種類が下水道法における特定施設である。
①水質汚濁防止法に規定する特定施設：人の健康を害するおそれのあるもの又は生活環境に対して害をもたらすおそれのあるものを含んだ水を流す施設で，水質汚濁防止法施行令で具体的に定められている。
②ダイオキシン類対策特別措置法に規定する水質基準対象施設：ダイオキシン類を含む汚水又は廃液を排出する施設で，ダイオキシン類対策特別措置法施行令で具体的に定められている。

除害施設の設置
除害施設の種類としては，ちゅう房・洗濯排水処理，感染系排水処理，検査系排水処理，人工透析排水処理，重金属排水処理，RI 系排水処理，実験系排水処理などがある。<u>ちゅう房排水は，ノルマルヘキサン抽出物質である有機物や油分の濃度が高く，下水道に直接放流できないため，建築物に除害施設を設けて処理を行う。</u>
ちゅう房排水の処理方法・排水水質の特徴・腐食対策・防臭対策を覚える。

10.2　ちゅう房排水除害施設

(1)　処理方法

　病院，ホテル，学校，レストランなどのちゅう房の排水は，和食，洋食，中華など多くの種類があり，調理の方法等によって水質の変動が激しく，さらにBOD，SS成分が高濃度の上に，動植物の油脂分を多く含んでいる。このようなちゅう房排水は，有機物質の濃度が高く，加えて油脂分が多量に含まれる。ちゅう房排水除害施設は動植物油の除去が主で，現在では生物処理法が用いられている。以前は，浮上分離法が主流であったが，発生汚泥量が多く，ランニングコストも生物処理法に比較して高いため採用されなくなっている。

　生物処理法としては，酵母菌や油分解菌を用いた処理方法が一般的である。添加する菌種によっては，pH，水温，分解時間に差異があるので，生物反応槽の滞留時間，固液分離の沈殿槽の滞留時間，発生汚泥量に関係する汚泥濃縮貯留槽の容量等設計諸元や維持管理の方法等の維持管理基準に十分留意する必要がある。

　浮上分離法は，凝集剤を添加して加圧浮上槽で加圧した気泡と，凝集剤を接触させて浮上分離させる加圧浮上分離法が一般的である。浮上分離法では，油分の直径が大きいほど浮上速度が速くなる。

(2)　排水水質

　ちゅう房排水の原水の水質及び下水排除基準例を表5.4.7に示す。ちゅう房排水のBODとSSは，その他の雑排水よりも高濃度である。

表5.4.7　ちゅう房排水の水質

水質項目	雑排水	ちゅう房排水	下水排除基準
pH	5.0～9.0	5.0～9.0	5.0～9.0
BOD［mg/L］	50～100	300～800	600 未満
COD［mg/L］	50～100	200～300	－
SS［mg/L］	50～100	300～600	30 未満
ノルマルヘキサン抽出物質［mg/L］	50～100	150～200	30 未満
※東京都の例。自治体の条例等で定められている。			

(3)　腐食対策と脱臭対策

　排水の処理の過程で発生する硫化水素等に起因して躯体・鉄などの腐食対策や建物内や周辺に臭気対策が必要となる。ちゅう房排水の処理水槽において，各槽内が嫌気的な状態になると，排水中の硫酸イオンは硫酸塩還元菌により硫化水素を発生させる。そして，この硫化水素は硫黄酸化細菌によって硫酸を生成する。

　ちゅう房排水が流れ込むコンクリート水槽内の壁面は，硫酸により表面から腐食が進みやがて内部の鉄筋まで腐食する。そのため，水槽内面は耐酸仕上げとし，水槽内の配管，サポート，処理設備・脱臭系統のダクトなども樹脂製の耐食性材料とする。

油分の浮上速度

油分の浮上速度は，排水の粘性に反比例する。油分の浮上速度は，次に示すストークスの式に従う。

$$v = \frac{d^2 (\rho - \rho_0)}{18\eta} g$$

ここで，

v＝浮上速度　［m/s］
d＝油分の直径　［m］
ρ＝油分の密度　［kg/m³］
ρ_0＝排水の密度　［kg/m³］
g＝重力加速度　［m/s²］
η＝排水の粘性　［Pa・s］

第5編　給水及び排水の管理

　また，ちゅう房排水には，独特の臭い，硫化水素，メチルカプタン，アンモニアなどの悪臭成分が発生する。そのため除害施設の処理機械室，流量調整槽，生物処理槽，汚泥貯留槽から悪臭を捕集して脱臭塔を経由して排気するなどの臭気対策が必要となる。

第11節　維持管理

11.1　基準

　排水に関する設備の清掃は，「建築物衛生法施行規則第四条の三（排水に関する設備の掃除等）」に規定されている。

建築物衛生法施行規則第四条の三（排水に関する設備の掃除等）

　特定建築物維持管理権原者は，排水に関する設備の掃除を，6カ月以内ごとに1回，定期に行わなければならない。

2　特定建築物維持管理権原者は，厚生労働大臣が別に定める技術上の基準に従い，排水に関する設備の補修，掃除その他当該設備の維持管理に努めなければならない。

11.2　排水槽の清掃

　排水槽の清掃は，「建築物における維持管理マニュアル」に，次の事項が記載されている。

(1)　排水槽の清掃

　排水槽の清掃は，建築物衛生法では6カ月以内に1回，定期に行うことが規定されている。

　排水槽内の清掃が不十分であると，排水ポンプの損傷や詰まりによる故障が発生するだけでなく，浮遊物等が固着化してポンプが動かなくなり，悪臭発生の原因となるとともに，有毒な硫化水素が発生することがある。

　a．作業前の留意事項

　　過去に，排水槽の清掃中，硫化水素による事故が発生している。このような排水槽の清掃では，酸素欠乏危険作業主任者の資格を有するものが作業を指揮し，最初に酸素濃度が18％以上，硫化水素濃度が10 ppm以下であるか確認してから作業を行い，十分換気を行うこと。

　　また，空気呼吸器，墜落防止用器具等を使用し，非常時の避難用具等も備えておくことが必要である。

　b．作業中の留意事項

　　排水槽の清掃は高圧洗浄法等が利用される。汚泥等はバキュームで吸引し，建物から排出する。その廃棄については，汚水を含む排水槽の汚泥は一般廃棄物として，その他の汚泥は産業廃棄物として専門業者に処理を依頼する。

　　ちゅう房排水を含む排水槽では，スカム等が固まりやすく，汚泥も多く残りやすいので，ポンプの運転停止水位はできるだけ下げて，排水ピッ

排水設備の維持管理（清掃頻度，排水槽の清掃，排水ポンプ及び付属品の点検，排水管・通気管の保守，グリース阻集器の管理及び清掃機器）を覚える。

「空気調和設備等の維持管理及び清掃等に係る技術上の基準」

第四　排水に関する設備の維持管理は，次に定める基準に従い行うものとする。

一　排水に関する設備の清掃

1　排水槽内の汚水及び残留物質を排除すること。

2　流入管，排水ポンプ等について，付着した物質を除去すること。

3　排水管，通気管及び阻集器について，内部の異物を除去し，必要に応じ，消毒等を行うこと。

4　清掃によって生じた汚泥等の廃棄物は，関係法令の規定に基づき，適切に処理すること。

▷よく出る
　（排水槽の清掃）

ト内に位置するようにし，かつ排水槽の底はピットに向かって十分な勾配をとるようにすれば，汚泥等は比較的残らずにすむ。排水槽に設けるばっ気・撹拌装置は，悪臭の発生を防止するだけでなく，スカム等の固着化を防止することもできる。

c．作業後の留意事項

排水槽の清掃後，ポンプの絶縁抵抗の測定，アース線の接続を確認してから運転し，逆回転・過電流の有無をチェックする。ただし，排水水中ポンプにおいて電動機の保護のために水張りを行って，最低水位まで水が溜まらない限り，排水ポンプ運転用の電源を入れないようにする。

(2)　排水槽の補修

清掃中に，排水槽の内部に損傷がある場合は速やかに補修する。長期間清掃を行っていない排水槽等では，硫化水素の発生が原因となって，躯体部の一部が劣化する場合が見られる。清掃後は水張り等を行って，防水性能に異常がないか確認することが必要である。

(3)　排水ポンプの自動運転

排水ポンプの自動運転は，通常水位制御によっている。しかし，排水構内の排水の貯留時間が1～2時間を超えると腐敗による悪臭が強くなるので，タイマーによる制御を水位制御と併用することが望ましい。

▷よく出る

排水槽の水位制御の水位センサとして，雨水槽や湧水槽は電極棒を使用してよいが，汚水槽やちゅう房排水槽は，電極棒を使用すると排水中の固形物が付着したりして誤作動を起こすので，フロートスイッチ※等を用いる。

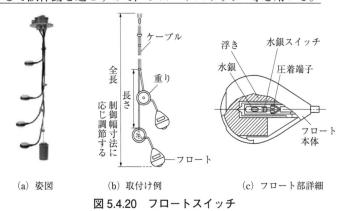

(a) 姿図　　　(b) 取付け例　　　(c) フロート部詳細

図5.4.20　フロートスイッチ

フロートスイッチ
フロートスイッチとは，液面に浮かべたフロート（浮き）が，浮力で液位に合せて上下変動することでON/OFF を行う水位制御用センサの一種（図5.4.20）。

⑷　排水槽の障害の原因と対策

　排水槽に発生する障害の原因と対策を表5.4.8に示す。

表5.4.8　排水槽に発生する障害の原因と対策

現象	原因	対策
悪臭が発生する	・槽内汚物等の腐敗が進行している	・排水の貯留時間を短くし，かつ低水位時に汚泥が残らないように水位を下げ，勾配をとる
	・換気設備が不備である	・適切な通気管径を選定し，外部に単独に開放する ・ばっ気装置がある場合は，通気管径を太くする
雑排水槽の表面に浮遊物の層ができ，ポンプ等の故障が多くなる	・ちゅう房排水の油脂類やスカムの浮遊物が固まって起こる	・清掃回数の頻度を増やす ・グリース阻集器の清掃を確実に行う ・ばっ気攪拌装置を設ける
	・電極棒制御に付着物がついて誤作動する	・フロートスイッチ等に切り替える
湧水槽（地下二重スラブ内）に常時水がたまって，蚊が発生する。	・連通管の下部が二重スラブより高い	・連通管下部をスラブ底面になるようにコンクリートで連通管下部までかさ上げする
	・水たまりができて蚊が発生する	・湧水槽内に定期的に殺虫剤をまく ・チカイエカ※の発生防止のため，排水槽の開口部への防虫網を設置する

11.3　排水ポンプ

　排水ポンプ及び付属品の点検は，「建築物における維持管理マニュアル」に規定されている。

建築物における維持管理マニュアル

　排水ポンプに発生する障害は，給水ポンプに比較して次のような点が主に異なる。

　①フロートスイッチや電極棒への異物の付着，作動障害物の接近により，正常な作動が妨げられる。対策としては，定期的に点検して異物を除去する。

　②ポンプの吸込口，内部への異物の付着，詰まり等により，起動不能，揚水不良，騒音の発生等を起こすので，異物を除去する。

　排水ポンプ類の日常・定期点検及び補修・部品交換について，表5.4.9に必要な維持管理項目と頻度を示す。ただし，頻度は目安であり，実際の設備の状況に応じて行う

チカイエカ
人を吸血し，アレルギー反応による痒みと腫れを引き起こす。糸状虫症を媒介する。また西ナイルウイルスが日本に侵入した場合に，その媒介者となる危険性が高く，注意を要する。

ポンプ軸受部のパッキン
グランドパッキンとメカニカルシールの2種類がある。

表 5.4.9　ポンプの維持管理の例　　　　　　▷よく出る

維持管理項目		頻度
日常点検	①　吐き出し圧力，揚水量	毎日
	②　電流・電圧値	毎日
	③　騒音・振動等の異常の有無	毎日
定期点検	①　絶縁抵抗の測定を行う。1 MΩ以上あるか確認する	1回/月
	②　6カ月に1回ポンプと電動機の芯狂いを測定する	1回/6カ月
	③　軸受温度，電動機等の温度を測定する	1回/月
	なお，水槽の清掃後や排水ポンプの修理後は，ポンプの絶縁抵抗，アース線の接続等の確認をしてから運転を行う	
交換・補修等	①グランドパッキンの場合は，増し締めしても水漏れがとまらないときに交換する	1回/年
	②　1～2年に1回程度メカニカルシールの交換を行う	1回/1～2年
	③　水中ポンプは，6カ月～1年に1回，メカニカルシール部のオイルの交換を行う	1回/0.5～1年
	④　ポンプのオーバホールを行う	1回/3～5年

11.4　排水管・通気管

　排水管・通気管の保守は，「建築物における維持管理マニュアル」に規定されている。

建築物における維持管理マニュアル

(1)　排水管の保守

　a．一般排水管の管理

　　①ちゅう房用，小便器用，大便器用等の排水管は，閉塞して汚水が完全に流れない状態となる場合が多い。

　　また，一般には給水・給湯管より少ないが，排水管の内外面の腐食や伸縮による疲労割れ等も発生する。

　　②スライム障害※での排水管の有機性付着物は，アルカリ性洗剤を用いて除去する。

　　③点検・診断

　　　点検は，排水管，排水トラップ類，ます等の損傷，腐食，詰まり，漏水の有無等を目視したり，流れ具合を確認したりするもので，日常から月単位まで，比較的短い周期で行う。

　　　診断は，診断機器を用いて，管内部の詰まり具合や腐食状況等を，定量的に把握して耐用年数を推定する。診断には費用もかかるので，半年から数年周期で行い，診断機器として，内視鏡や超音波厚さ計等が使用されている。

　b．雨水管の管理

　　屋上やベランダのルーフドレン回りは，落葉やごみで塞がりやすく，日常点検して清掃する。敷地内雨水排水管では，雨水ますの泥だめを定期的に点検して土砂等を除去する。

ちゅう房用の排水管の詰まり

油脂類が配管内に固着して発生する場合が多い。

小便器の排水管内に付着した尿石は，酸性洗剤を用いて除去する。

スライム障害

バイオフィルムの形成で排水管等に障害を起こすことをいう。

バイオフィルムは日本語では「菌膜」と訳され，微生物により形成される構造膜をいう。スライムや台所のヌメリなどがこれに該当する。

点検・診断

排水管内部の詰まり具合や腐食状況などは，内視鏡や超音波厚さ計などにより確認できる。超音波厚さ計は，排水管の腐食状況を定量化する診断に用いる。

給水及び排水の管理 第5編

下水本管の位置より低い敷地にある建物や，豪雨時に浸水するおそれの
ある建物では，下水本管からの逆流を防止する逆流防止弁や，敷地外か
らの水の逆流を抑える防潮堤が正しく設置されているか確認し，定期的
に作動確認をして非常の場合に備える。

　　c．掃除口の点検及び確認

　　　掃除口の保守にあたっては，まず掃除口の位置と排水系統を確認する。
また，定期的に掃除口を外して必要な時に容易にはずせるように，ねじ
部にグリース等を塗っておくとよい。掃除口は床上式を原則とするが，
床下式となっている場合は，砲金製がよく，継手の一部である鋼製のプ
ラグがしてある場合は砲金製に取り替える。

(2)　通気管の保守

　通気管の末端には通気網を設けるが，長い年月外気にさらされていれば，腐
食や脱落で，鳥の巣になることもあり，定期的に点検することが必要である。

　また，通気管が腐食して穴が開き，通気弁が故障して開いたままになってい
ると，建物内に下水臭が漂うので，1年に1回程度，定期的に，系統ごとに異
常がないか点検・確認をする。

11.5　阻集器

　グリース阻集器の管理は，「建築物における維持管理マニュアル」に規定さ
れている。

　グリース阻集器は，排水中のちゅう芥やグリースを阻集するものであるか
ら，定期的に清掃して蓄積物を除去することが必要である。ちゅう芥は槽内の
バスケットに溜まるようになっているので，原則として使用日毎に取り除く。
放置しておけば腐敗して悪臭を放つことになる。また，グリースは7〜10日に
1回の間隔で除去する。さらに，1〜2カ月に1回程度，槽内の底壁面，排水ト
ラップ等についたグリースや沈積物を高圧洗浄等で清掃する。

　槽内の蓄積物の除去には，バキュームで引くことが一般に行われている。な
お，グリース阻集器で発生する廃棄物は，産業廃棄物※となるので，回収は専
門の業者に委託する。グリース阻集器内は，清掃に便利なように内部の仕切り
板が外せるようになっているので，清掃後は正しい位置にセットされているか
確認する。

産業廃棄物
事業活動に伴って生じた廃
棄物のうち，「燃え殻，汚
泥，廃油，廃酸，廃アルカ
リ，廃プラスチック類，ゴ
ムくず，金属くず，ガラス
くず」などは産業廃棄物に
分類される。

11.6　清掃用機器・材料

▷よく出る

　清掃用機器・材料は，「建築物における維持管理マニュアル」に規定されて
いる。主な清掃方法として，高圧洗浄による方法とスネークワイヤを通す方法
とがある（図5.4.21）。

(1)　高圧洗浄法

　高圧ポンプを装備した高圧洗浄車，ホース，ノズル等からなり，5〜30 MPa
の高圧の水を噴射し，噴射力を利用して管内を洗浄しながらノズルを管内の奥
まで送り込む方法である。この方法は，土砂や汚物等の除去には有効である

が，ちゅう房の固いグリースの除去には，スネークワイヤを併用する場合もある。

（2）スネークワイヤ法

ピアノ線をコイル状に巻いたものの先端にヘッドを取り付け，機械でワイヤを送り込むものである。固い付着物の除去にも有効である。排水管の内径に適した大きさのヘッドを取り付けて施工しないと管内に付着物が残り，清掃が不十分となる。ワイヤの長さは25 m以下なので，排水横管では25 mまで，排水立て管ではワイヤの質量から20 m程度が限界である。

（3）その他の清掃方法※

その他の清掃方法としては，敷地排水管に利用されるロッド法，薬品による洗浄，圧縮空気の衝撃による方法等がある。

（a）スネークワイヤ

（b）車両搭載型高圧洗浄車と後方ノズル

（c）ロッド

（d）ウォータラム

図5.4.21　清掃器具

11.7　除害施設等の維持管理

（1）処理槽の運転管理

生物処理では，汚泥のバルキング※が発生した場合，自然沈降により汚泥分離が困難となり，処理水が悪化する。定期点検時には，処理水におけるpH，BOD，SS及びノルマルヘキサン抽出物質を測定し，処理水の透明度，汚濁濃度（MLSS），SV_{30}（30分間活性汚泥沈殿率）等の汚泥の沈降性を点検する。

発生する汚泥は産業廃棄物として処理する。

第5編　給水及び排水の管理

その他の清掃方法
①ロッド法は，1～1.8 mのロッドをつなぎ合わせ（最大で30 m），手動で排水管内に挿入し，清掃に使用する。
②薬品による洗浄は，水酸化ナトリウム水溶液など，アルカリ性の液体を使って付着物を溶かす方法である。
③圧縮空気の衝撃による方法は，空圧式清浄（ウォータラム）法といい，圧縮空気を一気に放出してその衝撃で閉塞物を除去する方法である。

活性汚泥のバルキング（Balking：膨化）
バルキングは，活性汚泥が膨張し汚泥が沈降しにくくなり，上澄水が得にくくなる現象をいう。ばっ気不足，MLSSが過大もしくは過少，高濃度有機性排水，硫化物・油脂類の混入が原因である。

第5章　衛生器具とその維持管理

　衛生上の性能とは，人体や人が住む屋内環境の清浄度を維持しうるように，必要かつ十分な水や湯を供給し，安全で，使用しやすい衛生器具が備えられていること及び使用した水や汚水を速やかに排出できる衛生器具と配管が具備されていることである。また，環境的性能とは，衛生器具設備の配置と外観，その空間の形状と色彩，明るさや音の問題をとらえ，使用者に対して快適性・安全性を保持できるもので，維持管理が容易なものでなければならない。さらに，これらの性能は，平面計画での使用者の動線，人体動作や配管計画と密接に関連する。

第1節　衛生器具と衛生器具設備

1.1　衛生器具の定義

　「空気調和・衛生工学会規格　SHASE-S206-2009」では，衛生器具を次のように定義している。衛生器具は，水を供給するために，液体又は洗浄されるべき汚物を受け入れるために，もしくはそれを排出するために設けられた<u>給水器具・水受け容器・排水器具及び付属品</u>をいう。これらの分類を，図5.5.1に示す。

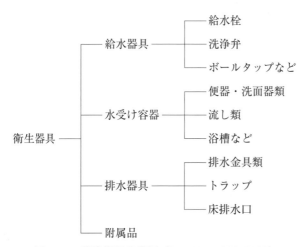

図5.5.1　衛生器具の分類（SHASE-S206-2009）

1.2　衛生器具の材質

衛生器具の材質として具備すべき条件は次の通りである。

① 平滑な表面を持ち，吸水・吸湿性がなく，衛生的であること。

② 仕上がり，外観が美的であり，常に清潔を保つことができること。

③ 耐食・耐摩耗性に優れ，容易に破損しない材料で製造されていること。

④ 飲料水に接する部分の材質は，人体に有害な成分が溶出しないこと。

⑤ 製作・製造及び取付けが容易であり，点検，修理又は交換等の維持管理が容易にできること。

⑥ 給水・給湯系統への逆流等による汚染防止に配慮していること。

⑦ 給水器具及び排水器具の材料としては，主として青銅，黄銅，銅，可鍛鋳鉄，鋳鉄等が使用されている。ただし，洋風大便器の便座等，直接水に触れないものには，木材あるいはプラスチック等が使用されており，給水器具等へのプラスチックの利用も増加している。

⑧ 水受け容器の材料としては，陶器，ほうろう鉄器，ステンレス鋼，プラスチック，木材，石材及び人工大理石等が使用されている。なお，衛生陶器の規格としては JIS A 5207（衛生器具－便器・洗面器類）があり，便器の材料の種類は陶器または樹脂とし，小便器，洗浄用タン，洗面器，手洗器及び掃除流しの材料の種類は陶器としている。

1.3　複合体としての機能

(1) 衛生器具設備の具備すべき条件

① 利用者に対する安全性，身障者，高齢者，子供等も使用することを考慮して，危険な突起がない等の形状，付属品を含めた安全性。

② 機能上の安全性

③ 衛生的であること

④ 耐久性

⑤ 意匠・設計面からの検討

⑥ 給水・排水性能からの検討

⑦ 保守管理性からの検討

(2) 所要器具数と配置の決定

一般に所要器具数は，その建物の用途・グレード・経済性及び利用者の利便性などを勘案して定められるが，その内訳は，最小値・適正値・推奨値の3つに分類される。最小値は，主として法規などに定められている使用上の限界と考えられる個数であり，推奨値は使用上十分余裕のある個数である。これらの区分は，サービスレベルとして扱うことができる。

設計段階では，必要個数を単に設置するだけでなく，その配置についても，使用形態の見通しや使用者の心理状態等に配慮する必要がある。建築物の平面のどの位置に便所を配置するか，1ヵ所に集中配置するか，または2ヵ所以上に分散配置するかという配置計画も，配管計画や動線計画と関連して検討する。

集中利用形態
集中利用形態とは，便所で器具利用が短時間に集中し，利用者の一部が待つことがある場合をいう。

第2節　衛生器具

2.1　水受け容器

水受け容器の種類と構造を
覚える。

▷よく出る

水受け容器には，大便器，小便器，洗面器及び水飲み器がある。

（1）大便器

種類は，和風便器と洋風便器に大別される。以前は機能によって，洗出し式・洗落とし式・サイホン式・サイホンゼット式・ブローアウト式・サイホンボルテックス式に分類されていた。ここに示す従来式のほか，便器奥の吐水口より水流を勢いよく噴出，旋回水流で洗う洗浄方式やタンクのない水道直結方式の便器もあり，近年，さまざまな洗浄形態の便器が出現しているため，従来どおりの分類は難しくなってきて，JISも改定された（図5.5.2）。

　a．洗出し式　この方式は，水の落差を利用して汚物を器外に排出するものである。主に和風便器で使用されており，便鉢の水が溜まる部分に汚物を一時ためて，洗浄時にトラップ側へ流し出す方式である。水たまりが浅いため，汚物が水たまり部分より露出し，臭気の発散が多い。

　b．洗落とし式　この方式は，洗出し式と同様に水の落差を利用して汚物を器外に排出するもので，主に洋風便器で使用されている。便器トラップの溜水面は水洗時に高まり，その落差で汚物を排出する。汚物は，直接または間接的にトラップの水たまり部に没入するため，洗出し式に比べて臭気の発散が少ない。

　c．サイホン式　この方式は，サイホン作用を利用して汚物を器外に排出するもので，洋風便器のみで使用される。洗落し式よりも溜水面が広く，汚れがつきにくい。

　d．サイホンゼット式　この方式は，トラップ内に噴射穴を備えたもので，サイホン式よりも溜水面が広く，臭気の発散が少なく，ボール内乾燥面への汚物の付着がほとんどない。

　e．ブローアウト式　この方式は，噴射穴から洗浄水を強く噴出させて，その勢いで溜水を排水管へ誘い出し，汚物を吹き飛ばして器外へ排出するもので，排水路があまり屈曲していないため，便器の詰りが少ない。た

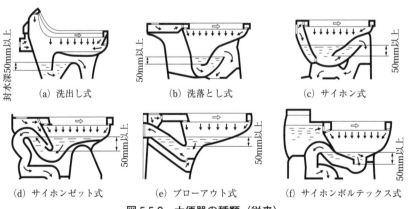

図 5.5.2　大便器の種類（従来）

だし，強力な噴射力を得るために，流動時の最低必要水圧を確保する必要がある。

　　f．サイホンボルテックス式　この方式は，サイホン作用に回転運動を与える渦巻作用を加え，強力な吸引・排出作用をもたせて洗浄するが，溜水面が大きいことと洗浄時に空気がほとんど入り込まないために洗浄音が静かであるのが特徴である。

⑵　小便器

　小便器は，壁掛け形，壁掛けストール形，床設置ストール形等に分類される（図5.5.3）。排水トラップを内蔵したものと排水トラップがないものがある。壁掛け形は，駅やホテルの共用部などにおいて床清掃のしやすさから選定されている。床設置ストール型の小便器は乾燥面が広いため，洗浄方法に注意しないと臭気が発散する。また，使用頻度が高い公衆便所用小便器の内部トラップは，カセット型の着脱式のものが適している。

小便器のリップの高さ
小便器のリップの高さとは，床面からあふれ縁までの垂直距離をいう。小便をしっかり小便器内に収めるためにはリップ（前方に張り出した受け部）の高さが影響する。体格差に関わらず使えるよう，リップの高さを考えて小便器を選択する。小学生（低学年）の場合，床設置形が最適。中学生（高学年）以上の場合，成人と同様の壁掛け形が最適（表5.5.1）。

（a）壁掛け形　　（b）壁掛けストール形　（c）床設置ストール形　（d）カセット型着脱式トラップ

図5.5.3　小便器の種類

表5.5.1　小便器のリップの高さ[※]

学年		小便器種類 リップの高さ [mm]（身長）	床設置 ストール形 300 mm	壁掛け ストール形 420 mm	壁掛け形 530 mm
小学生	1年生	男子（113 cm）	◎	○	×
	3年生	男子（129 cm）	○	◎	○
	6年生	男子（150 cm）	○	◎	◎
中学生	1年生	男子（151 cm）	○	◎	◎
	3年生	男子（165 cm）	○	○	◎
凡例：◎：使いやすい，○：使える，×：使いづらい					

⑶　洗面器

　洗面器は，形状からバック付き，棚付き，そで付きなどに分類され，取付方法から，ビス止め式，バックハンガ式，ブラケット式，カウンタ式に分類される。洗面器にオーバフロー口があっても，排水管が詰まった時水没することとなるの

吐水口空間　あふれ線　オーバーフロー

図5.5.4　洗面器のあふれ縁

で，この場合のあふれ縁は洗面器の上縁となる（図5.5.4）。したがって，洗面器のあふれ縁は，オーバフロー口の下端ではなく，あふれ始める線のことをさすので，洗面器上縁の最も低い箇所をいう。

▷よく出る

(4) 水飲み器

水飲み器は，ウォータークーラーともいわれ，おいしい冷水を連続提供する装置で，壁掛け型と立て型があり，街路・公園・デパートなど人が多く集まるところに設置される。水飲み器の噴水頭（飲み口）の上部には，それに接近して，飲み口を清潔に保つためのバブラーガード（保護囲い）を取り付けてある。また，屋外に設置する場合は，冬季の凍結に対する配慮が必要である。

2.2　給水器具

給水器具には，水栓類・シャワー，洗浄弁，ボールタップなどがある。

給水器具の種類と構造，節水を覚える。

(1) 水栓類・シャワー

a．洗面・手洗い・台所用水栓

洗面・手洗い・台所用水栓は，単水栓と混合水栓に分類され，手動開閉方式，手動開口・自動閉止方式，自動開閉方式などがある。

手動開閉方式と手動開口・自動閉止方式の代表的なものとして，手洗い用衛生洗浄弁，自閉式給水栓がある。最近では，節水と非接触による衛生性を主目的とした自動開閉方式の自動給水栓がある。

b．シャワー

シャワーは，固定式とハンドシャワーがあるが，ハンドシャワーの場合，浴槽水の逆流により汚染のおそれがあるので，浴室用ハンドシャワーの配管途中には，バキュームブレーカや逆流防止機構を有するものを取り付けて逆流防止を図る必要がある。

(2) 大便器

大便器の節水の区分を覚える。

a．大便器の水量

大便器は機能製品であり，給水→大便器→排水の連携が十分でないと，特に排水側で問題が生じる。大便器を導入する場合は，給水器具からの吐水量の削減だけでなく，排水管内の排水流下特性などにも配慮する。

しかし，大便器の洗浄水量は，世界的に節水の傾向であり，排水管内の汚物搬送性能を確保するために，JIS A5207やベターリビング優良部品認定基準で洗浄水量が規定されており，洗浄水量の区分によってⅠ形及びⅡ形に区分される（表5.5.2）。

表5.5.2　節水形大便器洗浄水量　　　　[単位：L]

洗浄水量の区分	タンク式・洗浄弁式
Ⅰ形	8.5 以下
Ⅱ形	6.5 以下
注1）洗浄弁式のⅡ形は，専用洗浄弁仕様の便器に限定する。	

b．大便器の給水方式

大便器の給水方式には，洗浄弁方式，タンク方式及び専用洗浄弁方式が
ある。

a) 洗浄弁式（フラッシュバルブ）

大便器の洗浄弁には，手動式，電装式及び節水式がある。大便器洗浄弁
と大便器を組み合わせて洗浄させるためには，給水圧力は，70 kPa 以
上必要である。JIS B2061　給水栓において，吐水時の水圧を 0.1 MPa
に設定したときに，最大瞬間流量は 100 L/min 以上，1 回当たりの吐水
量は設定吐水量 ±1.5 L 以上でなければならないと規定されている。し
たがって，接続する給水管の管径は，25 mm とする。ただし，給水圧
力の高低により変動するため，流量調整装置を付属しており，現場での
調整が必要である。

① 手動式洗浄弁

手動式洗浄弁の場合，不特定多数の各々の利用者によって起動レバー弁
の操作力や操作時間，手での操作や足での操作等の操法や扱い方が各自
異なり，様々で雑多な操作をされるためにピストンバルブの昇降作動も
一定しないために便器に吐水する流水の出力や流量にばらつきがでる
が，手動式洗浄弁は，利用人員の多い事務所，店舗，駅，ホテル等の共
用部に採用される。

② 電装式洗浄弁

最近流行りの電装式の洗浄弁では，手かざしセンサーや薄型のタッチス
イッチにより電気信号で起動するために，ピストンバルブの昇降作動は
一定で誰が操作しても洗浄水量がばらつくこともなく常に安定した洗浄
水を便器に供給できる。さらに，作動電源は AC100 V の他に乾電池式
がある他，最近では洗浄弁内に発電用水車が内蔵され，水勢を利用して
水力発電をして自らの制御電力に使用する機種が主流になりつつある。

③ 節水式洗浄弁

節水式洗浄弁は，ピストンバルブの起動羽根がスライド伸縮式の二重構
造になっており，一度の操作で 1 回分の吐水しかしないノンホールディ
ング機能を持ち，起動後のピストンバルブ上昇時スライド伸縮式起動羽
根は起動押し棒部より高い位置まで上昇するためレバーペダル棒や押し
ボタンなどの起動弁を押し続けても二重になった起動羽根が押し棒部上
面に乗り上げるのでピストンバルブが上昇位置のままで保持されずピー
ク時の持続（全開状態のまま）になるのを防ぐ。

b) ロータンク式

大便器ロータンク式は，洗浄用タンク内に一定量貯留した水を便器に給
水する方式で，手洗いが付いているものと，付いていないものがある。
個人住宅やホテルの客室等，特定の人が使う場所に使用される。また，
大小切り換え式のハンドルを付けて節水に配慮したものがある。洗浄用
ロータンク内のボールタップは，止水機能を備えていなければならな
い。

c）専用洗浄弁式（タンクレストイレの洗浄弁）

最近では，建物内の給水配管から直接接続する器具洗浄用バルブユニットでリム洗浄及びジェット洗浄を制御する大便器も普及している。

(3)　小便器

a．小便器の洗浄弁

小便器洗浄弁の必要水圧は，0.07 MPa 以上で，JIS B2061 によると，給水栓において吐水時の水圧を 0.1 MPa に設定したときに，最大瞬間流量は 15 L/min 以上，吐水量は1回当たり4L以上でなければならないと規定されている。しかし，小便器のリム※は乾燥面が広いため，使用用途に応じて適切な洗浄方法としなければ，洗浄しない箇所ができたりして，臭気が発散することになる。

リム
便器の縁をいう。

小便器の洗浄弁は，ハイタンク式による連立一斉洗浄方式，洗浄水栓式，手動式洗浄弁式及び節水を図った自動式がある。

a）洗浄水栓式

洗浄水栓式は，給水栓と同じように，ハンドルの開閉によって小便器の洗浄を行うもので，一般家庭向きであるが，最近はほとんど見かけない。

b）手動式洗浄弁式

手動式洗浄弁式は，使用後人為的な操作により押しボタンやレバーを押すことにより洗浄を行い，一定量吐水後自動的に閉止する。押しボタンを触ることから非衛生的で，利用者誰もが確実に洗浄操作（ボタンを押す）をするとは限らないので公衆用には適していない。

▷よく出る

c）節水自動式

自動式の場合は人感センサーが便器付近の壁や便器本体に内蔵されている。なお，節水機能が付加されたものが多く，主流となっている。

小便器の洗浄は，1回当たり 4～6 L であり，臭気・尿石付着防止を考慮しつつ，節水化が図られている。

節水を図った洗浄方式には，個別感知洗浄方式，集合感知洗浄方式，タイマー洗浄方式及び照明スイッチ等連動洗浄方式等がある。

①　個別感知洗浄方式

個別感知洗浄方式は，使用者をセンサーで感知し，押しボタン操作を電気的に行い，自動洗浄するシステムである。非接触のため衛生的で，使用した小便器のみ洗浄するため節水向上にもなる。センサーには光電式とマイクロ波式がある。マイクロ波式は，背の低い幼児の検出が可能である。また，尿流を検知しないと洗浄しないため，むだ水対応にも有利である。

②　集合感知洗浄方式

集合感知洗浄方式は，天井などに取り付けた人感センサーで使用者を感知し，連立した小便器の同時洗浄を制御する方式である。

③　タイマー洗浄方式

④　照明スイッチ等連動洗浄方式

照明スイッチ等連動洗浄方式は，照明スイッチのスイッチ ON により，洗浄装置に通電され，これと連動して小便器を洗浄するため節水向上になる。

維持管理の留意点と定期点検を覚える。

材質別の手入れ・清掃の要点を覚える。

第3節　維持管理

3.1　器具別の管理上の留意点

表 5.5.3 に器具別の管理上の留意点を示す。

表 5.5.3　器具別の管理上の留意点

器具	管理上の留意点
大便器	・洗浄状態及び洗浄水量は適切である。 ・排水状態に異常がない。 ・自動洗浄弁の場合，確実に作動する。 ・浄化槽を設置している場合を除き，陶器製の大便器の底部の汚れは，スポンジに塩酸系洗剤を付けて洗い落とし，十分に水洗いする。
小便器	・洗浄状態・洗浄水量は適切である。 ・排水状態に異常がない。
洗面器・手洗い器	・ポップアップ式排水金具の場合，排水栓は有効に開口している。 ・十字ストレーナに髪の毛等の異物が付着していない。
流し	・排水トラップ付属のバスケットは目詰まり状態になっていない。 ・わんトラップが設置されている場合，わんが外されたままの状態になっていない。
給水栓・給湯栓	・適正な吐水量になるよう，止水栓の開度が調節されている。
温水洗浄式便座	・アースは確実に接続してあり，ケーブル，プラグ，コンセントに異常がない。

3.2　材質別の手入れ・清掃の要点

表 5.5.4 に材質別の手入れ・清掃の要点を示す。

表 5.5.4　材質別の手入れ・清掃の要点

材質	手入れ・清掃の要点
陶器	・石けんかす，脂等の汚れは，中性洗剤を付けたスポンジ等で洗い，洗剤分を完全に洗い落とす。 ・水あか，鉄さび等の汚れは，クリームクレンザを付けたスポンジ等でこすりとる。 ・大便器の底にこびり付いた汚れは，塩酸系洗剤を付けたスポンジ等で洗い落とし十分に水洗いする。その際，洗剤が飛び散って樹脂や金属類の部品に付かないように注意する。付い

	てしまった場合は水洗いするか水で湿した布等で洗剤分を完全に拭き取り，から拭きする。なお，浄化槽を設置している場合は塩酸成分を含んだ洗剤を使用してはならない。 ・器具の手入れ等に湯を使用する場合は，陶器に直接熱湯を注ぐと割れることがあるので注意しなければならない。 ・表面に汚れ防止の加工処理を施されたもの等は，その取扱説明書に従って清掃する。
ほうろう鉄器	・石けんかす，脂等の汚れは，中性洗剤を付けたスポンジ等で洗い，洗剤分を完全に洗い落とす。 ・水あか，鉄さび等の汚れは，クリームクレンザを付けたスポンジ等でこすりとる。 ・金属タワシやナイロンタワシは小さな傷が付くので，使用してはならない。 ・ほうろうは薬品には強いが，表面のほうろうにひびやはがれがあると洗剤によっては下地を傷める場合があるので注意する。
ステンレス	・石けんかす，脂等の汚れは，薄めた中性洗剤を付けたスポンジ等で洗い，洗剤分を完全に洗い落とす。 ・さび等が表面に付着しているときは，ステンレス用クレンザまたはクリームクレンザを付けたスポンジ等でこすりとったあと水拭きする。 ・酸性系洗剤，漂白剤等に含まれる塩素分は表面を傷めるため，それらが付いたらよく水で洗い流す。 ・金属タワシやナイロンタワシは小さな傷が付くので注意する。
プラスチック・人工大理石	・普通は，水やぬるま湯に浸した柔らかい布を絞って拭く。 ・汚れが目立ったら台所用中性洗剤を100倍程度に薄めてスポンジ等を使用して拭き取る。その後，水で絞った布等で洗剤が残らないよう十分拭き取る。 ・静電気による黒ずみは，100倍に薄めた台所中性洗剤でこまめに拭き取る。 ・樹脂製便座は，洗剤の種類によっては変色したり，割れたりすることがあるので，洗剤の使用上の注意に従って正しく使うこと。 ・シリコンコーキング部はカビがつきやすく汚れが目立ちやすいので，日常からから拭きで水分を拭き取る。汚れは，柔らかい布またはスポンジに練り歯磨きまたは液体クレンザを付けて落とし，最後にから拭きする。 ・化粧品，薬品，クレヨン，マジック等が付着した場合は，樹脂が侵される場合があるので速やかに除去する。 ・シンナ，ベンジン等溶剤系の薬品は樹脂を傷めるので使用してはならない。 ・硬いタワシ，粒子の粗い磨き粉・クレンザ等は傷が付いたり，光沢が失われるので使用してはならない。
銅合金等金属	・普通は，水拭きした後，乾いた柔らかい布で軽く拭き取る。 ・取りにくい汚れは，クリームクレンザ，金属専用洗剤やカー

		・ワックスで落とす。 ・月に1度は水分を拭き取ったあと，ミシン油，シリコン油等を含ませた柔らかい布で拭く。 ・硬いタワシ，粒子の粗い磨き粉・クレンザ等は，表面を傷つける恐れがあるので使用してはならない。 ・トレイ用やタイル用洗剤は，洗剤に含まれている塩酸成分によりめっき表面が傷むので，洗剤が付かないように気をつける。
ガラス		・鏡に付いた水分をそのままにしておくと表面に白い汚れが付きやすいので，乾いた布でこまめにふき取る。 ・ガラスクリーナで拭くときれいになる。

3.3　定期点検

保守管理を適切に行うためには，日常の点検・清掃等を適切に行うことはもちろんであるが，さらに定期点検によって，その状態を確認する必要がある。定期点検の内容を表 5.5.5 に示す。

表 5.5.5　定期点検と保守の内容

区分	項目	回数	作業内容
大便器・小便器	取付状態	1回／半年	・便器のフランジ，取付ボルトの緩み，損傷の有無を点検する
	排水状態	1回／半年	・排水トラップの封水，詰まり，付着物の有無を点検し，封水が破れている場合は原因を調べる
洗面器	取付状態	1回／2カ月	・陶器，排水口金物，排水管及び排水トラップ等の接合部の緩みの有無を点検し，緩みがある場合は締め増しする
	排水状態	1回／半年	・排水の引き具合，詰まりの有無を点検する。 ・排水トラップの封水の有無を点検し，封水が破れている場合は原因を調べる
洗浄ロータンク・洗浄弁	詰まり，汚れ	1回／半年	・洗浄ロータンク内の汚れ，ボールタップのストレーナ，ピストン部の詰まりの有無を点検する
	水量調整等	1回／半年	・洗浄弁を操作して排水状態を点検する ・バキュームブレーカの空気取入口の詰まりの有無を点検し，詰まりがある場合は除去する ・水圧，吐水時間の適否を点検して水量調整する ・洗浄ロータンク内のボールタップの作動状態を点検する

第4節　故障

衛生器具の故障と対策を表 5.5.6〜表 5.5.9 に示す。

4.1　洗面器と水栓

洗面器と水栓の故障原因と修理等の対策を表 5.5.6 に示す。

代表的な衛生器具の故障原因と修理等の対策を覚える。

▷よく出る

表5.5.6　洗面器と水栓の故障と対策

故障	原因	修理
漏水	こま，パッキンが摩耗・損傷している	こま，パッキンを取替える
	弁座が摩耗・損傷している	軽度の摩耗，損傷ならば，パッキンを取替える。
水の出が悪い	水栓のストレーナにゴミが詰まっている	水栓を取り外し，ストレーナのゴミを除去する
混合水栓の適温が得られない	水圧と湯圧の差が大きすぎる	減圧弁を挿入する
洗浄面に溜めた水が減っている	ポップアップ式排水栓が閉まっていない。	排水栓を閉める

4.2　洗浄ロータンク

洗浄ロータンクの故障原因と修理等の対策を表5.5.7に示す。

表5.5.7　大便器と洗浄ロータンクの故障と対策

故障	原因	修理
水が止まらない	フロートにつながる鎖がからまっている	鎖をたるませる
	フロート弁座に異物が詰まっている	弁座の異物を除去する
水がでない	ストレーナが詰まっている	ストレーナを清掃する
サイホン式大便器の留水面が正常より小さい	タンク内の補助水管がオーバフロー管内から外れている	補助水管をオーバフロー管内に挿入する
洗浄力が弱く，汚物が流れない	タンク内の止水位が低くなっている。	止水位の位置を調整する

4.3　大便器洗浄弁

大便器洗浄弁の故障原因と修理等の対策を表5.5.8に示す。

表5.5.8　大便器洗浄弁の故障と対策

故障	原因	修理
便器と床面の間が濡れる	フランジ部のシール材の取付不良	取り付けなおす
洗浄力が弱く，汚物が満足に流れない	便器のトラップや排水路に異物が詰まっている	異物を取り除く
ハンドル部から漏水する	ハンドル押し棒の取付ナットの緩み，パッキンの磨耗・損傷，押し棒が磨耗している	取付ナットの締め付け直し，パッキン取替，ハンドル押し棒取替
常に少量の水が流出している	ピストンバルブと弁座の間に異物をかんでいる	ピストンバルブを取り外し，異物を取り除く

	ピストンバルブのシート又はシートパッキンが損傷している	パッキンの取替又は本体取替
吐水量が少ない	水量調節ねじを閉め過ぎている	水量調節ねじを左に回して吐水量を増やす
水勢が弱くて汚物が流れない	開閉ねじを閉め過ぎている	開閉ねじを左に回して水勢を強める
吐水時間が短い	開閉ねじを開けすぎている	吐水時間が 10～12 秒になるように，開閉ねじを右に回して下げる
吐水時間が長い	洗浄弁のピストンバルブのストレーナ又は小孔が詰まりかけている	ストレーナ，小孔を掃除する
サイホン式の大便器の留水面が正常より小さい	タンク内の補助水管がオーバフロー管内に差し込まれていない	補助水管をオーバフロー管内に正しく差し込む
洗い出し便器で，封水位が低い	便器に接続される汚水管の勾配の異常により，サイホン現象を起こしている。	汚水管の勾配を正常にするとともに，管内の付着物を除去する。

4.4　小便器洗浄弁

小便器洗浄弁の故障原因と修理等の対策を表 5.5.9 に示す。

表 5.5.9　小便器と小便器洗浄弁の故障と対策

故障	原因	修理
少量の水が流れ放し	ピストンバルブと弁座の間へ異物のかみ込みがある	ピストンバルブを取り外し，異物を取り除く
小便器の排水の流れが悪い	排水管内にスケールが付着している	排水管を清掃する
小便器内が十分に洗浄されていない	水出口穴に異物が詰まっている	異物を取り除く

第6章　浄化槽設備とその維持管理

学習のポイント

1. 浄化槽法の目的，用語の定義，浄化槽管理者，点検記録等を学習する。
2. 処理対象人員の算定方法，構造基準，処理方法と処理フローを学習する。演習問題を解く。
3. 保守点検の技術上の基準を学習する。

　従来は水洗便所の汚水のみを処理するものは，単独処理浄化槽又はし尿浄化槽と呼ばれ，汚水と雑排水を併せて処理するものは合併処理浄化槽と呼ばれていた。家庭用規模では単独処理浄化槽が主流であったが，雑排水は処理されないため，放流先での水質汚濁の原因となるとの認識の高まりから，平成13年頃からは合併処理浄化槽以外は設置されなくなった。平成13年4月より施行された浄化槽法では，合併処理浄化槽のみが浄化槽と定義され，単独処理浄化槽は「みなし浄化槽」として区分された。

　建築基準法関連では，平成10年に浄化槽の構造基準を定める昭和55年建設省告示第1292号「し尿浄化槽の構造の指定」が「し尿浄化槽及び合併処理浄化槽の構造方法を定める件」と改題されて定義分けが行われ，平成13年には特別に定められた地域を除き，汚水のみを処理する単独処理浄化槽の構造規定が削除された。さらに，平成18年1月には浄化槽法が改正され，新たに設置する浄化槽は，生活雑排水を併せて処理するものに限ること，及びその性能は「BOD除去率が90%以上，放流水のBODが20 mg/L以下」と定められた。これらの浄化槽は，新築建築物に合わせて設置するほかに，くみ取り式便所の水洗化や単独処理浄化槽の合併処理化を目的として設置されている。さらに，市町村が主体となって，設置者に補助金を交付するなどの措置を講じることで，一定地域全体で浄化槽による生活排水対策も進められている。

第1節　浄化槽の基準

1.1　浄化槽法

　浄化槽※は，「浄化槽法」で次のように規定されている。

(1)　目的

浄化槽法　第一条（目的）

　この法律は，浄化槽の設置，保守点検，清掃及び製造について規制するとともに，浄化槽工事業者の登録制度及び浄化槽清掃業の許可制度を整備し，浄化槽設備士及び浄化槽管理士の資格を定めること等により，公共用水域等の水質の保全等の観点から浄化槽によるし尿及び雑排水の適正な処理を図り，生活環境の保全及び公衆衛生の向上に寄与することを目的とする。

(2)　定義

第二条（定義）

　この法律において，次の各号に掲げる用語の意義は，それぞれ当該各号に定めるところによる。

　一　浄化槽※　便所と連結してし尿及びこれと併せて雑排水を処理し，下水道法第二条第六号に規定する終末処理場を有する公共下水道（以下「終末

浄化槽法の目的，用語の定義，浄化槽管理者，点検記録等を覚える。

▷よく出る

浄化槽法で規定している制度
①浄化槽工事業者の登録制度
②浄化槽清掃業の許可制度
③浄化槽設備士・浄化槽管理士の資格制度

処理下水道」という。）以外に放流するための設備又は施設であって，同法に規定する公共下水道及び流域下水道並びに廃棄物の処理及び清掃に関する法律第六条第1項の規定により定められた計画に従って市町村が設置したし尿処理施設以外のものをいう。

二　浄化槽工事　浄化槽を設置し又はその構造若しくは規模の変更をする工事をいう。

十　浄化槽設備士　浄化槽工事を実地に監督する者として第四十二条第1項の浄化槽設備士免状の交付を受けている者をいう。

十一　浄化槽管理士　浄化槽管理士の名称を用いて浄化槽の保守点検の業務に従事する者として第四十五条第1項の浄化槽管理士免状の交付を受けている者をいう。

(3)　浄化槽に関する基準等

第四条（浄化槽に関する基準等）

環境大臣は，浄化槽から公共用水域等に放流される水の水質について，環境省令で，技術上の基準を定めなければならない。

2　浄化槽の構造基準に関しては，建築基準法並びにこれに基づく命令及び条例で定めるところによる。

4　国土交通大臣は，浄化槽の構想基準を定め，又は変更しようとする場合には，あらかじめ，環境大臣に協議しなければならない。

5　浄化槽工事の技術上の基準は，国土交通省令・環境省令で定める。

7　浄化槽の保守点検の技術上の基準は，環境省令で定める。

8　浄化槽の清掃の技術上の基準は，環境省令で定める。

(4)　設置後等の水質検査

第七条（設置後等の水質検査）

新たに設置され又はその構造若しくは規模の変更をされた浄化槽については，環境省令で定める期間内に，環境省令で定めるところにより，当該浄化槽の所有者，占有者その他の者で当該浄化槽の管理について権原を有するもの（以下「浄化槽管理者」という。）は，指定検査機関の行う水質に関する検査を受けなければならない。

(5)　保守点検

第八条（保守点検）

浄化槽の保守点検は，浄化槽の保守点検の技術上の基準に従って行わなければならない。

詳しくは，第4節　維持管理を参照されたい。

(6)　清掃

第九条（清掃）

浄化槽の清掃は，浄化槽の清掃の技術上の基準に従って行わなければならない。

(7)　浄化槽管理者の義務

第十条（浄化槽管理者※の義務）

浄化槽

水洗式便所と連結して，し尿及びそれと併せて雑排水（生活に伴い発生する汚水（生活排水）を処理し，終末処理下水道以外に放流するための設備である。

七条検査は，主に浄化槽の設置工事の適否，浄化槽の機能状況を早い時期に確認するために行うものであり，浄化槽管理者は，浄化槽の使用開始後3カ月を経過した日から5カ月間に，指定検査機関の行う水質に関する検査を受けなければならない。受検の依頼は，浄化槽管理者が自ら行うことが原則であるが，受検手続きを速やかに行うため，浄化槽工事業者に委託できるものとされている。

浄化槽管理者は，環境省令で定めるところにより，毎年1回（環境省令で定める場合にあっては，環境省令で定める回数），浄化槽の保守点検及び浄化槽の清掃をしなければならない。

3 <u>浄化槽管理者は，浄化槽の保守点検を，第四十八条第1項の規定により条例で浄化槽の保守点検を業とする者の登録制度が設けられている場合には当該登録を受けた者（浄化槽保守点検業者）に，若しくは当該登録制度が設けられていない場合には浄化槽管理士に又は浄化槽の清掃を浄化槽清掃業者に委託することができる。</u>

いかなる装置や施設でも，それぞれの機能を確保するためには，適切な管理が不可欠である。特に，装置が複雑で技術的に高度な仕組みになればなるほど，管理の重要性は増加する。

浄化槽の管理については，浄化槽管理者が基本的に責任を負う構成になっており，次の義務が課せられている（図5.6.1）。

① <u>使用の準則の遵守</u>
② <u>設置届の提出</u>
③ <u>法定検査（設置後等の水質検査，定期検査）の受検</u>
④ <u>保守点検，清掃を実施し，その記録の保存</u>
⑤ <u>一定規模以上の浄化槽では技術管理者の選任</u>

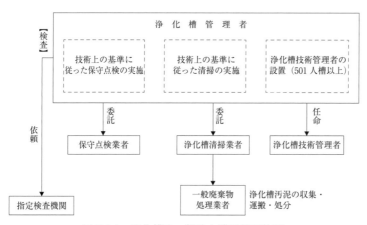

図5.6.1　浄化槽の一般的な維持管理体制

(8)　定期検査

第十一条（定期検査）

浄化槽管理者は，環境省令で定めるところにより，<u>毎年1回，指定検査機関の行う水質に関する検査を受けなければならない。</u>

(9)　条例による浄化槽の保守点検を業とする者の登録制度

第四十八条（条例による浄化槽の保守点検を業とする者の登録制度）

都道府県は，条例で，浄化槽の保守点検を業とする者について，都道府県知事の登録を受けなければ浄化槽の保守点検を業としてはならないとする制度を設けることができる。

浄化槽管理者

一定の機能と目的をもった装置や施設について，その仕様に基づき正しく使用するとともに，異常の早期発見に努め，異常を認めた場合はその原因を突き止め，ただちに適切な措置を講ずる等，絶えずその装置のもつ機能を十分に発揮させるための技術上，ならびに運営上の系統的な業務を管理と総称する。

法定検査に関する規定

法定検査には，設置後等の水質検査（「以下七条検査」という）と定期検査（「以下十一条検査」という）がある。

1.2　浄化槽の使用に関する準則

　浄化槽の使用に関する準則は，「環境省関係浄化槽法施行規則」で次のように規定されている。

環境省関係浄化槽法施行規則

第一条（使用に関する準則）

　浄化槽法第三条第 3 項の規定による浄化槽の使用に関する準則は，次のとおりとする。

　　一　し尿を洗い流す水は，適正量とすること。

　　二　殺虫剤，洗剤，防臭剤，油脂類，紙おむつ，衛生用品等であって，浄化槽の正常な機能を妨げるものは，流入させないこと。

　　三　法第三条の二第 2 項又は浄化槽法の一部を改正する法律附則第二条の規定により浄化槽とみなされたもの（以下「みなし浄化槽」という。）にあっては，雑排水を流入させないこと。

第一条の二（放流水の水質の技術上の基準）

　法第四条第 1 項の規定による浄化槽からの放流水の水質の技術上の基準は，浄化槽からの放流水の生物化学的酸素要求量（BOD）が 20 mg/L 以下であること及び浄化槽への流入水の生物化学的酸素要求量の数値から浄化槽からの放流水の生物化学的酸素要求量の数値を減じた数値を浄化槽への流入水の生物化学的酸素要求量の数値で除して得た割合が 90% 以上であることとする。ただし，みなし浄化槽※については，この限りでない。

第四条（設置後等の水質検査の内容等）

　法第七条第 1 項の環境省令で定める期間は，使用開始後 3 月を経過した日から 5 月間とする。

▷よく出る
みなし浄化槽
平成 12 年改正以降の現在の法律で，浄化槽といえば合併処理浄化槽をさし，法律改正前に設置されている単独処理浄化槽（し尿のみを処理する浄化槽）については「浄化槽とみなす」とし，みなし浄化槽と分類している。

第 2 節　技術基準

2.1　処理対象人員の算定方法

　浄化槽を設計する際，対象建築物から排出される汚水の量，性状及びこれらの変動度合い等が明らかでないと，各単位装置の容量等を決めることができないが，新設の建築物の場合，汚水の排出特性を実際に調査することは困難である。

　そこで，浄化槽へ流入する汚水量，汚濁負荷量の推測は，次の手順で行われる。

　　①　建築物の使用状況，給排水設備の仕様，類似建築用途における実態調査結果等から推測する。

　　②　前述した情報がない場合は，「建築物の用途別によるし尿浄化槽の処理対象人員算定基準。JIS A3302-2000）」に従って算出する。

　　　一般的には，「建築物の用途別によるし尿浄化槽の処理対象人員算定基準」に基づき流入汚濁負荷を推測することが多いため，処理対象人員が浄化槽の規模を表すものとして用いられている。

処理対象人員の算定方法を覚える。

この算定基準は，過去の実態調査結果から，建築用途別に建築物から排出される汚水の量，BOD 負荷量※を設定し，住宅施設からの 1 人 1 日当たりの汚濁負荷量 [（浄化槽の場合：汚水量 200 L/（人・日），BOD 負荷量 40 g/（人・日），みなし浄化槽の場合：汚水量 50 L/（人・日），BOD 負荷量 13 g/（人・日）] で割り戻しその両算定結果のうち，より大きい値が採用されている。なお，運用上，算定基準のただし書きの部分に示されているように「建築物の使用状況により，類似施設の使用水量その他の資料から表が明らかに実情に添わないと考えられる場合は，当該資料等を基にしてこの算定人員を増減することができる。」ということに留意する必要がある。

BOD 負荷量
単位は [g/（人・日）]。日常生活で発生する汚れの量をいう。BOD 容積負荷との違いを覚える。

演習 1　浄化槽の処理対象人員

【問題】 延べ面積 3,000 m² の複合用途ビル [内訳：一般店舗 2,000 m²，一般飲食店 500 m²，事務所（ちゅう房なし）500 m²] に設置される浄化槽の処理対象人員として，最も適当なものは次のうちどれか。ただし，用途別処理対象人員算定は次式とし，共有部分は無視する。

一般店舗：$n = 0.075\ A$　一般飲食店：$n = 0.72\ A$

事務所（ちゅう房なし）：$n = 0.06\ A$

ただし，n：人員 [人]　A：延べ面積 [m²]

【解答】 計算式が与えられているので，まずは計算をする。

一般店舗：$n = 0.075\ A$ より，$n = 0.075 \times 2{,}000\ \text{m}^2 = 150$ 人

一般飲食店：$n = 0.72\ A$ より，$n = 0.72 \times 500\ \text{m}^2 = 360$ 人

事務所（ちゅう房なし）：$n = 0.06\ A$ より，$n = 0.06 \times 500\ \text{m}^2 = 30$ 人

したがって，これらを合算したのが処理対象人員となり，540 人分以上の処理が可能である浄化槽を選べば良い。

2.2　浄化槽の構造基準

浄化槽の構造基準は，「昭 55 建告第 1292 号の告示区分ごとに処理方法と処理対象人員及びその構造」が規定されており，浄化槽の基本的な単位装置の組み合わせは，図 5.6.2 に示すとおりである。

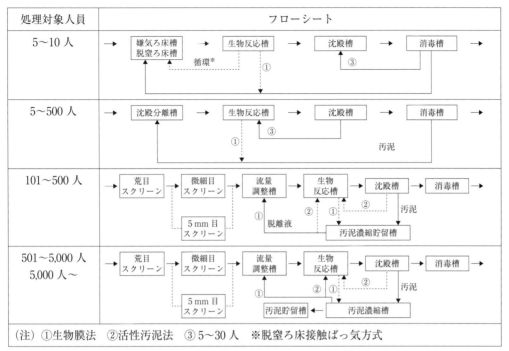

処理対象人員	フローシート
5～10 人	→ 嫌気ろ床槽 脱窒ろ床槽 → 生物反応槽 → 沈殿槽 → 消毒槽 → 循環※ ① ③
5～500 人	→ 沈殿分離槽 → 生物反応槽 → 沈殿槽 → 消毒槽 → ① ③ 汚泥
101～500 人	→ 荒目スクリーン → 微細目スクリーン → 流量調整槽 → 生物反応槽 → 沈殿槽 → 消毒槽 → 5 mm 目スクリーン ① 脱離液 ② ① ② 汚泥 汚泥濃縮貯留槽
501～5,000 人 5,000 人～	→ 荒目スクリーン → 微細目スクリーン → 流量調整槽 → 生物反応槽 → 沈殿槽 → 消毒槽 → 5 mm 目スクリーン ① ② ① ② 汚泥 汚泥貯留槽 ← 汚泥濃縮槽

（注）①生物膜法　②活性汚泥法　③5～30 人　※脱窒ろ床接触ばっ気方式

図 5.6.2　浄化槽の基本的なフローシート

第5編 給水及び排水の管理

2.3　処理方法と処理フロー

処理方法と処理フローを覚える。

　浄化槽の汚水の処理方法として，生物膜法と活性汚泥法がある。生物膜法は，担体（ろ材や円板）に汚水を接触させ，担体表面に付着している微生物（生物膜：ある厚みを持った生物性の汚泥の層）の働きによって，BOD（生物化学的酸素要求量），SS（浮遊物質）で表される汚水中の有機物（汚濁物質）を除去する方法である。

　処理フローは一次処理，二次処理，汚泥処理及び消毒工程から構成されており，汚泥貯留部が一次処理に設けられているタイプと水処理工程とは別に設けられているタイプに大別される。なお，さらに清澄度の高い処理水を得ることを目的とした高度処理がある。

（1）　一次処理

　生物処理等二次処理を効率的に行う前処理工程での浄化槽では，沈殿分離槽，嫌気ろ床槽，流量調整槽（スクリーン設備を含む）等があり，浄化槽の規模や生物処理法の違いにより使い分けられている。

　沈殿分離槽，嫌気ろ床槽は，小・中規模の浄化槽に用いられ，流入汚水中の浮遊物質の除去と除去された浮遊物質や生物処理に伴って生成された微生物体（余剰汚泥）の貯留等の機能を有する。

　一方，流量調整槽は，中・大規模の浄化槽に用いられ，その主な働きは「流入汚水量の時間変動を吸収し，二次処理への移送水量の均等化」である。

　なお，流量調整槽の前段に微細目スクリーンを設ける。

(2)　二次処理

　一次処理で除去できない微細な浮遊物質や溶解性有機物質を微生物の代謝作用を利用して分離すると同時に，窒素化合物の酸化（硝化）を行う工程で，浄化槽では生物膜法又は活性汚泥法による生物反応槽と沈殿槽とが組合わせて用いられている。

　<u>二次処理では，生物膜法又は活性汚泥法による生物反応槽と沈澱槽とを組合わせる。</u>

　　a．生物膜法※

　　　生物膜法としては，<u>好気性処理の担体流動方式，接触ばっ気方式，回転板接触方式，散水ろ床方式などがあり，嫌気性処理の嫌気ろ床方式もある。</u>各処理法とも，反応槽内に回転板，接触材，あるいはろ材と呼ばれる支持体を設け，汚水との接触によって，その表面に生物膜を固着生成させる。汚水中の汚濁物質は，生物膜との接触によって分離除去される。一方，生物膜中の微生物はそれを栄養源として増殖する。

　　　回転板接触法は，直列又は並列の回転軸に固定された回転板を，その面積の約40%を水没させた状態で緩やかに回転させる（円周速度20 m/分以下）。空気中，水中を交互に繰り返すことによって，回転板表面に生物膜が増殖しその働きにより生物処理が行われる。

　　　一方，接触ばっ気法は，ばっ気槽内に接触材を有効容量の55%以上充てんし，ばっ気攪拌によって酸素供給された槽内水は，接触材と接触を繰り返すことによって接触材表面に生物膜が増殖しその働きにより生物処理が行われる。

　　　いずれの場合も，生物反応槽流出水は沈殿槽で上澄水と汚泥に分離され，上澄水は沈澱槽を経由し消毒槽へ，汚泥は全量汚泥処理工程に移送される。

　演習2　BOD除去量

　　【問題】下の図の反応条件において，生物処理槽のBOD除去量（kg/日）として，最も適当な値は次のうちどれか。

流入水		処理水
150 m³/日	→ 　生物処理槽　 →	150 m³/日
BOD 210 mg/L		BOD 80 mg/L

　　【解答】処理前後のBODの差が除去量となるので，これを計算する。

　　　　$150 \times 1000 = 1.5 \times 10^5$ L/日

　　　また，処理前後のBODの差は130 mg/Lなので，1日当たりのBOD除去量は，

　　　　BOD除去量 = 1.5×10^5 L/日 × 130 mg/L = 19.5×10^6 mg/日 = 19.5 kg/日

　　b．活性汚泥法

　　　活性汚泥法による処理方法としては，標準活性汚泥方式と<u>長時間ばっ気方式</u>がある。

　　　活性汚泥法は，ばっ気槽内に形成されて浮遊している微生物フロック

生物膜法

微生物が主要な構成要素となっている膜を利用して処理する方法。接触材や回転板等の支持体上に生育するろ膜がこれにあたる。一般に生物膜の微生物相は，活性汚泥に比べ多様性に富む。生物膜には，好気性生物膜と嫌気性生物膜がある。微生物か密な集合体を作っているので，処理においては汚水との接触方法が重要となる。

（活性汚泥※：主として好気性条件下で生息する細菌や原生動物などの微生物の集合体）が流入する汚水と空気とを十分に混合・攪拌する間に，汚水中の有機物を微生物の代謝作用で吸着・酸化し，次の沈殿槽で活性汚泥が沈殿分離して，上澄み水を処理水とし，消毒槽に移送する。沈殿した活性汚泥は集められてばっ気槽などに返送され，残りは余剰汚泥として汚泥処理工程に移送される。なお，活性汚泥法を用いる場合は，一次処理に流量調整槽を用いることが必須条件となっている。

活性汚泥法としては，処理対象人員 101 人以上 5,000 人以下の規模で長時間ばっ気法，5,001 人以上の規模では標準活性汚泥法が用いられており，BOD 容積負荷，汚水の滞留時間，MLSS 濃度，汚泥滞留時間等の操作条件が異なり，余剰汚泥生成率や硝化反応の進行度合も異なっている。

演習 3　ばっ気槽の有効容量

【問題】処理対象人員 500 人，1 人 1 日当たりの汚水量 200 L/（人・日），流入汚水の BOD200 mg/L の条件において，BOD 容積負荷※から算出したばっ気槽の有効容量として，最も適当な値は次のうちどれか。ただし，BOD 容積負荷は 0.2 kg/（m³・日）とする。

【解答】BOD 容積負荷は 0.2 ［kg/（m³・日）］なので，1 日の間で考えたとき，ばっ気槽の大きさ 1 m³ 当たりは 200 g である。以降 1 日当たりで計算する。

つまり，1 日あたりの BOD 容積負荷は 200 ［g/m³］ということになる。

一方，1 人 1 日当たりの汚水量が 200L で，ここには 500 人居るので，

1 日当たりの汚水量＝ 200 L/日× 500 人＝ 100,000 L/日

このときの BOD 量は，流入汚水の BOD200 mg/L という条件より，

1 日当たりの BOD 量＝ 100,000 L/日× 200 mg/L ＝ 20,000 g/日

よって，処理能力が 200 g/（m³・日）で，流入 BOD が 20,000 g/日なので，

ばっ気槽の有効容量＝（20,000 g/日）/（200 g/（m³・日））＝ 100 g/m³

⑶　汚泥処理

水処理に伴って生成された汚泥について，濃縮あるいは脱水等の処理によって減量化を図る工程で浄化槽では，一次処理に流量調整槽を用いた場合，処理対象人員 500 人以下の規模で汚泥濃縮貯留槽が，501 人以上の規模では汚泥濃縮槽（または汚泥濃縮機）と汚泥貯留槽が組み合わせて用いられている。

汚泥濃縮貯留槽で発生した脱離液※は，生物膜法の場合が流量調整槽へ，活性汚泥法の場合が流量調整槽または，ばっ気槽（生物反応槽）へ移送される。

演習 4　汚泥発生量

【問題】ある一定規模の浄化槽を流入汚水量 150 m³/日，流入水の BOD を 200 mg/L，放流水の BOD を 20 mg/L として運転した場合の汚泥発生量として，最も近い値は次のうちどれか。ただし，除去 BOD に対する汚泥転換率は 40%，発生汚泥の含水率は 97.5% 及び汚泥の密度は

活性汚泥

主に好気的条件下で生息する各種細菌や原生動物等の微生物の集合体。細菌は，汚水中の有機物質の低分子化と基質としての利用を行い，原生動物等は，浮遊物質や細菌を摂取する働きを持つ。

BOD 容積負荷

ばっ気槽や接触ばっ気槽の設計諸元の 1 つで，処理槽 1 m³ 当たりの 1 日あたりに流入する BOD 量で表され，単位は kg/（m³・日）である。

BOD 負荷量との違いを覚える。

長時間ばっ気方式の場合，ばっ気槽の BOD 容積負荷は 0.2（500 人を超える部分は 0.3 kg/（m³・日）以下と定められている。

脱離液

余剰汚泥や消化汚泥を濃縮あるいは脱水することによって分離された液体で，有機物質成分が高濃度で残留していることもあり，直接放流することはできない。

第 5 編　給水及び排水の管理

$1,000\ kg/m^3$ とし，汚泥発生量の算定は，次式のとおりとする。

$$汚泥発生量＝流入 BOD 量×\frac{BOD 除去率（\%）}{100}×\frac{汚泥転換率（\%）}{100}×$$

$$\frac{100}{（100－含水率（\%））}$$

【解答】上記の式に課題の数値を代入して計算する。注意点としては，mg と kg が混在し，また，L と m^3 が混在しているので，これを揃える必要がある。

流入 BOD 量 $＝150\ m^3/日×200\ mg/L＝150×200×10^{-6}/10^{-3}＝30\ kg$

BOD 除去率 $＝（200－20）/200＝90\%$

$∴$流入 BOD 量〔kg〕$＝30×（90/100）×（40/100）×（100/（100－97.5））$

$＝432\ kg$

したがって，汚泥発生量〔m^3〕$＝432\ kg÷1,000\ kg/m^3＝0.432\ m^3$

演習5　汚泥の容積

【問題】水分 99.0% の汚泥 $12\ m^3$ を水分 98.0% に濃縮した場合，濃縮後の汚泥の容積として，最も適当なものは次のうちどれか。

【解答】最初の状態の汚泥 $12\ m^3$ に含まれる汚泥の固形分を求める。

汚泥の固形分 $＝12\ m^3×（100\%－99.0\%）＝0.12\ m^3$

濃縮後は，この汚泥の固形分 $0.12\ m^3$ が汚泥全体の 2.0%（100%－98.0%）に相当するということなので，汚泥量は，

汚泥量＝固体の容量/$（100\%－水分\%）＝0.12×100/（100－98）＝6\ m^3$

演習6　BOD 除去率

【問題】一次処理装置，二次処理装置からなる浄化槽において，一次処理装置の BOD 除去率が 30%，二次処理装置の BOD 除去率が 50% であった場合，浄化槽全体の BOD 除去率として，最も適当な値は次のうちどれか。

【解答】BOD 除去率［%］は，次式で求められる。

BOD 除去率 $＝100×（流入 BOD 量－流出 BOD 量）÷流入 BOD 量$

一次処理装置の流入 BOD 量を A，流出 BOD 量を B，二次処理装置の流入 BOD 量を B，流出 BOD 量を C とすると，

$100（A-B）/A＝30$・・①式　　$100（B-C）/B＝50$・・②式

①式より　$B＝0.7A$，②式より　$C＝0.35A$

したがって，浄化槽全体の BOD 除去率［%］は，

$100（A-C）/A＝100（A-0.35A）/A＝65\%$

(4) 消毒

人体に有害な病原菌を殺滅し放流水の衛生学的な安全性の向上を図る工程で，沈殿槽流出水に必要量の塩素（5〜10 mg/L）を添加するための薬剤筒と，塩素と処理水を十分に混和するための水槽で構成されている。

(5)　高度処理

高度処理とは，前述したような二次処理までの工程で得られる処理水質よりも清澄度の高いあるいは栄養塩類などの濃度が低い処理水を得ることを目的として行われる処理である。

その目的は，公共用水域の水質汚濁防止，湖沼や内湾のような閉鎖性水域の富栄養化防止，それに再利用の3つに大別される。したがって，高度処理で除去対象とする物質とその除去程度はそれぞれの目的によって異なり，表5.6.1に示すような処理法が多用されている。

表 5.6.1　高度処理に多用されている処理法

除去物質	処理法	概要
浮遊性の残存有機物質	急速砂ろ過	砂やアンスラサイト等をろ過材として，SSを除去する。
	凝集沈殿	凝集剤を注入することにより，コロイド状の粒子をフロック化し沈殿除去する。
溶解性の残存有機物質	化学的酸化	主としてオゾンによる化学的酸化。色度，臭気，細菌類，ウイルス等も除去される。
	生物学的酸化	接触ばっ気法，回転板接触法，循環散水ろ床法，生物ろ過法等，主として生物膜法が用いられる。
	活性炭吸着	活性炭の表面に吸着させて除去する。色度，臭気も除去される。
窒素（N），リン（p）を含む栄養塩類	凝集沈殿	凝集剤を注入することにより，リンをフロック化して沈殿除去する。
	イオン交換	ゼオライトなどによりアンモニアを吸着除去する。
	生物学的硝化	アンモニア性窒素（NH_3-N）を硝化菌の働きで亜硝酸性窒素（NO_2-N）あるいは硝酸性窒素（NO_3-N）まで酸化（硝化）する。
	生物学的脱窒	NO_2-N，NO_3-Nを，脱窒菌の働きにより嫌気性の条件下で還元し，窒素ガスとして除去する。

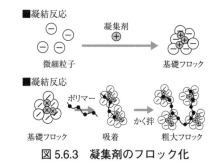

図 5.6.3　凝集剤のフロック化

凝集剤

水中の微粒子と逆の電荷を持つ凝集剤を投入して基礎フロックとした後に，凝集助済（ポリマー）を入れて，基礎フロックを吸着。粗大フロックとして沈殿しやすくする（図5.7.3）。

▷よく出る

イオン交換

ゼオライトなどによりアンモニアを吸着除去する。

ゼオライト

ゼオライトはナトリウム，カルシウム，酸化アルミニウム，ケイ酸からなる含水鉱物であり，天然に豊富に存在し，アンモニア態窒素を選択的に吸着することが知られている。

給水及び排水の管理　第5編

第3節　維持管理

⑴　基本的な考え方

　保守・点検とは，各単位装置の流出水の水質や汚泥の蓄積状況等を点検し，その結果に基づき，汚泥の移送や消毒剤の補充，送風機の保守等の必要な調整及びこれらに伴う修理作業を行うとともに，単位装置内の蓄積汚泥の引き抜き（清掃）の必要性について検討を行う作業である。

⑵　保守点検の時期及び記録等

　「浄化槽法第五条に保守点検の時期及び記録等」が規定されている。

第五条（保守点検の時期及び記録等）

　浄化槽管理者は，法第十条第1項の規定による最初の保守点検を，浄化槽の使用開始の直前に行うものとする。

　9　受託者は，第2項ただし書の規定により作成した保守点検若しくは清掃の記録の写し又は第4項に規定する電磁的方法により作成された電磁的記録を3年間保存しなければならない。

　浄化槽の最初の保守点検※（機器の点検・調整・簡単な修理，簡易な水質検査，害虫の駆除・消毒薬の補充等）は，便所等を使用する直前に行なわなければならない。機器類が稼働していない，消毒剤がない状態で浄化槽を使用すると，汚水は処理されないこととなるので，汚れた水や大腸菌を河川に流入させることとなり，悪臭が発生する。また，使用する相当以前に保守点検を行ってしまうと，消毒剤から塩素ガスが生じて，屋内の排水トラップに封水がない場合，排水設備を通じて屋内に塩素ガスが入りこみ，住宅設備のステンレス等に錆びを生じさせたりする。

⑶　保守・点検の技術上の基準

　保守点検の技術上の基準は，浄化槽法第三条第2項，第四条第5項及び第6項，第十条第1項，第四十五条第1項第二号及び第4項並びに第四十六条第5項の規定に基づき並びに同法を実施するため，「厚労省関係浄化槽法施行規則」に次のように定められている。

厚労省関係浄化槽法施行規則　第一章　浄化槽の保守点検及び清掃等

第二条（保守点検の技術上の基準）

　法第四条第7項の規定による浄化槽の保守点検の技術上の基準は，次のとおりとする。

一　浄化槽の正常な機能を維持するため，次に掲げる事項を点検すること。

　　ロ　流入管きょ※と槽の接続及び放流管きょと槽の接続の状況

　　ニ　流入管きょにおけるし尿，雑排水等の流れ方の状況

　　ヘ　スカムの生成，汚泥等の堆積，スクリーンの目詰まり，生物膜の生成その他単位装置及び附属機器類の機能の状況

二　流入管きょ，インバートます※，移流管，移流口，越流ぜき，流出口及び放流管きょに異物等が付着しないようにし，並びにスクリーンが閉塞しないようにすること。

最初の保守点検
浄化槽法では，最初の保守・点検は，浄化槽の使用を開始する直前に行うものとされている。これは設置されている浄化槽が適正なものであるかどうか，適切に設置されているかどうか，また，汚水が流入してから直ちに生物処理が行われる状態にあるかどうか等を保守点検により確認した上で，使用を開始する必要があるからである。その後の保守・点検の回数は，環境省令で定められている。

保守点検の技術上の基準を覚える。

管きょ
路面に埋設した排水管又は排水用の側溝をいう。
インバートます
汚水ますの底面に，管のあるますのことで，汚物による管の詰まるのを避け，汚水が流れやすいように，ますの底面に管の半分が食い込むように，彫り込まれている。

三 流量調整タンク又は流量調整槽及び中間流量調整槽にあっては，ポンプ作動水位及び計量装置の調整を行い，汚水を安定して移送できるようにすること。

七 接触ばっ気室又は接触ばっ気槽，硝化用接触槽，脱窒用接触槽及び再ばっ気槽にあっては，溶存酸素量が適正に保持されるようにし及び死水域が生じないようにすること。

八 ばっ気タンク，ばっ気室又はばっ気槽，流路，硝化槽及び脱窒槽にあっては，溶存酸素量及び混合液浮遊物質濃度が適正に保持されるようにすること。

十六 放流水は，環境衛生上の支障が生じないように消毒されるようにすること。

保守・点検の技術上の基準では，単位装置，付属機器類ごとに保守・点検時に行うべき点検項目及び調整又は修理に関する項目が定められている。そこで，浄化槽の機能の低下を未然に防止するため，保守・点検の際，単位装置ごとに清掃時期の判断の目安に示されている状況が認められる場合には，清掃の手配を速やかに行う。主な単位装置の点検内容の例を表5.6.2に示す。

第七号は，生物膜の生成状況の確認のための基準である。

ばっ気槽の点検項目
ばっ気槽の点検項目は，水温，活性汚泥浮遊物質（MLSS）濃度，30分間汚泥沈殿率（SV$_{30}$），溶存酸素（DO）濃度，空気供給量などである。

スカム
浄化槽に流入した汚水，汚物及びトイレットペーパーは，浄化槽の底に溜まって汚泥となる。その汚泥が自ら発生した気体により軽くなり，水面に浮上したものをいう。

表5.6.2 主な単位装置の点検内容の例 ▷よく出る

単位装置名	点検内容
流入管きょ，インバートます，移流管（口），越流ぜき，散気装置，機械撹拌装置，流出口	異物等の付着状況
スクリーン	目詰まり又は閉塞の状況
流量調整槽	スカム・堆積汚泥の生成状況，ポンプ作動水位，分水計量装置の作動状況
沈殿分離槽	スカム・堆積汚泥の生成状況
嫌気ろ床槽，脱窒ろ床槽	スカム※・堆積汚泥の生成状況，異物等の付着状況，目詰まりの状況
ばっ気槽	MLSS濃度，溶存酸素濃度，空気供給量，SV$_{30}$
接触ばっ気槽・回転板接触槽	生物膜，剥離汚泥・堆積汚泥の生成状況
沈殿槽	スカム・堆積汚泥の生成状況
汚泥濃縮槽，汚泥貯留槽，汚泥濃縮貯留槽	スカム・汚泥の貯留状況
消毒槽	沈殿物の堆積状況，消毒の状況

第7章　消火設備とその維持管理

学習のポイント

1．消防の用に供する設備と消火活動上必要な施設の種類と特徴を学習する。
2．消防用設備の定期点検，日常点検及び点検資格を学習する。

　消火とは，水又は消火剤を利用した設備によって発生した火災を消し止め，人的・物的被害の拡大を防止することをいう。このための設備を消火設備（消防用設備）という。

第1節　消火設備

1.1　消防用設備

　消防の用に供する設備，消防用水及び消火活動上必要な施設を総称して，消防用設備という（表5.7.1）。

　消防の用に供する設備は，公設消防隊が現場に到着するまでに，建物の関係者や自衛消防隊が初期消火を目的に使用するものである。一方，消火活動上必要な施設は，公設消防隊がスムーズに消火活動ができるようにした，あらかじめ建物内に設けられた設備である。

　消防法では，建物を防火対象物と称して，用途によって区分しており，建物規模や用途によって消防用設備等の設置基準が決められている。

消防の用に供する設備と消火活動上必要な施設の種類を覚える。

表5.7.1　消防用設備等の種類

区分		種類
消防の用に供する設備	消火設備	消火器及び簡易消火用具，屋内消火栓設備，スプリンクラー設備，水噴霧消火設備，泡消火設備，不活性ガス消火設備，ハロゲン化物消火設備，粉末消火設備，屋外消火栓設備，動力消防ポンプ設備
	警報設備	自動火災報知設備，ガス漏れ火災警報器他
	避難設備	誘導灯，避難器具他
消防用水		防火水槽他用水
消火活動上必要な施設		排煙設備，連結散水設備，連結送水管，非常コンセント設備，無線通信補助設備

1.2　消防の用に供する設備

　消防の用に供する設備の機能，特徴は次のとおり。

これらを覚える。

（1）消火器

　消火器とは，建築物内，船舶内や屋外にて火災が発生した際に初期段階の火災に対応するための消防設備の1つである。

　消火器には，水消火器，強化液消火器，泡消火器，粉末消火器，ハロゲン化

物消火器及び二酸化炭素消火器などがあり，それぞれ適応する対象火災がある。

　対象火災は，普通火災（Λ火災）：木材，紙，繊維などが燃える火災，油火災（B火災）：石油類その他の油類などが燃える火災，電気火災（C火災）：電気設備などの火災である。

(2)　屋内消火栓設備

　屋内消火栓設備は，火災が発生して公設消防隊が現場に到着するまでに，建物の関係者や自衛消防隊が初期消火を目的に使用するものである。屋内消火栓には，1号消火栓と2号消火栓があり，工場・倉庫などは1号消火栓でなくてはならないが，その他の建物はどちらを設置してもよい。2号消火栓は，一人でも容易に操作ができるようにと開発されたもので，夜間の勤務人員の少ない旅館，ホテル，社会福祉施設及び病院などに適している（図5.7.1）。

(3)　屋外消火栓設備

　屋外消火栓設備は，屋内消火栓設備と同様の設備で屋外に消火栓を設け，平面的に大きな建物の1～2階部分の消火を屋外から行い，隣接建物への延焼を防止するものである。水源，ポンプ，配管と屋外消火栓などで構成される。屋外消火栓には，消火栓弁，ホース，ノズルを内蔵した屋外消火栓箱型と地下ピット格納型，地上スタンド型がある（図5.7.2）。

(a) 1号消火栓　　　　　　　　　　(b) 2号消火栓

図 5.7.1　屋内消火栓

(a) 屋外消火栓箱型　　　　(b) 地下ピット格納型　　　　(c) 地上スタンド型

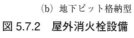

図 5.7.2　屋外消火栓設備

▷よく出る

(4)　スプリンクラー設備

　スプリンクラー設備は，火災が発生した際に天井面などに設置したスプリンクラーヘッドから自動的に散水して初期消火するものである。スプリンクラー設備には，閉鎖型スプリンクラーヘッドを用いる閉鎖型（湿式・乾式・予作動式）と開放型スプリンクラーヘッドを用いる開放型がある。

　　a．閉鎖型湿式スプリンクラー設備

　　　最も一般的なものは，閉鎖型湿式スプリンクラー設備であり，水源・ポンプ・圧力タンク・送水口・一次側配管・アラーム弁※・二次側配管・スプリンクラーヘッド及び必要に応じて補助散水栓・末端試験弁などから構成される。

　　b．閉鎖型予作動式スプリンクラー設備

　　　閉鎖型予作動式スプリンクラー設備は，アラーム弁の二次側配管内に圧縮空気などが充填され，アラーム弁は火災報知器の作動によって開く仕組みになっているため，スプリンクラーヘッドの感熱による分解との両方の作動で初めて散水する方式である。コンピュータ室などの，スプリンクラーヘッドの誤損傷による水損事故を防止する目的で開発されたものである。

　　c．開放型スプリンクラー設備

　　　開放型スプリンクラー設備は，二次側配管に一斉開開放弁を設置して，一斉開放弁から開放型スプリンクラーヘッドまでが空配管となっていて，一斉開放弁を手動で開放させて，一斉開放弁以降の開放型スプリンクラーヘッドから散水して消火するもので，舞台部などに設けられる。

　　d．放水型スプリンラー設備

　　　近年，普通のスプリンクラーヘッドでは消火効率の悪いアトリウムや大空間部に，特殊な放水型ヘッドを設ける例が多くなってきている。この放水型スプリンラー設備には，固定式と可動式があり，可動式は放水銃※（図5.7.4）などと呼ばれている。

(5)　泡消火設備

　泡消火設備は，油火災などのように注水による消火方法では火災が拡大するような場合の消火設備で，駐車場や飛行機の格納庫などに設置される。消火薬剤として，水と泡原液を混合させて作る泡消火薬剤を用いる。この泡で燃焼物を覆い，窒息作用と冷却作用により消火するものである。泡消火設備には固定式と移動式があり，固定式は泡ヘッドを配置するもので，移動式は屋内消火栓のように，ホース・ノズルを内蔵した泡消火栓を設置するものである。

(6)　不活性ガス消火設備・ハロゲン化物消火設備・粉末消火設備

　不活性ガス消火設備・ハロゲン化物消火設備・粉末消火設備は，主として電気室や通信機器室，ボイラー室などに設置されるものである。

　不活性ガス消火設備は，不活性ガスの放射による酸素の希釈作用を主とした消火方法であり，不活性ガス・貯蔵ボンベ・選択弁・配管・ガス噴射ヘッド・手動起動装置・警報装置などから構成される。火災の際は，手動起動装置の扉

アラーム弁

アラーム弁（流水検知装置）は，閉鎖型スプリンクラーヘッド，閉鎖型泡水溶液ヘッド又は一斉開放弁その他の弁の開放により，水又は泡水溶液が流れると，本体の弁が押し上げられて開き，圧力スイッチが作動して，警報を発するものである（図5.7.3）。

図5.7.3　アラーム弁

放水銃

図5.7.4　放水銃の例

を開けて警報を発して対象室の人を避難させ，無人になったことを確認して起動スイッチを押して，規定の遅延時間の後に選択区域の貯蔵ボンベを開き，不活性ガスを噴射ヘッドから放射して消火する。

ハロゲン化物消火設備は，消火薬剤をハロゲン化物（ハロン 1301 など）とするもので，負触媒作用による消火方法であり，構成や作動方法は不活性ガス消火設備と同様である。

粉末消火設備は，消火薬剤として，重炭酸ナトリウムなどの粉末を使用するもので，負触媒作用による消火方法であり，構成や作動方法は不活性ガス消火設備やハロゲン化物消火設備と同様である。

(7)　連結送水管

連結送水管は，消火活動上必要な施設の 1 つであり，公設消防隊が使用するもので，消防隊専用栓とも呼ばれる。送水口・配管・放水口などから構成される。11 階以上の階の放水口は双口として，ホース・ノズルを設置する。また，70 m を超える建物の場合はブースタポンプ※を途中階に設ける。

(8)　連結散水設備

連結散水設備も消火活動上必要な施設の 1 つであり，消火活動が困難な地下街に設置するもので，開放型散水ヘッドを使用する。火災の際は，消防ポンプ車が火災を起こしている送水区域の送水口から圧力水を送水して，散水ヘッドから放水して消火する。

> **ガス系の消火設備**
> 従前は，二酸化炭素消火設備が使用されていたが，二酸化炭素の誤放射のおそれから，人体への影響が少ないハロゲン化物消火設備が主流となってきていた。しかし，近年，地球環境の問題からハロゲン化物（ハロンガス）がフロンとともにオゾン層破壊の要因とされ，1994 年以降生産中止となった。このため，新しい不活性ガスの開発が行われ，二酸化炭素とともに不活性ガス消火設備として規定された。
>
> **ブースタポンプ**
> 消防ポンプ車の揚水能力に限界があるので，高層建物では，連結送水管の途中にポンプを設け，公設消防隊が必要に応じ操作する施設。

第 5 編　給水及び排水の管理

第 2 節　維持管理

2.1　消防法

(1)　消防用設備等の設置維持義務等

消防用設備等の設置維持義務等について，「消防法第十七条」に規定されている。

(2)　消防用設備等についての点検及び報告

消防用設備等についての点検及び報告について，「消防法第十七条の三の三」に規定されている。

法第十七条の三の三（消防用設備等についての点検及び報告）第十七条第 1 項の防火対象物の関係者は，当該防火対象物における消防用設備等について，総務省令で定めるところにより定期に，当該防火対象物のうち政令で定めるものにあっては消防設備士免状の交付を受けている者又は総務省令で定める資格を有する者に点検せ，その他のものにあっては自ら点検し，その結果を消防長又は消防署長に報告しなければならない。

(3)　防火管理者

法第八条　学校，病院，工場，事業場，興行場，百貨店，複合用途防火対象物（防火対象物で政令で定める二以上の用途に供されるものをいう。以下同じ）その他多数の者が出入し，勤務し，又は居住する防火対象物で政令で定めるものの管理について権限を有する者は，政令で定める資格を有する者のうちから

> 消防用設備の定期点検，日常点検等を覚える。

防火管理者を定め，政令で定めるところにより，当該防火対象物について消防計画の作成，当該消防計画に基づく消火，通報及び避難の訓練の実施，消防の用に供する設備，消防用水又は消防活動上必要な施設の点検及び整備，火気の使用又は取扱いに関する監督，避難又は防火上必要な構造及び設備の維持管理並びに収容人員の管理その他防火管理上必要な業務を行わせなければならない。

2.2　消防法施行令

（1）　点検等の資格

点検等の資格等については，「消防法施行令第三十六条」に規定されている。

消防法施行令第三十六条

2　法第十七条の三の三の消防用設備等について，消防設備士免状の交付を受けている者又は総務省令で定める資格を有する者に点検をさせなければならない防火対象物は，次に掲げる防火対象物とする。

　一　延べ面積 1,000m^2 以上の特定防火対象物

　　　デパート，ホテル，病院，飲食店，地下街など

　二　延べ面積 1,000m^2 以上の非特定防火対象物で消防長又は消防署長が指定したもの

　　　工場，事務所，倉庫，共同住宅，学校など

（2）　整備の資格

消防設備士でなければ行ってはならない工事又は整備は，「消防法施行令第三十六条の二」に規定されている。

消防法施行令第三十六条の二（消防設備士でなければ行ってはならない工事又は整備）

法第十七条の五の政令で定める消防用設備等の設置に係る工事は，次に掲げる消防用設備等（第一号から第三号まで及び第八号に掲げる消防用設備等については電源，水源及び配管の部分を除き，第四号から第七号まで及び第九号から第十号までに掲げる消防用設備等については電源の部分を除く。）の設置に係る工事とする。

2　法第十七条の五の政令で定める消防用設備等の整備は，次に掲げる消防用設備等の整備（屋内消火栓設備の表示灯の交換その他総務省令で定める軽微な整備を除く。）とする。

2.3　消防法施行規則

（1）　消防用設備等の点検及び報告

消防用設備等の点検及び報告については，「消防法施行規則第三十一条の六」に規定されている。

消防法施行規則第三十一条の六（消防用設備等の点検及び報告）消防法第十七条の三の三の規定による点検は，消防用設備等の種類及び点検内容に応じて，1年以内で消防庁長官が定める期間ごとに行うものとする。

点検等の資格を覚える。

第1項　甲種消防設備士
指定区分に応じた消防用設備等の工事，整備及び点検をすることができる。
第2項　乙種消防設備士
指定区分に応じた消防用設備等の整備及び点検をすることができる。甲種と違い工事はできない。
第2項　消防設備点検資格者

2　防火対象物の関係者は，前項の規定により点検を行った結果を，維持台帳に記録するとともに，次の各号に掲げる防火対象物の区分に従い，当該各号に定める期間ごとに消防長又は消防署長に報告しなければならない。

一　デパート，ホテル，病院，飲食店，地下街などの特定防火対象物　1年に1回

二　工場，事務所，倉庫，共同住宅，学校などの非特定防火対象物で消防長又は消防署長が指定したもの　3年に1回

⑵　点検の内容及び期間

　消防法施行規則第三十一条の四第1項及び第3項の規定に基づき，消防用設備等の種類及び点検内容に応じて行う点検の期間，点検の方法並びに点検の結果についての報告書の様式は次のとおりとする。

第二　点検の内容及び点検の方法（表5.7.2　点検の期間）

1　作動点検：消防用設備等に附置される非常電源又は動力消防ポンプの正常な作動を，消防用設備等の種類等に応じ別に告示で定める基準に従い確認すること。点検の期間：6カ月

2　外観点検：消防用設備等の機器の適正な配置，損傷等の有無その他主として外観から判別できる事項を消防用設備等の種類等に応じ別に告示で定める基準に従い確認すること。点検の期間：6カ月，なお，3カ月が望ましい

3　機器点検[※]：消防用設備等の機器の機能について，外観から又は簡易な操作により判別できる事項を消防用設備等の種類等に応じ別に告示で定める基準に従い確認すること。点検の期間：6カ月

機器点検：6カ月ごと。

4　総合点検[※]：消防用設備等の全部若しくは一部を作動させ，又は当該消防用設備等を使用することにより，当該消防用設備等の総合的な機能を消防用設備等の種類等に応じ別に告示で定める基準に従い確認すること。点検の期間：1年

総合点検：1年ごと。

表5.7.2　点検の期間

消防用設備等の種類等	点検の内容及び方法	点検の期間
消火器具，消防機関へ通報する火災報知設備，誘導灯，誘導標識，消防用水，非常コンセント設備，無線通信補助設備	外観点検・機器点検	6カ月
屋内消火栓設備，スプリンクラー設備，水噴霧消火設備，泡消火設備，二酸化炭素消火設備，ハロゲン化物消火設備，粉末消火設備，屋外消火設備，自動火災報知設備，ガス漏れ火災警報設備，漏電火災警報器，非常警報器具及び非常警報設備，避難器具，排煙設備，連結散水設備，連結送水管	外観点検・機器点検	6カ月
	総合点検	1年
動力消防ポンプ設備	作動点検・外観点検・機器点検	6カ月
	総合点検	1年

非常電源 （配線の部分を除く）	非常電源専用受電設備又は蓄電池設備	外観点検・機器点検	6カ月
		総合点検	1年
	自家発電設備	作動点検・外観点検・機器点検	6カ月
		総合点検	1年
配線		総合点検	1年

第三　点検の期間

定期点検の期間は，表5.7.2の通り。

また，日常点検は防火管理者が行う随時点検であり，目的は消防用設備の使用を妨げる障害を排除し，適正に使用できる状態を保つことである。たとえば，

① 消火器が指定された場所に設置されているか，変形や損傷はないか。

② スプリンクラーの水の動線に障害物はないか（間仕切り・段ボール箱など）。

③ スプリンクラーヘッドに変形や損傷はないか。

そして日常点検において不良があった場合に，改修（消火器を新品に交換したり標識を貼ったりするなど）も行う必要がある。

2.4　建築基準法

防火設備定期検査制度は，建築基準法第十二条に規定されている。

建築基準法第十二条（報告，検査等）第六条第1項第一号に掲げる建築物で安全上，防火上又は衛生上特に重要であるものとして政令で定めるもの及び当該政令で定めるもの以外の特定建築物で特定行政庁が指定するものの所有者は，これらの建築物の敷地，構造及び建築設備について，国土交通省令で定めるところにより，定期に，一級建築士若しくは二級建築士又は建築物調査員資格者証の交付を受けている者（建築物調査員という。）にその状況の調査（これらの建築物の敷地及び構造についての損傷，腐食その他の劣化の状況の点検を含み，これらの建築物の建築設備及び防火戸その他の政令で定める防火設備（以下「建築設備等」という。）についての第3項の検査を除く。）をさせて，その結果を特定行政庁に報告しなければならない。

定期検査の対象となる防火設備は，防火扉，防火シャッター，耐火クロススクリーン，ドレンチャーの4種類。

建築物の定期報告

建築物の用途，構造，延べ面積等に応じて，おおむね6月から3年までの間隔をおいて特定行政庁が定める時期で，毎年1回全数検査となる。

第8章　特殊設備とその維持管理

　特殊設備には，ちゅう房設備，プール設備，浴場設備及び水景設備がある。

第1節　ちゅう房設備

1.1　ちゅう房機器の要件

　ちゅう房器具が具備すべき要件は，次のとおりである。

① 　ちゅう房機器の材質は，吸水性がなく，耐水性・耐食性を持つものとする。

② 　ちゅう房機器は，容易に清掃ができ，火傷等に対して安全で，熱効率が良く，省エネルギーが図れる構造のものとする。

③ 　食品に直接接する部分は，衛生的で，容易に洗浄・殺菌ができる構造とする。

1.2　グリース阻集器

(1)　グリース阻集器の位置

　グリース阻集器は，一般にちゅう房内の排水側溝の末端に設置されるが，定期的に清掃を行う必要があるので，清掃が容易にできる位置に設けなければならない。蓋を容易に開けることができて，清掃しやすいように周囲にスペースがあり，収集されたちゅう芥やグリース等の搬出が容易なように，できるだけ出入り口に近い場所に設置するようにする。また，阻集器に接続する側溝には，水溜りが生じないように十分な勾配を設ける。

1.3　維持管理

　ちゅう房機器の維持管理は，日常的な手入れや清掃と日常業務以外の週間・月間ごとに行う定期点検に分けて，機器それぞれの点検項目を明記したマニュアルを整備し，それに則って行う。

　特に，グリース阻集器の性能を維持するためには，適切な維持管理が重要である。適正な容量・性能のものを設置しても維持管理が適切に行われなければ，意味がなくなる。バケットに溜まったちゅう芥・残渣は，1日に1回業務終了後に徐去する。阻集グリースは，グリース阻集器選定時に決めた掃除周期（一般に1週間に1回程度）で，溜まったグリースを除去する。堆積残渣の清掃も選定時に決めた周期で除去する。

ちゅう房設備の特徴を覚える。

第5編　給水及び排水の管理

第2節　プール設備

2.1　水質基準

　一般のプールに関しては，平成19年5月の厚生労働省通知「遊泳用プールの衛生基準について」があり，その中に水質基準として表8.2.1に示す項目と基準値が示されている。

表8.2.1　遊泳プール水の水質基準

水質項目	基準値
水素イオン濃度（pH）	5.8〜8.6
濁度	2度以下
過マンガン酸カリウム消費量	12 mg/L 以下
遊離残留塩素	0.4 mg/L 以上（1 mg/L 以下が望ましい）
二酸化塩素の場合（二酸化塩素）	0.1 mg/L 以上，0.4 mg/L 以下
二酸化塩素の場合（亜塩素酸）	1.2 mg/L 以下
大腸菌	検出されないこと
一般細菌	200 CFU/mL 以下
総トリハロメタン	0.2 mg/L 以下（暫定目標値）
（注）文部科学省の学校プールの基準も同様であるが，二酸化塩素の項目はなく，また，水源として，「飲料水の基準に適合が望ましい」としている。	

2.2　ろ過装置

　プール設備の主要機器である循環ろ過装置は，従来，プールの水をプール底面から吸い込み，ろ過水を側面から吐出させる方式が一般的であったが，プール表面に汚染物質が多いことから，近年は，オーバフローから還水する方式が増えてきている。この場合，オーバフロー水に洗浄水が入らない構造とする。また，オーバフローをたんや唾液の処理用にも兼用する場合は，専用のろ過装置が必要となる。

　ろ過器の種類としては，砂ろ過式，けいそう土式，カートリッジ式がある。

　ろ過設備の処理水量は，ターン数（1日当たりプール水が循環する回数）から決められる。衛生基準では，最小ターン数は4とされている。

2.3　消毒設備

　消毒設備は，水質基準にもあるように，塩素剤による消毒が一般的である。最近は，塩素剤に加えてオゾン消毒や紫外線消毒を併用する例が多くなっている。これは塩素消毒の前処理に採用され，水の透明度を高めること，ろ過器の洗浄回数が少なくなり節水が図れること等の利点がある。

プール設備の特徴を覚える。

CFU/mL Colony Forming Unit（コロニーフォーミングユニット）の略称で菌量の単位を表す。

2.4　安全指針

　安全に関しては，平成 19 年 3 月 29 日文部科学省及び国土交通省が策定した「プール安全標準指針」がある。特に，吸込み事故があった排水口（循環ろ過の取水口）に関して，安全対策等詳細に示されている。

排水口
吸込み事故を未然に防止するため，排水口の蓋等をねじ，ボルト等で固定させるとともに，配管の取付け口には吸込み防止金具等を設置する。

第 3 節　浴場設備

3.1　水質基準

　水質基準としては，公衆浴場及び旅館業におけるレジオネラ症発生の防止対策等を盛り込んだ「公衆浴場における水質基準等に関する基準」（平成 15 年 2 月厚生労働省）の中で，表 8.3.1 のように示している。

浴場設備の特徴を覚える。

表 8.3.1　浴場設備の水質基準

水質項目	原水・上がり湯用水	浴槽水
色度	5 度以下	－
濁度	2 度以下	5 以下
水素イオン濃度（pH）	5.8〜8.6	－
過マンガン酸カリウム消費量	10 mg/L 以下	25 mg/L 以下
大腸菌	50 mL 中に検出されない	1 個/mL 以下
レジオネラ属菌	10 CFU/100 mL 未満	10 CFU/100 mL 未満

3.2　ろ過設備

　浴場設備の循環ろ過装置は，プール設備と同様，オーバフローからの還水型が汚染物質の除去に有効である。

3.3　レジオネラ症防止対策

　レジオネラ症の発生に対する衛生上の措置として，平成 15 年に厚生労働省告示として「レジオネラ症を予防するために必要な措置に関する技術上の指針」が示され，その中で，入浴設備における衛生上の措置として，次のような構造上・維持管理上の事項が示されている。

①　消毒に用いる塩素系薬剤の注入口は，ろ過器に入る直前に設置し，ろ過器内の生物膜※の生成を抑制すること。

②　貯湯槽は，60℃ 以上に保つ能力を有する加熱装置を設置する等，槽内でレジオネラ属菌が繁殖しないようにすること。

③　回収槽の水を浴用に使用することは避けること。やむを得ず使用する場合は，回収槽の消毒及び清掃が容易に行えるようにすること。

④　気泡発生装置，ジェット噴射装置等のエアロゾルを発生させる設備を設置する場合には，空気取入口から土ぼこりが入らないような構造とするこ

生物膜（バイオフィルム）
微生物が増殖し，それらが産出する粘液性物質で形成されたもの。

給水及び排水の管理
第 5 編

と。

⑤ 循環水は浴槽の底部に近い部分から供給すること。

⑥ うたせ湯及びシャワーには，循環している浴槽水を用いないこと。

⑦ 浴槽水は，少なくとも1年に1回以上，水質検査を行い，レジオネラ属菌に汚染されていないかを確認すること。ただし，ろ過器を設置して浴槽水を毎日，完全に換えることなく使用する場合には，検査の頻度を高めること。

⑧ 浴槽水は，毎日，完全に換えることが原則であり，これが困難な場合も，浴槽水の汚染状況を勘案して最低でも1週間に1回以上完全に換えること。

⑨ ろ過器内は，最も生物膜や汚れ等が付着しやすいため，1週間に1回以上，ろ過器内に付着する生物膜等を逆洗浄等で物理的に十分排出すること。併せて，配管内に付着する生物膜等を適切な消毒方法で除去すること。また，集毛器は，毎日清掃すること。

⑩ 浴槽水の消毒に当たっては，塩素系薬剤を使用することが一般的であるが，遊離残留塩素濃度は，通常0.2～0.4 mg/L程度に保ち，かつ，1.0 mg/Lを超えないように消毒装置の維持管理を適切に行うこと。

⑪ 貯湯槽は，湯温を60℃以上に保ち，定期的に貯湯槽内の生物膜の除去を行うための清掃及び消毒を行うこと。

⑫ 気泡発生装置，ジェット噴射装置等エアロゾルを発生させる設備を設置している場合は，毎日，完全に換えることなく使用している浴槽水を使用しないこと。

第4節 水景設備

4.1 水景設備の形態

水景設備の特徴を覚える。

水景施設の演出形態としては，「流水」・「落水」・「噴水」・「溜水」の4つの基本形態があり，水の状態からさまざまな名称が使用されている。また，利用形態から「親水施設」・「修景施設」・「自然観察施設」の3つの施設形態がある。子どもが水遊びをする「親水施設」の場合，水は親水用水としてまず衛生性の確保が大切で，利用形態によってはプール並みの浄化装置が必要となる。人の入る可能性が少なく，近くで眺めたり水音を聞いたりする「修景施設」の場合，景観用水として，人が水に触れる可能性があることを考慮する必要がある。ビオトープ池等水生生物が生息する「自然観察施設」の場合は，自然観察用水として，水生生物生生息できる水質を確保することが必要となる。

水景施設は，河川水や湖沼水，海水等の自然の水源を用いるものを除いて，多くは循環的利用であり循環装置を備えている。循環装置に用いるポンプは，浄化施設へ水を送り込むとともに，流水や落水では水を高い位置に引き上げ，噴水ではノズルを用いることで水を噴き上げさせるものである。また，良好な水質を確保するために除じん装置，水質浄化装置（ろ過装置），消毒・殺藻装

置等の浄化施設を原水や利用形態に応じて備える必要がある。

4.2　給水設備

　水景施設への上水系統からの補給水は，必ず吐水口空間を設けて間接的に給水する。また，排水は排水口空間又は排水口開放による間接排水とする。

4.3　維持管理

⑴　維持管理の基本的考え方

　水景施設における維持管理としては，一般的には水の演出としての機能（景観等）を維持するために，次の示す考え方で行われる。

　水質汚濁の原因は，砂じん・落ち葉・雨水の流入，藻の発生及び鳥や小動物の糞等であり，これらの相乗作用により汚濁が促進される。

　ろ過器や消毒装置が設置され，機能していれば，水質が保たれると思われがちであるが，ろ過器や消毒装置の点検・整備だけでは不十分で，貯水部や流水部の底部や側壁に沈殿・付着した汚泥や水垢・藻の除去のための清掃が必要となる。清掃頻度としては，屋外は月1回（最低年4回），屋内は隔月1回（最低年3回）程度で，水の入れ替えや水中機器の点検を兼ねて清掃を行う。また，水景施設のレジオネラ汚染防止の考え方としては，次の事項が基本となる。特に，エアロゾルの発生しやすい噴水・落水の形態では注意が必要である。

　①　清掃頻度を多くする。
　②　ろ過装置の殺菌や配管の洗浄を行う。
　③　利用形態を考慮し，塩素等の殺菌装置を設ける。
　④　必要に応じレジオネラ属菌検査を行う。

⑵　機器等の保守管理

　機器等の保守管理に関しては，（一社）日本水景協会が「水景技術標準（案）解説」の中で，標準的な保守管理として，次のような事項を挙げている。

　①　運転前点検　電気系統のチェック，バルブの開閉，水位の確認，ストレーナ類　等の日常的な点検を行う。
　②　定期点検又は長期休止後の再運転前点検　池の美観，設備の機能回復，信頼性の確保のため，設備の総点検及び池の清掃を行う。
　③　3年点検整備損傷防止のため，点検の判定結果に基づき，調整，給油，部分交換，修理，清掃を実施する。

　定期点検の回数は，3～4回/年が妥当で，3年点検は，いわゆるオーバホールであり，分解点検，部品交換等を行う。施設の内容によっては，保守管理の内容が異なるのは当然であり，それぞれの施設に適合した保守管理計画を立てる必要がある。

　その他，管理責任者の選定，管理組織図の作成，点検整備の実施内容の記録，ろ過の定期点検（ろ過設備の作動状態，ろ材の状態，配管の発錆状態，池内の水の状態等），消毒・殺藻設備の定期点検（ろ過設備と同様に作動状態，消毒濃度等）が必要である。

確認テスト （正しいものには〇，誤っているものには×をつけよ）

⑴　BOD 負荷量の単位は，g/（人・日）である。

⑵　スカムは，排水槽内の沈殿物質である。

⑶　給水の水質基準に関する省令に定める基準として，総トリハロメタンは，0.1 mg/L 以下である。

⑷　導水施設は，浄水施設で処理された水を配水施設まで送る施設のことである。

⑸　直結増圧方式は，受水槽を設ける必要がなく衛生的である。

⑹　高層建築物では，給水圧力を抑えるために上下の系統分け（ゾーニング）を行う。

⑺　直結増圧方式における増圧ポンプの制御には，推定末端圧力一定制御方式がある。

⑻　硬質ポリ塩化ビニル管の接合方法は，一般に融着接合である。

⑼　逆サイホン作用とは，給水管内に生じた負圧により，水受け容器にいったん吐水された水が給水管内に逆流することである。

⑽　貯水槽清掃終了後の水質検査における遊離残留塩素濃度の基準値は，0.2 mg/L 以上である。

⑾　給水・給湯での防せい剤の使用は，配管の布設替えが行われるまでの応急処置とする。

⑿　中央式給湯方式は，給湯箇所の少ない事務所建築に採用される。

⒀　総合病院における使用湯量は，40〜80 L/（床・日）程度である。

⒁　返湯管に銅管を用いる場合は，潰食を考慮して管内流速を 2.0 m/s 以下とする。

⒂　給湯用貫流ボイラは，出湯温度が安定しているので，シャワーを有する給湯設備に適している。

⒃　給湯管は，直管部が長くなる場合には，伸縮管継手を設置する。

⒄　給湯管で，基準値を超える一般細菌が検出された場合は，50℃ 程度の湯を循環させ加熱処理を行う。

⒅　第一種圧力容器の定期自主検査は，6 カ月以内ごとに 1 回行う。

⒆　散水，修景又は清掃の用に供する雑用水に，し尿を含む水を原水として用いる場合にあっては，規定された水質基準に適合する必要がある。

⒇　排水再利用施設における排水処理のフローは，集水→スクリーン→流量調整槽→生物処理槽→沈殿槽→ろ過装置→消毒槽→排水処理水槽→配水である。

㉑　活性汚泥浮遊物質（MLSS）は，ばっ気槽混合液の浮遊物質のことで，活性汚泥中の微生物量の指標の 1 つとして用いられる。

㉒　封水強度とは，排水管内に正圧又は負圧が生じたときの排水トラップの封水保持能力をいう。

㉓　誘導サイホン作用とは，管内圧力変動による封水の損失のことである。

㉔　排水槽の底部の勾配は，吸込みピットに向かって1/15 以上 1/10 以下とする。

㉕　特殊継手排水システムは，排水横枝管への接続器具数が多い事務所建築物の排水系統に用いられる。

㉖　自然流下方式の排水横管のこう配は，管内流速が 0.6〜1.5 m/s となるように設ける。

㉗　ちゅう房排水槽は，電極棒による水位制御を行う。

㉘　グリース阻集器から発生する廃棄物は，一般廃棄物として処理する。

㉙　大便器洗浄弁に必要な最低動水圧は，70 kPa である。

㉚　バルキングとは，活性汚泥が膨張し，汚泥が沈降しにくくなる現象をいう。

㉛　浄化槽保守点検業者の許可制度を整備することは，浄化槽法第一条（目的）に示されている。

㉜　長時間ばっ気法は，浄化槽に採用されている生物膜法に分類される。

⑶　ばっ気槽の点検内容は，溶存酸素濃度である。

⑶　水分 99.0% の汚泥 12 m³ を水分 98.0% に濃縮した場合，濃縮後の汚泥の容積は 6.0 m³ である。

⑶　特定防火対象物における法定定期点検の結果とその不備に関する是正措置の報告は，1 年に 1 回である。

確認テスト　解答・解説

⑴　○

⑵　×：スカムとは，排水槽の水面に浮かんでいる固形物や油脂等が集まったもののことである。

⑶　○

⑷　×：導水施設は，取水施設で集水した水を浄水施設まで送る施設のことである。

⑸　○

⑹　○

⑺　○

⑻　×：硬質ポリ塩化ビニル管の接合方法は，一般に TS 接着接合である。

⑼　○

⑽　○

⑾　○

⑿　×：中央式給湯方式は，給湯箇所の多い病院やホテルなどに採用される。

⒀　×：総合病院における使用湯量は，150〜200 L/（床・日）程度である。

⒁　×：返湯管に銅管を用いる場合は，潰食を考慮して管内流速を 1.2 m/s 以下とする。

⒂　×：給湯用貫流ボイラは，出湯温度が安定していないので，シャワーを有する給湯設備に適していない。

⒃　○

⒄　×：給湯で基準値を超える一般細菌が検出された場合は，70℃ 程度の湯を循環させ加熱処理を行う。

⒅　×：第一種圧力容器の定期自主検査は，1 カ月以内ごとに 1 回行い，性能検査は 1 年以内ごとに 1 回行う。

⒆　×：散水，修景又は清掃の用に供する雑用水に，し尿を含む水を原水として利用することは認められていない。

⒇　○

㉑　○

㉒　○

㉓　○

㉔　○

㉕　×：特殊継手排水システムは，排水横枝管への接続器具数が比較的少ない集合住宅やホテルの客室系統に多く採用されている。

㉖　○

㉗　×：ちゅう房排水槽は，フロートスイッチによる水位制御を行う。

⑻　×：グリース阻集器から発生する廃棄物は，産業廃棄物として処理する。　まず，事業活動に伴って生じた廃棄物のうち，「燃え殻，汚泥，廃油，廃酸，廃アルカリ，廃プラスチック類，ゴムくず，金属くず，ガラスくず」などは産業廃棄物に分類される。

⑼　○

㉚　○

㉛　×：浄化槽清掃業の許可制度を整備することは，浄化槽法第一条（目的）に示されている。

㉜　×：長時間ばっ気法は，浄化槽に採用されている活性汚泥法に分類される。

㉝　○

㉞　○

㉟　○

第6編

執筆担当　山野裕美

清掃

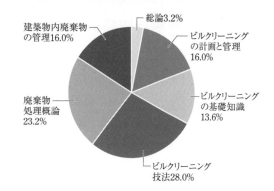

総論3.2%
ビルクリーニングの計画と管理16.0%
建築物内廃棄物の管理16.0%
ビルクリーニングの基礎知識13.6%
廃棄物処理概論23.2%
ビルクリーニング技法28.0%

最近の出題傾向

　平均的な出題傾向は清掃が15問，廃棄物処理関係が10問の25問出題である。近年は出題傾向が低かった床維持剤や消毒の問題が出題されている。

　計算問題が，ほぼ毎年1問出題される。建築物清掃の「作業計画」や「作業管理」また「点検評価」の問題が近年増えつつある。

（内訳）

1. 法律関連の問題が1問出題される。
2. 清掃計画・作業安全・評価に関して，3～4問出題される。
3. ビルクリーニングの基本について，1～2問出題される。
4. 清掃の環境関連問題が1問出題されることがある。
5. ビルクリーニングの資機材に関して，2～3問出題される。
6. 洗剤・床維持剤に関して，2～3問出題される。
7. 床材の特徴，ドライメンテナンスについて2～3問出題される。
8. 床以外の清掃について約2問ほど出題される。
9. 廃棄物の処理政策，リサイクル関連法で，1～2問出題される。
10. 廃棄物処理法等，廃棄物の排出及び処理状況で3～4問出題される。
11. 計算問題は，ほぼ毎年1問出題される。
12. 建築物内廃棄物の保管場所・搬送・排出方式に関して3～4問出題される。
13. マニフェスト問題が1問出題されることがある。

第1章　総論

第1節　建築物清掃の意義

1.1　清掃の目的

人間が活動するところには必ず「ごみ」や「ほこり」が存在する。したがって，人が生活するところには，必ず清掃という行為が存在する。

清掃の目的は3つある。1番目は，人を対象としたもので，人体に害を与えるような「ごみ」や「ほこり」などの異物を生活空間から排除し，衛生的な環境を確保する「衛生性」である。

2番目の目的は，人間活動を維持するための手段（モノ）を対象とした「保全性」で，清掃行為によって異物を除去し，モノの機能を回復させたり，長持ちさせたりすることである。

3番目の目的は，人間の感性を対象とし「美観」である。これは人間が活動する建物や空間をきれいに整え，快適な環境を創出することである。

1.2　建築物清掃の位置づけ

建築物の内外で行われる「清掃」には，空気調和設備や給排水設備等，建築諸設備の清掃もある。これらの建築物諸設備の清掃以外の清掃を「建築物清掃」と定義する。

「建築物清掃」は，「建築物内廃棄物処理」と「ビルクリーニング」の2つに大別される。前者の対象は「ごみ」等の廃棄物，後者の除去対象が「よごれ」「ほこり」などである。これらは建築物の美観を害するばかりでなく，建築物の利用者に不潔感や不快感を及ぼし，結果的にさまざまな衛生上の害を与えることになる。

1.3　建築物清掃の衛生的意義

(1)　建築物清掃の目的

建築物清掃の目的は，次の3つがあげられる。

1)　室内環境の衛生確保

人は，ほとんどの時間を建築物の中で過ごしているため，建築物の環境衛生は人間にとって重要な課題である。建築物の清掃は，異物を排除することにより，室内環境の衛生的維持を保っている仕事であり，環境衛生こそが清掃の第一目的であると認識しなければならない。

2)　建築物の延命・劣化予防

　建築物も，人間と同じように日々の手入れやメンテナンスにより寿命が変わってくる。建築物清掃は，汚染物質の除去を通じて建築物延命・劣化予防に寄与している。

3)　建築物の美観向上

　見た目にきれいであるからといって，必ずしも衛生的であるとはいえないが，見た目にきれいであるということは，利用者が気持ちの上で安心することができる。建築物清掃は，このような主観的な意味での美観の向上も目的の1つになる。

(2)　建築物清掃の除去対象

1)　ごみ

　ごみは主に固形廃棄物であり，人間が排出するものである。ごみは直接的に衛生上の害を及ぼすものではないが，ごみが散乱すると，ねずみ・ゴキブリ・ハエ・ダニなどの発生源となり，生息・増殖の原因となる。このような不衛生状態が続くと，時に伝染病や食中毒等の原因となる。ごみは速やかに，衛生的に，そして安全な方法で処理・処分されなくてはならない。

2)　ほこり

　ほこりは，床や建具の上に沈着・付着する粒子状物質であり，いろいろな物質の混合したものである。空気中に浮遊しているものを「浮遊塵」，床や物に堆積しているものを「堆積塵」という。堆積塵は歩行その他の衝撃により飛散し浮遊塵となり，また浮遊塵は落下し堆積塵となる。

　一般にほこりは，目に見えるものは $20\,\mu m$ 程度である。人間が呼吸によりほこりを吸込んだ場合，比較的大きな粒子（$15 \sim 100\,\mu m$ 程度）は鼻などの粘膜に付着し捕らえられるが，それほど大きくない粒子（$1.0 \sim 15\,\mu m$ 程度）は，上気道に付着する。また粒径の小さい微細な粒子（$1.0\,\mu m$ 以下）は深く吸込まれ，肺胞までに侵入して沈着する。ほこりの中にはアレルギーを引き起こす物質も含まれているため，清掃作業はなるべくほこりを飛散させないような方法にしなければならない。

3)　よごれ（汚れ）

　よごれとは，建材や物品に異物が付着したものであるが，人体からの分泌物や排泄物など，人間の生活・活動に伴って発生するものが多い。また，ネズミやゴキブリなどの屋内生物の活動によるものやカビの発生によるものもあり，よごれの種類によっては細菌感染の原因となり，害をもたらすこともある。よごれの付着は建築物の美観を損なうと同時に，不快感を与えるものである。

第6編　清掃

第2節　建築物清掃の留意事項

2.1　建築物衛生法規に示された留意事項

　「建築物環境衛生管理基準」と「建築物清掃業登録基準」に定められた，建築物清掃に関する事項について以下に述べる。

　建築物清掃に関する基準等は，建築物の所有者等の維持管理権限者が，建築物の衛生的環境を確保するために遵守すべき事項である。

(1)　建築物清掃に関する基準

　建築物の維持管理権限者が遵守すべき建築物清掃の環境衛生管理基準は，法第4条の第1項および第2項で定められ，それを受けた施行令，施行規則，告示等では，建築物環境衛生管理基準の詳細が定められている。なお，建築物清掃の環境衛生管理基準に示されている，技術上の基準（告示第119号）を以下の表に示す。

表 6.1.1　技術上の基準

清掃	床面	除じん作業を行う。 床維持剤の塗布状況を点検する。 必要に応じて再塗布等を行う。
	カーペット	汚れの状況を点検する。 必要に応じ，シャンプークリーニング，しみ抜き等を行う。 洗剤使用の場合は，洗剤分が残留しないようにする。
	日常的に清掃を行わない箇所	6カ月以内ごとに1回，定期に汚れの状況を点検し，必要に応じ，除じん，洗浄等を行う。
	建築物内で発生する廃棄物の処理	分別，収集，運搬及び貯留について，衛生的かつ効率的な方法により速やかに処理する。
保管庫掃除用具		真空掃除機，床みがき機その他の清掃用機械及びほうき，モップその他の清掃用器具並びにこれらの機械器具の保管庫について，定期に点検し，必要に応じ，整備，取替え等を行う。
廃棄物処理設備		廃棄物の収集・運搬設備，貯留設備その他の処理設備について，定期に点検し，必要に応じ補修，消毒等を行う。

▷よく出る

(2)　建築物清掃に関する留意事項

　建築物環境衛生維持管理要領の中で，清掃を行うにあたっての留意点として，年間作業計画の作成とそれに基づく実施，洗剤や床維持材の適正な使用と管理を行うこと，また6カ月以内に1回定期に行う清掃において各所の定期的な点検を行うこと，等が示されている。清掃用機械・器具および保管庫に対しては，6カ月以内に1回は定期的な点検を行うことを示している。

▷よく出る

　建築物環境衛生維持管理要項の内容を表 6.1.2 に示す。

表 6.1.2　建築物清掃の環境衛生維持管理要領

環境衛生維持管理要領	清掃における留意点	日常清掃	・建築物の用途，使用・劣化状況。建築資材等を考慮した作業計画及び作業手順書を作成し，それに基づき実施すること。 ・実施状況を定期に点検し，必要に応じ，適切に措置を講じること。 ・日常清掃は，建築物の清潔の保持に努めるとともに，清掃によって生じた廃棄物を適切に処理すること。
		資機材等	・洗剤や床維持材は，利用者や清掃従事者等の健康及び環境に配慮したもの，並びに建築資材に適合した物を用い，使用及び管理を適切に行うこと。 ・清掃用機械及び器具は，清潔な物を用い，汚染度を考慮して区域毎に使い分ける等，使用及び管理を適切に行うこと。
		大掃除（定期清掃）	・6カ月以内ごとに行う大掃除（定期清掃）は，天井等日常清掃の及びにくい場所及び照明器具，吸排気口，ブラインド，カーテン等の汚れの状況を点検し，必要に応じ，除じん洗浄を行うこと。
		廃棄物	・廃棄物の分別，収集，運搬及び貯留は，安全で衛生的かつ効率的な方法により，速やかに処理すること。 ・所有者等は，分別が出来る環境を整備し，利用者へ分別を促がすこと。 ・収集・運搬用具は，安全で衛生的に管理すること。 ・廃棄物は，密閉区画された保管場所に整理し，清潔に保管すること。 ・厨芥類は，密閉保管すること。
	清掃用機械類・保管庫点検における留意点		・<u>清掃用機械及び器具類，清掃用資材の保管庫は，6カ月以内ごとに1回，次の点に留意して点検し，必要に応じ，整備，取替等を行うこと。</u> ・機械器具の機能が著しく劣化していないこと。 ・洗剤タンク，汚水タンクの漏れが無いこと。 ・保管庫内が整頓され，清潔で，ねずみ，昆虫等が生息あるいは出入していないこと。
	廃棄物処理設備の点検における留意点		・<u>収集・運搬設備，貯留設備など廃棄物処理設備は，6カ月以内ごとに1回，次の点に留意して点検し，必要に応じ，補修，消毒等の措置を講じること。</u> ・廃棄物処理設備が清潔に保たれ，かつ，当該建築物において発生する廃棄物を適正に処理する能力を維持していること。 ・著しい臭気，ほこり及び排煙等の発生がないこと。 ・ねずみ，昆虫等が生息あるいは出入していないこと。
	帳簿書類		・施行規則第20条の帳簿書類には，清掃，点検及び整備を実施した年月日，作業内容，実施者名簿を記載すること。

※引用…新　建築物の環境衛生管理下巻（公財）日本建築衛生管理教育センターP.13より

（3）　建築物清掃業の登録基準

　建築物の衛生的環境が良好に維持されるためには，事業者が適切に業務を遂行することが重要である。そのため建築物の維持管理を生業とする事業者に対し，一定の基準を充たすことを要件とし，営業所の所在地を管轄する都道府県知事の登録を受ける事業登録制度が設けられた。建築物清掃業の登録基準は，登録業者（建築物環境衛生事業者）が守るべき基準ということになる。

　建築物清掃業は第1号登録であり，登録のために必要な3つの基準「物的基準」「人的基準」「質的基準」を規定している。

第6編　清掃

　この中で，建築物清掃業の登録基準には，「物的基準」として真空掃除機と床みがき機器を有することが定められている。「人的基準」では，清掃作業の監督を行うものに対しては，ビルクリーニング技能士の資格を有する者，または清掃作業監督者の講習終了者（6年以内）であること等が定められている。また「質的基準」として，作業手順書の作成や3カ月に1回の実施状況点検，外注委託の報告や苦情処理対応について定められている。

▷よく出る

　建築物清掃業の登録基準の内容を表6.1.3に示す。

表6.1.3　建築物の清掃業の登録基準

法律 第12条の2台2項	次の事項が厚生労働省で定める基準に適合すること。 ①機械器具その他の設備。②従事する者の資格。③その他の事項
法律施行規則 第25条	1. 次の機械・器具を有すること。 　①真空掃除機②床磨き機 2. 清掃作業監督者がビルクリーニング技能検定の合格または建築物環境衛生管理技術者の免状を有する者であって，次のいずれかに該当する者であること。 　①厚生労働大臣登録講習会を修了，6年を経過していない者。 　②厚生労働大臣登録再講習会を修了，6年を経過していない者。 3. 清掃従事者が次の要件に該当する研修を修了した者であること。 　①従事者全てが受講できるものであること。 　②登録を受けようとする者あるいは厚生労働大臣が登録する者が，実施主体となって定期的に行われるものであること。 　③研修の内容が清掃用機械器具・資材の使用方法・清掃作業の安全・衛生に関するものであること。 4. 清掃作業及び清掃用機械器具等の維持管理の方法が，厚生労働大臣が別に定める基準に適合していること。
厚生労働省告示 第117号	施行規則第25条第4号に規定する厚生労働大臣が別に定める基準は，次のいずれにも該当することとする。 1. 床面の清掃は，日常における除塵作業，床維持剤の塗布状況の点検，必要に応じた再塗布等を行うこと。 2. カーペット類の清掃は，日常における除塵作業，汚れ状況の点検，必要に応じたシャンプークリーニング，染み抜き等を行うこと。 4. 建築物内で発生する廃棄物の分別，収集，運搬及び貯留は，衛生かつ効率的な方法により速やかに処理すること。 5. 真空掃除機，床磨き機その他の清掃機械・器具並びにこれらの保管は，定期に点検し，必要に応じ整備，取替を行うこと。 6. 廃棄物の収集・運搬設備，貯留設備その他の処理設備は，定期に点検し，必要に応じて補修・消毒等を行うこと。 7. 上記1～6までの清掃作業の方法については，建築物の用途・使用状況等を考慮した作業計画・作業手順書を策定し，それに基づいて清掃作業を行うこと。 8. 作業計画及び作業手順書の内容並びにこれらに基づく清掃作業等の実施状況について，3カ月以内ごとに1回定期に点検し，必要に応じ，適切な措置を講ずること。 9. 清掃作業及び清掃用機械器具等の維持管理は，原則として自ら実施すること，他の者に委託する場合は，あらかじめ委託業者名，委託業務の範囲，委託期間を建築物維持管理権原者に通知すること。また，受託者からの実施状況報告により，受託者の業務方法が1～6の要件を満たしていることを常時把握すること。

| | 10. 建築物維持管理権原者又は建築物衛生管理技術者からの清掃作業及び清掃用機械器具等の維持管理に係る苦情及び緊急の連絡に対して，迅速に対応できる体制を整備すること。 |

※引用…新　建築物の環境衛生管理下巻（公財）日本建築衛生管理教育センター P.15 より

2.2 「建築物清掃技術基準」に示された留意事項

「建築物清掃技術基準」では，以下の 4 原則に基づき，従事者の教育を実施することを要請している。

(1)　環境衛生の向上
  ・使用する機械や作業方法により，浮遊粉じんや細菌等の発生を助長しないこと。
  ・作業上排出される汚濁排水，その他により自然環境を汚染しないこと。
  ・その他，環境衛生を損なわないこと。

(2)　建築物の保全性の向上
  建材の保全性を損なう方法は避けること。

(3)　労働安全性の向上
  ・作業者の注意力に依存するだけでは解決できない，労働災害多発型作業（床面表面洗浄，剥離洗浄，後退作業，高所作業等）の排除または改善を追求すること。
  ・熟練を要する，または危険度の高い資機材の改善に努めること。
  ・基本的な感染対策（手洗い等）に努めること。

(4)　作業能率の向上
  システムの研究開発，資機材の改善，マニュアルの検討を積極的に進めること。

第2章　ビルクリーニングの計画と管理

学習のポイント

　1．この章から，毎年2～3問出題される。
　2．清掃作業の計画と，品質評価に関する部分は必ず理解すること。

第1節　作業計画の立案

　建築物清掃の管理プロセスとして，まず作業計画を立案する（Plan）。次に作業計画に基づいて適切な資機材を準備し，作業を実施する（Do）。作業実施後は定期的に点検評価を行い（Check），よりよい環境をめざし改善（Action）に努める。

　この，計画（Plan）→実施（Do）→点検評価（Check）→改善（Action）のサイクルを円滑に回すことがポイントである。

PDCAの簡単な解説

1.1　建築物清掃管理仕様書

　清掃管理仕様書とは，建築物清掃の目的や内容，使用資機材，現場責任者，業務計画と報告等を記載したものである。

　このほか清掃管理仕様書には，管理方針や作業範囲，作業概要，作業時間帯等を記載した総括的な建築物清掃仕様書と，作業内容を詳細に図表で表した清掃作業基準表とからなる。

1.2　清掃作業基準表の基本的事項

　実際の清掃作業には「清掃作業基準表」が活用されるが，清掃作業基準表に記載される基本的事項の主な内容は，次のとおりである。

　①管理区域　②対象場所　③床仕上げ材等　④面積・数量等　⑤作業種別⑥作業項目（作業内容）⑦作業回数

　建築物の清掃作業は種類が極めて多い。しかもこれらの作業は，毎日行うものもあれば，週に1回あるいは月に1回，年に1回のものもある。これらのあらゆる作業を正確に理解し，計画的に正しく行わなければならない。そのためには作業対象や資機材の分類まで十分把握した上での綿密な作業計画が必要である。

(1)　作業場所による分類（管理区域）

　同じ建物内であっても，よごれの程度や状況は場所によって大きな違いがあるため，清掃作業を考える場合いくつかの区域に分ける。

　1)　共用区域

　　共用区域は，ビル内を利用するあらゆる人々が共同で使用する区域であり，ビルの公共的な場所である。玄関ホール・トイレ・階段・湯沸室，エレベータなどが含まれる。

共用区域は建物内で最も頻繁に使用されるところであり，高い頻度で清掃する必要がある区域である。

2）　専用区域

専用区域は，特定の人々が専用している区域であり，事務室・会議室・応接室などが含まれる。使用は共用区域ほどではないが，食堂など特異性がある場所も含まれるため，1 日 1 回以上の清掃は必要である。

3）　管理用区域

管理用区域は，もっぱら建物管理の目的に供される区域である。一般に人が立ち入ることがないのでよごれ度合いは低いが，日常の整理整頓・清掃が重要である。　　　　　　　　　　　　　　　　　　　　　　　▷よく出る

表 6.2.1　清掃場所の分類

共用区域	玄関，EV ロビー，廊下，トイレ，給湯室など	共同で使用する区域であり，使用頻度が高く最も高い頻度で清掃する必要がある場所
専用区域	事務所，会議室，役員室など	建物使用上最も重要な場所である。毎日 1 回以上の清掃を行って清潔さの回復に努める必要
管理用区域	電気室，機械室，中央監視室，作業員休憩室など	管理者の為のスペース，汚れは少ないが日常の整理整頓・清掃が必要
外装・外周区域	外壁，窓ガラス，通路植栽，	自然現象の影響を直接受ける部分で，定期的な清掃が必要

(2)　作業頻度による分類（作業種別）

清掃作業を整理すると，「日常清掃」と「定期清掃」に分けられる。「日常清掃」は，毎日 1 回あるいはそれ以上行う清掃作業をいい，定期清掃は，週に 1 回，月に 1 回，年に数回と間隔をおいて行う清掃作業をさす。また，必要が生じた際に随時行う作業を臨時清掃という。

表 6.2.2　清掃頻度による分類

日常清掃	1 日 1 回以上行う作業	床面の除塵，トイレの清掃・消耗品補充，灰皿清掃，紙くずの処理，茶殻・厨芥の処理，玄関ホール，出入口マットの除塵など
定期清掃	週 1 回，月 1 回などと一定の間隔をおいて行う作業	床面洗浄・床維持剤の塗布，カーペット洗浄，天井・壁の高所部分の清掃，照明器具・ブラインドの清掃，窓ガラスクリーニング，排気口の粉塵，外周区域の洗浄，廊下のスポット洗浄等
臨時清掃	予定外の作業	普段清掃を行わない部分で汚れが目立った場合などに行う作業

1.3　作業計画の基本的事項

　作業計画は，管理プロセス「計画（Plan）→実施（Do）→点検評価（Check）→改善（Action）」のうち，計画（Plan）にあたる部分である。

⑴　作業計画とは

　作業計画とは，清掃作業基準表に基づき対象となる作業について，いつ，だれが，どの場所を，どのような方法で行うかを明らかにした作業工程表である。

⑵　作業計画の手順

　作業計画作成には，まず仕様書を理解し，床面積等の作業要因数を算出し，作業標準時間※に基づいて個々の作業時間を算出する。これを時間帯別に集計し，必要人員を割り出して作業を組んでいく。作業改善や仕様の変更があった場合は，修正を加え，常に実状に合った作業計画にしていくことが必要である。

作業標準時間
作業標準時間とは，所定の作業環境条件の下で，一定の資機材を使用して，一定の作業方法で，よく慣れた人が，適正な努力で，という条件下における作業時間をいう。

⑶　作業計画作成の意義

　作業計画を作成する目的は，建築物清掃仕様書と清掃作業基準表に基づいて，確実かつ計画的に作業を遂行するためである。

① 　作業成果の向上（品質の均一化）

　日常清掃で除去する汚れと，定期的に除去する汚れを区別し，計画することによって作業成果の向上が得られる。

▷よく出る

② 　作業能率の向上

　限られた時間に一定の成果を得るためには，計画的に作業を実施する必要がある。

③ 　作業指導のしやすさ

　作業内容が明確化されているため，統一的な作業ができる。

④ 　作業管理のしやすさ

　記憶や経験をもとにした個人的な管理ではないので，従事者にも理解しやすく，作業の指示や消化が円滑になる。

⑤ 　責任所在の明確化

　計画的な作業管理が実施され，記録の保存によって責任所在が明確化し，種々のトラブルの発生に対する処理が迅速に行うことができる。

⑥ 　管理者への対応

　作業内容が明確になっているので，管理者への対応が的確にできる。

⑦ 　作業改善等の資料収集への活用

　効率化のための作業改善が，データに基づいて行われる。

第 2 節　作業の管理

2.1　作業管理

作業管理は，管理プロセス「計画（Plan）→実施（Do）→点検評価（Check）→改善（Action）」のうち，実施（Do）にあたる部分である。

① 作業手順書※に基づく，作業計画（マスタ）を立案する。

② 作業計画（マスタ）に基づき，日常清掃と定期清掃の予定表を作成する。

③ 上記②に基づき適正な人員配置を行う。

④ 建材，汚れ等に適した清掃機械・器具やケミカル類を選定し，準備する。

⑤ 正しい作業方法を従事者に教育指導し，成果向上，安全衛生に努める。

⑥ 定期的に点検を行い，現場実態を掌握しておく。

⑦ 新しい機械・器具やケミカル類，新しい作業技法を積極的に取り入れ，効率，安全衛生等に努める。

⑧ 作業実態分析を行い，ムリ，ムダ，ムラがないか，常に問題意識を持ち，改善に取り組む。

以上を通して，より良い品質の確保と効率的な作業の進め方に努める。

> **作業手順書**
> 作業手順書とは，1つ1つの作業のマニュアルである。作業名，行うべき作業，作業手順，使用資機材と数量，作業後の品質状態等を記載したもので，従事者に対する教育指導のため使用するものである。
> 作業方法が変わった場合は，作業手順書を改める。

2.2　安全衛生

(1) 防災

清掃業務では，適切な吸い殻処理による防火と，自然的災害（特に風水害）に対する防災がある。

(2) 安全

清掃作業にかかわる事故の大多数は，転倒や転落事故である。したがって，床洗浄と脚立等を用いた高所作業の安全確保に留意しなければならない。

1）転倒事故の防止

従事者と第三者の安全確保のため次の対策を講じる。

① 床洗浄を行うときは，事前に作業表示板を立て，第三者の立ち入りを禁止する。

② 作業者は，滑りにくい作業靴や滑り止めカバーを使用する。

③ 走ったり，ポケットに手を入れない。

④ 出入口やコーナーでは，対面者との接触に注意する。

⑤ 使用する機械・器具は乱雑に置かない。

⑥ 通路確保のため周辺を整理整頓して作業にあたる。

2）高所作業の安全確保

① 足場・ローリングタワー※・はしご・脚立等，高所作業用品はそれぞれ規定に従って，組み立て，確認のうえ使用する。

② 高所作業用品の上に置く資機材は，落下しないように注意する（離れる場合は固定するか，地上に下ろす）。

> **ローリングタワー**
> 移動式足場のこと。

③　ヘルメットや安全帯等を使い，作業者の安全を確保する。

④　ユニフォームや作業靴は安全なものを着用する（滑りにくい靴やシンプルな着衣）

⑤　無理な姿勢をとらない。

⑥　上下で作業を行う場合は，十分連絡を取りながら作業を進める。

⑦　第三者の安全確保のため，トラロープ※等を用いて作業範囲を確保する。

（3）衛生

①　定期健康診断は，労働安全衛生規則でも規定されているので，必ず受診する。

②　真空掃除機の集じん袋等を手入れする場合は，粉じんを吸入しないよう防じんマスク等をして行う。

③　洗剤等は，使用説明に従って使用し，保護手袋等，保護具を適切に用いる。

④　作業終了後は，薬用石鹸等で手洗いを励行する。必要に応じて手指消毒を行う。

⑤　清掃作業従事者等のための専用休憩室は，常に清潔に保ち，1日に1回は清掃を行う。

> **トラロープ**
> 広範囲の作業を行う場合，一般の立ち入りを禁止するために用いられるロープのこと。

第3節　作業の評価と改善

作業の評価は，管理プロセス「計画（Plan）→実施（Do）→点検評価（Check）→改善（Action）」のうち，点検評価（Check）にあたる部分である。改善（Action）は，点検の結果何らかの問題があった場合，または品質向上や業務効率の上で対策を講じ改善を図ることである。

3.1　作業の評価

定期的に評価を実施することは，要求される品質になっているかを確認することが目的であり，業務の改善へ導くために行うものである。

業務の評価は，どんな点を，だれが，どの程度するか，あるいはその方法を決め，どう判定するか等を目的に応じて設定しておく必要がある。

（1）評価範囲

評価の範囲とは，全数か抜き取りかである。清掃業務を請け負っているすべての範囲を評価するには時間がかかり，また評価範囲の広さで評価にばらつきが生じる場合があるため，汚染度の激しい個所等に重点を絞って範囲を決定する。

（2）品質評価構成

品質評価構成は，建築物の各場所の衛生性・美観性を評価する「作業品質」と，現場や企業先の組織管理体制を評価する「組織品質」に大別できる。

▷よく出る

（3）評価基準・評価判定

　評価基準は，良否等の 2 段階で評価するものや，また良・可・否等の 3 段階で評価するものがある。奇数段階は，中間値に評価する傾向があり，また偶数段階は，中間評価の普通とすることができないなど，どちらも一長一短ある。

(4)　評価方法

　評価方法には，測定機器（光沢度計等）を使用する検査と，目視等による官能検査とがある。清掃作業の点検は，基本的には目視で行う。目視で行うことは，必ずしも原始的な方法とはいえない。なぜなら，利用者は目視できれいさ等を評価しているからである。むしろ評価者の目をより客観的で公正な評価ができるよう養成していくことが重要である。

▷よく出る

(5)　評価頻度

　清掃責任者が自主的に行う場合は定期的に月 1 回，その月の締めくくりとして実施する。また清掃責任者以外の管理者等が行う場合は，季節等を考慮して 3 カ月以内に 1 回（四半期ごと）実施するよう計画する。

▷よく出る

(6)　評価者

　評価者は，当該業務についてよく理解し精通していることが望まれる。また，清掃責任者が自主的に実施する場合は，利用者の立場に立って評価することが大事であるが，当該業務についてよくわかっているだけに，見落とす部分や評価が甘くなりがちであることに注意しなければならない。

第6編　清掃

第3章 ビルクリーニングの基礎知識

> **学習のポイント**
>
> 1. この章から，毎年2問程度出題される。
> 2. ビルクリーニングの5原則は，汚れを除去するための基礎知識であるので，しっかりと理解することが必要である。

第1節 付着異物の除去

1.1 付着異物の発生原因と分類

（1）付着異物の発生原因

　建築物が汚れる原因には，自然的な原因と人為的な原因がある。

　1）自然的原因

　　自然的原因による汚れは，人が建物を使用しなくても期間の経過により現れてくるものである。これは空気の流れにより浮遊粉塵や汚染物が付着したもの，雨水中の異物が外装建材に付着したもの，また，カビや害虫などの発生による汚れなどがある。

　2）人為的原因

　　人為的原因による汚れは，人が建物を使用することにより現れてくるものであり，建物の使用状況や頻度によりさまざまである。これには，人の歩行による土砂の持込みや手垢・排泄物，またタバコや着衣の繊維くずなどがあるが，自然的原因による汚れを比べて，汚染の量や付着状況がはなはだしい。

（2）付着異物の分類

　1）粉状物質（ほこり）

　　粉状物質とは，いわゆる"ほこり"のことである。ほこりの粒子は繊維粉や土壌の粉末等で，風や歩行等の衝撃によって空気中に飛散しやすいものである。煙などの粒子よりもはるかに大きく，粒径は約 $10\sim100\,\mu\mathrm{m}$ 程度である。ほこりは小さな粒子程空気中に長く浮遊しているが，徐々に沈降して床や家具などの上に付着する。室内では，衣服などから発生した繊維塵も多い。

　2）水溶性物質または親水性の物質

　　水になじむ汚れを親水性物質という。雨水や飲食物など，水分を介した汚れは殆どが親水性物質であるが，これは除去がしやすい。

　3）油溶性物質

　　水になじまない物質を油溶性または疎水性物質といい，その大部分が人の手垢等の油脂性物質である。機械油等の石油系，食用油や肉・魚等の脂肪等などもある。

　4）かさ高固着物

かさ高固着物は，建材表面よりも盛り上がった状態で立体的に付着した汚れで，チューインガムのかみかすやモルタルかすなどが付着したものが代表的なものである。このように固着したものは，削り取るなど物理的な力を用いる場合が多い。

5) しみ

しみは，ある一部分などの局所的な汚れのことをいい，液体をこぼしたときなどに発生する。そのため，液体が染み込み易い繊維系の建材などに多く見られる。しみには水溶性のものや油脂性のもの，またそれ以外のものもある。

6) その他特殊な汚れ

汚れの物質や種類は無数にある，1)〜5) のいずれの分類にも入らない建築物の汚れとしては特殊ものがあるが，かびやさび等によるものや，特にブロンズの緑青などがあげられる。

1.2　ほこりの除去

ほこりは，床や備品等にほこりが「単にのっている状態」，静電気によりほこりが「吸いついている状態」，カーペットパイル内の奥に「入り込んでいる状態」等，さまざまな付着状態がある。そのため除去方法については，それぞれの付着状態に最適な資機材，および清掃方法を選択し作業を行わなければならない。

(1) 空気中に分散させる方法：はたきがけ

ほこりは粉状のため，空気中に浮遊しやすいという特徴と性質を利用して，はたきで払う，はたく，吹き飛ばす作業により，ほこりを除去する方法である。空気中に浮遊させた後，空調や換気を行うことにより空気がろ過されほこりは除去される。

したがって，換気などをしなければほこりは沈降し，再度建材に付着するだけである。近代化した建築物の室内は，閉鎖空間であるため，現代の建築物には適さない方法である。静電気を利用して，ほこりを吸着させる器具等を活用するなどの必要がある。　　　　　　　　　　　　　　　　▷よく出る

(2) から拭き

乾いたやわらかい布で拭き取る方法である。ほこりが少ない場合，什器備品などに付着するほこりは，乾いた布等でふき取ることにより，ほこりが布に付着し容易に除去できる。

(3) 水分を含ませた布で除去する

ほこりの付着をよくするため，タオルなどに水分を含ませて除去する方法である。タオルはしっかりと絞らないと，除去したほこりを逆に建材に移してしまうことになり，過剰な水分はむしろ弊害をもたらす。タオルは半乾き程度の水分で十分である。

(4) おがくずを用いる方法

おがくずに水分を含ませ，床に撒き，ほこりを付着させる方法である。おが

くずの粒は保水力が高く表面積が大きいので，ほこりを付着させる効果は大きい。しかし布と同様に，水分が過剰な場合，逆に建材を汚してしまうため注意が必要である。

(5)　ダストコントロール法

タオルやモップに粘度が低い不乾性の鉱油を少量含ませ，ほこりを付着しやすくした方法である。この方法は，タオルを長く貯蔵できるが，微量の油が床面に付着するのが欠点である。またこの方法はあくまでほこりを除去するための方法であり，その他の汚れは除去できない。　　　　　　　　　　▷よく出る

(6)　ダストクロス法

化学繊維を不織布として織り静電気を利用してほこりを付着させたり，繊維のすき間を利用して土砂等を回収する。使い捨てタイプとリサイクルタイプがある。

(7)　バキュームクリーニング

真空掃除機を用いてほこりを除じんする方法である。最近はカーペット床が多く使用されるようになり，カーペットの織り目に入り込んだほこり・土砂等の除去に欠くことのできない方法である。

1.3　汚れの除去

清掃対象となる汚れは，汚れ物質の性質や状態，原因を考慮して適切な方法で除去しなければならない。また汚れそのものだけではなく，汚れが付着している建材の性質も見極めなくてはならない。

(1)　水溶性または親水性物質の除去

　1)　水拭き

　　タオルやモップに少量の水を含ませ，汚れの付着部分を擦るようにするものである。汚れを水に溶解させ，タオルやモップで汚れた水を拭き取ることにより汚れが除去される。注意点として，使用後のタオルやモップは頻繁にゆすぐことと，水分をしっかり絞ることである。

　2)　水洗い

　　いわゆる「洗浄」と呼ばれるもので，水を使用し建材の汚れを洗い落とす方法である。ブラシやたわしなどの物理的な力を加えて汚れを溶解し，汚水をスクイジーや吸水掃除機にて回収する。一般的に，建材は水の付着により不具合を生じるので，水分はできるだけ少量とし，汚れた水は速やかに取り去ることである。

(2)　油溶性または疎水性物質の除去

油脂性物質は水に溶けにくいため，界面活性剤を主剤とした洗剤を使用して汚れを除去する。水に洗剤分を加えるが，その方法は水拭き，水洗いと同様である。洗剤分が残留すると建材に悪影響を与えるので，洗剤が残留するのを防ぐため，洗剤使用後には水洗いまたは水拭きを十分行う。

(3)　かさ高固着物の除去

かさ高固着物は，粘着物質などが固まった状態で建材に付着しているため，

まずパテナイフやへらなどで物理的な力を加えることにより削り取る。建材を傷つけないよう注意が必要である。

⑷ しみの除去

しみは，特にカーペットなどの建材に見られるものであるが，しみの物質の種類を識別することが重要である。水溶性のしみであれば，湿ったタオルで軽く擦ると汚れがタオルに移り，油溶性のしみであれば汚れが移らないため，判断が出来る。水溶性のしみは，水や中性洗剤などで除去できる。<u>油溶性のしみは，界面活性剤を主剤とする洗剤や有機溶剤により除去する。</u>

しみは，時間が経つほど建材にしみつき，酸化・変質して除去が難しくなるため，早めに処置することが肝要である。

第2節 ビルクリーニングの5原則

汚れやしみを除去するためには，基本知識が必要であり，これをビルクリーニングの5原則と呼んでいる。汚れを除去するには，まず，各種建築仕上げ材の性質（材質）を知り，そこに付着している汚れを確認する。次に，建材と汚れの組み合わせから洗剤を選定する。洗剤が選定されたら，次に，作業方法を決定しなければならない。

⑴ 材質を知る

材質を知るうえで重要なポイントは，耐洗剤性などの化学的性質である。アルミニウム建材が耐アルカリ性に乏しいことや，大理石・テラゾが酸性洗剤に弱い等である。また汚れの除去を行ううえで，水や洗剤の使用は必要不可欠であり，耐水性も知っておかなければならない知識である。

次に，建材の吸水性・吸湿性，表面形状，あるいは硬度といった物理的性質を知っておく必要がある。同種の汚れであっても建材の表面形状が異なれば，使用する清掃器具や作業方法が異なる。

⑵ 汚れを知る

汚れを知るのに大事なことは，汚れの原因を確認することである。

前述の通り，汚れの種類には，水溶性汚染物質，油溶性汚染物質，その他の汚染物質がある。汚れの種類により使用する洗剤は変わってくるので，汚れの種類がわからなければ，洗剤の選定ができない。しかしながら，実際の建築物には，水溶性・油溶性・その他の汚染物質が混在し汚れを形成しているので，汚染原因，周囲環境状況，手指による感触や臭い等によって主たる汚染物質を判別する必要がある。

⑶ 洗剤を知る

洗剤の知識として必要なことは，洗剤の性質，働き，種類等である。洗剤の働きによって汚れが分解されるが，その性質を知らなければ，洗剤により建材を傷つけてしまうおそれがある。また洗剤と汚れはなじみやすいので，建材に洗剤分が残っていれば汚れを呼び，再汚染を促進させることになる。特にカーペットのように吸水性のある建材は顕著である。

⑷　作業方法を知る

　汚れを除去するためには，各種器具，機械が用いられる。洗剤が化学的作用を施すものであるのに対して，各種器具・機械は物理的作用を施すものとして位置付けられる。除去にあたっては，この化学的な力（洗剤類）と物理的な力（器具・機械類）を効果的に活用する必要がある。

⑸　できるだけ保護膜をつける

　保護膜は，汚れがつきにくく，付着した汚染物質を容易に除去でき，かつ，保護膜そのものが容易に再生できるものでなければならない。保護膜の代表的な事例は，弾性床材に塗布される床維持剤である。

第3節　予防清掃

　汚れを予防することを「予防清掃」という。予防清掃は，汚れをつきにくく，ついた汚れを除去しやすくすることにより衛生や美観を向上し，作業の効率化を図ることである。

⑴　ほこりの予防

　建築物内のほこりは，建築物外から侵入したものと，建築物内で発生したほこりとからなっている。建築物内におけるほこりは，外部から侵入した土ぼこりが多い。

　高気密化している現代の建物では，ほこりの侵入路として窓や隙間からは重要ではなく，ほこりの侵入は主として出入口を経由すると考えてよい。

　従って，出入口で防ぐことができれば，建物内のほこりを軽減できる。侵入を防ぐ方法として，入口に前室を設ける，入口に除塵マットを敷くなどが考えられる。このうち入口にある程度の長さの防じん用マット類を敷く方法は，簡易な割に効果が高い。

　また，建物内でほこりが発生する原因には，衣服が摩耗する際に発生する綿ほこりが多い。これを予防するのは難しいが，なるべく摩耗しにくいものとするなどである。

⑵　汚れの予防

　ほこり以外の汚れは，人の活動に伴うことが多いので，その原因を断つことは容易ではない。汚れを予防する方法としては，付着する側の建材に工夫をこらし，汚れが付着しにくく，また除去し易いものを選択する，または加工する方が賢明である。そうすれば，人為的原因の汚れだけでなく，自然的原因の汚れにも同様に効果がある。

　建材の表面が平滑また緻密でれば，汚れは付着しにくく除去しやすい。一方，表面が凹凸であったり孔隙があれば汚れは付着しやすく除去は困難である。したがって，汚れが付着しにくく，また除去がしやすい建材を選択することが望ましい。

　しかしながら，既にでき上がっている建物に関しては，建材を汚れが付着しにくく，除去し易い物に加工するほうが現実的である。この代表的な方法が，

床材に対する床維持材の塗布である。床維持材の塗布は，床の美観を高め，床材を保護し汚れを予防するものである。

第4節　ビルクリーニングにおける環境対策

　環境型社会といわれている時代において，ビルクリーニングでも環境問題に対する意識が高まり，さまざまな環境対策が進められるようになってきた。建築物内だけではなく，建築物外に対しても環境衛生への配慮をしていく時代になってきている。

(1)　化学的な対応

①　環境にやさしい洗剤を選定する。SDS を活用する。

②　洗剤の使用量を徹底する。

③　洗剤選定時に，廃液排水後の分解性を考慮する。

④　酸性やアルカリ性の洗剤は，中和してから排出する。

⑤　床維持剤は，塗布時における揮発成分や，剝離作業により廃液となったときの汚水処理を考慮する。

(2)　物理的な対応

①　汚れ除去性，建材に対する傷み等を考慮して，器具を選定する。

②　パッドやブラシに使用されている研磨剤の種類・量を考慮して選定する。

③　洗剤や水使用時の温度，汚れや建材の性質を考慮し設定する。

④　洗剤容器等の減量，また廃棄物が環境負荷にならないものを選定する。

(3)　作業的な対応

①　作業回数の減少等を取り入れ，作業周期の延長等を考慮する。

②　電気や水等のエネルギーを削減するために作業時間の短縮を図る。

第4章 ビルクリーニング技法

> **学習のポイント**
>
> 1．ビルクリーニング関連の出題約15問中，2/3である約10問がこの章から出題される。
> 2．ビルクリーニング用資機材の名前と特徴は，必ず理解しておくこと。
> 3．各種洗剤の特徴と，その洗剤に適する汚れ・また適さない建材は，セットで覚えることが重要である。

第1節 ビルクリーニング用資機材

1.1 ビルクリーニング用機械・器具

（1）ビルクリーニング用機械

建築物の清掃用機械は，建築物の規模や建材に合わせて選択することが重要であり，安全性や騒音・発塵などが少ないことが求められる。

1）真空掃除機

真空掃除機は広範囲な除塵に用いられ，特にカーペットのような繊維系床材の清掃には欠かすことができない。電気ファンによって，機械内部に空気の低圧域を作り，ホース通してほこりと空気を吸い込んで捕捉する機械である。

真空掃除機には，ポット型と呼ばれる床移動型真空掃除機（ドライ型・ウェット型），アップライト型と呼ばれる立て型真空掃除機，そして，携帯型の3種に分けられる。

① 床移動型真空掃除機

・ドライ型※：通常の除塵用真空掃除機である。吸込み口から流入したほこりをフィルタでろ過し排気する仕組みである。最近は病院などの清浄度が高い場所でも使用できる $0.3\,\mu\mathrm{m}$ までの粒子を捕捉する高性能なフィルタを装着した掃除機がある。

・ウェット型：湿式または給水式と呼ばれ，水や洗剤などの液体を吸入するものである。床洗浄時の廃液の回収等に使用される。吸引した汚水は，機内の汚水タンクに溜まり，排気もモータに回らないように設計されている。

② アップライト型※

主にカーペットなどの繊維系床材に用いられ，機械力によりパイル※内のごみやほこりを叩き出す構造になっている。吸込み風量が大きく，フィルタバックが大きく全面から排気ができるのが特徴である。カーペットに対してはドライ方式の掃除機よりも除塵力は優れているが，狭い場所での使用が困難なことと，音が大きいことが難点である。

③ 携帯型：小型軽量で，本体を肩掛けや背負うことにより，狭い場所や階段で使用できるものである。通常，ドライ式である。

パイル
カーペットの表面を形成している房状の立毛毛足。これが輪状になっているものをループパイル，切りそろえてあるものをカットパイルという。

ドライ型

図 6.4.1

アップライト型

図 6.4.2

2)　床みがき機

スクラバーマシンまたはポリッシャーと呼ばれ，電動機に円形のブラシまたはパッドを装着して回転させ，床面をこすって床を洗浄したり，床面の艶出しなどに幅広く使用されている。ブラシの大きさや回転数などにより多くの種類があるが，清掃対象場所など用途に応じて使い分ける。普通床用では，ブラシ部分にパッド台を取り付け，パッドを使用する。一般に使用されているものは，1ブラシ式であるが，2ブラシまたは3ブラシのものもある。

①　高速床磨き機

広く用いられているのは1ブラシ式で，ブラシの直径は日本では8～20インチ（約20cm～50cm）が多く使われている。ブラシの回転数は毎分150～300回転が一般的であるが，近年，次第に高速のものが現れ，毎分1,000～3,000回転の超高速バフ機といったものもあり，主にドライメンテナンス作業に使われる。　▷よく出る

ブラシはシダの茎，またはナイロン繊維を植えたものが普通であり，凹凸の床面に使用する。パッドは，化製フェルト状の不織布に研磨粒子を付着させたもので，一般に平らな床面にパッドを用いる。パッドは硬さにより色分けされ，色が濃くなるほど硬いパッドになり，汚れの状態や作業の種類，また建材により使い分ける。　▷よく出る

表6.4.1　床用パッドの種類と用途　　▷よく出る

粗さ	パッドの色	主な用途
1	黒	樹脂皮膜の剝離
2	茶	樹脂皮膜の剝離
3	緑	一般洗浄用
4	青	表面洗浄
5	赤	スプレーバフ
6	白	艶出し磨き

②　洗剤供給式床磨き機

タンク式スクラバーマシン※とも呼ばれ，1ブラシ式の床磨き機の柄の部分に洗剤を入れるタンクを付け，レバーの操作で洗剤液をブラシの部分に供給できる機械で，床洗浄の洗剤塗布作業を省くことができる。

この機械は，カーペットのシャンプークリーニングにも使われているが，繊維による抵抗が増すため，通常はカーペット洗浄専用の低速回転のものを使用する。

3)　自動床洗浄機

洗剤供給式床磨き機と給水式真空掃除機を結合したもので，床面洗浄に伴う洗剤の供給とブラシによる擦り洗い，洗浄後の汚水回収を自動で行う機械である。大型ものは人が搭乗でき，広い面積を作業するのに適している。

第6編　清掃

タンク式スクラバーマシン

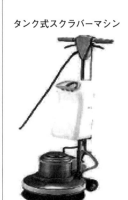

図6.4.3

4)　カーペット洗浄機

①　洗剤供給式床みがき機（スクラバー方式の機械）

これはタンク式電動床みがき機と同じ構造で，カーペット上で操作すると，供給された洗浄液がブラシの回転により発泡し，その泡により洗浄を行うものである。泡は別の真空掃除機によって吸引除去する。この機械は洗浄効果は大きいが，パイルがブラシにより損傷するおそれがあるので，ウールのウイルトンカーペット※よりは，むしろ化学繊維のタフテッドカーペット等の洗浄に適している。

②　ローラブラシ方式の機械

この機械は，洗剤が機械内部で完全に泡となって供給され，ローラ型の縦回転ブラシがパイルに当たりクリーニングが行われる構造である。ドライフォーム方式とも呼ばれる。この機械は，水分が少ないため，カーペットの基布を濡らして収縮を起こすおそれが少なく，パイルを傷めるおそれが少ない。しかし，洗浄力はスクラバー方式の機械よりも劣る。ウイルトンカーペット等のウールカーペットに適した機械である。

③　噴射吸引式機械（エクストラクタ※）

操作杖（ウォンド）の先端にあるノズルから洗剤液を噴射して，ただちに吸引口（スリット）から吸引し，洗浄が行われる構造となっている。

シャンプークリーニングが洗剤の泡で洗浄するのに対して，この機械は洗剤液そのものでパイルを洗浄する。洗剤液を噴射後，直ちに吸引する仕組みであるが，多量の液を噴射するので水分に耐える化学繊維のタフテッドカーペット※に適する機械である。この機械は，シャンプークリーニング後のすすぎ洗いをする場合に使用されることも多い。

④　スチーム洗浄機

構造はエクストラクタと同じであるが，ノズルから高温の水蒸気を噴射することにより洗浄する。高温の水蒸気により汚れを分解するため，ダニ等の殺菌効果もある。

5)　路面スイーパー

外まわり等の広い場所で使うのに適し，建築物ではガレージの床や通路の掃き掃除に利用される。ローラ型の回転ブラシで床面を掃き，真空掃除機でほこりを処理している。

6)　高圧洗浄機

高圧水を噴射させ，汚れを除去する。特に凹凸部分の汚れ除去に効果がある。

7)　清掃用ロボット

清掃用ロボットの定義は明確でない。万能のものはなく一定条件が整った場所で使われている。主に使用されているロボットとしては，床面洗浄用ロボットとカーペット集じん用ロボットがあり，どちらも連続作業は3～4時間である。

▷よく出る
ウイルトンカーペット
機械織りカーペットの代表的なもので，2色から5色の原糸によって模様が織り出される。素材は，純毛または混紡，パイルの密度も細かく，厚手のカーペットである。管理にあたっては，濡れると収縮を起こしやすいことに注意する。
▷よく出る

▷よく出る

▷よく出る
エクストラクタ

図 6.4.4

タフテッドカーペット
ポリプロピレン等の基布にパイルを機械で植えつけ，脱落止めに裏面からラテックスを塗布したカーペット。大量生産の安価なカーペットで，建築物の床材として多く用いられている。

(2)　ビルクリーニング用器具

1)　ほうき類

主に粗大なごみの除去に用いられるが，ほうきはほこりを空気中に舞い上げる傾向がある。種類として，自在ほうき，座敷ぼうき，小ぼうきなどがある。自在ほうきは，ほこりを跳ね上げることが少なく，比較的細かいほこりまで除去できるため，建築物内でも多く使用されている。柄との接合部が可動式であり毛が短いものがある。

2)　ブラシ類

大小さまざまなものがあるが，フロアブラシは，大型のブラシで床面を押し掃きする長柄のブラシである。デッキブラシは石やモルタルの床を擦り洗いするのに使用される。

3)　ちり取り

ちり取りは，ほうきなどで集めたごみを入れて捨てるものである。文化ちり取り，三つ手ちり取り，片手ちり取りなどがある。三つ手ちり取りは，本体が3ヶ所で支えられた金属性のやや大きめのもので，鉄道でよく使われたため鉄道ちり取りとも呼ばれる。

4)　モップ類

建築物内での床面清掃に幅広く使われる道具である。

①　湿式モップ

木綿糸の太い糸を房状に柄に取り付けたもので，床の汚れの拭き取り，ワックス塗布，から拭きなどの作業に使用する。

湿式モップには，木製の柄に房糸が取り付けられたＴ字モップ，柄と房糸の着脱が可能なワンタッチモップ，房糸が柄の先に束ねられたばれんモップなどがある。ワンタッチモップは房部分だけ分けることができるため，洗濯に便利である。

②　乾式モップ

ダストモップと呼ばれ，油剤処理タイプや不織布繊維タイプ，紙タイプ，再生不織布繊維タイプがある。油剤処理タイプのモップは，ダストコントロール法によるもので，床等のほこりの拭き取りに使われる。不織布繊維タイプのモップは，使い捨ての不織布を用いてほこりの拭き取りに使うもので，繊維の間にほこりを取り込んで除去する。乾式モップは箒のようにほこりを舞い上がらせる心配が少ないため，不織布繊維型タイプは病院でも使用されている。

5)　モップ絞り機

モップリンガーと呼ばれ，ハンドルを動かすだけでモップを絞ってくれるため，洗浄作業などモップを使用した作業を効率よく行うことができる。

6)　タオル類

タオルは，モップとともに建築物で最も多く使われている。布やタオルの総称をウエスという。通常の化学繊維製のほかに，紙タオル，ケミカルクロス等と多種類のものがある。建材，汚れ等により選択する。

7）　スクイジー

　スクイジーは，床面や窓ガラスなどの水を集める器具で，T字モップの毛の部分を細長い一枚のゴムにしたような形をしている。床用スクイジーは，床面洗浄後の汚水をかき集めるのに使用される。窓用スクイジーは，床用よりも小型で良質なゴムが使用され，ビルの窓ガラスクリーニングには欠かすことができない。

8）　はたき類

　なじみの深いものであるが，建築物が窓の開かない密閉構造になって以来，浮遊粉じんが発生するのを嫌ってあまり使用されなくなった。現在は浮遊粉じん対策として，静電気を利用して，ほこりを付着させて除去する製品が開発されている。

9）　スイーパー類

　床面を押していけば，回転ブラシがごみを掃き取って，器具の内部に巻き込む機構になっている。そのうち，カーペットスイーパは，手で前後に動かすことによってカーペット表面のごみを掃き取る構造になっている。

▷よく出る

10）　パテナイフ

　主に建材に付着したチューインガムなどのかさ高固着物をこそげ取るのに使用される。よく使用する場所では作業者が常時携帯し，固着物を見つけ次第使用しているところもある。

11）　プランジャー

　ゴムのカップに柄を付けたもので，ラバーカップとも呼ばれている。洗面所やトイレなどの軽い詰まりを吹きだす道具である。

1.2　ビルクリーニング清掃用資材

（1）　洗剤

　現在の建築物の洗浄に使用される主要な洗剤は合成洗剤である。合成洗剤は，合成界面活性剤と助剤とからなり冷水や硬水にもよく溶ける。界面活性剤は，物の表面張力を低下させることにより汚れを離脱させ，水中に混和することにより汚れを除去し，汚れの再付着を防止する効果がある。

▷よく出る

　過去には，汚水が河川や湖沼に泡を発生させ，助剤として用いられるリン酸塩が，湖沼や内海の富栄養化の原因となることが，各地で問題になった。このため，現在は業務用・家庭用の清掃洗剤には，リン酸塩は使用されていない。

▷よく出る

　合成洗剤は，主剤とする界面活性剤の種類によって，陰イオン系活性剤，陽イオン系活性剤，両性系活性剤，非イオン系活性剤等に分類される。ビルクリーニング用洗剤の主剤は陰イオン活性剤，両性活性剤，非イオン活性剤である。

▷よく出る

・陰イオン活性剤：負の電荷を持つ。洗浄力に優れ広く使用されている。

・陽イオン活性剤：正の電荷を持つ。洗浄力は劣るが殺菌剤・柔軟材などに適している。

・両性活性剤：両方の電荷を持ち，洗浄力と殺菌力をあわせ持つ。

・非イオン活性剤：イオン解離しないが界面活性の働きをするものである。

また合成洗剤は，添加剤によって溶剤入り洗剤，研磨剤入り洗剤，酵素入り洗剤等と呼ばれる。さらに，製品の示す pH 値により，中性洗剤※，アルカリ性洗剤※，酸性洗剤等に分類される。

ここでは建築物清掃において，主に使われる洗剤について説明する。

> **・pH 値**
>
> 水素イオン濃度指数。溶液 1L 中に含まれる水素イオンの量をグラムイオン数で示した値の逆数を常用対数で表したもの。液体の酸性・アルカリ性の程を度示す値として重要。pH＝7.0 は中性 pH＜7.0 は酸性 pH＞7.0 はアルカリ性である。
>
> **・界面活性剤**
>
> 液体中に少量存在するだけでその液体の界面における挙動を著しく変化させ，表面張力を低下させる働きを持つ物質。洗剤のほか，乳化剤，助染剤，選鉱剤，その他に用途が広い。
>
> **・助剤**
>
> ビルダと呼ばれ，洗剤の効果を高め，その作業を補うものである。
>
> **・富栄養化**
>
> 湖沼・内海等の水中の栄養分が過剰になること。その結果藻類の著しい増殖や，赤潮やアオコ等の現象を起こす。
>
> **・添加剤**
>
> 洗剤の用途により添加するもので，溶剤，酸，研磨材，金属封鎖剤等である。

洗剤には，次のような種類がある。

1) 一般用洗剤

各種の洗浄作業に広く使用されるので，万能洗剤ともいう。陰イオン系・非イオン系の界面活性剤を併用し，これにケイ酸塩等の助剤（ビルダ）を配合しであり，通常，一般洗剤は pH 9〜11 の弱アルカリ性である。使用にあたっては，次の2点に注意することが必要である。

・最適の濃度に希釈して用いること。

・作業後は必ず，清水で，すすぎ拭きをすること。

2) カーペット用洗剤

高級アルコール系の極めて発泡性の強い界面活性剤を用いたもので，繊維に悪影響を与えないために中性の洗剤である。その他，抱の持続性，残った洗剤分の粉末化や速乾性等の特徴がある。

3) 表面洗剤

床面に塗布した樹脂床維持剤の皮膜洗浄用の洗剤で，皮膜に影響を与えずに表面の汚れだけを除去するために，弱アルカリ性で，泡立ちが少ないようにしてある。

中性洗剤

塩ビ系・石系・陶磁器・リノリウム等，どの建材でも使用でき，用途は非常に幅広い。洗浄力は普通であるが，建材を傷つける心配は少ない。

弱アルカリ性洗剤

pH 値が 9〜11 の洗剤で，中性洗剤同様用途は広い。洗浄力は中性洗剤よりやや強く軽度の油等に使用できるが，建材によっては注意が必要である。

4)　剥離剤

樹脂床維持剤の皮膜除去のための洗剤で，低級アミンやアンモニアを主剤とし，これに界面活性剤が添加されたもので，性質はpH値11～14の強アルカリ性である。強アルカリ性のため，ゴム系，リノリウム系等の床材に変色等を生じる恐れがある。使用には十分な注意が必要である。

さらに，床面に剥離剤が残留していると，樹脂床維持剤を再塗布した際に皮膜を作らず，粉化する可能性があるため，すすぎ拭きを十分に行うか，リンス剤で中和すること等が必要である。

5)　酸性洗剤

酸性洗剤には，pH値が3～6の弱酸性と，pH値が3以下の強酸性がある。汚れを酸で溶解させて落とし，小便器に付着した尿石（主としてカルシウム分）や，鉄分を含んだ水あか等の除去に有効である。しかし，酸に弱い大理石，テラゾー等の建材には使用してはならない。 ▷よく出る

6)　研磨剤入り洗剤

粉状研磨剤と界面活性剤を混合したもので，固着した汚れの除去に効果があり，真ちゅう等の金物磨き作業に使用される。しかし，他の金属・陶器類に使用すると表面を損傷する恐れがあるので注意する。

7)　強アルカリ性洗剤

pH値が11～14の洗剤で，強い洗浄力を持っている。特に油脂分を含んだ頑固な汚れである厨房や，ガレージの床洗浄に用いられる。しかし，強アルカリ性のため，建材を傷めるおそれがあり，限定した用途での使用とする。

8)　床維持剤

床維持剤は一般的呼称であり，JISの統一用語としてはフロアフィニッシュが使われている。フロアフィニッシュは，これをフロアオイル（床油），フロアシーラ（目止め剤），フロアポリッシュ（仕上げ剤）に大別することができる。フロアポリッシュはさらに，油性，水性，乳化性の3つに分類される。日本フロアポリッシュ工業会が行った分類方法は以下のとおりである。

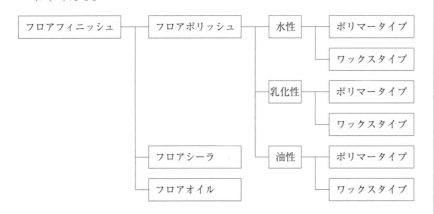

図6.4.1　フロアフィニッシュ

・フロアフィニッシュ

床仕上げ材（床材）の保護と美観の向上に使用される化学製品の総称。ただし，顔料等の着色剤を含有する床用塗料を除く。

▷よく出る

・フロアオイル

床仕上げ材（床材）の中で，主に表面加工の行われていない木質系床材の保護と美観の向上に使用される化学薬品。鉱油を主体とし，常温で液体の製品をいう。体育館のメンテナンスに使用されるドレッシングオイルもこのなかに含まれる。

▷よく出る

・フロアシーラ

床仕上げ材（床材）の保護と美観の向上に使用される化学製品で乾燥後に被膜を形成し，物理的・化学的方法により，容易に除去できない製品群をいう。

▷よく出る

・フロアポリッシュ

床仕上げ材（床材）の保護と美観の向上に使用される化学薬品で，塗布乾燥後に皮膜を形成し，物理的・化学的方法により容易に除去できる製品群をいう。通常の床用ワックスは，すべてこの区分に含まれる。

▷よく出る

・油性フロアポリッシュ

ろう・合成樹脂を溶剤で溶解させたものである。木質系には使用できるが，溶剤に侵される建材には適さず，塩ビ系・リノリウム・ラバーには使用できない。引火性があるため注意が必要である。

・乳化性フロアポリッシュ

ろう・合成樹脂を溶剤と水で乳化させたものである。特性は油性ポリッシュと似ているが引火性はない。

・水性フロアポリッシュ

ろう・合成樹脂を水に溶解または可溶化，乳化したものをいう。水性ポリッシュは殆ど溶剤を含まないため，塩ビ系・リノリウム・ラバー系や，石材類など殆どの床材に使用できる。ワックスタイプは光沢もよく塗布も容易だが，皮膜が弱く耐久性に乏しい。ポリマタイプは優れた光沢があり，皮膜は強靭であるため耐久性が極めてよく，耐水性・耐摩耗性にも優れる。

・ポリマタイプ

フロアポリッシュ製品のうち不揮発性成分として合成樹脂等のポリマを主原料にして作られたもの。

・ワックスタイプ

フロアポリッシュ製品のうち，不揮発性成分としてろう類，ろう状物質を主原料にして作られたもの。

第2節　床の清掃法

2.1　床材の種類と特性

　床仕上げ材の分類方法には，材質から分類するものや，床仕上げ材の工事方法から分類するものがある。床材は，表面の粗さ，吸水性，耐水性をはじめ，耐溶剤性，耐洗剤性など，それぞれの材質や工法により性質が異なるので，ビルクリーニング作業には，床材の種類を把握し，適切な方法を選択しなければならない。

表6.4.2　床材の分類

材質からの分類	弾性床材	・塩化ビニル系 ・リノリウム（リノタイル）系 ・アスファルト系 ・ゴム系
	硬性床材	・石材 ・テラゾー ・セラミックタイル ・コンクリート、モルタル
	木質系床材	・フローリング ・フローリングブロック ・コルク
	繊維系床材	・カーペット類
	その他の床材	・プラスチック系塗り床

　床材の管理の要点は，以下のとおりである。
① 　床材の種類を見分ける。
② 　床材の性質を知る（吸水性・表面形状等）。
③ 　場所，部位別の汚れを確認する。
④ 　作業方法と作業回数を確認する。

2.2　弾性床材

(1)　塩化ビニル系床材

　床仕上材として最も普及している。形状としてタイル状のものと，シート状のものに分類される。シート状床材は，長尺シートとも呼び，タイル状に比べて歩行感・静音性に優れたものが多い。塩化ビニル系床材は，耐薬品性や耐水性に富む等の特徴があり，弾性床材の中では，比較的メンテナンスしやすい床材である。

(2)　リノリウム系床材

　リノリウムは，亜麻仁油を酸化重合させたものにコルク粉等を加え，麻布の上に圧延して作られている。長所として弾力性があり，歩行感に優れ，耐久性もよいことがあげられる。短所として，多孔質であるため，水分や<u>アルカリ性洗剤また溶剤に弱く</u>，湿気により変質する場合がある。

(3)　アスファルト系床材

　耐水性はあるが，耐油性がないため，油類を使用する場所や，歩行などで油類が付着するような床面には使用できない。また<u>強アルカリ性洗剤や溶剤に弱く</u>，変色を起こすことがある。

⑷　ゴム系床材

　滑りにくく耐摩耗性に優れ，歩行感もよいため百貨店や銀行などに使われる。特性として希薄な酸類には耐性もあるが，溶剤に弱く，アルカリ性や油類への耐性はない。

■弾性床材の管理

　一般に，塩化ビニルタイルには床維持剤が塗布されている。床維持剤を塗布することには，床の美観を高め，汚れがつきにくい，ついた汚れが除去しやすい等の効果がある。歩行頻度が多いと床維持剤を損傷させるため，土砂・ほこりを放置させない日常清掃と，定期的な部分手入れが必要である。床維持剤の黒ずみ等が生じてきたら，床維持剤の剝離作業をし，再生しなければならない。

表 6.4.3　弾性床材の特徴

種類	特徴
リノリウム リノタイル	多孔質，アルカリ性洗剤・水に弱い。
アスファルト タイル	耐水性あり，耐溶剤性に乏しい。
ゴムタイル ゴムシート	耐摩耗性に優れる。溶剤・強アルカリ性洗剤に影響され，剝離剤により黄変する。
塩化ビニル タイル	剝離剤・洗剤に対して耐性が大きい。
塩化ビニル シート	可塑剤によって床維持剤の密着不良が起きやすい。剝離剤・洗剤に対して耐性が大きい。

第6編　清掃

2.3　繊維性床材（カーペット）

　カーペットは豊かな感触性・保温性・吸音性など，他の床材にない長所を有する。カーペットの分類方法には，素材による分類，織り方による分類，製造法による分類などがあるが，ここでは繊維素材により分類する。カーペットの繊維素材には天然繊維と化学繊維がある。天然繊維のウールは吸湿性・保湿性がよく弾性がある。

　しかし，強度・耐摩耗性が低く，汚れやすい。化学繊維のナイロンは，耐摩耗性・耐薬品性に優れるが，静電気を帯やすい。また，アクリルは吸水性がなく汚れも少ないが，耐久性に乏しい。ポリエステルは，吸水性がなく汚れにくいが復元力に劣る。ポリプロピレンは，吸湿性がなく耐薬品性もあるが弾力性・復元力が乏しい。

■繊維系床材の管理

　パイル表面の粗ごみを，カーペットスイーパ等により除去することで，目で見えるごみを日常作業として回収していく。通行量の多い共用部などは，持ち込まれた土砂の除去にアップライト型真空掃除機を用いるとよい。

　除じんで除去できない汚れで，汚れがパイルの上部にあるうちに行う洗浄を

▷よく出る

スポットクーリニングという。スポットクリーニングの方式としては，①パウダー方式，②拭き取り方式，③エクストラクション方式があり，場所により使い分ける。

パイル奥の汚れ除去に行う方法を全面クリーニングという。全面クリーニング方式としては，①ローラブラシ方式，②エクストラクション方式，③シャンプークリーニング方式がある。 ▷よく出る

局所的な汚れである「しみ」には，汚れの種類とパイルの素材に適した洗剤を使用し，早く対応することが重要である。事務所建築物のしみは，60% 位が親水性のものであり，処理が早ければ水でほとんど取れる。

2.4　硬性床材

硬性床材には天然のものと人工のものがある。弾性床材に比べて硬いが，吸水性がある等，それぞれの建材には特徴があるので，洗剤の選定などには十分な注意が必要である。また一般に，硬質床材は多孔質で細かい凹凸があって汚れやすいので，水洗い等，水分を用いる清掃などは極力少なくすることが必要である。

(1)　石材

建物の床材としては花崗岩（御影石）と大理石が多く用いられている

・花崗岩：花崗岩自体は比較的耐酸・耐アルカリ性はあるが，目地が酸類に弱いため注意が必要である。

・大理石：アルカリに対しての耐性はあるが，酸性洗剤は組織を破壊するため使用してはならない。通常は中性洗剤か弱アルカリ性洗剤を使用し，強アルカリ性洗剤は控える。 ▷よく出る

・テラゾ：テラゾは，粗い大理石粒を白色セメントで固めて磨き出した人造大理石である。大理石同様石灰質なので，酸性洗剤は組織を破壊するため使用してはならない。

(2)　陶磁器質タイル（セラミックタイル）

セラミックタイルは，吸水性の少なさ，圧力に対する強さ等から，通行量の激しい玄関ホールや，水を多く用いる洗面所・調理場などの床に使われることが多い。床には主として，磁器タイルが用いられる。歩行感は固いが耐摩耗性のよい材料である。材料そのものは耐酸・耐アルカリ性であるが，モルタル目地は酸に弱いので注意が必要である。

(3)　コンクリートモルタル

モルタルはセメントと砂を 1:2～3 の割合で混合させたもので，これに砂利または砕石を混ぜ合わせたものがコンクリートである。コンクリートやモルタルは酸に弱く，多孔質のため吸水性が高い。

表6.4.4　硬性床材の特徴

種類	特徴
大理石	層状，石質は密，吸水率は低い。 耐酸性，耐アルカリ性に乏しい。
花崗岩	塊状，非常に硬く密である。 アルカリ・酸・油には耐性はあるが，耐熱性に乏しい。
テラゾ （人工大理石）	多孔質，組成上大理石と似ている。 耐酸性に乏しい。
セラミックタイル	耐酸性，耐アルカリ性があり，耐摩耗性もある。
モルタル コンクリート	多孔性，耐酸性に乏しく，表面の凸凹が激しい。

2.5　木質系床材

　木質系床材にはフローリング，コルクなどがある。木質系床材は水に弱く，反り・収縮・亀裂などを生じるので水の使用に注意が必要である。

　シールされている床は，基本的な手入れは弾性床材と同様に考えてよく，水性ポリッシュを使うことができる。しかしシールされていない床は，耐水性がないという建材の性質上，保護剤としては，水性ポリッシュではなく，油性ワックスを使用する必要がある。

2.6　ドライメンテナンス法

　床面に塗布した床維持剤の管理方法の1つで，汚れの程度と質に応じて，床磨き機に装着するパッドの種類を変え，床維持剤を削り，その後，床維持剤を補充することを繰り返す方法である。洗剤を塗布して洗浄する方法に比べて，水が極めて少なくてよいのが特徴である。水分を多く使わないため，滑りによる転倒事故がない等，安全性，作業環境，建材保全性等において利点が多い。

　しかし，洗剤を塗布して洗浄する方法に比べ，きめ細かい計画と作業が必要である。

(1)　ドライバフ法

　研磨剤を含まないフロアパッドで研磨し，光沢度を回復させる作業である。スプレー液を使用せず，一般の床磨き機または超高速床磨き機，（1000回転以上）で磨く。床磨き機の回転数が高いほど，フロアポリッシュの被膜と接地面の温度が高くなり，光沢度回復が簡単にできる。　▷よく出る

(2)　スプレーバフ法

　ヒールマーク等の細かい傷と軽度の汚れを除去する方法で，洗浄つや出し作用をもつスプレー液をかけながら，研磨剤を少量含むフロアパッドで磨く作業である。使用する機械はドライバフ法と同じである。

(3)　スプレークリーニング法

　汚れを，フロアポリッシュ被膜とともに削り取る方法で，洗浄作用のあるス

プレー液をかけながら研磨する。研磨剤を含むフロアパッドと，主に200回転の床磨き機を用いる。仕上げは必ずフロアポリッシュを1～2層塗布する。

第3節　床以外の清掃法

各所の清掃方法について，ここでは主に手順を示すが，まずは建材を見極め，その建材にあった洗剤の使用と作業手順にすることが重要である。

3.1　壁・柱・天井の清掃

この部分は，汚れのつき方と性質から高所と低所に分けて考える。高所は主に，室内空気の汚れである粉塵やタバコによるタール質などが主原因である。低所は，人の接触による汚れが多く，手垢などがあり，床面に近い壁面はヒールマークなどもある。日常の手入れとして，人の手が触れるスイッチ周りなどを日常清掃で行う。その他の場所は，週1回または10日に1回など，定期的に除塵を行う。汚れやすい場所は，汚れがひどくなる前に随時落とすことが必要である。壁面の建材には，水や洗剤でメンテナンスが出来ないものもあるので注意が必要である。

3.2　造作・家具等の清掃

⑴　照明器具，空気調和機の吹出し口

照明器具の汚れは，主にほこりの付着である。照明器具は汚れがたまると照度が低下するため，定期的な拭きあげ作業が必要である。吹出し口，吸込み口は，気流の動きが早いため，汚れやすい。真空掃除機による除塵とふき取りを併用するとよい。

⑵　什器・備品

キャビネットや机・椅子等，人が日常的に使用する事務用品などは，汚れやすい。什器・備品等人が使用するものは，ほこりの他に手垢や飲食物による汚れがある。手垢や飲食物の汚れは，水または洗剤を用い，タオル等で拭きあげる。

第4節　場所別の清掃法

⑴　玄関ホール

土砂の持ち込みが最も激しいところである。したがって，土砂の除去に努め，他の階への土砂の持ち込みを防ぐ。また天候の影響を受けやすく，品質が変動しやすい。

冬期は，衣類からの綿ぼこりが発生しやすく，ほこりが目立ちやすくなる。一方夏期は，手が汗ばみ，ドアなどに手あかがつきやすくなる。

⑵　トイレ・洗面所

トイレは使用頻度が高く，汚れやすい場所であるため，建築物内での清掃作業として最も重要な場所である。トイレは日常清掃から見回りまで，常にきれ

いに保たれるよう注意しなければならない。

　トイレは汚れが激しく，尿石や水あか，石鹼カス等，他のエリアとは異なった汚れがみられる。また建材の種類が多いため，建材ごとの使用洗剤や作業方法を理解することが必要である。

　定期的な作業として，壁面や間仕切り等のクリーニング，また小便器の尿石除去などがある。

　作業上の注意点として，保護手袋を着用すること，清掃用具は色分けをすることは勿論，便器に使用するものと洗面器等に使用するものは区別する必要がある。作業中は表示板等を立て，使用者に注意を促すこと等があげられる。利用者が困らないよう，作業中も全面的に使用禁止をするような措置を取らないよう，工程を工夫する。

　洗面所は，鏡と手洗い陶器周りが汚れやすい。鏡は水滴やくもりがないように磨く。天井面まで鏡である場合など，手の届く範囲だけ行っていると拭きムラになり目立つので，注意が必要である。

(3)　湯沸室

　湯沸室は，人の飲食と直接関わる場所なので，常に清潔を維持し不快害虫の発生源にならないようにする。日常の作業手順は，まず茶殻類を処理し容器を洗浄する。その後，流し台周辺を洗浄し拭き上げる。清掃用具は専用のものにする。

(4)　廊下・エレベータホール

　廊下は，建物における横方向の通路であるが各階の利用人数や使用頻度により，汚染状況が大きく異なるのが特徴である。各階・また廊下とエレベータホールなど，各エリアのバランスをとるよう管理することがポイントである。

(5)　階段

　階段は，建築物における人間の縦方向通路であるが，空気も同じように縦方向に流れるため，建物内のほこりが集中するところである。とりわけ壁面は，他の場所よりもほこりの付着度合が高いため，定期的に除塵する必要がある。　▷よく出る
また歩行時に踊り場に力がかかるため，床維持剤やカーペットの摩耗が激しい。特に下層階（3階〜地下1階程度）は使用頻度が高いため，土砂の持ち込み等汚染度が高くなる。

(6)　エレベータ

　エレベータは，利用密度が高いため土砂などの持込みが多く，汚れは季節や天候の影響を受けやすい。またインジケータや扉は，手垢などの油溶性の汚れがつきやすい場所である。日常は床面の除塵と拭き上げ，壁面や扉・ボタン周りの手垢を専用洗剤と水で拭き上げる。扉の溝は詰り易いので定期的に清掃をする。　▷よく出る

(7)　エスカレーター

　エスカレーターも多数の人が利用するため常に清潔を心がける。手すりベルトには，手垢等の汚れが付きやすく，デッキボードやパネル等には衣服等の摩擦による静電気の発生もあり，ほこりの付着が大きい。

第5節　外装の清掃

外装の汚れは，大気中の粉塵などが次第に付着したものである。そこへ，雨水がかかり乾燥すると，雨水に含まれる各種物質とともに粉塵が外装に固着していく。したがって大気の汚染した大都市や工業地帯，海岸地方では，他の地域と比較し汚れ度合いが大きい。

最近使用されはじめている，光触媒酸化チタンコーティングは，雨水等により汚れを洗い流すことが可能であり，清掃回数を減らす効果が期待される。

表6.4.5　建築物立地条件と清掃回数（例）

建築物立地条件	金属材 アルミニウム ステンレス	コンクリート 石 タイル	ガラス
臨海工業地帯	4〜6／年	3年に1回	1／月
海岸地帯・工業地帯	3〜4／年	3年に1回	1／月
都心等の汚れの大きいところ	2〜3／年	3年に1回	1／月
地方都市の汚れが少ないところ	2／年	5年に1回	2カ月に1回
田園地域	1／年	5年に1回	2カ月に1回

5.1　外装清掃用設備及び資機材

（1）　自動窓拭き設備

超高層建築物などで用いられる自動窓拭き設備は，仕上げは人に比べると十分ではないが，①が天候に左右されず，作業ができる，②従事者に危険がない，③作業能率がよい等，長所が多い。

▷よく出る

（2）　ゴンドラ設備

屋上から昇降式作業床を吊り降ろし，窓ガラスクリーニングや外装作業の足場として使用する。ゴンドラを用いる場合は，ゴンドラ構造規格に合格したものを使用しなければならない。作業に当たっては，ゴンドラ安全規則を遵守しなければならない。

5.2　ガラスクリーニング

ガラスは耐薬品性に優れ，平滑で水分も吸収しない，比較的扱いやすい建材である。ガラスクリーニングは近年，スクイジー法が用いられている。タオルまたはウォッシャと呼ばれる専用塗布器でガラス面に水を塗布し，これを端から窓用スクイジーでかき取る方法である。

　一般環境でのビルの消毒は，平常時の消毒と感染症発生時の消毒に分けて考える必要がある。

(1)　平常時の衛生管理と消毒

　建築物の用途にもよるが，平常時における建築物内の環境消毒は，おおむね清掃作業の中に組み込まれて実施されており，トイレや化粧室のドア取っ手などはやや頻繁に拭きあげる。消毒薬としては，エタノールや界面活性剤系統のものが多用される。

　清掃における衛生管理の基本は，ゾーニング管理である。そのため，一般の建築物の衛生区域としては，一般区域と汚染区域（トイレ，廃棄物処理室等）の2つに分けられ，それぞれ専用の清掃用具を使用して作業を行う。

(2)　感染症発生時の消毒

　感染症に対する共通項目としては，トイレ清掃において

①　ゴム手袋を着用する。

②　消毒剤を含んだ洗剤を使用する（次亜塩素酸，過酸化水素等）。

③　通常のトイレ清掃後，ドアノブや水道の蛇口等の手が触れるところをアルコール等で清拭する。

④　作業終了後，逆性石鹸又は消毒用アルコールで消毒する。

⑤　手洗いの励行をする。

⑥　日ごろから健康管理に気をつける。

　またノロウィルスを例に示す。

　ノロウィルスは，冬季に発生する感染性胃腸炎の原因ウィルス，感染力が強く，ごく少量のウィルスでも体内に入ると感染し，突然におう吐するのが特徴である。高さ1mの場所から吐くと，フローリングの場合は最大2.3mの範囲に嘔吐物が飛び散るので，広範囲の消毒が必要である。

　嘔吐物の処理方法としては，

①　処理する人はマスクと手袋，エプロンを着用する。

②　嘔吐物は布やペーパータオルで外側から内側に静かに拭い取る。

③　使用後の布やペーパータオルはすぐにビニール袋に入れて処分する。

④　嘔吐物が付着していた床とその周辺を，0.1％次亜塩素酸ナトリウムを染み込ませた布かペーパータオルで覆うか浸すように拭く。

⑤　使用したマスクと手袋，エプロンは廃棄する。とくに手袋は嘔吐物が飛び散らないように，裏返して外し，使用後の布やペーパータオルと同じようにすぐにビニール袋に入れて処分する。

第6編　清掃

第5章　廃棄物処理概論

> ## 学習のポイント
>
> 1．この章から，毎年4〜5問程度出題される。
> 2．一般廃棄物と産業廃棄物を理解する。
> 3．関係法規（各種リサイクル法）から，必ず毎年1〜2問出題されるので，特に各種法規の目的は理解しておくこと。

第1節　廃棄物の適正処理から3Rへ

　「廃棄物の処理及び清掃に関する法律」（廃棄物処理法）の目的は，廃棄物を抑制し，及び廃棄物の適正な分別，保管，収集，運搬，再生，処分等の処理をし，並びに生活環境を清潔にすることにより，生活環境の保全及び公衆衛生の向上を図ることである（第一条）。しかしながら，最終処分場の確保難，また廃棄物排出量の依然とした高止まり等の問題から，経済社会システムにおける物質の循環を促進し，環境の負荷を低減させる施策を講じることが必要となり，平成12年に「循環型社会形成推進基本法」が制定された。この法律に基づく「循環型社会形成推進基本計画」では，3Rすなわち廃棄物等の発生を抑制（リデュース）し，再使用（リユース）および再生利用（リサイクル）による減量化を推進することにより，天然資源の消費を抑制し，環境負荷を低減させる循環型社会の形成に向けた施策が推進されることとなった。

▷よく出る

　3R（Reduce, Reuse, Recycle）の実施順位
　1番目　リデュース：廃棄物の発生抑制
　2番目　リユース：再使用
　3番目　マテリアルリサイクル：再生利用
　4番目　サーマルリサイクル：熱回収
　5番目　適正処分

▷よく出る

第2節　廃棄物処理の基本

　一般に廃棄物は，人間は生活していく上での生産過程・流通過程・消費過程それぞれの段階で排出される不要物である。廃棄物の適正な処理は，生活環境の保全及び公衆衛生の向上にとって不可欠なものである。

　廃棄物は，排出される過程や組成がさまざまであるため，その性質は化学的・物理的・生物化学的な分野に渡り多様であるが，できるだけ速やかに自然に無害で還元することが基本である。よって，廃棄物処理は一般的に，減量化，安定化，安全化が原則とされている。

(1)　減量化
　廃棄物の減量化とは，ごみの発生や排出を抑制することをいう。廃棄物の排

出量が出来るだけ少なくするために，発生時点で何らかの手段を講じるものであり，排出量を減少させる工程にする，また資源化するなどである。最終処分前に廃棄物の容量を減らすことも減量化にあたる。

(2) 安定化

安定化とは，最終処分前に廃棄物を物理的・化学的・生物学的な方法で安定な状態にしておくことである。

(3) 安全化（無害化）

安全化とは，人の健康に被害を及ぼす物質や環境的に有害なものを含む廃棄物を処理し，最終処分後にそれが安全であるようにすることである。例えば，廃棄物から有害な重金属などが溶出しないよう措置するなどである。

2.1 廃棄物

廃棄物処理法では，廃棄物を一般廃棄物と産業廃棄物に分けられ，さらに，一般廃棄物はごみとし尿に大別される。また，ごみは家庭系のごみと事業系のごみに分けられる。家庭系ごみ等の一般廃棄物については，市町村が清掃事業として処理を行うこととしている。一方で産業廃棄物を含めた事業系廃棄物の処理は，事業者がその責任において行うこととしている。

2.2 ごみについて

(1) ごみの種類

ごみは，資源ごみ，可燃ごみ，不燃ごみ，粗大ごみなどに分けられて，処理やリサイクルが行われている。

(2) ごみの質

ごみの質を示す代表的な指標に容積質量値がある。これは「見かけの比重」または「かさ比重」と呼ばれ，単位は kg/m^3 または kg/L で表す。ごみの種類別の容積質量値をみると，一番重いのはちゅう芥（生ごみ）で一番軽いのはプラスチックである。

その他，ごみの質を示すものとしては水分（％），灰分（％），可燃分（％），発熱量（KJ/Kg）等がある。

表 6.5.1　ゴミ容積質量値

ゴミの種類	容積質量値 $[kg/m^3]$
ちゅう芥	850
びん	300
可燃ごみ	150
不燃ごみ	140
ダンボール	80
缶	60
プラスチック	30

(3) ごみの排出量

ごみの総排出量は，一般的に1人1日当たり約1kg（975g）※である。廃棄物の総排出量は近年は横ばい傾向にある。総排出量の内訳としては，家庭系ごみが約71.3％，事業系のごみが約29.7％となっている。

※H23年環境省発表データによる。

2.3　産業廃棄物の処理

産業廃棄物の総排出量は，近年ほぼ横ばい状態が続いている。

種類別の排出量をみると，汚泥の排出量が最も多く，総排出量の約43%を占める。次いで動物ふん尿約22%，がれき類約16%の順に排出量が多く，この3品目で全排出量の約8割を占めている。

▷よく出る

処理に関しては総排出量のうち，中間処理が行われた産業廃棄物は約77%，直接再生利用されたものは約22%，直接最終処分されたものは約2%となっている。

最終的には，総排出量の52%が再生利用され，3%が最終処分されている。

第3節　廃棄物処理法の概要

3.1　廃棄物処理法の目的

廃棄物処理法第1条に「この法律は，廃棄物を抑制し，及び廃棄物の適正な分別，保管，収集，運搬，再生，処分等の処理をし，並びに生活環境を清潔にすることにより，生活環境の保全及び公衆衛生の向上を図ることを目的とする」と規定し，廃棄物の適正処理に加え，排出抑制，分別・再生が法目的に加えられている。また廃棄物の適正な処理により，「生活環境の保全」と「公衆衛生の向上」の2つを目的とすることを明確にしている。

3.2　廃棄物の定義

「廃棄物」とは，廃棄物の処理及び清掃に関する法律（廃棄物処理法）第2条によれば，「ごみ，粗大ごみ，燃え殻，汚泥，ふん尿，廃油，廃酸，廃アルカリ，動物の死体その他の汚物または不要物であって，固体または液状のもの（放射性物質及びこれに汚染された物を除く）をいう」と定義され，産業廃棄物と一般廃棄物に大きく2分類される。そのうち「爆発性，毒性，感染性など人の健康又は生活環境に係る被害を生ずるおそれがあるもの」を「特別管理廃棄物」としている。

(1)　一般廃棄物

一般廃棄物とは，廃棄物処理法において，「産業廃棄物以外の廃棄物をいう」と定義されている。その中の特別管理一般廃棄物は，現在法令により，家電製品に含まれるポリ塩化ビフェニル（PCB）や感染性一般廃棄物が指定されている。

(2)　産業廃棄物

産業廃棄物は「産廃」と略されるが，廃棄物処理法の中で，次にあげる廃棄物としている。

①　事業活動に伴って生じた廃棄物のうち，燃え殻，汚泥，廃油，廃酸アルカリ，廃プラスチック類その他政令で定めるもの。

②　輸入された廃棄物（航行廃棄物）並びに本邦に入国する者が携帯する廃棄物（携帯廃棄物）をいう。

　産業廃棄物のうち，特別管理産業廃棄物は，廃油，廃酸アルカリ，廃
PCB 及び PCB 汚染物，感染性産業廃棄物，廃油等である。

⑶　医療廃棄物

　医療廃棄物とは，医療行為により排出された廃棄物であり，廃棄物処理法上
「感染性廃棄物」といい「特別管理廃棄物」に区分される。また排出される内
容物により「感染性一般廃棄物」と「感染性産業廃棄物」に分けられている。
医療行為から排出されるという性質上，感染症の汚染源となる可能性があるた
め，適切に処分する必要がある。

表 6.5.2　一般廃棄物と産業廃棄物の種類

廃棄物の分類		廃棄物の種類
一般廃棄物		①ごみ ②粗大ごみ ③し尿及びし尿浄化槽にかかる汚泥 ④その他
	特別管理一般廃棄物	PCB を使用した部品 ばい塵 感染性一般廃棄物
産業廃棄物		①燃え殻　　　　　　⑪ゴムくず ②汚泥　　　　　　　⑫金属くず ③廃油　　　　　　　⑬ガラスくず及び陶器くず ④廃酸　　　　　　　⑭鉱さい ⑤廃アルカリ　　　　⑮がれき類 ⑥廃プラスチック　　⑯動物のふん尿 ⑦紙くず　　　　　　⑰動物の死体 ⑧木屑　　　　　　　⑱ばい塵 ⑨繊維くず　　　　　⑲その他 ⑩動植物性残渣　　　⑳輸入された破棄物
	特別管理産業廃棄物	廃油　　　　　　　　廃アルカリ 廃酸　　　　　　　　感染性産業廃棄物
		特定有害産業廃棄物　廃 PCB 等・PCB 汚染物 PCB 処理物 廃石綿等 その他の有害産業廃棄物等 ばい塵

3.3　廃棄物処理に関する責務

　廃棄物処理法には，廃棄物処理に関して，国民・事業者，市町村，都道府
県，国，それぞれの責務が規定されている。

　国民の責務は，廃棄物の減量その他，適正な処理の確保に関して，国および
地方公共団体の施策に協力しなければならない。

　事業者の責務は，排出事業者責任の原則として，「事業者は，事業活動に伴
って生じた廃棄物を自らの責任において適正に処理しなければならない。」と

されている。一般廃棄物であれ、産業廃棄物であれ、廃棄物を排出する事業者は、その廃棄物を適正に処理する責任があり、自ら処理を行うか、あるいは処理を適正に行えるものに処理をゆだねることにより、排出した廃棄物により生活環境保全上支障が生じることのないようにしなければならない。また事業活動に伴って生じた廃棄物の再生利用等を行うことにより、その減量に努めなければならない。

市町村の責務としては、一般廃棄物の減量に関し、住民の自主的な活動の促進を図り、その適正な処理に必要な措置を講ずるよう努めなければならない。

3.4　一般廃棄物の処理

一般廃棄物の処理については、処理主体を、原則として市町村の清掃事業に置いており、一般廃棄物処理業者は、それを補完する役割を果たすものとしている。

一般廃棄物の収集運搬、あるいは処理を業として行おうとする者は、業を行おうとする区域を管轄する市町村長の許可を受けなければならない。　▷よく出る

■事業系一般廃棄物

事業活動に伴って排出された廃棄物ではあるが、産業廃棄物として定められていない廃棄物。例えば事務所建築物から排出される OA 紙等の紙ごみ、レストラン等から排出される生ごみ等が事業系一般廃棄物に該当する。　▷よく出る

3.5　産業廃棄物の処理

産業廃棄物の処理の第一の原則は事業者の自己処理である。これは、「排出事業者責任の原則」に基づくものであるが、自己処理のほか、産業廃棄物の処理を業として行うことができる者に処理を委託することもでき、また市町村や都道府県が事務として処理を行うこともある。

産業廃棄物の収集、運搬または処分を業として行おうとする者は、その業を行おうとする区域を管轄する都道府県知事または政令市長の許可を受けなければならないとされている。したがって、業を行おうとする区域が複数の都道府県または政令市にまたがる場合、それぞれの都道府県知事または政令市長の許可が必要となるわけである。　▷よく出る

(1)　マニフェスト制度

マニフェスト制度（産業廃棄物管理表制度）とは、廃棄物排出業者が廃棄物の流通過程を管理する仕組みである。排出事業者が、処理を委託した産業廃棄物の移動及び処理状況を自ら把握し、不法投棄の未然防止が図られている。

産業廃棄物を収集運搬業者や処分業者に引き渡す際、廃棄物の種類や数量、取扱い注意事項などを含めたマニフェストを交付することが、義務付けられており、交付されたマニフェストを運搬業者から処分業者へと回付及び送付することによって、委託した廃棄物が間違いなく処分されたかを確認するためのものである。

マニフェストには**A票**から**E票**まである。

マニフェストには，電子マニフェストと紙マニフェストがある。

以下に紙マニフェストの流れを示す。

紙マニフェストの流れ（例）

① 排出事業者は，産業廃棄物を運搬業者に引き渡す際に，マニフェストA票（排出事業者控え）を入手し，原本を保管する。

② 運搬作業が終了すると，運搬業者より，マニフェストB2票が返却される（運搬の終了）。

③ 処分作業が終了すると，処分業者よりマニフェストD票が返却される（処分の終了）。

④ 産業廃棄物の依頼後90日（特別産業廃棄物は60日）を経過してもB2票およびD票が返却されない場合，業者に処分状況を問い合わせる。

⑤ 最終処分地での処分が完了すると，処分業者よりマニフェストE票（最終処分終了）が返却される。

⑥ 産業廃棄物の依頼後180日を経過してもE票が返却されない場合，業者に処分状況を問い合わせる。

⑦ 排出事業者は，委託時に伝票A票と返却された伝票を照合し，A票・B2票・D票・E票の4票を5年間保存する。

ちなみに，B1票は収集運搬業者保存用，C1票は処分業者保存用，C2票は収集運搬業者送付用である。

電子マニフェストは，紙マニフェストに代えて，通信ネットワークを使用して，排出事業者がその処理を委託した廃棄物の流れを管理する仕組みである。近年では，電子マニフェストが広く利用されているが，電子マニフェストは情報処理センターに保存されるため，排出事業者による各票の保存や都道府県への報告は不要となる。

第4節 ▶ 建築物内廃棄物の適正処理

特定建築物から排出される廃棄物を分類してみると以下のようになる。

(1) 【一般廃棄物】

① 紙くず，木くず，繊維くず（特殊な場合を除く）

② 汚水槽（し尿と雑排水を併せて貯留する槽）から除去される泥状物　　▷よく出る

③ 事務所ビルの厨房から排出される動植物性残渣

④ レストランから排出される生ゴミ

(2) 【産業廃棄物】

① し尿を含まない雑排水槽から除去される汚泥

② 事務所ビルの排水槽から排出される汚泥　　▷よく出る

③ グリストラップ，除害設備から排出される汚泥，廃油

④　排水再利用施設から排出される汚泥等

⑤　ビニール袋，ペットボトル，発泡スチロール，（廃プラスチック類）

⑥　スチール製机，ロッカー

⑦　空き瓶，空き缶

(3)　【特別管理廃棄物】

①　医療機関から排出される血液が付着したガーゼ〔特別管理一般廃棄物〕

②　医療機関から排出される血液が付着した注射針〔特別管理産業廃棄物〕

※ここで述べた分類は一般的な考え方であるから，個々の建築物で事情が異なる場合もあり，注意を要する。

第5節　関係法令

　平成12年に循環型社会形成を目的に「循環型社会形成推進基本法」が制定され，廃棄物の適正処理のための「廃棄物処理法」に加え，リサイクル推進のための「資源有効利用促進法」や，個別物品に応じた各種規制が順次制定・施行されている。

表6.5.3　循環型社会を目指した法令（各種リサイクル法）　▷よく出る

	法令名	法令通称	目的	対象	概要
基本的枠組み	循環型社会形成推進基本法 平成12年（2000年）	ー	社会の物質循環の確保 天然資源の消費の抑制 環境負荷の低減	ー	循環型社会の構築に関する基本的な枠組みを規定，3R（リデュース，リユース，リサイクル）の促進。
仕組みの組立 一般的な組立	廃棄物の処理及び清掃に関する法律 昭和45年（平成3年10月改正）	廃棄物処理法	①廃棄物の排出抑制 ②廃棄物の適正処理（リサイクルを含む） ③廃棄物処理施設の設置規制 ④廃棄物処理業者に対する規制 ⑤廃棄物処理基準の設定等	ー	廃棄物の適正処理に加えて，排出抑制，分別・再生が法の目的に加えられた。
	資源の有効な利用の促進に関する法律 平成13年（2001年）	資源有効利用促進法	①再生資源のリサイクル ②リサイクル容易な構造・材質等の工夫 ③分別回収のための表示 ④副産物の有効利用の促進	ー	1R（リサイクル）から3R（リデュース，リユース，リサイクル）への事業者の取り組み強化のため，「再生資源の利用の促進に関する法律〔リサイクル法〕」を改正。
個別物品特性に応じた規制	容器包装に係る分別収集及び再商品化の促進等に関する法律 平成12年（2000年）	容器包装リサイクル法	①容器包装の市町村による分別収集 ②容器の製造・容器包装の利用業者による再商品化	びん，ペットボトル，紙製・プラスチック容器包装等	「容器」や「包装」を再商品化出来るよう，消費者は「分別排出」，市町村は「分別収集」・「選別保管」，事業者は「再商品化」する事を義務付けた。
	特定家庭用機器再商品化法 平成10年（1998年）	家電リサイクル法	①廃家電を小売店等が消費者より引取 ②製造業者等による再商品化	エアコン，冷蔵庫，冷凍庫，テレビ洗濯機，衣類乾燥機	対象物品に対して，小売業者による引き取り，製造業者による再商品化，消費者による廃棄収集運搬料金とリサイクル料金の負担を規定。
	食品循環資源の再生利用等の促進に関する法律 平成12年（2000年）	食品リサイクル法	食品の製造・加工・販売業者が食品廃棄物等の際利用等	食品残渣	事業者，消費者は食品廃棄物等の発生抑制等に努めること。食品関連事業者は再生利用等の基準に従い再生利用等に取り組むこと。
	建設工事に係る資材の再資源化等関する法律 平成12年（2000年）	建設リサイクル法	工事の受注者が ①建築物の分別解体等 ②建設廃材等の再利用化等	木材，コンクリート，アスファルト	特定建設資材を用いた一定規模以上の建設工事について，その受注等に対し，分別解体，再資源化等を行うことを義務付け。

			①関係業者が使用済み自動車の引取り，フロン回収，解体，破砕		
	使用済自動車の再資源化等に関する法律 平成 14 年（2004 年）	自動車リサイクル法	①関係業者が使用済み自動車の引取り，フロン回収，解体，破砕 ②製造業者がエアバッグ，シュレッダーダストの再資源化，フロンの破壊	自動車	所有者のリサイクル料金負担と，関連業者の役割を規定。
	使用済小型電子機器等の再資源化の促進に関する法律 平成 24 年（2012 年）	小型家電リサイクル法	使用済み小型電子機器等を認定事業者等が再資源化	小型電子機器等	消費者及び事業者の義務として，使用済小型電子機器の分別排出，回収，リサイクルについて規定。
調達促進	国等による環境物品等の調達の促進等に関する法律 平成 12 年（2000 年）	グリーン購入法	国等が率先して再生品などを推進	－	国等の機関にグリーン購入を義務付けるとともに地方公共団体や事業者・国民にグリーン購入に努めることを求めている。

第6編 清掃

第6章　建築物内廃棄物の管理

第1節　廃棄物の種類と量

1.1　廃棄物用途別廃棄物発生原単位

建築物内の発生量を知ることは，管理計画に関わるための基本である。

建築物における廃棄物の発生量を把握する際に必要な指標として，廃棄物発生原単位がある。建築物の床面積 $1\,\mathrm{m}^2$ 当たりの発生量〔$\mathrm{kg/(m^2 \cdot 日)}$〕や，在館人員1人当たりの1日の発生量〔$\mathrm{kg/(人 \cdot 日)}$〕などで表される。この場合，建築物の延べ床面積，在館人数，および廃棄物の総質量を把握することが必要である。建築物からの排出割合を下表に示す。

■原単位

建築物における廃棄物の発生量やエネルギー消費量等を把握する際に，「床面積 $1\,\mathrm{m}^2$ 当たり」や「在館人員1人当たり」等，表現したい量と密接に関係のある指標を用いた表示をいう。廃棄物発生原単位は $\mathrm{kg/m^2}$ 年，$\mathrm{kg/m^2}$ 日および $\mathrm{kg／人日}$ 等で，またエネルギー消費原単位は $\mathrm{kJ/m^2}$ 日，$\mathrm{MJ/m^2}$ 年等で表される場合が多い。

1.2　建築物内廃棄物の種類別発生量と建築物用途による特徴

一般廃棄物の排出量は，生活水準の向上，収集の形態や頻度などに支配され，また一般廃棄物の質は，地域，季節，天候などによって異なる。事務所ビルは12月にごみの排出量が最も多い。

建築物からの排出量は，建物用途と延べ面積から，廃棄物排出量を推定できる。例えば，事務所や百貨店からは紙類が多く，ホテルからは紙類とちゅう芥類の比率が高い。またホテルや病院からは，ちゅう芥類が比較的多く排出される。

表6.6.1　建築物からの排出ごみの種類

建物別	事務所ビル〔％〕	ホテル〔％〕	百貨店〔％〕	病院〔％〕
紙類	55	36	56	39
ビン類	4	5	4	16
缶類	3	5	3	7
ちゅう芥類	24	35	17	24
プラスチック類	4	2	5	7
粗大ごみ	5	2	5	2
その他	5	15	10	5

第 2 節 ▶ 廃棄物の管理計画

2.1 建築物内廃棄物管理の基本

建築物内廃棄物の排出抑制と減量化，リサイクルを促進するためには，発生時点で分別を行う必要がある。また廃棄するごみ（廃棄物）とリサイクル可能なごみ（資源化物）を明確に区分しておく（分別区分）ことが基本である。

2.2 建築物内廃棄物管理上の問題点

建築物内では，廃棄物の排出抑制，減量化，リサイクルを促進するために，分別を行う必要がある。これは廃棄物を発生させた者が自ら行うことが基本である。ごみの発生を抑制し，発生したごみの資源化を合理的に行うには，ごみの発生時点での分別が最も重要である。

建築物内の廃棄物管理上の問題点として，以下があげられる。

① 排出時点で廃棄物の分別がされていない場合が多い。
② 処理に必要なスペースが確保されていない場合がある。
③ 廃棄物の種類が多様化しており分別に手間がかかる。
④ 一括して排出される廃棄物を分別することが難しい。
⑤ 分別しても，建築物外に一括して排出される場合がある。

2.3 廃棄物量の算定

廃棄物量算定の事例を示す。

▷よく出る

演習 1

【問題】事務所建築物から，ちゅう芥が 1 日当たり $0.15\,\mathrm{m}^3$ 排出されており，その質量は全廃棄物質量の 5% を占めていた。いま，全廃棄物の質量を一日当たり 2.4 t とすれば，ちゅう芥の容積質量値（$\mathrm{kg/m}^3$）として，正しいものは次のうちどれか。

【解答】ちゅう芥は一日の全廃棄物質量 2.4 t＝2400 kg の 5% なので，

2400 kg×0.05＝120 kg

ちゅう芥の容積質量値（$\mathrm{kg/m}^3$）は，120 kg÷$0.15\,\mathrm{m}^3$＝800（$\mathrm{kg/m}^3$）

演習 2

【問題】一日当たり $6\,\mathrm{m}^3$，5 日間で 6.0 t 排出される廃棄物の容積質量値として，正しいものはどれか。

【解答】5 日で 6.0 t＝6000 kg 排出されるので，1 日当たりの廃棄物排出質量は，

6000 kg÷5 日＝1200 kg/日

容積質量値は 1200 kg÷$6\,\mathrm{m}^3$＝200（$\mathrm{kg/m}^3$）

第6編　清掃

演習3

　【問題】容積質量値$100\,\mathrm{kg/m^3}$の廃棄物が，5日間で6t排出されている場合，1日当たりの排出量（容積）として，正しいものは次のうちどれか。

　【解答】5日で$6.0\,\mathrm{t}=6000\,\mathrm{kg}$排出されるので，1日当たりの排出量（質量）は，

$$6000\,\mathrm{kg} \div 5\,日 = 1200\,\mathrm{kg/日}$$

　　　　容積質量値は$100\,\mathrm{kg/m^3}$なので，1日当たりの排出量（質量）は

$$1200\,\mathrm{kg/日} \div 100(\mathrm{kg/m^3}) = 12.0(\mathrm{m^3/日})$$

第3節　廃棄物の収集・運搬・処理・保管設備

3.1　建築物内廃棄物処理の処理概要

　建築物内における廃棄物の処理は，建築物内を対象とする系内処理システムと，建築物外へ搬出して処理する系外処理システムとに区別して考えられる。

　排出された後の廃棄物の処理は，収集，運搬，中間処理，最終処分という工程で行われ，それぞれの段階で分別，減量化，資源化などの対策がとられる。

　建築物内における廃棄物処理は，発生場所から廃棄物を運搬し，集積室（貯留室，保管室）に集め，必要に応じて中間処理した後，ビルの建物外へ排出する作業である。建物内での収集，運搬，集積，保管，また中間処理はビルメンテナンス業者が行うが，建築物外における収集，運搬，集積，保管は，主に免許を持った廃棄物処理専門業者が行う。

3.2　建築物の収集・運搬・処理・保管設備の概要

　廃棄物の収集には，分別せずに一括して集められる混合収集と一定の種類別に分別して集める分別収集があり，建築物内での事後分別は，必要に応じてビルメンテナンス業者が行うことになる。

(1)　廃棄物の収集容器および水平運搬用器具

　廃棄物の発生源に配置する廃棄物の一時貯留容器には，紙くずかご，灰皿，厨芥容器，茶殻入れ等がある。各階の廃棄物の排出量，種類の実態に応じて整備する。臭気のある廃棄物を収集運搬するときは，蓋付の用具を使用する。また収集運搬用器具は衛生的で手入れのしやすいものとし，定期的に点検保守を行う。

(2)　廃棄物の収集・運搬の設備

　通常の建築物における廃棄物の収集・運搬は，廃棄物の発生源から廃棄物の収集用具を用いて集め，各階のフロアを水平運搬する。次いで，エレベータ等によって中央集積所のある所定階まで垂直運搬し，さらに中央集積所まで，水平運搬する作業である。

　水平運搬用機材としては，コレクタや手押し台車等があり，紙類の収集には雑芥コレクタ等が用いられている。ちゅう芥や茶殻はポリバケツやステンレス

鋼製コレクタを使用し，燃える可能性のある吸殻等はステンレス鋼製コレクタで収集される。

　垂直運搬設備には，エレベータ（共用または専用），ダストシュート，エアリフト，特殊コンテナを用いた専用リフト，空気搬送，水搬送等がある。低層〜中層の建築物についてはエレベータやダストシュート等が使用されているが，超高層の建築物の場合は廃棄物発生量が多く，エレベータ占有時間が長いため，エアリフトや廃棄物専用エレベータ等の新しい搬送システムが注目されている。

1) 自動縦搬送システム

　このシステムは，大規模建築物や高層建築物の縦搬送システムとして開発され，各階の投入装置，縦搬送の昇降装置，下部の貯留排出装置によって構成され，専用エレベータ方式とエアリフト方式に分類できる。

2) 空気搬送システム

　廃棄物の空気搬送システムとは，配管内に空気流を発生させて廃棄物を搬送しようとするもので，パイプの中で空気流に廃棄物を浮遊させて搬送する方法と，廃棄物をカプセルに封じ込めて輸送する方法があり，空気流には真空式と圧力式がある。真空式の空気搬送システムは，定置式の大口径方式・小口径方式と，移動式真空輸送方式に分類される。

3) 水搬送システム

　廃棄物の水搬送設備は，廃棄物を破砕機で破砕した後，水とともにパイプの中を輸送する方式で，建築物では，食堂から発生したちゅう芥を破砕して水搬送する場合等に用いられる。破砕機（ディスポーザとも呼ばれる）と水輸送管および脱水機を組み合わせた処理系等が一般的に使用されている。各厨芥発生場所に破砕機を備え，厨芥を破砕し，破砕時にスラリー（破砕された厨芥と水が混在した状態）濃度が数％になるように水を加えて流動性を与える。

　建築物の規模や高さ（低層あるいは中層，高層あるいは超高層等）等により設備システムの適否が決定される。イニシャルコスト，ランニングコスト，衛生性，防災性，作業効率性，必要な設置スペース，管理要員数等の諸要件を比較して，最も適切な方法を選択すべきである。

(3) 廃棄物の処理・保管設備の概要

1) 系内中間処理設備

　建築物内における系内中間処理は，主として廃棄物の減量化，再資源化等を目的に行われるが，現在導入されているものは比較的小規模なものが多い。圧縮，梱包，切断，破砕，粉砕，溶融，固化，脱水，焼却等の方法があり，各建築物における廃棄物処理方式や，貯留方法等との関連で適切な方法が選択される。

　排出される廃棄物の種類，質，量等によっても，適用すべき系内中間処理方法が異なるので，再資源化の内容や方法，分別収集の状況等を考慮したうえで，必要な機能を有する処理設備を決定しなければならない。

系内中間処理設備としては，①～⑥に示す圧縮機，梱包機，破砕機，シュレッダ，プラスチック溶融機，焼却炉，貯留・排出機等がある。

① 圧縮機（コンパクタ）

　　建築物内で用いられるのは，紙類・雑芥類などの圧縮に使用される装置で，圧縮率 1/4～1/3 のものが多い。コンテナと組み合わせたコンパクタ・コンテナ方式は，大規模建築物に適用されるが，紙類を中心とした雑芥に対して使用されるものであり，ちゅう芥類の投入は好ましくない。

② 破砕機

　　固形物の破砕は，圧縮，衝撃，せん断，摩擦等のメカニズムを単独または組み合わせて行われる。建築物内で使用される破砕機は，主としてビン，缶，プラスチック容器等か破砕できる小型の装置である。破砕機によって空きビンは約 1/4 に，プラスチック容器は約 1/3 に減容され，廃棄物の取り扱いを容易にすることができる。

③ プラスチック溶融機

　　軽量で容積質量値が小さいプラスチック類を減容化する技術は，破砕処理または外部から熱を加える方法のほか，圧縮・梱包による方法，圧縮，溶融等に分類できる。

④ 貯留・排出機

　　この装置は，それ自体が廃棄物を圧縮・貯留・排出する機能を有するもので，貯留した廃棄物を排出車（両パッカ車）に自動的に積み替えることのできるものである。比較的小型で設置面積が小さく，衛生的な廃棄物の取り扱いや貯留か可能であり，近代的な建築物にふさわしい設備である。

⑤ 梱包機

　　かさばるものを圧縮・梱包する装置で，紙類や段ボール，繊維類などに使用される。

⑥ その他中間処理設備

　　紙類に使用されるシュレッダ（切断機）や，ちゅう芥などの冷蔵装置などがある。

表 6.6.2　建物内中間処理　　　　　　　　　　　　　▷よく出る

廃棄物の種類	中間処理方法	処理設備例
新聞・雑誌・段ボール	梱包	梱包機
OA 紙，再生紙	圧縮，切断，梱包	圧縮機（コンパクタ），切断機（シュレッダ），梱包機
廃棄紙類	圧縮，梱包	圧縮機（コンパクタ），梱包機
プラスチック，発砲スチロール	破砕，溶融	破砕機，溶融機，（溶融固化装置）圧縮機，梱包機
びん	破砕	破砕機
缶類	破砕，圧縮	破砕機，圧縮装置
ちゅう芥	冷蔵，粉砕，脱水	冷蔵装置，粉砕機，脱水装置，生ゴミ処理機，堆肥化装置
注射針	減菌	減菌装置

2)　貯留・保管設備

　　建築物内の各所で収集された廃棄物は，系内中間処理を行うまでの間，あるいは建築物系外へ搬出されるまでの間は，中央集積所に貯留されるのが一般的である。

　　廃棄物を貯留・保管する機能を持ったシステムは，発生する廃棄物の質や建築物の形態および分別の種類，搬出頻度，搬出方法によって異なる。

　　中央集積所には，ある一定時間以上廃棄物を貯留しておくことになるので，周囲に悪臭や衛生害虫等の悪影響を与えず，換気（排気），洗浄，消毒等，維持管理がしやすい構造とする。また，生ごみ等悪臭の発生源になりやすい廃棄物が大量に発生する建築物では，冷房設備を設けるか，保管用の冷蔵庫を設置しておくことが望まれる。

　　そのほか，中央集積所には種々の方法で廃棄物が運搬されてくるので，通路に段差（凹凸）等の障害がないように配慮するとともに，管理要員の両手がふさがっていても，台車・コンテナ等を使用しながら安全に出入りできるよう，出入口には自動ドアを設置するとこが望ましい。

(4)　建物外（系外）への廃棄物の搬出

　廃棄物を搬出する方法としては，清掃ダンプ車，機械式収集車（パッカ車），コンテナトラック，資源回収車などがある。

　貯留・排出機は，貯留した廃棄物を搬出車両（パッカ車）に自動的に積み替えることができる。パッカ車は，一般廃棄物の収集運搬に広く使用されている。

表6.6.3　建築物内のごみの貯留・排出方法の比較

▷よく出る

方式		容器方式	貯留排出機方式	コンパクタ・コンテナ方式	真空輸送方式
適応ビル規模		小規模建物	中規模建物	大規模建物	広域大規模開発地域
処理概要		コンテナ等の容器に貯留し，機械式収集車に人力で積替え，搬出する	スクリュー等によりごみを圧縮貯留し，機械式収集車に自動的に積替え，搬出する	コンパクタによってコンテナ内にごみを圧縮貯留し，機械式収集車に自動的に積替え，搬出する	貯留排出機にごみを貯留し，集塵ステーションに接続された輸送管によって自動的に搬出する。
項目評価	初期コスト	◎	○	△	×
	ランニングコスト	△	○	◎	△
	所要人員	×	○	○	◎
	衛生性	△	○	◎	◎
	防災性	△	◎	◎	△
	作業性	×	○	◎	◎
	設置スペース	×	○	◎	○

◎：優，○：良，△：可，×：不可

第4節　廃棄物の保管場所

(1)　建築物における廃棄物の保管場所は，維持管理に衛生上の支障が生じないように，次の①～③に示す構造と付帯設備とする。

①　廃棄物等を収納するのに十分な広さを有する保管場所を設ける。

　　保管場所の面積は，排出量に応じた適切な面積とする。

②　保管場所は，廃棄物の収集および搬出が容易で，かつ作業の際に周囲に影響を与えない場所に設置する。また，収集や搬出の経路についても，衛生的な状況が保てるようにする。

③　保管場所が悪臭やねずみ・昆虫等の発生源にならないよう，次のような構造とする。保管場所は，以下の構造基準を満たすものとする。

　a．他の用途との兼用はしない。

　　廃棄物は不衛生なものであり，ときに細菌やウイルスの感染源ともなり，清掃用具置場，物品庫，再利用物置場等との兼用は避けるべきである。

　b．密閉区画構造とする。

　　ねずみや害虫類の誘引，侵入防止を図るため防虫・防鼠構造とする。

　c．分別して収集・保管ができる構造とする。

　　　最終処分場の延命や資源有効利用の見地からも，分別収集は重要であ
　　る。
　　d．床・壁面等は不浸透材質とする。
　　　生ごみから漏れ出す汚水や床排水等が，地下等へ侵入するおそれがない
　　ように，保管場所の床や周壁（腰壁程度）は防水加工を施している必要
　　がある。また，廃棄物には可燃物が含まれているため，防火対策とし
　　て，コンクリートやブロック等を使用した防災構造とする。
　　e．悪臭防止や作業効率の観点から，出入口を自動扉にする。
　　　廃棄物からの悪臭拡散防止，ねずみ・昆虫等の侵入防止の観点から保管
　　場所を開放されない状態にするため，また廃棄物の搬入出の作業を効率
　　的に行うために，出入口を自動扉とする。
(2)　廃棄物を衛生的に保管するため，保管場所には次のような設備を設ける。
　　a．換気設備
　　　保管場所を建築物内に設置する場合は，第1種換気設備（給排気設備）　▷よく出る
　　を設ける。屋外に設置する場合は，有効な通気口か，排気出口に関して
　　近隣等の影響を配慮した適正な3第種換気設備，もしくはこれ以上の設
　　備を設けることが望ましい。
　　b．給水設備
　　　汚れたポリ容器や床を清掃し，保管場所を衛生的に管理するために給水
　　栓は必須である。ホースを通じて給水配管に逆流することを防止するた
　　めに，給水栓は大気圧式のバキュームブレーカ付きとする。
　　c．床排水に適度の床勾配・床排水設備等を設け，排水管等に流入する構
　　造とする。
　　d．冷蔵保管場所
　　　厨芥類が多量に排出される場合は，腐敗・臭気の発生等を防止するた
　　め，冷蔵・冷房設備等を設ける。
　　e．防虫網
　　　廃棄物保管場所には，ネズミやゴキブリ等の衛生害虫の繁殖場所となら
　　ないよう，これらの侵入や発生を防止しなければならない。そのため，
　　通気口や窓，換気扇，ドアガラリなどの開口部には，2mm目（12メッ
　　シュ）程度の耐腐食材質の網を設置する。
　　f．防鼠構造
　　　廃棄物保管場所へのねずみの主な侵入経路は，出入口か外壁のひび割れ
　　等の開口部，また排水溝などがある。ねずみの侵入を防止するために
　　は，出入り口のドアは床との隙間を1センチ以内とし，下部の隙間はね　▷よく出る
　　ずみが通過できない幅に金属板等を貼った自動開閉装置を設ける等，有
　　効な措置を講じる。排水溝，排気口等が外部と接する場所には，網目1
　　センチ以内の耐食性で堅固な金属格子または網を取り付ける。

確認テスト （正しいものには○，誤っているものには×をつけよ）

(1) 日常的に清掃を行わない箇所の清掃について，6カ月以内ごとに1回，定期に汚れの状況を点検し，必要に応じて除塵，洗浄を行うこと。
(2) 玄関ホールのフロアマットの除塵作業は日常清掃である。
(3) 清掃作業の品質評価は，主に計測器で行われる。
(4) 品質作業を管理者が行う場合は，四半期ごとに1回行うのが適当である。
(5) 現代の建物では，ほこりの侵入経路は主として窓や隙間である。
(6) ダストコントロール法で用いられる油剤処理されたダストモップは，油汚れの除去に適している。
(7) 真空掃除機は電動ファンによって，機械内部に空気の高圧域を作り，ほこりを吸引する。
(8) 床みがき機について，凹凸のある床面には研磨剤を付着させたパットを使用する。
(9) 一般用洗剤は，各種の洗剤作業に広く使用され，通常，弱酸性である。
(10) 剥離剤は，樹脂床維持剤の被膜を溶解するために，強アルカリ性である。
(11) フロアシーラは，乾燥後の被膜が物理的・化学的方法により容易に除去できるものをいう。
(12) カーペット洗浄において，スクラバー方式はタフテットカーペットの洗浄に適する。
(13) スポットクリーニングは，汚れがパイルの上部にあるうちに行う洗浄方法である。
(14) エレベータのインジケータや扉の汚れは，水溶性のものが多い。
(15) 臨海工業地帯は，他の地域よりも汚れの度合いが大きいので，ガラス清掃は月に1回行う。
(16) ごみの種類別容積質量値で，最も重いのはちゅう芥である。
(17) 産業廃棄物の排出量を種類別にみると，汚泥が最も多い。
(18) 事業活動に伴って生じた一般廃棄物の処理を委託する場合には，都道府県知事の許可を受けた業者に委託しなければならない。
(19) 建築物内で発生した新聞紙の中間処理方法は，切断である。
(20) 廃棄物保管場所は防鼠構造とし，出入り口のドアは床との隙間を2cm以内とする。
(21) 産業廃棄物の排出事業者は，マニフェストを3年間保存する。
(22) 建築物内廃棄物の貯留排出方式に関し，コンパクタ・コンテナ方式は大規模建築物に適している。
(23) し尿を含まない雑排水槽から除去される汚泥は，産業廃棄物に該当する。
(24) 百貨店からの種類別廃棄物排出量として，紙類が最も多い。
(25) 小型家電リサイクル法の対象は，エアコン・冷蔵庫・テレビがある。

確認テスト 解答・解説

(1) ○
(2) ○
(3) ×：清掃作業の品質評価は，主に目視で行われる。
(4) ○
(5) ×：現代の建物では，ほこりの侵入経路は主として出入口である。
(6) ×：ダストコントロール法で用いられる油剤処理されたダストモップは，油汚れ除去には適さない。
(7) ×：真空掃除機は電動ファンによって機械内部に空気の低圧域を作りほこりを吸引する。

(8)　×：床みがき機について，凹凸のある床面にはブラシを使用する。

(9)　×：一般用洗剤は，各種の洗剤作業に広く使用され，通常，弱アルカリ性である。

(10)　○

(11)　×：フロアシーラは，乾燥後の被膜が物理的・化学方法により容易に除去できないものをいう。

(12)　○

(13)　○

(14)　×：エレベータのインジケータや扉の汚れは，油溶性のものが多い。

(15)　○

(16)　○

(17)　○

(18)　×：事業活動に伴って生じた一般廃棄物の処理を委託する場合には，市町村長の許可を受けた業者に委託しなければならない。

(19)　×：建築物内で発生した新聞紙の中間処理方法は，梱包である。

(20)　×：廃棄物保管場所は防鼠構造とし，出入り口のドアは床との隙間を1cm以内とする。

(21)　×：産業廃棄物の排出事業者は，マニフェストを5年間保存する。

(22)　○

(23)　○

(24)　○

(25)　×：小型家電リサイクル法は，小型電子機器を対象としている。

第6編
清掃

第7編

執筆担当　山野裕美

ねずみ・昆虫等の防除

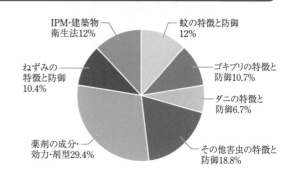

IPM・建築物衛生法12%
蚊の特徴と防御 12%
ねずみの特徴と防御 10.4%
ゴキブリの特徴と防御10.7%
ダニの特徴と防御6.7%
薬剤の成分・効力・剤型29.4%
その他害虫の特徴と防御18.8%

最近の出題傾向
　毎年15問出題されている。
　例年，蚊，ゴキブリ，ねずみ，その他害虫の特徴と防除の問題がそれぞれまんべんなく出題されている。
　衛生害虫と健康被害・感染症に関しては再確認のこと。
（内訳）
1．ここ5年では出題傾向に大きな変化はない。
2．蚊，ゴキブリ，ねずみ，ダニは例年2問以上出題されている。
3．殺虫剤の有効成分や効力，剤型に関する設問も例年2問出題される。
4．薬剤の安全性についても例年2問出題されている。
5．衛生害虫がもたらす疾病や被害は1〜2問出題される。
6．防除に用いる機器類から1問出題される。
7．害虫の発生源についても1問出題される。
8．毎年1問，総合的有害生物管理（IPM）などの建築物衛生法に関わる問題が出題される。

第1章　ねずみ・昆虫等防除概論

学習のポイント

1. 建築物衛生法に基づく「建築物環境衛生管理基準」の「ねずみ等の防除」におけるIPM（総合的有害生物管理）による防除体系を理解する。
2. 建築物の内部で発生しやすいねずみや害虫による主な被害を理解する。
3. ねずみや害虫などの発生原因や進入経路を調査することの重要性を理解する。
4. ペストコントロールの概念を理解する。
5. 維持管理における3つの水準を理解する。
6. 防除の主な手段を覚える。

第1節　建築環境におけるヒトと動物

　建築物の内部をヒトが過ごしやすい環境に整えるためには，空調や清掃だけでなく，ねずみや害虫の発生を防ぎ，発生した場合は適切に対応する必要がある。これら建築物内部でのねずみや害虫への対応は，建築物衛生法に基づく「建築物環境衛生管理基準」の「ねずみ等の防除」により規定されている。ねずみや害虫の駆除においては，薬剤を散布するような対策を最初にイメージする人が多いが，薬剤の過度の使用によるヒトや環境に悪影響が生じた反省から，現代では薬剤散布以外の対策を取り込んだIPM（総合的有害生物管理）による防除体系が導入されている。

第2節　建築物内で起きやすい被害と主要な有害動物

　建築物とその周辺で人間に害をもたらす生物は，主なものとして，ゴキブリ類，蚊類，ハエ・コバエ類，ダニ類，イエねずみ類などがある。また，これら生物がもたらす害として以下のものがある。近年では，多くの家庭でペットを飼うようになっているが，ペットが人獣共通感染症やノミやダニの発生源となることもある。以下に，主な害を示す。

　感染症　　：蚊が媒介するマラリアやデング熱のように，蚊やマダニのような害虫やねずみにより病原体が媒介・伝播される感染症が存在する。感染症の種類により，媒介する害虫・ねずみ等の種類が変化する。

　吸血・刺咬：チカイエカのようにヒトから吸血する蚊や，ノミ，トコジラミなども，ヒトから吸血する。ツメダニのように吸血はしないが，自己防衛のために偶発的に刺咬する生物も存在する。これら生物により吸血・刺咬された箇所は皮膚炎を起こし，場合によっては重症化することもある。　　　　　　　　　　▷よく出る

　アレルギー：ヒョウヒダニ類は人が居住するほぼすべての環境に生息する

が，糞・死骸がアレルゲンになる。

不快感　　：昆虫等に対して不快さを感じる人も多い。不快さの原因は，昆虫などの発生数，見た目，動き，鳴き声，臭いなど様々であるが，不快さは主観によるため，第 3 者が客観的に不快さの程度を判断することは難しい。ただ，不快さをもたらす害虫によるストレスは，健康への影響もあるため，不快感の要因となっている昆虫の駆除が必要となる。

経済的被害：害虫やねずみが建築物内部で，建材，家具，衣服，食品などに物的損傷を与えることがある。ねずみやゴキブリがする糞尿による食品の汚染，シロアリによる木材への被害，カツオブシムシによる動物性繊維でできた衣服への害などさまざま存在する。

　以下に主な，感染症と媒介種をまとめる。発生状況は，国立感染症研究所のWeb ページをもとに作成している。

表 7.1.1　感染症と媒介種

病原体	病名	主な媒介・伝播種	国内での発生状況
ウィルス	日本脳炎	コガタアカイエカ	近年は毎年 10 人以下。
	デング熱	ネッタイシマカ，ヒトスジシマカ	2014 年に流行。
	重症熱性血小板減少症候群（SFTS）	マダニ	西日本を中心に発生。年間数十名程度。
	チクングニア熱	ネッタイシマカ，ヒトスジシマカ	輸入症例はあるが，いままでに日本国内での感染，流行はない。
リケッチア	日本紅斑熱	マダニ	年間 100 名以上感染し，感染者数，感染地域が拡大中。
	発疹チフス※腸チフスと異なる	シラミ	戦後直後に流行したが，ここ数十年は発生していない。
スピロヘータ（細菌の一種）	レプトスピラ症	ねずみ類や家畜，ペット（保菌動物の尿，あるいはその尿で汚染された水・土壌に触れることで感染する）	年間十数～数十名程度。
細菌（O157 など）	腸管出血性大腸菌感染症	菌に汚染された食品等を摂取する等の経口感染	1996 年流行し，その後も年間数百人程度感染する。

▷よく出る
表 7.1.1
感染症の発生状況や媒介種などの情報は，国立感染症研究所（https://www.niid.go.jp/niid/ja/）など公的機関が情報発信している。国内での発生が数十年ぶりに確認されたデング熱のように，国内での発生状況が絶えず変化するので，実務に当たっては最新の情報を入手できるようにする方がよい。

細菌	ペスト	ねずみ・ノミ ※ペストに感染したネズミから吸血したノミがヒトを吸血することで感染	90年以上発生していない。
原虫	マラリア	ハマダラカ	輸入症例として年間50〜70例で推移
ダニ	疥癬	ヒゼンダニ ※ヒゼンダニ自体が疾病の原因	老人ホームなどで集団感染しやすく，かなりの発生数と推定される。

第3節　ねずみ・害虫対策のあり方

　ねずみ・害虫対策では，「ペストコントロール」という考えが重要である。
「ペスト」は13-14世紀の欧州で流行した伝染病の名称であるが，その後，「ペスト：plague」は「大量発生する害虫」や「やっかい者」という意味を含む用語になっており，そのため，ペストコントロールにおける「ペスト」は，「人間にとっての有害生物」全般をさしている。また，ペストコントロールは人間が生活するにあたり，悪影響や不快感がない範囲までにねずみや害虫などの有害生物を減らしたり，繁殖させないように管理することをさす。これは，これら生物を根絶するには多大な労力や無理が生じる上に，殺虫剤などの薬剤の利用による人間への悪影響も生じうるため，全滅を目的とせずに，あくまで人間に害のないレベルに抑え込めればよいという考えに基づいている。

　また，「駆除」と「防除」は異なる意味で用いられることが多い。一般に「駆除」とはすでに発生している害虫やねずみを器具や薬剤を用いて，殺傷したり追い出すことで，害虫やねずみが発生した建築物内にいない状態を作る作業をさす。一方，「防除」とは駆除に加え，環境対策など予防的措置を含む総合的な対策をさす用語である。

ペストコントロールなど近年の防除に関する概念は，日本ペストコントロール協会の説明が詳しい。(出典)http://www.pestcontrol.or.jp/association/archive/tabid/122/Default.aspx

第4節　IPM

　IPMとはIntegrated Pest Managementの頭文字で，日本語では「総合的有害生物管理」と呼ばれる。厚生労働省によれば，IPMの定義は「害虫等による被害が許容できないレベルになることを避けるため，最も経済的な手段によって，人や財産，環境に対する影響が最も少なくなるような方法で，害虫等と環境の情報をうまく調和させて行うこと」とされている。ねずみや害虫の防除においては，ヒトの健康に対するリスクと環境への負荷を最小限にとどめる方法で，有害生物を抑制し（根絶ではない），許容できる水準を維持する管理方法を導入することが求められている。

　IPMに基づいた対策の手順は以下のものである。

▷よく出る

1. 建築物や区域ごとに，統括責任者として IPM コーディネーターを任命し，その他担当者と役割分担を決める。

2. 対象となる建築物や区域の維持管理水準を設定する。

3. 現地調査を実施し，現状がどの水準値なのか明らかにする。まず，目視により建築物全体を調査し，同時に施設利用者にアンケートを行い，ネズミや害虫の目撃情報を収集する。問題がある箇所があれば，トラップを設置し，捕獲調査を行う。

4. 維持管理水準に照らし合わせ，対策を講じる。水準値を超えた場合，防除作業を開始する。<u>まずは，環境整備による発生源対策や，外部からの侵入対策を行う。</u>必要に応じてトラップや薬剤散布も行う。薬剤を使用する場合，対象区域の管理者と利用者に許可を取り，<u>処理開始3日前には掲示などにより告知を行った上で散布する。</u>また，処理後も3日以上継続的に，薬剤を散布したことを告知する。薬剤の散布は区域と量を最小にとどめ，リスクの少ない方法を優先させる。

5. 措置を行った場所について効果判定を行う。水準値を達成できていない場合，原因を調査し，再度処理を行う。

6. 調査結果，実施した処理，経過を記録する。

■調査の種類

　ねずみや害虫に対して対策を行う場合，被害を発生させた有害生物の種類を早急に特定することが重要である。これは，第2章で示すようにねずみや害虫の種類により生態や対策法が全く異なるためである。また，ねずみや害虫に対する対策では，まずは建築物内部での発生と外部からの侵入を予防することが重要であるため，建築物内の環境や外部との接続箇所を調査することが重要である。ネズミや害虫に関する建築物内の調査は，「定期的な調査」と「不定期調査」がある。

　<u>「定期的な調査」は一般的な施設では調査間隔が6カ月以内，食品などを扱う施設では2カ月以内</u>になるように行う。全体の目視調査を専門知識のある技術者が行ったり，トラップを用いた捕獲調査を行ったりする。

　「不定期調査」は，ねずみや害虫による突発的な被害や目撃情報があった場合で，詳細な調査が必要と考えられる場合，早急に目視調査やトラップにより発生状況を確認する。

■維持管理水準の設定

　ねずみや害虫対策で，すべてのねずみや害虫の生息密度を建築物内部で0にすることは，事実上困難である。ねずみや害虫の根絶をめざして薬剤を過剰散布し，却って，ヒトや周辺環境へ悪影響を与えることも起きかねない。そこで，ねずみや害虫の生息密度の根絶をめざさないで，実現可能な範囲で，実害のない生息密度を保つことをめざすことが重要である。この時，維持管理水準を以下に示す3つの段階で設定し，継続的に管理を行う。なお，以下の水準ではねずみ・害虫の種類ごとに設定する。

　<u>許容水準：環境衛生上，良好な状態をいう。6カ月以内（発生しやすい箇所

建築物衛生法施工規則第四条の5により大清掃と「ねずみや害虫の調査」を6カ月に1回以上行うよう定められている。また，厚生労働省告示第119号により，ねずみ，<u>害虫の発生しやすい箇所（食料を扱う，阻集器，廃棄物の保管など）では2カ月に1回以上，調査すること</u>が求められている。

▷よく出る

厚生労働省健康局生活衛生課から「建築物における維持管理マニュアル」が発行されている。管理水準については，このマニュアルに事例も含め詳しく記載されている。

第7編　ねずみ・昆虫等の防除

では2カ月以内）に一度，定期的な調査を行う。

警戒水準：放置すると今後，問題になる可能性のある状況をさす。個別の種別が警戒水準値に達した場合か，個々のねずみ・害虫は許容水準値以下だが，複数種が発生・目撃されている場合も，警戒水準に相当する。まずは整理・整頓・清掃など環境対策を中心に行い，必要に応じてヒトに影響のない範囲で毒餌を中心に薬剤処理を行う。

措置水準：ねずみや害虫が水準値以上で発生し，すぐに防除が必要な状況をさす。

なお，上記の基準の例として，厚生労働省が公開している「建築物における維持管理マニュアル」P54-55のゴキブリの例を示す。

表7.1.2　ゴキブリにおける維持管理水準の例

許容水準	以下の全てに該当すること。 ①トラップによる捕獲指数が0.5未満。 ②1個のトラップに捕獲される数は2匹未満。 ③生きたゴキブリが目撃されない。
警戒水準	以下の全てに該当すること。 ①トラップによる捕獲指数が0.5以上1未満。 ②1個のトラップに捕獲される数は2匹未満。 ③生きたゴキブリが時に目撃される。 （※その他，許容水準でも措置水準でもない場合は警戒水準とする）
措置水準	以下の状況のいずれか1つ以上に該当すること。 ①トラップによる捕獲指数が1以上。 ②1個のトラップに捕獲される数が2匹以上。 ③生きたゴキブリがかなり目撃される。

注：ゴキブリの捕獲指数は，配置したトラップ10個までは上位3つまで（0を含む場合もある），それ以上配置した場合については，上位30%のトラップを用いて，1トラップに捕獲される数に換算した値で示す。

第5節　防除の手段

防除においては，害虫駆除を目的とした薬剤散布のようなヒトへのリスクのある処理を最小化するために，様々な対策法を組合わせて実施する。具体的には「環境的対策」「防虫・防鼠対策」「器械・器具の利用」「薬剤による対策」の4種類ある。

「環境的対策」は，ねずみや害虫の発生源となる要因を排除するとともに，侵入を防ぐ措置を施すことをさす。整理整頓を行い，隠れられる場所を減らし，餌となる食品や残渣を残さないよう清掃するなど建築物内の環境を清潔にする。施設利用者の協力が必要となるため，協力を適切に依頼する。

「防虫・防鼠対策」は，建築物の外からねずみや害虫が侵入できないよう

に，侵入しそうな箇所を塞ぎ，網戸を設置するなどの対策を施すことなどをさす。ヒトが利用する出入口からも侵入する可能性があるため，出入り口のドアを 2 重にしたり，エアカーテンをつけるなどの対策も想定される。

　「器械・器具の利用」では，トラップや電撃殺虫器などの器械や器具を用いて防除する方法で，薬剤を用いない対策であるため，薬剤を用いることができない場所で利用される。ただし，防除効率は良くないと考えられる。

　「薬剤による対策」は，殺虫剤，殺鼠剤，忌避剤などの薬剤を用いて防除を行う対策である。環境的対策や，防虫・防鼠対策を徹底しても，発生を完全に防げないことも多い。他に有効な手段が見当たらない場合，また，大量にねずみや害虫が発生している，或いは緊急で対処すべき状況では，薬剤を利用する。ただし，ねずみ・害虫の種類により効果を発揮する薬剤の種類が異なるため，事前に駆除対象の種類を特定させ，効果を発揮する薬剤の種類を明らかにしてから使用する。

第2章　建築物内で見られるねずみ・害虫の生態と防除法

学習のポイント

1. ねずみ，蚊，ゴキブリ，ダニなど種類ごとの特徴を押さえる。
2. 「クマねずみ」「ドブねずみ」「ハツカねずみ」の3種の違いを理解する。
3. チャバネゴキブリの生態や防除方法を確認する。
4. 蚊の種類ごとの生息域・発生個所，媒介する感染症の違いを理解する。また，幼虫と成虫での防除における対策法の違いを理解する。
5. ダニ類の発生源，被害，防除方法の違いを理解する。
6. コバエの発生源の違いを確認する。

第1節　ねずみ類

　日本国内において建築物内で定着するねずみは「クマねずみ」「ドブねずみ」「ハツカねずみ」の3種であるが，その生息域や生態がそれぞれ異なっており，発生したネズミの種類を明らかにしてから対策を行う必要がある。

・都心部の事務所ビルにおいては，「クマねずみ」がよくみられると考えられている。

・ねずみは，ペストやサルモネラ症などの病原体を媒介する上に，ケーブルをかじることで，通信網の誤作動や，ショートにより火災の原因になるなどさまざまな被害をもたらす。

・ねずみは哺乳類であり，屋内に生息するゴキブリ・蚊などの害虫よりも，生物学上，ヒトに近い生物であるため，ねずみに効く殺鼠剤はヒトにも効果を発揮する可能性が高く，殺鼠剤は扱いに注意が必要である。

・ねずみの駆除は，建物内からねずみの餌となるものを除去し，巣となりそうな物陰をなくすために整理整頓を心がけ，進入経路を特定し，ねずみが侵入できそうな穴を塞ぐなど，ねずみが発生した個所の環境を整える，ねずみが発生しづらい環境の構築を優先する。

表 7.2.1　**イエねずみ 3 種の特徴**

	クマねずみ	ドブねずみ	ハツカねずみ
主な生息地	ビル内部の天井裏など高い場所	植込み，下水管，側溝	畑，農家や納屋，倉庫
体長	15-20 cm，100-200 g	20-25 cm，200-450 g	5 cm 程度，10-20 g
食性	植物質を好む	動物質を好む	植物を好む
特徴	・警戒心が強い ・木登りや綱渡りが得意 ・身軽で運動能力が高い	・獰猛だが警戒心は弱い ・泳ぎが得意で地面に穴を掘る ・木登りや綱渡りは苦手	・好奇心旺盛
トラップ・殺鼠剤	・トラップにかかりにくい ・毒餌をなかなか食べない ・殺鼠剤が効きづらい	・トラップにかかりやすい ・殺鼠剤が効きやすい	・トラップにかかりやすい

▷よく出る
表 7.2.1
※東京都福祉保健局の「都民のためのねずみ防除読本」にイエねずみの特徴がまとめられている。
http://www.fukushihoken.
metro.tokyo.jp/kankyo/
eisei/yomimono/nezukon/
nezumi/nezumidokuhon.
files/24nezumipannfu.pdf

(1)　ねずみ防除のための調査方法

　他の害虫と同様で，まず，発生しているねずみの種類を調べ，次いで，侵入経路や発生要因を明かにした上で，対策を検討する。調査方法には以下のものがある。

・聞き取り調査：施設利用者にねずみの目撃や被害の有無を確認する。

・目視による調査：ねずみは活動に際して，音，かじり跡，糞，足跡，体のこすり跡など痕跡を残す。これら証跡（ラットサイン）をみつけ，侵入経路や種類，生息数などを判断する。

・喫食調査：無毒の餌をおき，喫食の有無を確認する。

・黒紙設置による調査：ねずみの足跡を記録できる黒紙をねずみが移動しそうな箇所に設置し，発生の有無を確認する。

・トラップによる調査：粘着式トラップ，生け捕りかご，圧殺式トラップを用いて，ねずみを捕獲し，生息の有無や種類を確認する。

・生息環境の調査：餌の有無や温熱環境などねずみの生息に適した環境が建築物内部にないか調査を行い，餌場や営巣個所に適した個所を探し出す。

・管理状況の調査：清掃状況，整理整頓の程度，残飯などねずみの餌の発生状況など，ねずみが生息しやすい環境が多くないか，確認する。クマねずみが生息しやすい天井裏や壁内部，家具のすき間や，ドブねずみが侵入しやすい排水系統など施設内の状況を確認する。

(2)　防除方法

　ねずみの防除は，まずは環境対策を優先し，「ねずみの餌を絶つ」「ねずみが移動する通路を遮断する」「巣を作らせない」ことが重要である。特に都心部の建築物内部でよくみられるクマねずみは，警戒心が強く，殺鼠剤も効きづら

第7編
ねずみ・昆虫等の防除

いため，発生源や進入経路を絶つことが重要である。

表 7.2.2　ねずみの防除における基本対策

ねずみの餌を絶つ	食物の保存状況や残飯の管理状況を確認し，ねずみが手に入れられないよう管理と清掃を徹底する。
ねずみが移動する通路を遮断する	防鼠構造を取り入れる。ねずみが侵入するすき間をなくす。
巣を作らせない	整理整頓を行い，清掃を徹底する。

　次いで行う対策は「器具を用いる方法」である。粘着式トラップ，生け捕りかご，圧殺式トラップを用いる。ねずみが警戒心を抱かないように設置するとともに，設置数が多いほど効果が上がる。また，ねずみが騙されるように常に工夫して，設置する必要がある。ただし，速効性は期待できず，長期間にわたって継続的に設置する必要がある。

　殺鼠剤は，経口によりねずみ体内に取り込ませる必要がある。そのため，殺鼠剤を含有した毒餌を用いる。毒餌は，ねずみが好む餌で構成しないと効果が上がりづらいので，植物質を好むクマねずみと動物質を好むドブねずみでエサを変える必要がある。また，毒餌以外に，ねずみが好む餌があると毒餌の喫食率が低下するので，毒餌を食べざるを得ない環境を作ることが重要である。なお，クマねずみは，毒餌の喫食率が低く，殺鼠剤は効きづらいので，毒餌のみによる防除は難しいとされる。　　　　　　　　　　　　　　　　▷よく出る

　毒餌は，定期的に交換しないと，毒餌自体が腐るなど他の害虫の発生減になってしまうので注意する。また，ねずみの死体は悪臭やハエの発生，寄生するイエダニなどの被害が発生するので，死体の回収に努める。　　　　　　▷よく出る

　ねずみを駆除できるわけではないが，散布した個所にはねずみが近づかない効果がある忌避剤も存在する。ねずみはシクロヘキシミドやカプサイシンを忌避するので，これら成分を含む薬剤をケーブルなどのねずみがかじると好ましくない個所などに処置する。ただし，毒餌にかかると喫食率が下がるので，混在しないようにする。

第2節　ゴキブリ類

　日本国内のゴキブリ類で建物内部に定着するものは5-6種類である。このうち，都市部の建物内部ではチャバネゴキブリが多いと言われている。ゴキブリは種類や生息環境によりその生態が大きく異なるが，本節では都市部で問題になりやすいチャバネゴキブリの生態と対策を中心に述べる。ゴキブリには以下の特徴がある。

・不完全変態　　　：ゴキブリは卵，幼虫，成虫と変化し，蛹の期間がない。また，幼虫は成虫と体型が似ていて，脱皮を繰り返して成虫

となる。

・幼虫の生態　：幼虫と成虫は，同じ場所で活動し，同じ食物を摂取する。

・集合フェロモン：ゴキブリは，<u>糞に集合フェロモンと呼ばれる化学物質が含まれていて</u>，このフェロモンによりゴキブリが群居する性質がみられる。　▷よく出る

・雑食性　　　：<u>ゴキブリは雑食で，人間が食べる植物性，動物性の食品は概ね餌になりうる。</u>更に，汚物などあらゆるものがエサになりうる。

・夜行性　　　：屋内のゴキブリは<u>夜行性</u>である。そのため，昼間は，暖かい，湿気の多い，暗い，狭い，餌場や水場に近いというような条件を満たした場所に潜んでいて，夜間になると，摂食行動を起こす。

・体内時計　　：ゴキブリには体内時計があるといわれ，例えば<u>ワモンゴキブリは明暗の反応だけでなく，明暗がない環境下でも時間サイクルのバイオリズムで活動する性質がある</u>※。　※（家屋害虫辞典 P.105 より）

表7.2.3　ゴキブリの主な種類と生態

	成虫の大きさ	生息地域	発生個所	備考
<u>チャバネゴキブリ</u>	<u>11-15 mm</u>	北海道から沖縄まで	都市部，オフィス，アパート，病院，飲食店	<u>都市環境における代表的ゴキブリ。</u>
<u>クロゴキブリ</u>	<u>30-40 mm</u>	北海道から沖縄まで	日本家屋，厨房，給湯室	<u>特に関東以西に多い。</u>
<u>ワモンゴキブリ</u>	<u>30-45 mm</u>	南西諸島，小笠原諸島，九州南部	家畜舎，温泉地の飲食店など暖かい場所	近年，北限が上昇し，北九州，四国，本州などに進出している。
ヤマトゴキブリ	20-30 mm	東北，北陸，中部，関東	雑木林，街路樹の樹皮の下，下水溝の中，農村地帯の民家，家畜舎	
トビイロゴキブリ	30-37 mm	散発的局所的に発生	地下街や飲食店など加温され，一定の温度環境が保たれた箇所	※アフリカ原産とされ，熱帯性と言われている。日本では，熱源のある暖かい箇所に散発的に発生する。

※家屋害虫辞典 P.115-116 を参考に作成した。

（1）防除方法

　ゴキブリの防除では，発生防止を第一に餌となる食物を除去し，清掃を徹底

することが重要であるが，屋内におけるゴキブリの生息を完全に防ぐことは困難である。ゴキブリは，人間の食品は大体食べる雑食性であり，屋内では餌に不自由しないためである。また，ゴキブリは屋内外を移動でき，荷物に紛れ込んで侵入する可能性もあるため，清浄な環境であっても完全に発生を防止することは難しい。根気強く対策を行う必要がある。

ゴキブリの生息状況の調査に関する項目：

・ゴキブリ用粘着トラップ：ゴキブリの生息状況の調査に使用する。防除処理をした前後でのゴキブリ指数の変化により，その効果を確認することができる。

・ゴキブリ指数：1日1トラップ当たりの捕獲数により示される指数で，（ゴキブリ捕獲総数）÷（配置トラップ数×配置日数）により計算される。ゴキブリ指数が大きい方が，発生数が多い。　▷よく出る

・ローチスポット：ゴキブリの潜伏個所の周囲やよく移動する経路はゴキブリの排泄物で汚れていて，このような場所をローチスポットと呼ぶ。　▷よく出る

殺虫処理に関する項目：

・残留処理：ローチスポットなどゴキブリがよく徘徊する箇所に残効性の高い薬剤を撒くことで，ゴキブリが残留処理を施した個所を移動した際に，薬剤の残滓に触れて，効果を発揮する。有機リン剤やピレスロイド剤などを使う。　▷よく出る

・空間処理：燻煙，蒸散，ULV処理，炭酸ガス製剤などによって，屋内の閉鎖された空間内に薬剤を充満させることで，部屋の隅や物陰に潜んでいるゴキブリを直接殺虫することを目的とした手法である。あらかじめ部屋の容積を確認し，用量を定める。　▷よく出る

・毒餌処理：ベイト剤と呼ばれる毒餌により殺虫成分を体内に摂取させ，中毒死させることでゴキブリを駆除する方法である。ゴキブリが良く発生する箇所に使い，遅効性のため，一定期間設置する必要がある。毒を含んだ餌をゴキブリが食べないと効果を発揮しないので，毒餌以外のエサとなるものをあらかじめ除去しておくとともに，ゴキブリが忌避する成分を含む薬剤がかからないように注意して設置する。ホウ酸，ヒドラメチルノン，フィプロニル，インドキサカルブ，ジノテフランなどを有効成分として用いる。　▷よく出る

第3節　蚊類

国内には数多くの蚊が生息するが，建物内部で発生するのは，「チカイエカ」のみだと考えられる。ただし，蚊は外部から屋内に侵入する可能性が大きいため，屋外で発生する蚊も屋内で吸血することがある。蚊は，卵-幼虫-蛹-成虫と完全変態する。蚊はさまざまな病気を媒介するが，蚊の種類ごとに病気の種類が異なるため，それぞれの種類ごとに対策を行う必要がある。ただ，チカイエカ，アカイエカ，ネッタイイエカを見た目で区別することは困難である。　▷よく出る

表 7.2.4　主な蚊の種類と生態

▷よく出る

	発生源	地域	媒介する病気，他
チカイエカ	浄化槽，汚水槽，湧水槽 （建築物内で発生）	北海道から九州	最初の産卵は無吸血で行える
アカイエカ	下水溝，雨水ます，防火用水槽	北海道から九州※	
ネッタイイエカ	下水溝など汚水	沖縄	バンクロフト糸状虫症（フィラリア）
コガタアカイエカ	水田 （農村に多い）	日本全土※※	日本脳炎
ヒトスジシマカ	小さな水域（空き缶，タイヤなどの水たまり）	東北北部〜南西諸島	デング熱，チクングニア熱，ジカウィルス感染症
シナハマダラカ※	水田，排水溝，湿地，沼	日本全土※※※	三日熱マラリア

・ウェストナイル熱は多くの種類の蚊が媒介する。
※家屋害虫辞典より。
※※北海道や沖縄でも日本脳炎の注意喚起を行っているので，現代では全土に生息していると考えられる。
※※※新井明治：日本における感染症媒介蚊，モダンメディア　58 巻 6 号 2012 より。

（1）防除
　蚊の種類により発生源や習性が大きく異なるので，発生した蚊の種類を可能な限り特定した上で対策を行うことが，蚊の防除において重要である。また，蚊の幼虫はボウフラと呼ばれ水中に生息し，成虫は飛翔するため，幼虫と成虫では対策が異なる。そのため，防除においては大きく「幼虫に対する対策」と「成虫に対する対策」の 2 種類に分けられる。
防除の手順は以下の手順を経る。
　1）発生源の特定
　　幼虫は発生源と思われる水域の水を柄杓などですくい，生息状況を確認する。成虫はハエ取りリボンなどの粘着トラップを用いて捕捉し，発生状況を確認する。
　2）侵入経路の特定と成虫の分散状況の調査
　　チカイエカは排水槽など建物の設備内で発生することが多いので排水管や槽の入り口などが侵入経路になると考えられる。外部で発生した蚊が侵入する場合，窓やドアなどの屋内外を接続する箇所から侵入する。また，施設利用者へ蚊による被害の聞き取り調査を行うことで，蚊の成虫の分布がある程度予測できる。
　3）防除方法の決定と実施
　　防除したい蚊の種類を定めた上で，「幼虫」「成虫」というような，どの成長段階の蚊を対象とするのかを決定する。その上で，適切な防除方法

第 7 編　ねずみ・昆虫等の防除

を選び，実行する。

　4)　防除の効果判定の実施
　　　対策前と後の発生数を比較し，効果があったのか検証する。幼虫と成虫
　　で捕獲方法が異なる。幼虫は発生源と考えられる水域の水を柄杓ですく
　　い，幼虫の数を数える。成虫は，粘着トラップやライトトラップを用い
　　て捕獲数を数える。

　防除の方法について解説する。防除はまず，水中に生息する「幼虫」を対象
とするのか，空中を飛翔する「成虫」を対象とするのかで，実施できる防除方
法が大きく異なるので，本項では「幼虫対策」と「成虫対策」に分けて解説す
る。

(2)　幼虫対策

・発生源となる水域の除去
　　蚊の幼虫であるボウフラは水中に生息する。そのため，生息する箇所の水を
　全て除去できれば一緒に幼虫も排出される。チカイエカは排水槽，浄化槽，
　湧水槽に発生するので，可能であれば，内部の水をすべて一度，排水する。
　ヒトスジシマカなどのように空き缶やタイヤなどに貯まった水に発生する蚊
　は，これら水が貯まる物品を除去する。

・薬剤の散布
　　昆虫成長制御剤（IGR）や有機リン剤の乳剤などを散布し，蚊の幼虫を防除
　する。
　　昆虫成長制御剤は，昆虫などの節足動物に対して，変態などの生理的変化に
　影響を与える薬剤である。蛹化や羽化を阻害する幼若ホルモン様化合物や脱
　皮後の表皮形成を阻害する表皮形成阻害剤など幼虫から成虫に変態する過程
　を阻害する効果がある。なお，昆虫成長制御剤は成虫への効果はない。ま
　た，幼虫の成長のプロセスで効果を発揮するので，速効性はない。なお，浄
　化槽は汚物の分解のために微生物を利用するため，クレゾールを含むオルソ
　剤のように殺虫効果と殺菌効果を併せ持つ薬剤は，有用な微生物も殺菌して
　しまうので使用できない。また，乳剤に含まれる界面活性剤や有機溶剤も微
　生物に影響を与える可能性があるが，有効成分が微量であれば問題はない。

　▷よく出る

・浮遊粉剤処理
　　殺虫効果のある薬剤をタルクなど鉱物を粉末にしたものに含ませた製剤を粉
　剤と呼ぶ。昆虫が粉に触れたり，なめたりすることで効果を発揮する。浮遊
　粉剤（フローティング粉剤）は，この粉剤の一種で，水面上に浮くように改
　良されたものである。ボウフラは呼吸のために水面近くに浮上する特性があ
　るため，浮遊粉剤は蚊の幼虫に効果を発揮する。

(3)　成虫対策

・侵入防止対策
　　窓に網戸を設置したり，ドアのすき間を塞いだりすることで，外部から建築
　物内部に蚊が侵入できないようにする。チカイエカなどのように建築物内部

で発生する蚊は，蚊が発生する浄化槽・排水槽・湧水槽などの部分に接続する排気口や通気口に防虫網を設置し，マンホールや扉などの気密性を向上させるなどの対策をする。

・殺虫機の利用

チカイエカやアカイエカなど走光性を示す蚊は誘虫ランプで集め，電撃式や粘着式の殺虫機で，駆除することもできる。ただし，全ての蚊を駆除できるわけではない。また，誘虫ランプにより，多くの害虫を呼び寄せてしまうため，窓やドアなど人の活動領域の近くから離して設置し，更に屋内への侵入防止対策も併用する必要がある。

・煙霧・ULV 処理

排水槽などの閉鎖空間に発生した蚊の成虫を早急に駆除する場合，煙霧機，ULV 機，炭酸ガス製剤噴射装置などの機器を用いて殺虫剤を霧状に散布して，駆除を行う。ただし，開放的空間では効果が出ない。また，残効性は期待できない。

・燻煙・蒸散剤処理

加熱や点火によって有効成分を含む煙を空間に放出する燻煙や，揮発性のある有効成分が蒸散させる蒸散剤なども，閉鎖空間での蚊の成虫の駆除に有効である。ただし，開放的空間では効果が出ない。また，残効性は期待できない。

ただし，有効成分をある程度の期間，継続的に蒸散できる機能を有する樹脂蒸散剤は，密閉性が確保された空間であれば 1～3 カ月間，殺虫効果を持続させることができる。

・残留処理

蚊の成虫が止まりそうな壁などに残効性の高い薬剤を塗っておき，その箇所に触れた蚊を処理する。有機リン剤の乳剤希釈液などを使う。半月～1 カ月ほど効果が持続する。

第 4 節　ハエ・コバエ類

かつては，都市部で発生するハエといえば，イエバエが多かったが，ごみ処理が頻繁に行われ，都市部の清掃が行き届いている現代では，ごみ処理場などを除き，屋内で見られることは稀になりつつある。これはヒメイエバエも同様である。近年では，これらハエ類よりもコバエ類の方が，不快害虫や食物混入に際して注意を要する種類になりつつある。

▷よく出る

表7.2.5　主なコバエ類と特徴

ノミバエ類	発生源は主に，腐敗した動物質	・浄化槽のスカムなどで発生 ・小さく，隙間から侵入する ・エサが少量で良く成長速度が速い
ショウジョウバエ類	発生源は主に，腐敗した植物質や果実	・給湯室など食物を扱う場所，食品工場などで発生 ・ゆっくりと飛翔
チョウバエ類		・浄化槽のスカムや汚れた川，下水溝などで発生 ・カの仲間である ・光に集まる性質がある

■対策
・ハエ類・コバエ類ともに屋内での発生源を除去する。種類により発生源が異なる。特に植物質を好むショウジョウバエ類と，動物質を好むノミハエでは発生源が異なる。また，外部から侵入を防ぐことも重要である。なお，ハエ類よりもコバエ類の方が小型で，コバエ類は蚊対策の網戸の目では侵入できるので，より細かい目の網戸の設置が必要である。コバエ類は多くの種類が光に集まる性質があり，殺虫機の使用も可能である。なお，コバエ類は殺虫剤の効果は不明な部分が多い。

第5節　ダニ類

　ダニは，昆虫とは異なる形態をしていて，袋状の胴体部と顎体部で構成される。屋内によく生息する種類は10種類程度といわれる。地球上でヒトが生活しているほぼすべての場所にダニ類が生息しているといわれる。種類ごとにかなり生態が異なるが，屋内での発生源は主に3つに分けられる。以下に屋内に生息する主なダニの種類と発生源，被害，特徴，対策方法をまとめて述べる。吸血については，ヒトやねずみだけでなく，ペットに寄生する可能性があり，近年，屋内で飼われるペットが増えているので，注意が必要である。また，種類ごとに対策法がかなり異なるため，被害を発生させている原因種を特定させることが重要である。

表7.2.6　ダニ類がもたらす被害と対策

▷よく出る
表7.2.6

	発生源	被害	特徴	対策方法
ヒョウヒダニ類	ハウスダスト（室内塵）	アレルゲン	人が居住するほぼ全ての環境に生息する。糞・死骸がアレルゲンになる。	床面や寝具が発生源であることが多い。床を清掃し，寝具を丸洗いする。殺虫剤は効きづらいので，清掃に努める。

コナダニ類（ケナガコナダニなど）	ハウスダスト（室内塵）	不快感	アレルゲンとしてはヒョウヒダニ類より低い。ツメダニ類の餌になる。	掃除機で吸引するなど清掃し，通風・乾燥に努める。食品からも発生するので，発生源の食品を破棄する。	
ツメダニ類	ハウスダスト（室内塵）	刺咬	室内塵に生息する種類は，他のダニ類やチャタテムシなどを捕食するため，餌となるダニやムシが増加すると一緒に増える。偶発的に人を刺すこともある。	殺虫剤が効きづらいので，発生源を絶つことを優先する。防除など清掃する。可能であれば畳を天日干しにする。	
イエダニ	ねずみ類	吸血	幼虫は吸血しない。ねずみの巣に発生し，ねずみから吸血するが，近くにペットや人がいれば，吸血する。	ねずみを駆除する必要がある。ねずみの巣やねずみの餌になる残飯を除去も行う。	▷よく出る
トリサシダニ，スズメサシダニ，ワクモ	ムクドリ，ツバメ，スズメ等	吸血	野鳥に寄生するが，ヒトからも吸血する。	鳥の巣の除去など発生源の除去。発生元や徘徊個所に有機リン系やピレスロイド系殺虫剤を散布。	
マダニ類（チマダニなど）	犬野生動物	吸血	幼虫，若虫，成虫，雄雌すべてが吸血する。	ペットに寄生している場合は，獣医に見せる。犬小屋周辺の残存固体を掃き取り，必要に応じて有機リン系やピレスロイド系殺虫剤を散布。	
ヒゼンダニ	ヒト	疥癬	疥癬の原因になる。ヒトからヒトへの感染力を持つ。高齢者施設・病院で集団発生することがある。	オフィスビルや住宅での発生は稀。乾癬患者がいる場合は，衣類・寝具の洗浄を行い，患者のいる部屋の清掃を行う。	
ハダニ類	植物	不快感	赤や黄など派手な色で，見た目が不快だが，ヒトを刺すことはない。		
カベアナタカラダニ	不明	不快感	春に外壁や塀に赤いカベアナタカラダニが大量発生する。植物に依存していると考えられているが，生態は不明。	人間への害はないため，屋内への侵入防止に努めればよい。	

第7編　ねずみ・昆虫等の防除

第3章　防除に用いる機器

学習のポイント

1．害虫の生息調査に用いる機器の種類を確認する。
2．害虫の防除に用いる機器の種類と用いる薬剤の剤型，散布方法の違いを理解する。
3．防鼠・捕鼠機器の種類と違いを確認する。

第1節　害虫の生息調査のための調査用具

　現代の防除では，まず発生している害虫の種類と発生個所，侵入経路などを調査した上で，効果的な防除方法を検討することが重要である。この調査には専用の器具を用いることが多い。ねずみや害虫の生息調査では以下のような捕獲機器を用いる。

・ゴキブリ用粘着トラップ：ゴキブリの生息調査に使用する。
・粘着紙・ハエ取りリボン：飛翔昆虫を捕獲するために使う。
・粘着クリーナ：ローラ式の粘着クリーナを床面に転がし，イエダニなどのダニ類の調査に使う。粘着紙部分を切り取り，表面を透明なビニールで覆い，顕微鏡で観察し，捕獲状況を確認する。
・ライトトラップ：紫外線ランプで昆虫を誘因し，捕獲する。ファンで吸引しネットに捕獲するものと，粘着紙を用いるものがある。

第2節　害虫の防除に用いる薬剤散布・捕虫機器

害虫の防除のために，以下の機器を使い分けて使用する（表7.3.1）。

表 7.3.1　害虫の防除に用いる機器

	粒子径	使用する薬剤	用途
噴霧器	$100\sim400\,\mu m$	薬液	ゴキブリなど
ミスト機	$20\sim100\,\mu m$	殺虫剤，殺菌剤，消臭剤	蚊，チョウバエ
煙霧機	$0.1\sim10\,\mu m$	油剤に熱を加え気化。※火災や煙検知器が作動する，建物にしみが生じる可能性がある。	
ULV 機	$10\,\mu m$ 前後	ピレストロイド剤のペルメトリンとフェノトリンを有効成分とする水性乳液。※ULV は高濃度少量散布の意味。	ゴキブリへのフラッシング（追い出し）効果。飛翔昆虫の防除。
散粉機	粉剤	粉剤の処理に用いる。	
電撃式殺虫機	薬品は使用しない	370 nm（近紫外線）前後の短波長の光線に誘引された昆虫が，高電圧のかかった電線に触れ感電死する。	飛翔昆虫の防除。※死骸が機械の周囲に飛散するので，食品を扱う箇所の近くに設置しない。※虫を集めるため，窓や入口の近くに設置しない。
粘着式殺虫機	薬品は使用しない	電撃式殺虫機と同様に370 nm 前後の近紫外線を発するランプで虫を誘因する。粘着シートで捕虫する。	※粘着シートに捕虫されるので，虫が飛散しない。また，調査にも用いることができる。

第3節　防鼠・捕鼠機器

　ねずみの生息状況の調査や，侵入阻止，防除に用いる機器は以下のものがある。

・ねずみ用粘着トラップ：粘着剤を塗ったシートでねずみを捕獲する。

・ねずみ用圧殺式トラップ：台の中央部に餌をおき，ねずみが触れるとバネが動作し，ねずみを圧殺する。

・生け捕り式トラップ：金網やプラスチック製のかご内部に餌を仕掛け，ねずみが餌に触れると，入り口が閉まり，ねずみが生け捕りにされる。

・毒餌箱：毒餌や圧殺式トラップを入れるための箱で，食品を扱う屋内などに用いる。毒餌や圧殺式トラップに子どもやペットが触れると危険であるため，子どもなどの接触を防ぐためにも使用される。

・超音波防鼠機：ねずみが嫌う 20 kHz 前後の超音波を発する。

第4章　防除に用いる薬剤

学習のポイント

1. 殺虫剤の有効成分の種類を確認し，効果や用法上の注意点の違いを理解する。
2. 殺虫剤の剤型ごとに用いる薬剤の種類と使用方法の違いについて理解する。
3. 殺虫剤は発揮する効果の種類と違いを確認する。
4. 殺虫剤の殺虫力を示す LD$_{50}$ などの指標の意味を理解する。
5. 殺鼠剤の種類と剤型の違いによる使用方法の違いを理解する。
6. 選択毒性の意味を理解する。

■はじめに

　まず，防除に用いる薬剤には，ねずみに用いる「殺鼠剤」と昆虫等に用いる「殺虫剤」とがある。殺鼠剤は，ヒトに対しても強い毒性を示す成分が多いので，扱いに注意を要する。

　殺虫剤は，殺虫効果を有する主剤である「有効成分」と，「剤型と処理方法」の2つを確認する必要がある。「有効成分」は医薬品や医薬部外品に含まれる成分のうち，その医薬品などの目的である効果を表す成分をさす。殺虫剤に用いる場合は，殺虫効果を示す成分をさす。通常，殺虫剤や殺鼠剤は，有効成分のみで構成されることはない。製剤加工前の有効成分を原体や原末と呼ぶ。

■薬剤への法規制

　ねずみや衛生害虫の防除に使用する薬剤は，建築物内部では医療品医療機器等法により規制され，医薬品か医薬部外品として承認を得る必要がある。不快害虫やシロアリなどは化学物質の審査及び製造等の規制に関する法律（化審法）のもとで，各業界団体による自主規制や許可制度が設けられている。農業用途の殺虫剤は農薬取締法により規制される。　　　　▷よく出る

（参考）　防除用薬剤の近年の動向：http://www.pestcontrol-tokyo.jp/img/
pub/073r/073-01.pdf

第1節　殺虫剤の有効成分

・有機リン剤（有機リン系殺虫剤）：ノックダウンした虫が，蘇生することなく死亡する傾向が高い。多くの害虫に効果のあるダイアジノン，樹脂蒸散剤に用いるジクロルボス，広範な害虫に効果あり特にゴキブリに効果を発揮するフェニトロチオン，がある。抵抗性を獲得した害虫にも効果があるとされるプロペタンホスなどがある。　　　　▷よく出る

・ピレスロイド剤：除虫菊に含まれる殺虫成分だが，化学的に合成された類似物質が多数存在し，人工的に合成された成分も含む呼称である。ピレスロイド剤の多くには魚毒性がある。薬剤が直撃した際の速効性が優れ，忌避性も有するため，飛翔昆虫や吸血昆虫に用いる。　　　　▷よく出る

・昆虫成長抑制剤（IGR）：蛹化や羽化などの変態を阻害するメトプレンやピリプロキシフェンなどの「幼若ホルモン様化合物」や幼虫脱皮後の表皮の形成を阻害するジフルベンズロンのような「表皮形成阻害剤」がある。幼虫から成虫に変化する過程で効果を発揮するため，成虫に対する効果はない。

▷よく出る

第2節　殺虫剤の剤型

殺虫剤の剤型には以下のものがある。

・油剤：有効成分をケロシンなどに溶かしたもので空間処理，残留処理，煙霧処理に用いるが，発火の危険があるため，火気に注意して用いる必要がある。

・乳剤：有効成分を有機溶媒に溶かし，界面活性剤を加えた製剤で，水で希釈して使用することができる。有機溶媒を用いない水性乳剤も登場している。

・懸濁剤（フロアブル剤）：有効成分を特殊な物質で被覆したり，炭末などに吸着させたりした上で，水を加えた製剤で，乳剤と同様に希釈して用いることができる。懸濁剤は，時間経過とともに分離することがあるため，使用前に振ってから用いる。

・マイクロカプセル剤（MC剤）：有効成分を膜物質で被覆し，微小な粒子状のカプセルに加工し（マイクロカプセル化），水に懸濁させた製剤で，懸濁剤と同様に用いる。マイクロカプセル化により，残効期間が延び，毒性が軽減され，薬剤が安定化するなどの効果が期待できる。

・粉剤：有効成分をタルク（滑石）などの鉱物性微粉末に含ませた微粉状の製剤で，粉のまま使用する。

・粒剤：有効成分をタルクなどの増量剤と混合したもので粉剤よりも粒径が大きい。

・水和剤：有効成分を微粒子とし，増量剤と界面活性剤を加えたもの。

・燻煙剤：加熱により有効成分をガス化して使用するための製剤。

・蒸散剤：有効成分を含む製剤が気化によって密閉空間内に充満することで効果を発揮する製剤。

・食毒剤：有効成分を餌に混入して使用する。害虫が食べないと効果が出ないため，喫食性が重要となる。

・エアソール剤：小型ボンベ缶に封入された薬液が，ボタンを押すと噴射剤とともに放出される。

・炭酸ガス製剤：有効成分を液化炭酸ガスに溶解し，ボンベに封入した製剤で，専用の噴射装置を必要とするが粒子径は細かいため，ULVのような使用ができる。

第3節　殺虫剤の効力

- 殺虫力：薬剤が持つ殺虫力は，LD50，LC50，IC50 などの指標で評価する。例えば LD50 であれば，50% の虫が死亡するために必要な薬剤の量を示していて，虫1匹当たりに与えた殺虫剤の投与量（μg）を示す。LC50 は，50% 致死濃度を表し，虫1匹当たりの水中等における薬剤濃度を ppm で示す。また IC50 は 50% 粗害濃度を示す。少ない薬剤の量で多くの害虫が死亡する方が，効果が高いため，いずれの指標も値が小さい方が殺虫力が高いと判断する。

▷よく出る

- 残効性：処理に用いた薬剤が，散布個所において効果を発揮する期間の長さが長い場合，「残効性が高い」と判断する。薬剤が揮発しづらい性質を持っていると残効性が高くなる傾向にある。ただし，薬剤の使用個所の環境により，残効性は変化する。例えば，同じ量を用いても密閉された空間の方が，風通しのよい空間に用いた場合よりも残効性が高くなりやすいと考えられる。

- 速効性：速効性は薬剤の効果の発現の速さを示すもので，薬剤に害虫が触れてから反応が早ければ速効性が高いと考える。KT_{50}※（50% ノックダウンタイム）のような数値で示す。ただし，速効性と殺虫力は相関しない場合がある。薬剤の処理後すぐに害虫が転倒（ノックダウン）すると効果が出たと考えるが，そのまま，すべての害虫が死亡するわけではない。また，食毒剤では速効性が高い薬剤は接触を忌避される傾向にあるといわれる。

KT_{50}
50% 仰転時間

- 追出し効果（フラッシング効果）：害虫が転倒（ノックダウン）に至らない微量な有効成分に反応して，物陰に潜むゴキブリなどの害虫が潜伏個所から移動する現象をさす。

- 忌避性：虫が避ける効果を持つ成分をさして，「忌避性」があると考える。殺虫剤は虫が薬剤に接触しないと効果を発揮しないが，殺虫効果を持つ有効成分は，基本的に多少の忌避性を有する。殺虫剤に忌避性があるのは本来望ましくない。ただし，例えば蚊による吸血を防ぐために蚊取り線香を用いた場合，蚊は処理空間を避ける傾向にあるため，殺虫効果は必ずしも高くないが，ヒトが吸血される状況を防止できるので，効果がある場合もある。

- 薬剤（殺虫剤）抵抗性：薬剤の処理によって，遺伝的に薬剤に弱い虫が淘汰され，薬剤に強い虫が生き残る環境を継続的に用意すると，虫の世代交代が進む過程で薬剤に強い虫が増加し，結果として殺虫剤が効きづらくなることがある。このような薬剤が効果を発揮しづらい害虫をさして，「薬剤抵抗性」を獲得したと表現する。薬剤抵抗性は，虫の集団の淘汰が進む過程で獲得されるので，1世代では獲得できない性質である。

第4節　殺鼠剤の種類と剤型

　ねずみは哺乳類であり，昆虫等に比べるとヒトに身体構造が近く，ねずみを害する殺鼠剤の扱いには細心の注意が必要である。また，殺鼠剤は，いずれもねずみに経口摂取させる必要があるので，毒餌として利用する。

・抗凝血性殺鼠剤：出血が発生した際に，通常では血液が固まることで止血されるが，この薬剤を摂取すると，血液が固まる作用（凝血）を阻害され，傷口からの出血が止まらなくなって失血死することにより，ねずみの駆除を行う。抗凝血性殺鼠剤は，経口による継続的接種を前提とする薬剤が多く，1回の投与で即座に効果を発揮するものは少ない。そのため，基本的に複数回，毒餌を喫食することが重要である。また，薬剤抵抗性を有する個体群が存在するが，このようなねずみにも効果を発揮する薬剤も開発されている。 ▷よく出る

・急性殺鼠剤：1回の経口摂取でねずみを致死させる薬剤をさす。

・忌避剤：ねずみはカプサイシンを嫌う傾向があるため，かじられると困る個所に忌避剤として用いることがある。

第5節　安全性

　薬剤の安全性に関する，重要な考え方として，選択毒性がある。

　選択毒性とは，生物種により化合物の毒性が異なることをさす。防除の場合は，害虫やねずみなどの防除対象種とヒトなどのそれ以外の種との間で，効果に差がある方が望ましい。「選択毒性が高い」という表現は駆除対象種のみに効果を発揮する傾向が高いことを示す。殺鼠剤の多くはヒトや犬，猫への選択毒性が低いため，ヒトやペットに対しても毒性を示す成分が多い。ただし，ねずみとヒトは体重差が大きいので，毒餌の1回の誤飲による影響は少ないが，取扱いに注意すべきである。

第５章　作業の安全管理

　防除作業には，さまざまなリスクが存在し，防除を行う施設の利用者や作業者自身の健康に対するリスクや，建築物自体を損傷するリスクなどが存在する。防除作業において，生じうる事故として以下の項目が存在する。

(1)　主な発生しうる事故の要因

1．薬剤による中毒

2．薬剤散布による火災

3．防除作業における作業者自身への労働災害

4．建築物や家具，機械類の破損や汚損

　薬剤に起因する事故を防ぐには，防除作業を行う者や管理者が薬剤の正しい利用方法を理解した上で，薬剤散布時には安全のために「防毒マスク」，「保護メガネ」，「手袋」を装着して作業を行う。また，防除作業では，高所での作業が存在するが，床面から２ｍ以上の高さで脚立や作業台上で作業を行う場合はヘルメットや安全帯を装着し，補助者をつける等，安全に配慮して作業を行う。また，地下ピットや下水溝などの閉所作業では，酸欠のリスクがあるので，酸素や硫化水素の濃度を測定し，万が一の事故に備え複数人で作業を行う。電気設備付近では感電事故に注意する。ねずみ用の圧殺式トラップの設置・回収時にも事故が起こらないよう注意する。

(2)　防除作業時における利用者や周辺住人への告知の重要性

　防除作業で使用する薬剤は，医薬品医療機器等法で承認を受けた医薬品，医薬部外品で，厳正な試験により安全性が確認されていて，用法，用量，使用上の注意点を守れば健康被害は発生しないようになっている。しかしながら，環境への意識の高まりもあり，薬剤の散布は，施設利用者や周辺住人の不安を喚起するとともに，化学物質にアレルギー反応を持つ人もいる可能性がある。また，独特の臭いや刺激に不快さを感じる人もいる。このように，防除作業において薬剤などを用いる場合は，事前調査を行い周辺環境への影響を精査した上で，関係者と協議をした上で，事前告知を行うことが必須となる。

　事前の告知は以下の手順で実施する。

1)　薬剤散布の目的，薬剤の種類，散布方法，散布する場所の範囲，臭いの強弱，入室制限などを記載し，当該区域の入り口等に掲示する。

2)　薬剤の散布の遅くとも３日前までに掲示し，散布後も３日後以上，継続的に掲示しておく。

高所作業での安全確保は「労働安全衛生法施行令」や「労働安全衛生規則」により定められている。なお，上記規則が改訂になり，安全性が強化される予定である。また，法令上の製品名称は「安全帯」から「墜落抑止用器具」に改められる予定である。
酸欠は「酸素欠乏症等防止規則」により定められている。

⑶　中毒発生時の対応

　薬剤の散布により中毒が発生する可能性がある。中毒が発生しないよう予防に努めることが重要だが，万が一，中毒が発生した場合，早急に対応する。

　中毒の予防として以下のものがある。

1)　薬剤の用法，用量を守り，作業中も薬剤の管理を徹底する。

2)　薬剤の調整時に皮膚につかないようゴム手袋をする。

3)　散布時には肌の露出を避け，手袋，保護メガネ，防護マスク等を装着し，身体を保護する。

4)　散布作業を連続して単一の作業者が行わないようにする。

5)　火気により発火する可能性がある薬剤もあるので，禁煙とする。

6)　飲食前には必ず石けんで手や顔をよく洗う。

7)　作業中に身体に異常を感じた場合，すぐに作業をやめ空気の新鮮な場所で休憩する。

　万が一，中毒症状を呈した者が発生した場合，以下の対応を取る。

1)　意識がない，けいれんを起こしているなど，早急に対応が必要な場合は，すぐに救急車を呼ぶ。

2)　医師や救急車の到着まで，安静にする。

3)　中毒の原因物質を医療従事者に伝えるために，必ず使用薬剤の名称や接触方法，摂取量などを確認する。

　なお，誤飲した場合は特に注意が必要である。これは飲んだ物によって手当てが異なるためである。飲ませていいもの，飲ませるとまずいもの，吐かせることでかえって症状が悪化するものが薬剤により異なるため，専門知識を有するものに必ず相談する。

中毒症状への対応などは日本中毒情報センターのWebページで確認できる。また，中毒110番などに相談窓口も用意されている。

確認テスト （正しいものには〇，誤っているものには×をつけよ）

(1)　都市部の大型建築物でよく見られるねずみはクマねずみである。

(2)　ねずみの毒餌の基材はネズミの種類ごとの好みに合わせることが望ましく，クマねずみは動物質，ドブねずみは植物質を好む。

(3)　ねずみの防除では「餌を絶つこと」「侵入する通路を遮断すること」「巣を作らせないこと」が重要である。

(4)　ゴキブリは卵→幼虫→　蛹→成虫の順序で成長する完全変態する生物である。

(5)　ゴキブリ用のトラップ5個を10日間設置したところ，50匹のゴキブリが捕獲された。この場合のゴキブリ指数は「2」である。

(6)　ゴキブリがよく徘徊する通路に残効性の高い「ピレスロイド剤」を処理することを「残留処理」と呼ぶ。

(7)　チカイエカ，アカイエカ，ネッタイイエカは種類の違いを外見から識別することができる。

(8)　チカイエカは無吸血産卵が可能で，建築物の内部で発生する可能性がある。

(9)　蚊の殺虫対策に用いる昆虫成長抑制剤（IGR）は速効性がある。

(10)　ショウジョウバエ類は腐敗した果物など植物質を捨てた生ごみに誘引されやすい。

(11)　毒餌により死亡したねずみの死骸からイエダニが発生することがある。

(12)　ダニ類は昆虫と同様に体が頭部，胸部，腹部で構成される。

(13)　ヒゼンダニはヒトの皮下に寄生し，疥癬の原因種である。

(14)　ヒョウヒダニ類が発生した場合，殺虫剤処理を第一選択肢とする。

(15)　ULVは，高濃度少量散布の英語の略称で，油剤を熱で気化させることで殺虫剤を粒子状にして散布する。

(16)　ハエ等の飛翔昆虫を誘虫ランプで集め，高圧電源による電撃により殺虫する「電撃式殺虫機」は虫を集める性質があるため，建築物の開口部から離れた箇所に設置する。

(17)　ノックダウン効果とは害虫を仰転させる効果をさし，効果の速さは供試虫の50%が仰転するまでの時間を意味するKT_{50}で示される。

(18)　害虫は環境への適応能力が高く，短期間に同一の殺虫剤を用いて害虫の駆除を行うと，一世代で薬剤が効きづらくなる薬剤抵抗性を獲得する可能性がある。

(19)　揮発性の高いジクロルボス等の成分を合成樹脂に浸透させた樹脂蒸散剤は，有効成分が継続的に放出されるため長期間にわたる効果が期待できるが，風通しがよい空間では効果が低下する。

(20)　抗凝血性殺鼠剤は，ねずみが経口摂取する必要があるため，毒餌の喫食性を高めることが重要である。

(21)　選択毒性とはある化合物の毒性が生物の種類により異なることをさし，ヒトやペットには毒性が非常に低く，駆除対象の害虫・ねずみにのみ毒性が高い薬剤のほうが建築物内部で使用する際の安全性が高い。

(22)　殺虫剤を散布する場合，対象区域の利用者や関係者に周知することが重要なため，散布の前日までには入り口等に処置の概要と注意点を掲示する必要がある。

(23)　ヒトの生活環境に害虫がいることは望ましくないため，少しでも害虫が発生したら発生数が0になるまで，殺虫剤を散布する。

(24)　IPMは総合的有害生物管理の意味でねずみ・害虫の防除における重要な考えである。

⑵5 IPM における維持管理目標の 1 つである「警戒水準」は，ねずみや害虫の発生や目撃をすることが多い状況をさし，即座に防除を行う必要がある状況をいう。

確認テスト　解答・解説

⑴　○

⑵　×：クマねずみ，ハツカねずみは植物質の餌を好み，ドブねずみは動物質のものを好む。

⑶　○

⑷　×：ゴキブリは卵→幼虫（若虫）→成虫の順序で成長し，蛹の期間がない「不完全変態」により成長する。

⑸　×：ゴキブリ指数は 1 つのトラップの 1 日当たりの捕獲数を示す指標で，（総捕獲数）÷（設置トラップ数×配置日数）で計算される。50 匹÷（5 個×10 日）なのでゴキブリ指数は「1」である。

⑹　○

⑺　×：チカイエカ，アカイエカ，ネッタイイエカの 3 種を外部形態から区別することは困難である。

⑻　○

⑼　×：昆虫成長抑制剤は，昆虫が蛹化・羽化する際の変態を阻害する成分や，幼虫が脱皮後の表皮形成を阻害する成分により効果を発揮する薬剤のため，速効性は期待できない。

⑽　○

⑾　○

⑿　×：ダニ類の体は胴体部と顎体部から構成される。

⒀　○

⒁　×：ヒトが生活しているほぼすべての環境に存在していて密度を 0 にすることは不可能であるが，アレルゲンの供給源であり発生を抑制する必要がある。殺虫剤感受性が低いため殺虫剤処理よりも発生源になりやすい床面や寝具の清掃，洗濯など日常管理が重要である。

⒂　×：ULV 機には水生乳剤を用いる。油剤に熱を加えて気化させることで殺虫剤を散布する機器は煙霧機をさす。

⒃　○

⒄　○

⒅　×：薬剤抵抗性は，薬剤に弱い個体が淘汰され，薬剤に比較的強い個体だけが生き残り，生き残ったこれら個体が子孫を残しやすくなることで発生する。何代にもわたる世代交代により徐々に獲得されるため，一世代では獲得されることはない。

⒆　○

⒇　○

(21)　○

(22)　×：事前周知は非常に重要で，散布する日の遅くとも 3 日前までに掲示し，散布後 3 日間以上掲示する必要がある。

(23)　×：ヒトが生活している環境は，一部の生物種にとっても生存しやすい環境になりやすく，ヒト以外の生物種を全て排除することは困難である。害虫やねずみがヒトの生活に問題を及ぼさない生息数にコントロールすることが重要である。大量の薬剤を散布すると，かえってヒトや地球に悪影響を与えることも多いため，発生の予防と駆除をセットで実施する「防除」が重要であ

　　　　　<u>る</u>。

⑵⑷　○

⑵⑸　×：警戒水準は，<u>放置すると今後，問題になる可能性のある水準</u>をさす。「措置水準」が，ねずみや害虫の発生や目撃をすることが多い状況を指し，即座に防除を行う必要がある状況をさす。

索　　　引

296

304

建築物環境衛生管理技術者試験
ビル管理士　要点テキストⅡ

2024 年 3 月 29 日　　初 版 印 刷
2024 年 4 月 10 日　　初 版 発 行

執 筆 者　　長 澤　　　泰　(ほか上記 7 名)
発 行 者　　澤 崎 明 治

（印刷製本）　大日本法令印刷（株）
（装　　丁）　加藤　三喜

発 行 所　　株式会社　市ヶ谷出版社
　　　　　　東京都千代田区五番町 5
　　　　　　電話　03-3265-3711(代)
　　　　　　FAX　03-3265-4008
　　　　　　http://www.ichigayashuppan.co.jp

© 2024　　　ISBN 978-4-86797-392-9

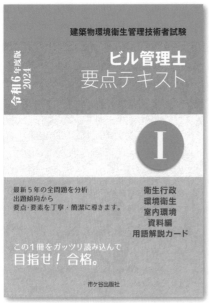

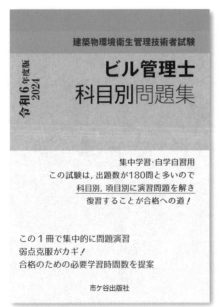